liberi di sognare
free to dream

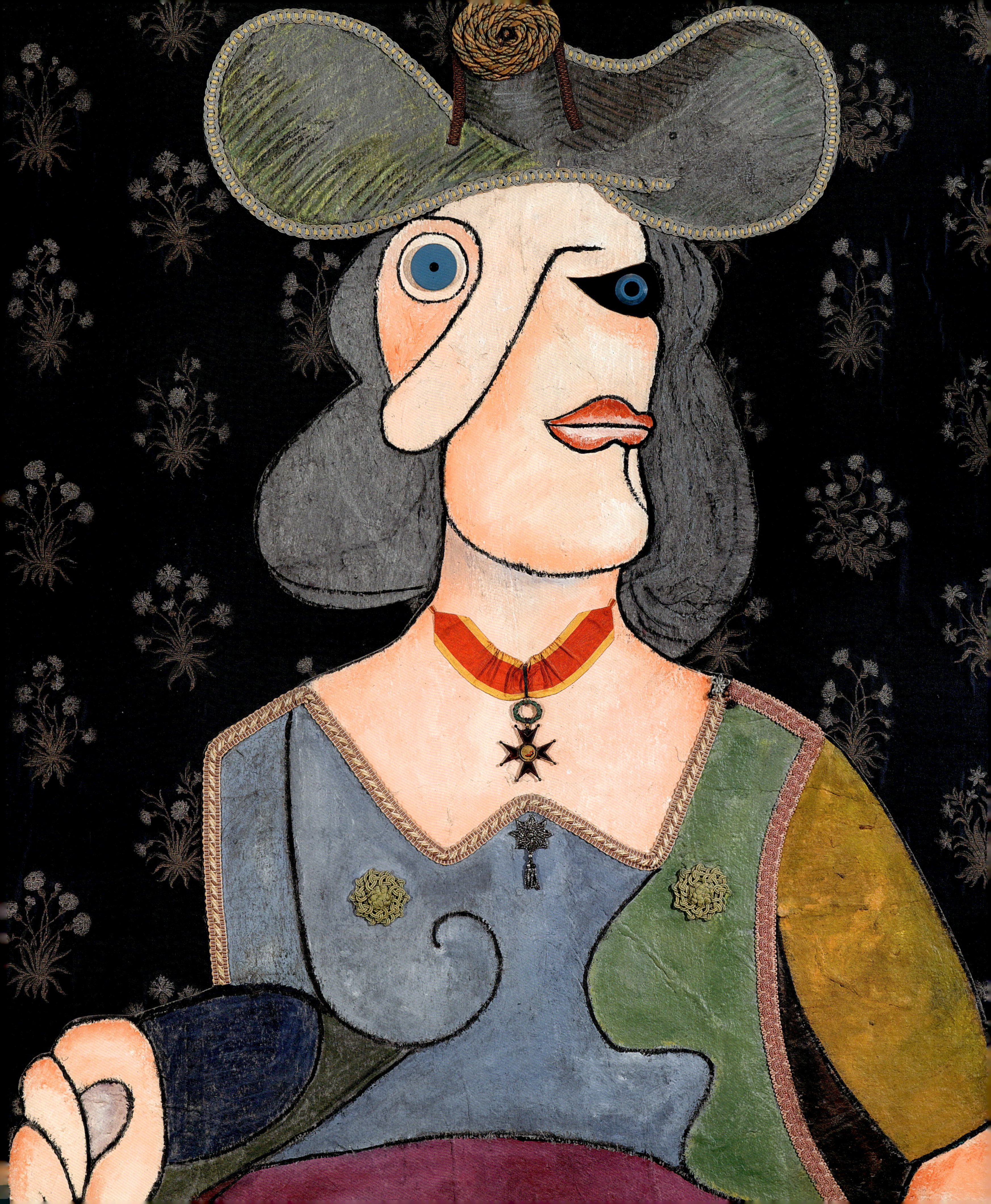

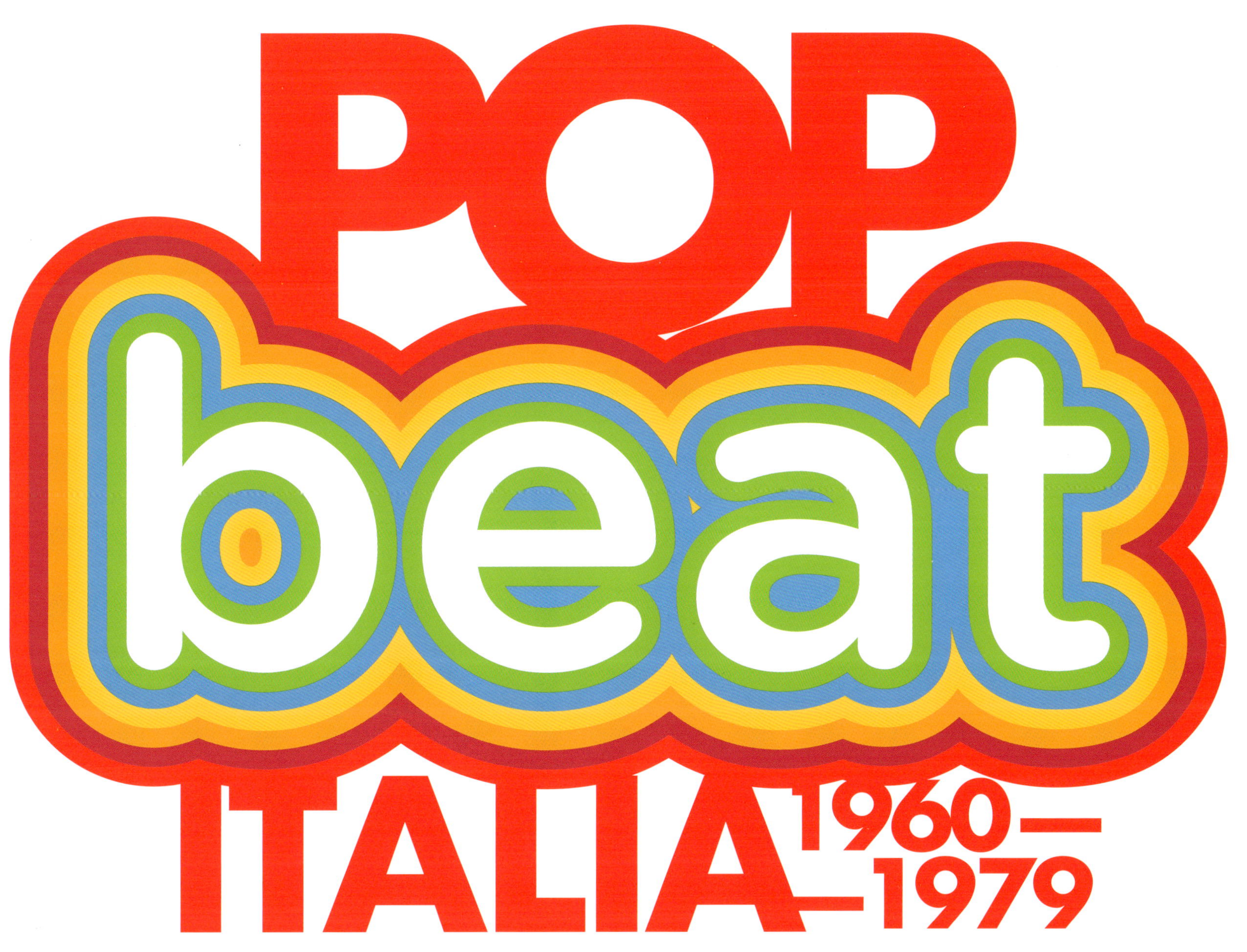

a cura di / edited by
Roberto Floreani

SilvanaEditoriale

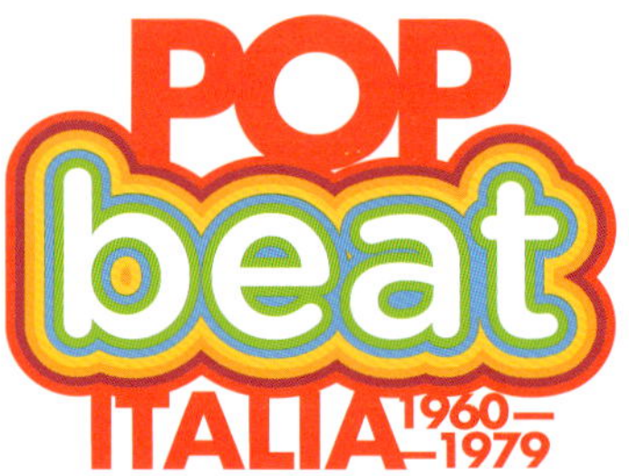

VICENZA
BASILICA PALLADIANA

2 MARZO - 30 GIUGNO 2024
2 MARCH - 30 JUNE 2024

Una mostra
An exhibition

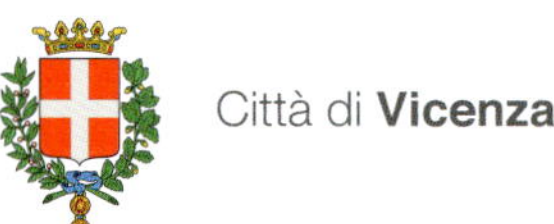
Città di **Vicenza**

SilvanaEditoriale

Partner

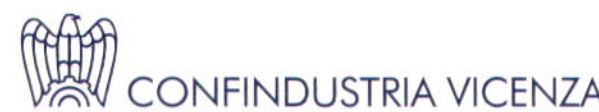
CONFINDUSTRIA VICENZA

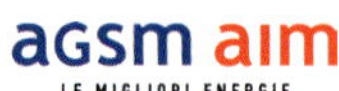

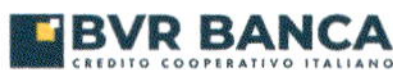

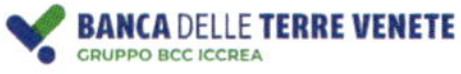

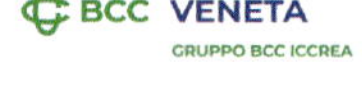

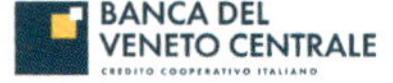

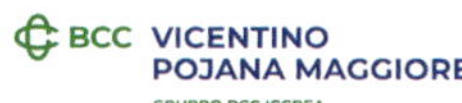

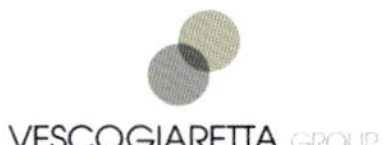
VESCOGIARETTA GROUP

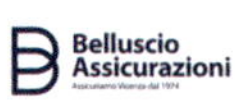
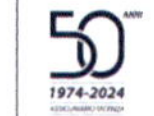

Sponsor tecnici
Technical Sponsors

UniFor

Viabizzuno

Media Partner

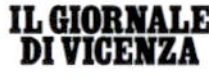

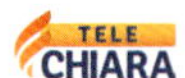

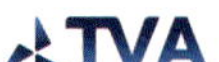

Comune di Vicenza

Sindaco
Mayor
Giacomo Possamai

Assessore alla cultura,
al turismo e all'attrattività
della città
City Councilor for Culture,
Tourism and Attractiveness
Ilaria Fantin

Direttore dei Musei Civici
Director of the Civic Museums
Mattea Gazzola

Amministrazione e coordinamento
organizzativo Basilica Palladiana
Management and Coordination
at Basilica Palladiana
Clelia Stefani

Ufficio operativo
Executive Office
Ida Beggiato
Fabrizio Discornia

Comunicazione e segreteria
Communication and Secretariat
Elena Cimenti

Direttore Comunicazione,
Informazione e Portale della Città
Director of Communication, Information
and Web Portal for the City
Alessandro Bertasi

Ufficio stampa web
e social media team
Press Office Web
and Social Media Team
Paola Sperotto
Chiara Bezze
Martina Lucchin

Silvana Editoriale

Direttore generale
General Director
Michele Pizzi

Direttore editoriale
Editorial Director
Sergio Di Stefano

Direzione mostre
Director of Exhibitions
Nicolò Sponzilli

Art director
Giacomo Merli

Registrar
Sara Girelli
Marianna Palermo

Comunicazione e promozione
Communication and Promotion
Alessandra Olivari

Comunicazione digitale
Digital Communication
Guido Guzzo

Servizi generali,
amministrazione e controllo
General Services,
Administration and Oversight
Giorgio Mattioli

Bookshop
Alessandro Vigliaroli
Giulia Verri

Mostra a cura di
Exhibition curated by
Roberto Floreani

Coordinamento mostra
Exhibition Coordinator
Jacopo Bulgarini d'Elci

Progetto dell'allestimento
Exhibition Design
Roberto Floreani
ZDA I Zanetti Design Architettura

Progetto luci
Lighting project
Viabizzuno

Progetto grafico
Graphic Design
Giacomo Merli, *art director*
Letizia Abbate, *communication design*

Conservazione
Conservation
Calliope Arte

Assicurazioni
Insurance
Wide Group
Aon
Assicurazioni Gestione Enti
Quantum MGA

Trasporti e accrochage
Art Transportation and Handling
Apice

Realizzazione dell'allestimento
Exhibition Construction
Krea Allestimenti
E20 Progetti
Viabizzuno

Ufficio stampa
Press Office
Studio Esseci di
Sergio Campagnolo

Digital advertising
Moma Comunicazione
Theia Studio

Social Media Management
Moma Comunicazione

Biglietteria
Ticket Office
Vivaticket

Call Center
Ne-t by Telerete Nordest

Visite guidate e percorsi educativi
Guided Tours
and Educational Workshops
Scatola Cultura

Personale di sala
Exhibition floor staff
Biennale Services

Film in mostra
Exhibition Videos
"Castelporziano, Ostia dei poeti",
di / by Andrea Andermann
courtesy Rada Film

Catalogo a cura di
Catalogue edited by
Roberto Floreani

Testi di / Texts by
Roberto Floreani
Alessandro Manca
Gaspare Luigi Marcone

Albo dei prestatori
List of lenders

Archivio Aurelio Stefanini
Archivio Cavaliere
Archivio Umberto Bignardi
Archivio Tino Stefanoni
Centro Studi Nat Scammacca
Collezione Alberto Alemagna
Collezione Alessandro Manca
Collezione Francesco Ribuffo, Bologna
Collezione Ilenia e Bruno Paneghini
Collezione Koelliker
Collezione Marraccini
Comune di Firenze - Musei Civici
Fiorentini
Gió Marconi, Milano
Intesa Sanpaolo
MAMbo - Museo d'Arte Moderna
di Bologna
Mart, Museo di arte moderna
e contemporanea di Trento
e Rovereto
Umberto Mariani
The Estate of Fabio Mauri
and Hauser & Wirth

Un ringraziamento particolare va
anche a quei collezionisti privati
che hanno preferito mantenere
l'anonimato.
Special thanks also to those private
collectors who have chosen to remain
anonymous.

Si ringraziano per la preziosa
collaborazione
Special thanks for their invaluable
assistance to
Biasutti & Biasutti, Torino
BKV Fine Art
Frittelli arte contemporanea, Firenze
Galleria de' Foscherari
Galleria Erica Ravenna
Galleria Valentina Bonomo
Tornabuoni Arte

I produttori e il curatore della
mostra desiderano esprimere la loro
gratitudine a tutti i direttori, i funzionari,
al personale dei musei e degli archivi
che a diverso titolo hanno reso
possibile la realizzazione di questa
esposizione e in particolare
The organizers and the curator of the
exhibition would like to express their
gratitude to all directors, managers,
and members of staff of the museums,
galleries, and archives who, in their
different capacities, have made this
exhibition possible. Particular thanks
go to the following

Lorenzo Balbi, Olivia Bignardi, Paolo
Bonacina, Roberto Casamonti, Fania
Cavaliere, Silvia Colucci, Michele
Coppola, Deborah D'Ippolito, Laura
Feliciotti, Silvia Foschi, Simone Frittelli,
Myrna Galli, Luigi Koelliker, Denis
Isaia, Annalisa Marcone, Gió Marconi,
Bruno Paneghini, Sara Pozzato,
Erica Ravenna, Sergio Risaliti,
Fabrizio Russo, Glenn Scammacca,
Susanna Stefanoni, Francesco Tiveron,
Giovanni Carlo Federico Villa,
Luca Zaffarano, Federico Zanoner

Archivio Aldo Mondino, Archivio Bruno
Di Bello, Archivio Cavellini, Archivio
Cesare Tacchi, Archivio Concetto
Pozzati, Archivio Emilio Tadini,
Archivio Franco Angeli, Associazione
Giangiacomo Spadari, Archivio Aldo
Piromalli, Archivio Gianni Bertini,
Archivio Gianni Milano, Archivio Gino
Marotta, Archivio Mambor, Archivio
Mario Schifano, Archivio Nicla
Piromalli e Mattia Camellini, Archivio
Pino Pascali, Archivio Roberto Floreani,
Archivio Sergio Lombardo, Archivio
Tano Festa, Archivio Titina Maselli,
Associazione Sergio Sarri, Fondazione
Baruchello, Fondazione Centro
Studi Piero Gilardi, Fondazione
Mimmo Rotella

La Basilica Palladiana apre le sue porte a una nuova, grande mostra: *POP/BEAT. Italia 1960-1979*.
Ma anche a un intero periodo storico – quel doppio decennio cruciale per la storia del nostro Paese.
Quando il boom economico del dopoguerra alimenta le rapide trasformazioni di una società che si
scopre affamata di libertà, di partecipazione, di condivisione. E non per caso a fare da filo condut-
tore alla mostra sarà uno slogan, "Liberi di Sognare", che ricorda fin da subito la promessa attorno
a cui nuove generazioni si formarono e lanciarono alla conquista del mondo. Quel binomio libertà/
sogno che i visitatori potranno ritrovare e anzi, per così dire, respirare: non solo negli esempi della
produzione artistica pittorica del periodo, ma anche nella musica e nella letteratura che ancora oggi
rendono quel tempo indimenticabile. E indimenticato.
Sotto le ampie volte della Basilica Palladiana, capolavoro del genio di Andrea Palladio che così
profondamente ha segnato la città di Vicenza, troverà spazio un vero e proprio progetto multidisciplinare. Che abbraccia pittura, scultura, installazioni, video, con circa cento opere di 35 artisti tra i
più rappresentativi del periodo. Ma che si arricchisce anche della parallela e cruciale dimensione
letteraria e musicale di quegli anni. Pop e Beat, insieme: con l'originalità di indagare una grande
stagione della creatività e della cultura italiana, e di farlo valorizzando anche quegli aspetti – il
Beat, appunto – che hanno avuto meno fortuna rispetto ai clamorosi successi della nostra Pop Art.
"Liberi di sognare", dicevamo. Credo che sia un concetto cui dobbiamo guardare anche oggi, e un
po' tutti. Chi amministra un territorio, certo, ma anche chi lo vive o ci opera. La città e i suoi abitanti.
Vicenza è città bellissima, però a tratti inconsapevole. Quasi restia a riconoscere la propria unicità.
Ed è invece su questa consapevolezza che possiamo edificare le nuove sfide che dovremo lanciare:
a partire da un campo che ci è caro, quello della cultura, della creatività e del turismo di qualità.
Nasce così la grande mostra *POP/BEAT*, parte di un progetto pluriennale pensato perché la città
prenda coscienza delle sue potenzialità. Dando vita a percorsi artistico-culturali e formativi capaci
di lasciare il segno nel panorama regionale e nazionale.
Certo, lo sappiamo. Come anche questa mostra racconta, con lucidità e coraggio, quel doppio
decennio non fu solo sogno e libertà. Ci furono grandi progressi, avanzamenti straordinari, rivendicazioni rivoluzionarie, in Italia come altrove. Ma dopo quel fiorire a suo modo eccezionale di
creatività e fantasia ci fu anche il brusco risveglio della seconda metà degli anni settanta: da noi,
le tensioni sociali, gli anni di piombo, il delitto Moro che quasi chiude simbolicamente il decennio.
Ma a questo serve la cultura: a ricordarci, pur tra le tante difficoltà della storia e della realtà, le
vette a cui l'essere umano può aspirare. Chi entrerà in Basilica, nei prossimi mesi, avrà la fortuna di
poterne assaporare pagine altissime.

Giacomo Possamai

Sindaco di Vicenza

Basilica Palladiana opens its doors to a major new exhibition, *POP/BEAT. Italia 1960–1979*. And with it, to an entire historical era, those two decades that were crucial to the history of our country, when the post-war economic boom fueled the rapid transformations of a society that discovered itself hungry for freedom, for engagement, for sharing. Nor is it by chance that the slogan, liberi di sognare (free to dream), will serve as the exhibition's guiding thread, recalling from the outset the promise around which new generations grew up and felt ready to conquer the world. And it is that atmosphere with its combination of freedom and dreams that visitors will be able to discover and indeed, as it were, breathe in: not only through the examples of the artwork of the period, but also through the music and literature that still make that time unforgettable. A time never to be forgotten. Under the vast ceiling vaults of the Basilica Palladiana, a masterpiece of Andrea Palladio's genius that so profoundly marks the city of Vicenza, a true multidisciplinary project will unfold. It includes over a hundred works by 35 of the most representative artists of the period, in disciplines ranging from painting to sculpture, from installation art to video. A project that is also enriched by the parallel and crucial literary and musical dimensions of those years. Pop and Beat, together: with the originality of investigating a great era of Italian creativity and culture, and of doing so by also enhancing those aspects—specifically the Beat—that didn't enjoy the same level of success as our Pop art.
"Free to dream," we said. I think that's a concept we should all revisit and rediscover today as well. Those who work for the local authority, in particular. But also those who live in Vicenza, or who work here. The city and its inhabitants. Vicenza is indeed beautiful, and yet, at times, shy, unaware of its charm. As if it were almost reluctant to acknowledge its uniqueness. So, it is instead on this newly found awareness that we can build new challenges for the future: starting from an area that is dear to us, that of culture, creativity, and quality tourism experiences. Out of this sense was born the great *POP/BEAT* exhibition, part of a multi-year project designed to give the city a greater awareness of its potential. Spearheading a number of artistic, cultural and educational events all over the city, capable of putting Vicenza on the map in both regional and national terms.
As we all know only too well, and as this exhibition also recounts, with lucidity and courage, those two decades were not just about dreams and freedom. There were great advances, extraordinary advances, revolutionary claims—in Italy as elsewhere. But after that, in its own way, exceptional blossoming of creativity and imagination, there was also the rude awakening of the second half of the 1970s: for us, the social tensions, the Anni di piombo ("years of lead"), the murder of politician Aldo Moro that almost symbolically brought the decade to its shocking close.
Still, this is what culture is for: to remind us, even amid the many difficulties of history and present-day reality, of the heights to which human beings can aspire. Those who enter the Basilica in the coming months will indeed be lucky enough to browse through some of the most inspiring pages of our culture.

Giacomo Possamai

Mayor of Vicenza

Arte, cultura e turismo sono cardini fondamentali per sviluppare un progetto di crescita del benessere del cittadino e della città.

Tra le variopinte iniziative vicentine, proposte dalla rete delle associazioni e istituzioni culturali, spiccano le mostre in Basilica Palladiana, impulso per lo sviluppo del territorio e delle persone che lo abitano.

L'obiettivo dell'Assessorato alla Cultura è quello di creare occasioni di incontro che possano coinvolgere un pubblico vasto ed eterogeneo, attirare turisti e stimolare i visitatori ad approfondire l'amore per Vicenza, già conosciuta per il prezioso patrimonio storico palladiano. E l'occasione più appassionante è proprio quella delle mostre, in grado di attrarre grande pubblico al fine di stimolarne l'immaginazione.

POP/BEAT. Italia 1960-1979 per me è questo: l'immersione in un mondo colorato e immaginifico dove figure e forme diventano pretesti di racconto per un movimento poetico, artistico e letterario di sperimentazione e rottura.

La Basilica per quattro mesi vuole diventare una piazza coperta dove più di cento opere ripercorrono gli anni sessanta e settanta, memoria vicina e affascinante di un periodo dove la ribellione aveva il sapore della speranza e del sogno.

Il tema originale e distintivo di questo progetto espositivo ha offerto la possibilità di coinvolgere le varie realtà della cultura vicentina, creando un programma di iniziative che, a partire dalla Basilica Palladiana, si diffondono in città declinando il payoff della mostra *liberi di sognare*.

Pittura, scultura, cinema, letteratura, musica, teatro, stand-up: a ogni forma d'arte è affidato il compito di diffondere i colori di questa mostra e raccontare, per la prima volta in Italia, le generazioni pop e beat italiane a confronto.

Una nuova primavera per Vicenza, stagione di colore e rinascita.

Ilaria Fantin

Assessore alla cultura, al turismo e all'attrattività della città

Art, culture, and tourism are the cornerstones for developing a project to improve the welfare of our citizens and of our city.

Among Vicenza's multifaceted initiatives, organized by our network of cultural associations and institutions, the exhibitions in the Basilica Palladiana stand out, spearheading the drive for the development of the area and its inhabitants.

The goal of the Department of Culture is to create opportunities for encounters that involve and engage a wide and diverse audience, attract tourists, and invite the visitor to deepen their love of Vicenza, a city already famous for its precious Palladian architectural heritage. And the most exciting opportunity we can offer is precisely that of exhibitions, to attract large audiences and stimulate their imagination.

POP/BEAT. Italia 1960-1979 for me is this: total immersion in a colorful and imaginative world where figures and forms become the storytelling medium of a poetic, artistic, and literary movement of experimentation and a break from the past.

For a span of four months, the Basilica will be turned into a covered square with more than a hundred works of art on display that serve to recount the 1960s and 1970s in Italy, helping us remember, in a fascinating way, a period of our history where rebellion was infused with hopes and dreams.

The original and distinctive theme of this exhibition offered us the opportunity to integrate Vicenza's diverse strands of culture, creating a rich program of events that, rippling out from the Basilica Palladiana, are dotted throughout the city, in a series of venues that enable everyone to explore, in various forms, the shared slogan *liberi di sognare* (free to dream).

Painting, sculpture, film, literature, music, drama, stand-up every art form is entrusted with the task of spreading the colors of this exhibition and telling the tale, for the first time in our country, of the Italian Pop and Beat generations in juxtaposition.

A new springtime for Vicenza, a season of color and rebirth.

Ilaria Fantin

City Councilor for Culture, Tourism and Attractiveness

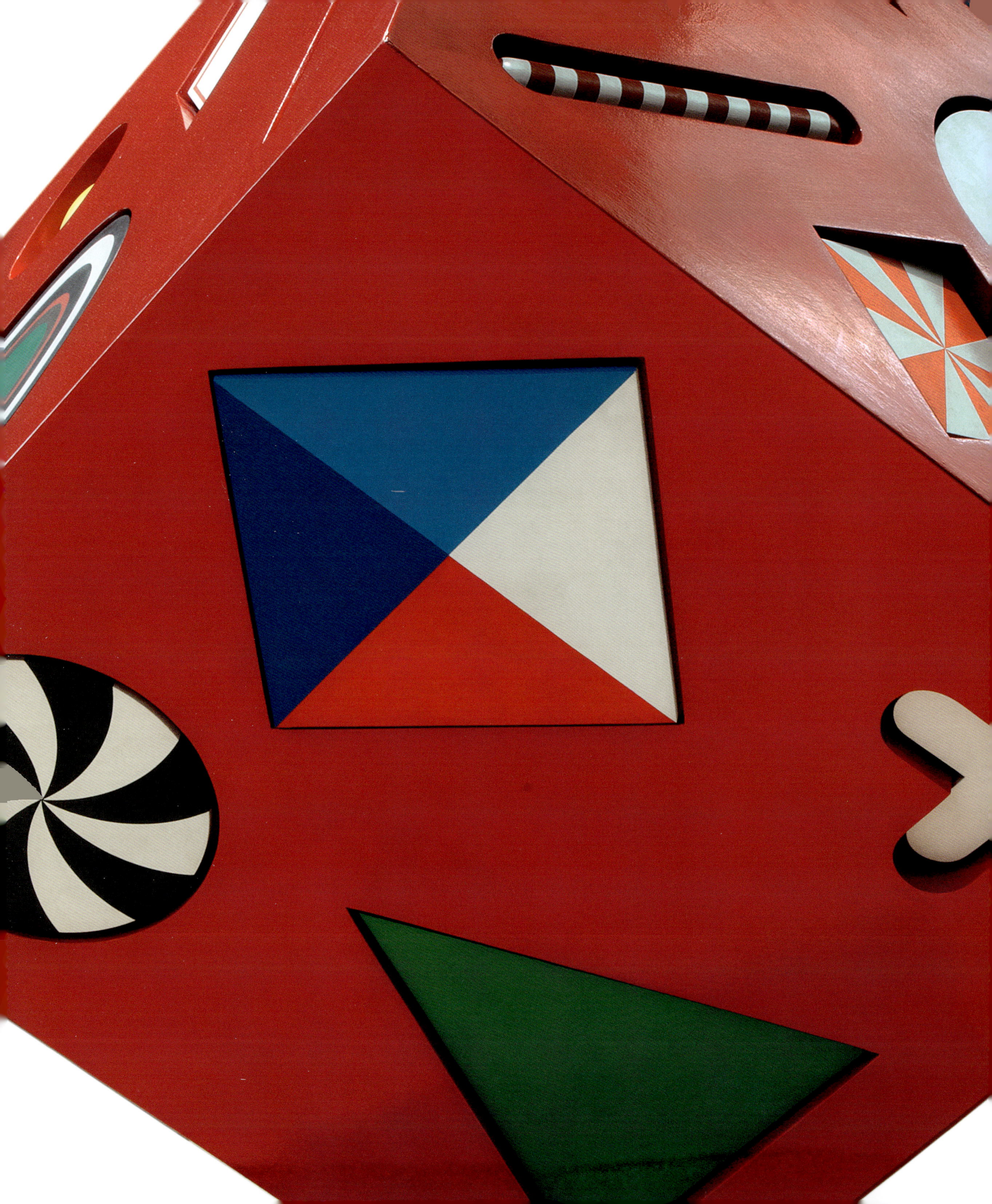

SOMMARIO
CONTENTS

12   Liberi di sognare
13   Free to dream
      Roberto Floreani

58   La letteratura underground italiana.
      I *beats* (Aldo Piromalli, Gianni Milano, Andrea D'Anna)
      e l'Antigruppo
59   Italian underground literature.
      The beats (Aldo Piromalli, Gianni Milano, Andrea D'Anna)
      and the Antigroup
      Alessandro Manca

82   Verso le atmosfere Pop/Beat in Italia
      Appunti sulla situazione artistica italiana
      negli anni cinquanta del Novecento
83   Towards the Pop/Beat Spirit in Italy
      Notes on the Italian artistic scene in the 1950s
      Gaspare Luigi Marcone

97   **OPERE / WORKS**

185   Bibliografia essenziale / Selected Bibliography

LIBERI DI SOGNARE

Roberto Floreani

Per capire un poeta, un artista,
a meno che questo non sia solo un attore,
ci vuole un altro poeta e ci vuole un altro artista.
(Carmelo Bene)

Nonostante la figura dell'artista-teorico in età moderna possa farsi risalire al lontano 1885, quando Gustave Courbet cura personalmente il Pavillon du Réalisme, in Italia questa sorta di doppia anima desta ancora qualche sorpresa. Infiniti gli esempi nel resto del mondo accolti come tendenza alternativa, praticati da oltre trent'anni a livello globale da istituzioni pubbliche quali Biennali di Venezia, Lione, Istanbul, San Paolo, Documenta, Manifesta, da musei rinomati quali il Whitney, i vari Guggenheim e moltissimi altri. In Cina, nuova frontiera, i direttori dei musei sono artisti. Per quanto riguarda l'Italia, rare le curatele fino a ora riservate ai pochi intoccabili, sensibili le fondazioni private quali Prada, Trussardi e Re Rebaudengo, soprattutto in veste d'internazionalizzazione della tendenza. Eppure l'Italia rimane la capofila assoluta di questa combinazione artista-teorico, riconducibile a Umberto Boccioni in particolare e ai suoi Manifesti programmatici su pittura (due, entrambi del 1910), scultura (1912) e architettura (1913-14), nonché al saggio *Pittura e scultura futuriste* (1914). Precedenti che alimenteranno anche lo *Spazialismo*, come dichiarerà lo stesso Lucio Fontana, inaugurato dal suo *Manifiesto Blanco* del 1946, dalle forti riminiscenze futuriste, seguito vorticosamente da ben quattro *Manifesti spaziali* nel giro di cinque anni, nonché dal corposo *Manifesto tecnico*. Manifesti, pur nella loro portata e originalità, in parte debitori della suggestione cosmica futurista proclamata dall'*Aeropittura* e dall'irrinunciabile ricerca di Enrico Prampolini. Riferimenti del resto riportati candidamente, nella sua statura consapevole, da Fontana stesso, in una poco nota intervista del 1968:

FREE TO DREAM

Unless they are just an actor,
to understand a poet, an artist,
it takes another poet and it takes another artist.
(Carmelo Bene)

Despite the fact that the modern age figure of the artist-theorist can be traced back as far as 1885, when Gustave Courbet personally curated the Pavillon du Réalisme, in Italy this kind of double soul still raises an eyebrow. There are countless examples of eminent public venues and acclaimed events in the rest of the world that have been accepting this figure as an alternative trend for the past thirty years: think of the Venice Biennales, Lyon, Istanbul, São Paulo, Documenta, Manifesta, as well as renowned museums such as the Whitney, the various Guggenheims and many others. In China, a new frontier, museum directors are artists. As far as Italy is concerned, such curator-ships are extremely rare and reserved for the elite few, if one excludes private foundations such as Prada, Trussardi, and Re Rebaudengo which are trying to internationalize the trend. Yet Italy remains the absolute leader of this artist-theorist combination, which can be traced back to Umberto Boccioni in particular and his 'Manifesti programmatici' on painting (two, both from 1910), sculpture (1912) and architecture (1913-14), as well as the essay *Pittura e scultura futuriste* (1914). Precedents that would also nurture *Spatialism*, as Lucio Fontana himself would declare, inaugurated by his *Manifiesto Blanco* of 1946, with strong Futurist traces, quickly followed by no less than four *Spatial Manifestos* within the space of five years, as well as the full-bodied *Manifesto tecnico*. Manifestos, in their scope and originality, partly indebted to the cosmic Futurist vision proclaimed by *Aeropittura* and Enrico Prampolini's valuable research. Moreover, references candidly referred to by Fontana himself, who was well aware of the weight of its endorsement, in a little-known interview in 1968: *After all, it wasn't that I invented it, because it was the Futurists who 'fed' me Time and Space [...] in Boccioni it was already a pretext*

"In fondo non è che ho inventato, perché mi hanno imbeccato i futuristi Tempo e Spazio [...] in Boccioni era già un pretesto per ricevere la luce esterna [...] la materia era un secondo piano, era la linea che giocava e c'era già lo spazio, la luce, la luce esterna".

Predisposizione teorica continuata da Piero Manzoni, che infatti teorizzerà quanto elaborato in via ancora sperimentale in quegli anni nei due numeri della sua rivista "Azimuth" (1959-60), condivisa con un altro artista, Enrico Castellani. Così come faranno anche Piero Dorazio, Ettore Colla, Emilio Villa e moltissimi altri, che scriveranno testi, apriranno gallerie, fonderanno riviste seminali.
Nello specifico di questo progetto, riferendosi a Mario Schifano, Arturo Carlo Quintavalle gli riconoscerà la duplice funzione critico-artistica, centrata sui riferimenti al Futurismo:

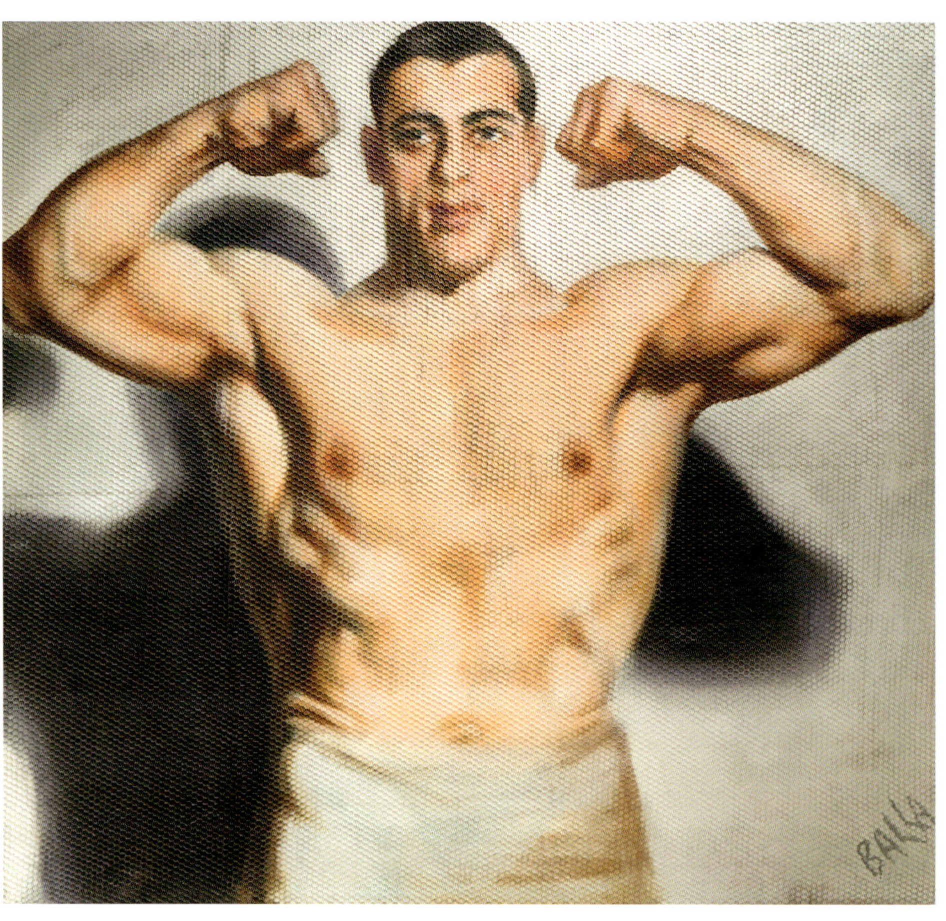

GIACOMO BALLA
Primo Carnera campione del mondo, 1933, olio su pannello con rete / oil on panel with grid, 109 x 100 cm
Collezione privata / Private collection

"Ancora una volta, il critico-artista, ovvero l'ideologo del proprio tempo, ha individuato un momento della storia della pittura in cui la riflessione sull'arte si collegava ad una rivoluzione sociale [...] Le scelte in questo caso sono scelte critiche nel senso più profondo del termine".
Sarà la stessa vedova Monica De Bei Schifano a confermare circa la sua autonomia rispetto alla critica: "Mario non leggeva mai quello che i critici scrivevano sulla sua pittura"[1].

Quanto alla sua concezione artistica, lo stesso Lucio Fontana affermerà:

"Nulla verrà distrutto del passato, né mezzi né fini, siamo convinti che si continuerà a dipingere e a scolpire anche attraverso le materie del passato [...] ma saranno pervase da sensibilità più affinata".

Saranno quindi le dichiarazioni degli artisti inclusi in questo progetto le linee-guida del testo, che ribadiranno la continuità della pittura e della scultura, pur declinate in sensibilità anche molto differenti tra loro.

Pop-Italia 1960-1979: un "sentire comune". I precursori

Le ragioni del progetto sono essenzialmente legate al fatto che un artista penso debba chiedersi, prima o poi, quale sia il proprio ruolo nella storia dell'arte. Questo punto di vista prende significato solo conoscendo il più approfonditamente possibile la ricerca degli artisti che lo hanno preceduto, la funzione sociale rispetto ai loro tempi e alla storia e le variegate ragioni che stanno alla base della loro ricerca. Nel caso specifico della Pop e della Beat italiane, dopo aver indagato il Futurismo per oltre trent'anni e la figura di Umberto Boccioni in particolare[2], ho voluto approfondire un periodo

for receiving external light [...] *matter was a second plane, it was the line that played and there was already space, light, external light.* A theoretical predisposition continued by Piero Manzoni, who would in fact theorize what was still experimentally elaborated in those years in the two issues of his magazine *Azimuth* (1959-60), shared with another artist, Enrico Castellani. So too would Piero Dorazio, Ettore Colla, Emilio Villa and many others, who would write texts, open galleries, and found seminal magazines.

Referring specifically to Mario Schifano, Arturo Carlo Quintavalle would recognize his dual function as critic-artist, centered on references to Futurism: *Once again, the critic-artist, i.e. the ideologue of his own time, identified a moment in the history of painting in which reflection on art was linked to a social revolution* [...] *The choices in this case are critical choices in the deepest sense of the term.* It was his widow Monica De Bei Schifano who confirmed his total independence from critics: *Mario never read what the critics wrote about his painting.*[1]

As for his artistic conception, Lucio Fontana stated:

> *Nothing will be destroyed from the past, neither means nor ends,*
> *we are convinced that people will continue to paint and sculpt through the materials of*
> *the past* [...].
> *but they will be imbued with a more refined sensitivity.*

It will, therefore, be the statements of the artists included in this project that will set the guidelines for the text, reaffirming the continuity of painting and sculpture, albeit put into practice with very different sensibilities.

Pop-Italy 1960-1979: a 'common feeling.' The precursors

The reasons for the project are essentially related to the fact that, in my view, an artist must ask themselves, sooner or later, what their role in art history is. This point of view only becomes meaningful if we know as much as possible about the research of their precursors, their social function in relation to their times and history, and the varied reasons behind their research. In the specific case of Italian Pop and Beat, having investigated Futurism for more than thirty years focusing in particular Umberto Boccioni,[2] I wanted to delve into a historical period that I had experienced in person, at least from the mid-1970s, with all its hopes, ferments, and will to live, which foundered on the tragedy of the so called '*Anni di piombo,*' i.e. the years of terrorism, and the carnage caused by heavy drugs. A fierce toll of lives lost, friendships destroyed, and shattered illusions: from 1960 *free to dream,* therefore, until *the end of the dream,* 1979. In this mindset, I find myself in good company with many of the artists in this project, whose statements will form the backbone of the entire text. These artists, these poets, this music are what I saw, read, listened to in those years and what I still see, read, and listen to today.

The period under consideration, 1960–1979, thus encompasses the two experiences of Pop and Beat as a journey of artists and writers sharing the same *common feeling* of those years, and is intended finally to highlight the truly national scope of Beat, also thanks to the vigorous activity of Nat Scammacca's Antigruppo, proudly rooted in the Sicily of those years.

The project, therefore, concerns an important nucleus of artists who, starting from the very early 1960s, went through the common period of the economic *boom,* experiencing a hitherto unimaginable prosperity, an almost unlimited potential realization of their dreams, endorsed also by a proactive,

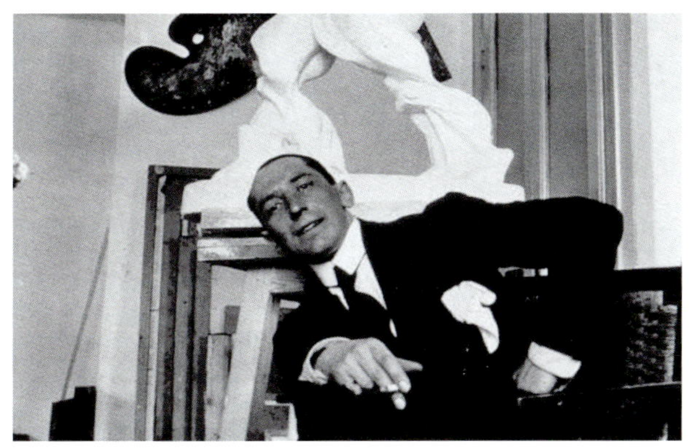

Free to Dream

storico che ho vissuto da testimone oculare, almeno a partire dalla metà degli anni settanta, nelle speranze, nei fermenti, nella voglia di vivere, naufragati nella tragedia degli anni di piombo e della strage procurata dalle droghe pesanti. Un tributo feroce di perdite di vite, d'amicizie e d'illusioni: 1960 *liberi di sognare*, quindi, fino alla *fine del sogno*, 1979. Trovandomi in questo orientamento in buona compagnia proprio con moltissimi artisti di questo progetto, le cui dichiarazioni saranno la spina dorsale di tutto il testo. Questi artisti, questi poeti, questa musica sono quanto ho visto, letto, ascoltato in quegli anni e che vedo, leggo e ascolto ancora oggi.

Il periodo considerato, 1960-1979, comprende quindi le due esperienze Pop e Beat come percorso di artisti e letterati coinvolti nel medesimo *sentire comune* di quegli anni, conferendo anche un respiro finalmente nazionale alla Beat grazie alla vigorosa attività dell'Antigruppo di Nat Scammacca, orgogliosamente radicato nella Sicilia di allora.

Lo sviluppo del progetto quindi riguarda un importante nucleo di artisti che, a partire dai primissimi anni sessanta, attraversa la stagione comune del boom economico, vivendo un benessere fino ad allora inimmaginabile, una potenziale realizzazione dei propri sogni pressoché illimitata, corroborata anche da un retroterra psicologico propositivo, dinamico, elettrizzante: "L'arte Pop me la ricordo allegra", dirà Plinio De Martiis, gallerista che sarà l'autentico mentore degli artisti pop italiani[3]. L'anno-chiave, quello scelto per l'inizio di tutto il progetto, è il 1960, quello della *Dolce vita* di Fellini, dove perfino la trama anche tragica del film verrà fagocitata dal fascino di Marcello Mastroianni e Anita Eckberg, dalla fontana di Trevi illuminata e dal traffico impazzito e paparazzato di via Veneto e via Condotti. Il piano Marshall di ricostruzione del Paese conferirà a un'economia annientata dalla guerra nuove opportunità, nuovi modelli, nuovi riferimenti ed è naturale che l'America, militarmente presente nel nostro territorio, diventasse un punto di riferimento, proponendo il suo modello di società apparentemente opulenta, dove la comunicazione, la società dei consumi e la stessa struttura sociale apparivano distantissime da quella ancora arretrata dell'Italia. Quindi anche gli artisti italiani guarderanno all'America, ma come occasione di arricchimento culturale e non come modello, preferendo riferirsi poi alle peculiarità nazionali: una missione comune, interrogandosi autonomamente sulle modalità di costruzione dell'immagine, che rimarrà centrale pur declinata in soluzioni anche molto differenti tra loro, privilegiando di volta in volta tematiche legate all'avanguardia futurista, alla tradizione storica e al paesaggio, all'oggetto, alla comunicazione, al consumo, fino all'identificazione ideologica che condurrà rapidamente verso la stagione unica del Sessantotto. Un *sentire comune* di quegli artisti che costituiranno la Scuola di Piazza del Popolo a Roma, la Scuola di Pistoia in Toscana, il folto gruppo eterogeneo milanese e quello libertario e anarchico torinese, tutti orientati primariamente a una liberazione dal peso sordo dell'Informale ormai autoreferenziale e privo di spinta, nonché retaggio di un dopoguerra affamato di cui le nuove generazioni vorranno liberarsi rapidamente. Occhieggeranno quindi a quella temperatura comune che gli stessi americani delineano solo dopo il 1962, definendosi ancora The New Realists nella seminale mostra alla galleria Sidney Janis di New York inaugurata il 31 ottobre di quell'anno, con un'importante presenza di artisti italiani (Baj, Baruchello, Festa, Rotella, Schifano), con ogni evidenza ancora considerati paritari e ugualmente rappresentativi di quelli americani rispetto alle novità sociali ed economiche del tempo. Lo stesso Roy Lichtenstein, star della Pop Art, dichiarerà, solo un anno dopo: "Tutti hanno battezzato la Pop Art 'americana' ma in verità è pittura industriale"[4]. Significativo il rifiuto consapevole di Mario Schifano che disattenderà un dorato contratto con la potentissima Ileana Sonnabend, rinunciando così a una

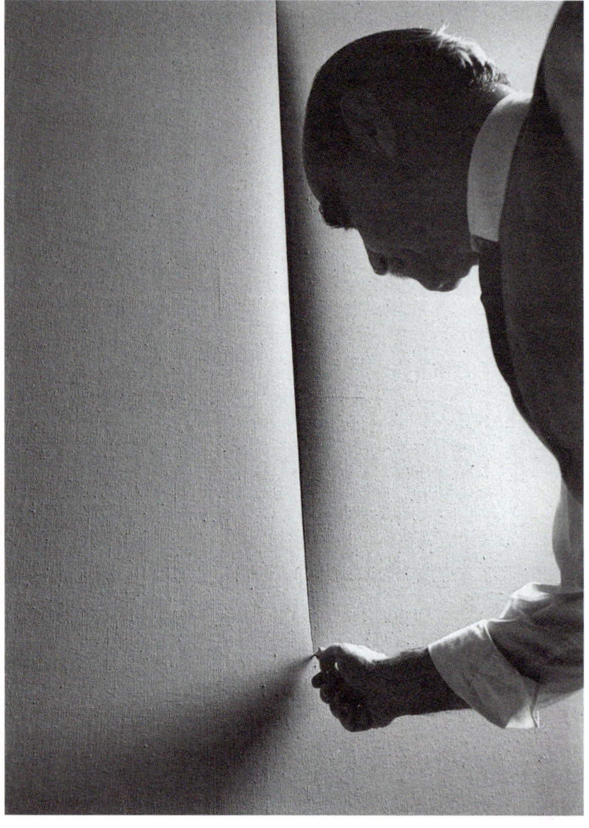

LUCIO FONTANA
L'Attesa, Milano, 1964

dynamic, electrifying psychological backdrop: *L'arte Pop me la ricordo allegra (I remember the Pop Art as happy)*, as Plinio De Martiis would say, a gallery owner who became the true mentor of Italian Pop artists.[3] The key year, the one chosen for the beginning of this whole project, is 1960, the year of Fellini's *La dolce vita*, in which even the film's tragic plot would be swallowed up by the charm of Marcello Mastroianni and Anita Eckberg, by the illuminated Trevi fountain, and by the crazed, paparazzi-ridden traffic of Via Veneto and Via Condotti. The Marshall Plan to rebuild the country would provide an economy destroyed by the war with new opportunities, new models, new points of reference, and it was only natural that America, still with a military presence in our territory, would itself become a point of reference, proposing its model of an apparently opulent society, where communication, consumerism, and the same social structure appeared a very far cry from the still backward Italy. Therefore, Italian artists would also look to America, but as an opportunity for cultural enrichment and not as a model, preferring then to refer to specifically national characteristics: a common mission, questioning themselves autonomously on how to construct the image, which would remain central even if expressed through solutions that were also very different from each other, favoring from time to time themes linked to the Futurist avant-garde, historical tradition and landscape, the object, communication, consumption, up to the ideological identification that would quickly lead toward the unique season of *1968*. A *common feeling* among those artists who would go on to make up the *Scuola di Piazza del Popolo in Rome*, the *Scuola di Pistoia* in Tuscany, the large heterogeneous Milanese group, and the libertarian and anarchist group in Turin, all primarily oriented toward a liberation from the dull weight of the *Informal*, by now just self-referential and lacking drive, as well as the legacy of a hungry post-war period that the new generations will quickly want to consign to the past. They would then eye that common sense that the Americans themselves only expressed after 1962, still defining themselves as *The New Realists* in the seminal exhibition at the Sidney Janis gallery in New York inaugurated on October 31 of that year, with a significant presence in terms of Italian artists (Baj, Baruchello, Festa, Rotella, Schifano), clearly still considered equal and equally representative of the Americans with respect to the social and economic novelties of the day. Roy Lichtenstein himself, star of *Pop Art*, would declare only a year later: "*Everybody has called Pop Art 'American' painting, but it's actually industrial painting.*"[4] Significant is, too, the conscious rejection expressed by Mario Schifano, who would decline a golden contract with the very powerful Ileana Sonnabend, thus renouncing a formidable "American career" as he didn't want to see his creative explosiveness constrained: *For them, I had to continue to do monochromes and coca-cola details*. A refusal that was also emulated by Piero Gilardi and Gianfranco Baruchello for similar reasons, demonstrating how America was not (yet) considered the indisputable Eldorado for Italian artists.

1962 would also be an important year for the newly born Italian Pop, until then referred to as *Arte Oggettiva* or *Figurazione Novissima*. Perfectly in step with the times would be the text *Verso un realismo di massa*, published in 1963 by the poet-critic Cesare Vivaldi[5]: *Advertising, television, signage, and comics increasingly focus on shock effects obtained by the violent imposition of a detached image, of a detail isolated from the normal relational context, charged with symbolic value*; while maintaining their own national identity with respect to a 'reportage' mentality that was to spread in America as well as in Europe, as the critic Maurizio Calvesi would define it: *But taking on the reportage language of Pop Art does not mean taking on an American way of life.*[6]

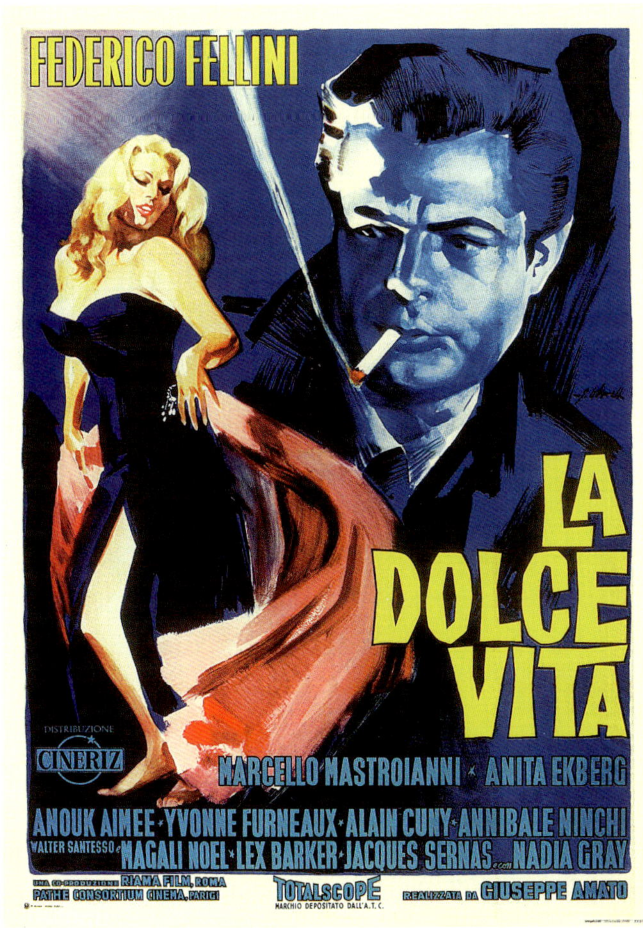

Free to Dream

formidabile "carriera americana", pur di non veder limitata la propria esplosività creativa: "Per loro
dovevo continuare a fare monocromi e particolari di coca-cole". Rifiuto che riguarderà anche Piero
Gilardi e Gianfranco Baruchello per motivi analoghi, a dimostrazione di come l'America non fosse
(ancora) considerata l'Eldorado irrinunciabile per gli artisti italiani.

Il 1962 sarà un anno importante anche per la costituenda Pop italiana, fino ad allora citata come
Arte Oggettiva o Figurazione Novissima. Perfettamente al passo con i tempi sarà il testo *Verso un
realismo di massa*, pubblicato nel 1963 dal poeta-critico Cesare Vivaldi[5]: "La pubblicità, la televisione, la segnaletica, il fumetto puntano sempre più su
effetti shok ottenuti dalla violenta imposizione di un'immagine staccata, di un particolare isolato dal normale
contesto relazionale, carico di valore simbolico"; pur
mantenendo la propria identità nazionale rispetto ad
una mentalità "reportagistica" che si diffonderà tanto
in America come in Europa, come la definirà il critico
Maurizio Calvesi: "Ma assumere il linguaggio reporta-
gistico della Pop Art non vuol dire assumere un modo di
vita americano"[6].

Pop Art che prenderà identità e credibilità in America
con il Gran tour nei musei di New York, Los Angeles,
Washington, Kansas City, Houston e Pasadena tra il '62
e il '63, prima traccia tangibile di quel che l'Europa in-
travede come l'iterazione di quell'imperialismo culturale
americano, già sperimentato con la precedente affermazione dell'Espressionismo astratto in tempi di Guerra

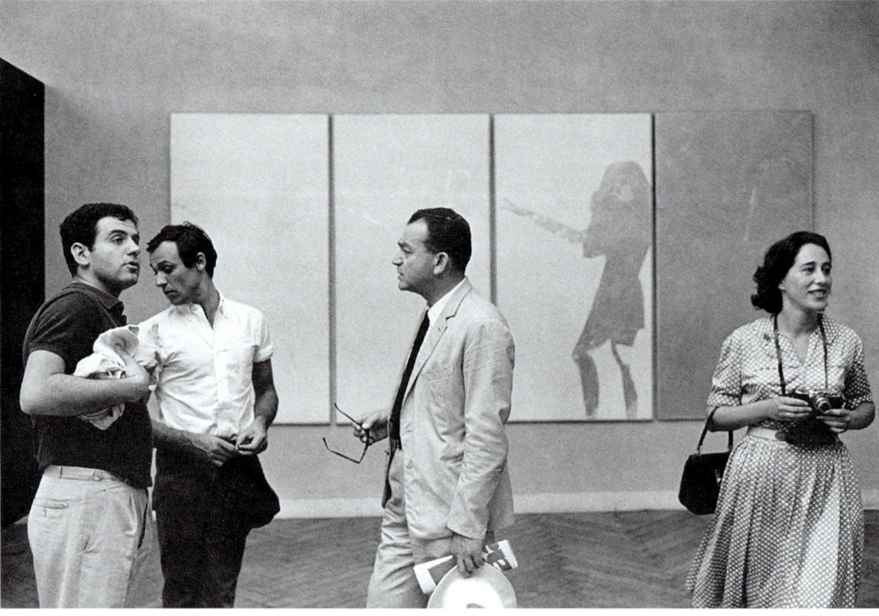

XXXII Esposizione
Internazionale Biennale
d'Arte, Venezia, 1964

fredda, foraggiato generosamente dal governo USA in contrapposizione con l'arte del Socialismo
reale dell'URSS. Dopo la scelta forzata sull'astratto, efficace contro la figurazione sovietica ma di
scarsa adesione nazionale, l'America finalmente può affermare con la Pop Art l'identità americana,
cioè una realtà social-popolare figlia di una tradizione recente, epidermica e dominata dal prodotto, dalla pubblicità, dal fumetto e dai divi di Hollywood. Non casualmente i principali artisti pop
d'oltreoceano, primo fra tutti Andy Warhol, proverranno infatti da esperienze come illustratori, designer pubblicitari o vetrinisti. L'affermazione definitiva della Pop Art americana, quella artistico-cul-
turale, ci sarà poi a livello egemonico dal 1964 e proprio grazie alla Biennale di Venezia, dove
Robert Rauschenberg, forse il più new-Dada e meno pop del gruppo, sarà premiato con il Leone
d'oro. Paradossalmente, rispetto a quanto sostenuto dalla critica per troppi anni, il *sentire comune*
nazionale rispetto alle tematiche di una nuova stagione di sviluppo economico e sociale, avverrà
proprio in Italia negli anni tra la fine degli anni cinquanta e gli inizi degli anni sessanta, in assoluta
autonomia dalla Pop Art americana, intriso di un originale retroterra storico legato all'esperienza
futurista, nonché arricchito da una forte e articolata valenza sperimentale e sociale, che diverrà poi
anche ideologica tra il '67 e il '69. Appare evidente come la critica nostrana si sia impantanata tra
il '62-'63 fossilizzandosi in definizioni, come new-Dada ad esempio, nei confronti di ricerche che
in realtà si riveleranno poi come antesignane di quella temperatura pop che diverrà dominante da
lì a pochi anni, malintendendo anticipazioni rivelatorie come quelle di Bertini, Maselli, Baj, Rotella,
o dello stesso Mauri, pur senza scomodare il *Primo Carnera* di Balla, ancora impronunciabile per la
sua adesione al Futurismo. Esemplificativa in questo senso la mostra *Nuove prospettive della pittura
italiana* organizzata a Bologna nel 1962, dove la quasi totalità della critica italiana parteciperà a
un catalogo dove non apparirà nessuna intuizione in questa direzione, ma diverrà imperdonabile
alla Biennale di Venezia del '64, dove la Pop Art di Rauschenberg (e Jasper Johns, Jim Dine e Claes

In America Pop Art would assume an identity and credibility with the Grand Tour of museums in New York, Los Angeles, Washington, Kansas City, Houston, and Pasadena between 1962 and 1963, the first tangible trace of what Europe glimpsed as the iteration of that American cultural imperialism, already experienced with the previous affirmation of Abstract Expressionism during the Cold War, generously encouraged by the USA government in opposition to the art of the USSR's Real Socialism. After the forced contraposition of Abstract, effective against Soviet figuration, but exercising very little national traction, with Pop Art America could finally affirm its American identity, i.e. a social-popular reality that was the offshoot of a recent tradition, superficial and dominated by the product, advertising, comics, and Hollywood stars. It is no coincidence that the main overseas Pop artists, first and foremost Andy Warhol, came to the genre from their experiences as illustrators, advertising designers, or window dressers. The definitive affirmation of American Pop Art, the artistic-cultural one, would then manifest at a hegemonic level from 1964 and precisely thanks to the Venice Biennial, where Robert Rauschenberg, perhaps the most new-Dada and least Pop of the group, would be awarded the Golden Lion. Paradoxically, compared to what the critics had been arguing for too many years, the *common national feeling* regarding the themes of a new era of economic and social development would evolve in Italy in the years between the end of the 1950s and the beginning of the 1960s, in absolute autonomy from American Pop Art, steeped in an original historical background linked to the Futurist experience, as well as enriched by strong and articulated experimental and social values, which would then also become ideological between 1967 and 1969. It is evident how Italian critics got bogged down between 1962 and 1963 by trying to box the new artistic expressions in their rigid classification linked to old definitions, such as new-Dada for example, with regard to research that would in reality turn out to be forerunners of the Pop atmosphere that would come to dominate artistic circles a few years later, misinterpreting revelatory anticipations such as those of Bertini, Maselli, Baj, Rotella, or Mauri himself. And that even without mentioning Balla's *Primo Carnera*, still taboo by dint of his adherence to Futurism. Exemplary in this sense was the exhibition *Nuove prospettive della pittura italiana* organized in Bologna in 1962, where almost all the Italian critics participated in a catalog which gave no hint of this new direction, but made a strong impression at the 1964 Venice Bienniale, where the *Pop Art* of Rauschenberg (together with that of Jasper Johns, Jim Dine, and Claes Oldenburg) was welcomed as completely innovative, ignoring the formidable solo shows also at the Biennale by Angeli, Baj, Del Pezzo, Festa, Schifano, and Rotella and even the Golden Lion awarded to a proponent of American new-Dada at the Italian Pop Bienniale. Calvesi's text in the catalog finally brings closer the possibility of a precise identification of a massive Italian Pop presence in the exhibition, but the critic clamorously misses the occasion, and ends up with a timid, mimetic *Pop* that he positions between new-Dada and Bacon, with obvious reference to extra-national experiences. Even today, the Cineteca Nazionale of Rai Cultura/Biennale 1964 reports online: *The Pop Art revolution infected Italian art*, naming all the American artists exhibited, but failing to mention a single one of the Italians. If in 1964 the Venice Bienniale had awarded *ex aequo*, or at least mentioned, an Italian among the many deserving artists exhibiting there, instead of celebrating Rauschenberg alone, we would certainly have witnessed the same worldwide mercantile affirmation of American Pop Art, which had already swallowed up English Pop Art, but with much greater prominence given to Italian research in those years. Thus, the Italian iteration would have been viewed far less as simply the poor relation of American Pop. An enormous, unrepeatable, guilty historical opportunity lost. And it would not be the only one, unfortunately.

The year 1967 is from many quarters referred to as the end of 'easy-going' *Pop*, daughter of the economic *boom*, but perhaps the situation deserves a different investigation. It is well known, even if whispered for too long, that Germano Celant decided on the title *Arte Povera* (borrowing it from Jerzy

Oldenburg) verrà accolta come del tutto innovativa, ignorando le formidabili personali ugualmente presenti di Angeli, Baj, Del Pezzo, Festa, Schifano e Rotella: ovvero il Leone d'oro assegnato a un new-Dada americano nella Biennale della Pop italiana. Il testo di Calvesi in catalogo avvicina finalmente la possibilità di una precisa identificazione di una massiccia presenza pop italiana in mostra, ma scivola, mancando clamorosamente l'occasione, su un timido, mimetico *pop*, citato tra new-Dada e Bacon, con evidente riferimento a esperienze extranazionali. Ancora oggi, on line viene riportato dalla Cineteca nazionale di Rai Cultura/Biennale 1964: *La rivoluzione della Pop Art contagiò l'arte italiana*, ricordando tutti gli artisti americani esposti, senza riportare un solo nome degli artisti italiani. Se nel '64 alla Biennale di Venezia fosse stato premiato (ex aequo?), o almeno segnalato un artista italiano, tra i molti meritevoli e presenti, anziché celebrare il solo Rauschenberg, avremmo assistito sicuramente alla stessa affermazione mercantile mondiale della Pop Art americana, che già aveva fagocitato quella inglese, ma con ben altro risalto della ricerca italiana di quegli anni e con meno sudditanza critico-mediatica. Un'enorme, irripetibile, colpevole occasione storica perduta. E non sara l'unica, purtroppo.

Il '67 è da molti versanti indicato come la fine della Pop "scanzonata" figlia del boom economico, ma forse la situazione merita un approfondimento diverso. È cosa nota, anche se da troppo tempo sussurrata, che Germano Celant decide per la titolazione Arte Povera (mutuandola dal Teatro Povero di Jerzy Grotowski del '62-'65), dopo esser stato tentato da Neo-Futurismo[7] e, indubbiamente, se si scorrono gli artisti invitati all'evento considerato fondativo, il motivo sicuramente c'era. Quanto alla titolazione *Arte Povera. Appunti per una guerriglia*[8], più di convenienza politica che di sostanza artistica, come confermeranno anche alcuni dei poveristi stessi, una prima, reale valutazione movimentista alla prova del Sessantotto riguarderà sicuramente più i pop De Filippi, Baratella, Spadari, Festa e Gilardi (inspiegabilmente escluso da Celant...) che gran parte dei poveristi, dove oggettivamente l'inclusione di Pino Pascali appare del tutto forzata e infatti presente in questo progetto, così come non ne fanno parte Kounellis e Pistoletto, pur molte volte inclusi nelle esposizioni dedicate alla Pop, aderendo alle loro stesse dichiarazioni[9] e perché le loro carriere, esclusa una brevissima parte iniziale, rispondono orgogliosamente alle istanze dell'Arte Povera e non a quelle della Pop. Sarebbe come inserire Schifano in un progetto sull'Informale, per le poche opere realizzate alla fine degli anni cinquanta. La stessa mostra fondativa alla galleria La Bertesca a Genova, sempre nel '67, *Arte Povera. Im-Spazio*, includerà tra i 12 artisti, anche Ceroli, Bignardi, Mambor e Tacchi, da decenni unanimemente assimilati alla tendenza pop. Se qualcuno se ne fosse accorto allora, con l'Arte Povera anche un Neo-Futurismo avrebbe avuto sicuramente ragione di esistere, emancipandoci in primis, anche semanticamente, dalla Pop Art americana e in secundis tesaurizzate le dichiarazioni sulla scaturigine futurista della loro ricerca di buona parte degli artisti presenti in questo progetto. Tesi riportata anche dal critico Alan Jones, amico personale di Leo Castelli, gallerista e mentore della Pop Art:

> "L'energia dell'arte italiana non aveva paragone in nessun altro paese d'Europa [...] Peccato che non si poteva chiamarlo, all'epoca, Neo-Futurismo, un tabù che esigeva l'uso del termine neo-Dada [...] Marinetti avrebbe capito subito la convergenza dell'arte, design, moda, musica e nuovi mezzi tecnologici. Marinetti al light-show al Piper"[10].

Ma il Futurismo era impronunciabile, quindi si è preferito colpevolmente lasciare la straordinaria generazione pop italiana in un limbo in cui pressoché nessuno di loro si riconosceva, pur citando con chiarezza da dove una parte significativa della loro ricerca provenisse.

Grotowski's *Poor Theatre* of 1962-65) after having been tempted by *Neo-Futurism*[7] and, if one looks at the artists invited to the event considered to be the founding moment, there was certainly a reason for that. As for the title, *Arte Povera. Appunti per una guerriglia*[8] was chosen more out of political expediency than for artistic substance, as some of the Poverists themselves would confirm. A first, real movementist evaluation at the test of 1968 would certainly include pop artists De Filippi, Baratella, Spadari, Festa, and Gilardi (inexplicably excluded by Celant...) rather than most of the Poverists. In fact, the inclusion of Pino Pascali among the Poverists seems objectively forced as he was indeed a Pop artist (and as such is studied in this project), contrary to Kounellis and Pistoletto who, despite being often included in exhibitions dedicated to Pop, signaled their distance from the movement both through their declarations[9] and their work. In fact, for most of their careers, with the exception of a very brief initial period, they proudly responded to the demands of Arte Povera and not to those of Pop. The same founding exhibition at the La Bertesca gallery in Genoa, also in '67, *Arte Povera. Im-Spazio*, included among the 12 artists Pascali, Ceroli, Bignardi, Mambor, and Tacchi, for decades unanimously associated with the Pop trend. If anyone had realized then that *Neo-Futurism* certainly had reason to exist alongside Arte Povera, this would have emancipated us, also semantically, from American *Pop Art* and would have been in line with the admission of the Futurist origin of their research by most of the artists presented in this project. This thesis was also articulated by the critic Alan Jones, a personal friend of Leo Castelli, gallery owner and mentor of *Pop Art*:

The energy of Italian art was unparalleled in any other country in Europe [...] It was a pity that it could not be called Neo-Futurism at the time, a taboo that demanded the use of the term neo-Dada [...] Marinetti would have immediately understood the convergence of art, design, fashion, music, and new technological means. Marinetti at the light-show at the Piper.[10]

But Futurism was taboo, so these artists culpably preferred to leave the extraordinary Italian Pop generation in a state of limbo in which almost none of them recognized themselves, even though they clearly articulated from where a significant part of their research came.

But to return to the forerunners of national Pop Art, we should recall Giacomo Balla, the man who was the original driving force behind the Futurist mold since he counted among his painting students Severini, Boccioni, Prampolini, and many others Futurists, an unrepeatable, reckless experimenter who from the magnificent portraits of the Roman bourgeoisie would move on to the most refined *Divisionism*, thereafter developing the first authentically abstract research in history with his *Iridescent Compenetrations* (1912), as well as inventing modern *design* for the Löwenstein house in Dusseldorf in the same year. The same Balla who would evolve Abstraction into a form of sculpture with the forerunners of the *Plastic Complexes*, simultaneously with the incredible Futurist period of the *Lines of Speed*, and who would go on to create the very work that can be considered the proto-intuition of the Italian Pop era: his *Primo Carnera* of 1933 (with the back showing *Vaprofumo* of 1926, a typically Futurist work), a pictorial evocation of a photo by Elio Luxardo dedicated to the boxer who became World Heavyweight Champion that year. The painting is made on wire mesh to provoke the 'screening' effect, identical to that produced by newsprint images. Balla arrived at the creation of the work after a Futurist proclamation in 1930 dedicated to the *mass avant-garde*: a comparison, therefore, forcefully desired with the widely circulated media referring to a star of the moment, the same media that would be foundational in the work of Andy Warhol, many years later. Filippo Tommaso

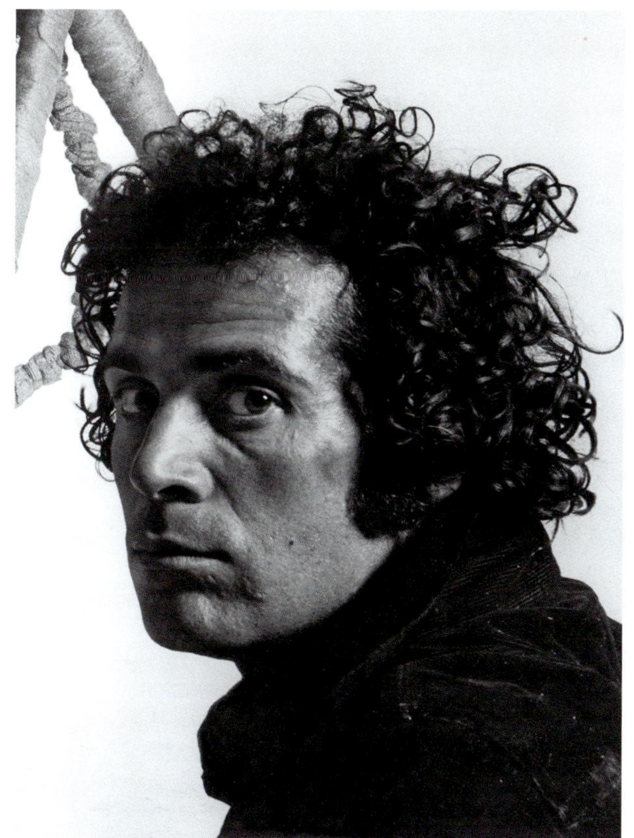

Ma tornando agli antesignani del pop nazionale, va ricordato appunto Giacomo Balla, detentore della matrice di conio futurista quale maestro di pittura di Severini, Boccioni, Prampolini e molti altri, irripetibile, spericolato sperimentatore che dai magnifici ritratti della borghesia romana passerà al Divisionismo più raffinato, sviluppando poi la prima ricerca autenticamente astratta della storia con le *Compenetrazioni iridescenti* (1912), nonché inventando il moderno design a casa Löwenstein nello stesso anno. Il medesimo Balla che declinerà in scultura l'Astrazione con gli antesignani *Complessi plastici*, simultanei all'incredibile stagione futurista delle *Linee di velocità* e che sarà l'autore proprio dell'opera che può essere considerata la proto-intuizione della stagione pop italiana: il suo *Primo Carnera* del 1933 (con il retro che presenta *Vaprofumo* del '26, tipicamente futurista), rievocazione pittorica di una foto di Elio Luxardo dedicata al pugile divenuto campione del mondo dei pesi massimi in quell'anno. Il dipinto viene realizzato su rete metallica per provocare l'effetto retinatura, identico a quello prodotto dalle immagini di stampa dei giornali. Balla approda alla realizzazione dell'opera dopo un proclama futurista del 1930 dedicato all'avanguardia di massa: un raffronto quindi fortemente voluto con i mezzi di ampia diffusione riferiti ad un divo mediatico del momento, che saranno fondativi nell'opera di Andy Warhol, molti anni dopo. Lo stesso Filippo Tommaso Marinetti nel lontano 1912, in occasione della mostra dei futuristi a Parigi alla galleria Barnheim-Jeune, aveva acquistato ampi spazi pubblicitari sulle riviste patinate dell'epoca (non culturali, quindi) dedicati non alle opere esposte, ma ai soli ritratti fotografici degli artisti. Se il *Carnera* non fosse stato realizzato da Balla, l'eclettico, lo sperimentatore per eccellenza del Novecento italiano, si potrebbe attribuire a una coincidenza fortuita, ma viste le sue ripetute, straordinarie anticipazioni, la proto-intuizione gli spetta di diritto, per meriti, anche teorici sull'avanguardia di massa, acquisiti sul campo.

La selezione dei trentasei artisti inseriti nel progetto si apre cronologicamente con Enrico Baj, Mimmo Rotella e Titina Maselli che conducono verso quel *sentire comune* che si svilupperà nel corso degli anni sessanta.

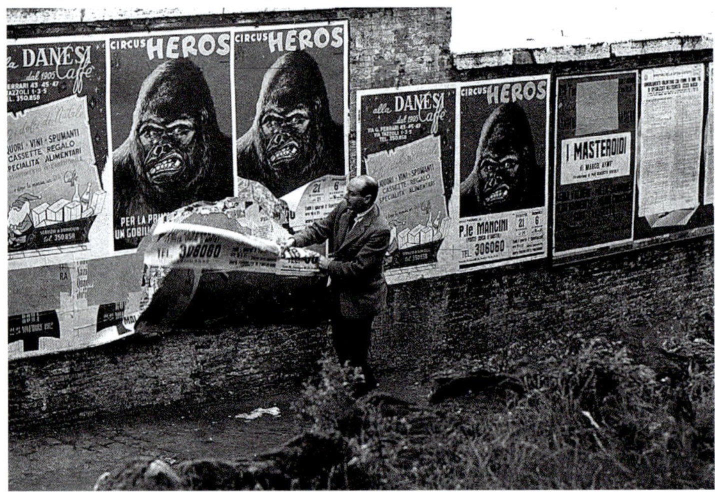

MIMMO ROTELLA
durante il rito della "lacerazione" / during the rite of "laceration", Roma, 1963 ca.

La ricerca di Baj, fin dalla metà degli anni cinquanta rappresenta una tappa di avvicinamento alla stagione pop, combinando i suoi "personaggi" con riferimenti popolari e suggestioni vicine al *kitsch* e al Dadaismo. Ricerca che sarà oggetto anche dell'attenzione di Jean Baudrillard: "Vi è nella pittura di Baj la strana sovrimpressione di una violenza pesante, immobile, quella del materiale, della linea e dell'ornamento e di una violenza sarcastica"[11]. L'opera introduttiva del progetto, datata 1960, ritrae un generale che aggalla infati da un magma violento, una sorta di materializzazione ironica della figura dall'informe, che corrisponde a quanto dichiarerà in proposito lo stesso Baj in età matura, come sintesi della sua ricerca: "In fondo ho sempre cercato di frequentare una certa irriverenza, un'ironia e un gusto del paradosso, perché ritengo che questi siano altissimi strumenti di difesa, quasi degli anticorpi dell'uomo contemporaneo contro l'oppressione e la massificazione della burocrazia, dei codici fiscali, postali, telefonici, bancomatici, internettici"[12].

Suggestioni premonitrici della stagione successiva pop anche in Mimmo Rotella che, sempre dalla metà degli anni cinquanta coniuga l'evidente matrice futurista dei poemi fonetici[13] con l'azione dada dello strappo dei manifesti, nei quali, a partire dai primi anni sessanta, compariranno inserimenti inconfondibili legati all'immagine e ai media quali i riferimenti cinematografici e pubblicitari: "Nel mio lavoro cerco di tener conto degli chocs che ricevo continuamente [...] nei miei décollages recenti,

Marinetti, himself back in 1912, on the occasion of the Futurists' exhibition in Paris at the Barnheim-Jeune gallery, had purchased large advertising spaces in the glossy magazines of the day (popular periodicals and not vehicles of culture, therefore) dedicated not to the works on display, but solely to photographic portraits of the artists. If the *Carnera* had not been created by Balla, the eclectic, experimentalist par excellence of 20th-century Italy, it might be attributed to a fortuitous coincidence, but given his repeated, extraordinary anticipations, the proto-intuition rightly belongs to him, due to his merits in this artistic area, including the theoretical ones on the *mass avant-garde*.

The selection of the thirty-six artists included in the catalog opens chronologically with Enrico Baj, Mimmo Rotella, and Titina Maselli, figures who paved the way to the *common feeling* that was to develop during the 1960s.

Baj's research from the mid-1950s represents an early step toward the development of Italian Pop art, combining his 'characters' with popular references and intimations closely aligned to *kitsch* and Dadaism. This research would also be the object of Jean Baudrillard's attention: *There is in Baj's painting the strange superimposition of a heavy, immobile violence, that of material, line, and ornament, and a sarcastic violence.*[11] The introductory work of the project, dating to 1960, depicts a general agglomeration of violent magma, a sort of ironic materialization of the figure from the formless, which corresponds to what Baj himself would declare in his later years when summarizing his research: *Basically, I have always tried to frequent a certain irreverence, an irony, and a taste for paradox, because I believe that these are high instruments of defence, almost antibodies of contemporary man against the oppression and massification of bureaucracy, of tax, postal, telephone, banking, and internet codes.*[12]

Prophetic signs of the subsequent Pop period are also discernible in the work of Mimmo Rotella who, again from the mid-1950s, combines the evident Futurist matrix of the phonetic poem[13] with the *Dada* act of tearing posters, in which would appear, from the early 1960s onward, unmistakable insertions linked to the image and the media such as cinematographic and advertising references: *In my work I try to take into account the shocks that I continually receive [...] in my recent décollages, an image recovery [...] that has nothing to do with the naturalistic figurative datum, pure and simple.* The photographs of the time with Rotella, dressed up to the nines in suit and tie, ripping up posters in front of the curious eyes of passers-by, are intriguing: *The operation of recovering fragments of reality is carried out with great ease [...] as children often enjoy doing [...] between the brat and the vandal. [...] Creating something that is, even under the aspect of the ready-made, a metaphor for the world.*[14] The phase of the destructions of the posters responds to what Rotella asserted and is stated today in the introduction to his Foundation's website: *Tearing posters off the walls is the only revenge, the only protest against a society that has lost its taste for change and amazing transformations.* Torn posters that until the 1960s would only be the evolution of informal matter, until the appearance of the first fragments that could be associated with the Pop figure that would gradually expand in the following years. It is worth remembering, then, that Rotella would be defined by the critic Lucy Lippard in her '67 "bible" dedicated to Pop Art as *The greatest Italian proto-Pop artist.*[15]

Other artists among those selected would also display an anticipatory sensitivity to the times at the turn of the 1950s/60s: in particular, Fabio Mauri and Renato Mambor, for their marked conceptual sensitivity. Even if Gianni Bertini's research had already been travelling in this direction at the end of the 1940s: his *Gridi* perfectly summarize what Vivaldi would conceptualize more than a decade later, remaining an entirely isolated but extremely significant intuition of an artistic ferment just waiting to be grasped.

Roberto Floreani

un recupero d'immagine [...] che non ha nulla a che vedere col dato figurativo naturalistico, puro e semplice". Incurioscono le fotografie dell'epoca con Rotella, vestito a puntino in giacca e cravatta, mentre strappa i manifesti davanti agli occhi incuriositi dei passanti: "L'operazione di recupero di frammenti della realtà si svolge con grande disinvoltura [...] come i ragazzini si divertono spesso a farlo [...] tra il monello e il vandalo. [...] Creazione di qualcosa che sia, anche sotto l'aspetto di ready-made, una metafora del mondo"[14].
La fase di lacerazione del manifesto risponde a quanto dichiarato da Rotella e riportato oggi in apertura del sito della sua Fondazione: "Strappare i manifesti dai muri è l'unica rivalsa, l'unica protesta contro una società che ha perduto il gusto dei mutamenti e delle trasformazioni strabilianti". Manifesti strappati che fino al '60 non saranno che l'evoluzione della materia informale, fino alla comparsa dei primi lacerti riferibili alla figura di area pop che, via via, andrà espandendosi negli anni successivi. Vale ricordare poi che Rotella sarà definito dalla critica Lucy Lippard nella sua "bibbia" del '67 dedicata alla Pop Art: *Il maggiore artista proto-pop italiano*[15].

Altri artisti tra quelli selezionati dimostreranno al passaggio del decennio 50-60 una sensibilità anticipatoria rispetto ai tempi: Fabio Mauri e Renato Mambor su tutti, per la loro spiccata sensibilità concettuale. Anche se in questa direzione si era orientata già la ricerca di Gianni Bertini alla fine degli anni quaranta: i suoi *Gridi* riassumono perfettamente quanto Vivaldi concettualizzerà oltre dieci anni dopo, restando un'intuizione del tutto isolata ma estremanente significativa di una temperatura che aspettava solo di venire colta.

Anche Titina Maselli (1924-2005) precorrerà i tempi, anticipando con la sua ricerca la stessa presa di coscienza della Pop Art, ulteriore dimostrazione dell'indipendenza, o addirittura della preveggenza delle nostre frequenze pop rispetto a quelle degli americani. La sua ricerca precede infatti di un decennio la sensibilità che si svilupperà oltreoceano: i suoi giocatori di football sono datati addirittura 1950, i primi quadri con i camion del '51, i fili del tram sospesi come lame del '52: Del '54 le descrizioni della subway e delle facciate dei grattacieli con le colombe impazzite nel volo sperduto[16]. "La tua pittura è intensa, notturna, moderna", le scriverà Alberto Moravia, i tratti sono nervosi, rapidi, simultanei, evocano Mitovelocità e Dinamismo futuristi, la centralità della macchina, dell'ambiente metropolitano, del progresso, così come le città verticali di Sant'Elia. Pur vissuta a New York negli anni cinquanta, quella di Maselli sembra una fascinazione metropolitana analoga a quella subita da Depero già negli anni trenta, che pur trasformerà i profili identitari dei grattacieli in sagome futuriste. "Voglio dipingere energia", ripeterà Maselli a più riprese e, fin dalla sua prima personale romana nel '48, darà rilievo alla declinazione dell'immagine spesso "tratta dal basso", dalla quotidianità: il telefono, la macchina da scrivere, la bistecca. L'immagine resa dalle sue opere, anche da un punto di vista cromatico, il più delle volte con timbri clamorosi, riconduce sicuramente alla cartellonistica e quindi alla comunicazione massmediale, ma mentre nella Pop Art americana si assiste a una riproduttività spesso pedissequa, in Maselli la sensazione è che si tratti di attimi recuperati dalla memoria, di fermo-immagine aggallati da un immaginario non sempre necessariamente reale, di registrazioni meccaniche e lampeggiamenti che riguardano un passato che ritorna, più dell'occhio che vede. Un retaggio fortemente psicologico, articolato e complesso, che colloca la sua ricerca con profonde radici europee. I *Fili nel cielo*, ricordano: *I fili elettrici contro il cielo percorsi da una forza in movimento sono il veicolo della volontà, della volontà continua* del '55.

In Italia si svilupperà un linguaggio visivo centrato sull'immagine, elementare, diretto, che avrà il suo epicentro nella cosiddetta Scuola di Piazza del Popolo a Roma, composta da un numero aperto di componenti e rifiutata dagli stessi artisti nella sua accezione di indirizzo preciso: nella realtà, si

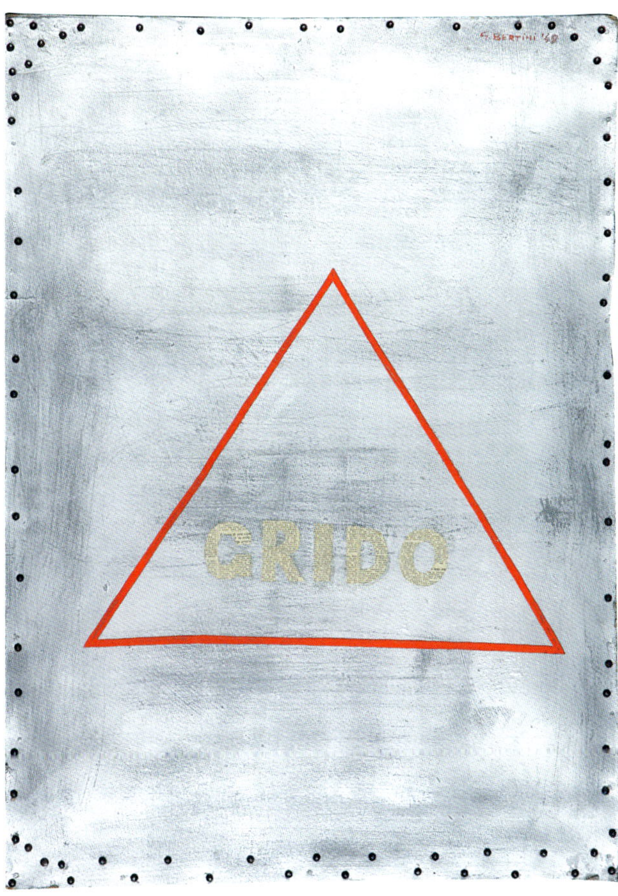

GIANNI BERTINI
Grido, 1949
olio su tela /
oil on canvas
Collezione dell'artista /
Artist's collection

Titina Maselli (1924-2005) was also ahead of her time, anticipating with her research the same awareness of Pop Art, a further demonstration of the independence, or even prescience, of our Italian Pop wavelengths compared to that of the Americans. In fact, her research precedes by a decade the sensibility that would develop overseas: her football players are dated as early as 1950, the first paintings with trucks from '51, the tram wires suspended like blades, '52: *from '54 the descriptions of the subway and the facades of skyscrapers with the doves gone mad in flight.*[16] *Your painting is intense, nocturnal, modern*, Alberto Moravia would write to her: the strokes are nervous, rapid, simultaneous, evoking Futurist Mitovelocity and Dynamism, the centrality of the machine, of the metropolitan environment, of progress, as well as Sant'Elia's vertical cities. Although she lived in New York in the 1950s, Maselli had a metropolitan fascination analogous to that enjoyed in the 1930s by Depero, a fascination that would result in the transfiguration of skyscrapers' profiles into Futurist silhouettes. *I want to paint energy*, Maselli would repeat several times and, ever since her first solo exhibition in Rome in 1948, she would emphasize the variety of the image often 'taken from the bottom', from everyday life: the telephone, the typewriter, the steak. The image rendered by her works, also from a chromatic point of view, most of the time in vibrant colors, certainly leads back to poster art and therefore to mass-media communication. But while in American Pop Art there is an often slavish reproductiveness, in Maselli the sensation is that of moments retrieved from memory, of freeze-frames taken from an imaginary world that is not always necessarily real, of mechanical recordings and flashes of a past that returns, more than to the eye that sees. A strongly psychological legacy, articulate and complex, which places her research within a framework of deep European roots. About *Wires in the Sky* she wrote: *The electric wires against the sky traversed by a moving force are the vehicle of the will, of the continuous will* (1955).

In Italy, an image-centered, elementary, direct visual language was to develop that had its epicentre in the so-called *Scuola di Piazza del Popolo* in Rome, composed of a fluctuating number of members and rejected by the artists themselves in the sense of their refusal to condone its meaning of precise direction: in reality, it was the same *common feeling*, worked through via different sensitivities and predispositions. Franco Angeli, Umberto Bignardi, Mario Ceroli, Tano Festa, Giosetta Fioroni, Sergio Lombardo, Renato Mambor, Mario Schifano, and Cesare Tacchi: it was they who would form the nucleus referred to most often, where the figure of Schifano, in a close, sometimes dissolute and conflictual association with Tano Festa (*My relationship* [...] *was dreadful*, Schifano would say) would stand out from the others for his frenzied production, engulfing all his subjects in a way that was as senseless as it was phenomenal, also because his life of excess would represent in the collective imagination the stereotype of *genius and unruliness*, in which Art and Life would have indistinguishable contours, as the artist himself would assert in an interview with Goffredo Parise: *Look at the paintings and you will know Schifano.*

Pop-Italy: The protagonists

Pino Pascali, perhaps the artist to whom all art trends of the period – New Objectivity, Arte Povera, and Pop Art – laid claim, certainly deserves a separate introduction, also due to his premature death in a motorbike accident on September 11, 1968. Pascali's research occupied a place between play and myth, fueled by a libertarian, in some ways childish, inexhaustible transgression, which earned him the nickname of *Ragazzo terribile, che gioca per spetto e scaccia la vergogna esagerando,*

tratterà del medesimo *sentire comune*, declinato nelle diverse sensibilità e predisposizioni. Franco Angeli, Umberto Bignardi, Mario Ceroli, Tano Festa, Giosetta Fioroni, Sergio Lombardo, Renato Mambor, Mario Schifano e Cesare Tacchi: sarà questo il nucleo cui ci si riferisce il più delle volte, dove la figura di Schifano, in uno stretto, a volte dissoluto e conflittuale sodalizio con Tano Festa ("Il mio rapporto [...] è stato tremendo", dirà Schifano) spiccherà sulle altre per la sua frenesia realizzativa, fagocitando tutte le tematiche in modo tanto dissennato quanto fenomenale, anche perché la sua vita di eccessi rappresenterà nell'immaginario collettivo lo stereotipo del *genio e sregolatezza*, in cui Arte e Vita avranno contorni indistinguibili tra loro, come lo stesso artista riferirà in un'intervista a Goffredo Parise: "Guardi i quadri e conoscerà Schifano".

Pop-Italia: i protagonisti

Un discorso preliminare merita sicuramente Pino Pascali, l'artista forse più conteso di quel periodo tra Nuova Oggettività, Arte Povera e Pop, anche per la sua morte prematura causata da un incidente in moto l'11 settembre 1968. La ricerca di Pascali si svolgerà tra gioco e mito, alimentata da una trasgressione libertaria, per alcuni versi infantile, inesauribile, che gli varrà il soprannome, attribuitogli da Palma Bucarelli, di "ragazzo terribile, che gioca per dispetto e scaccia la vergogna esagerando"[17], allora direttrice della Galleria d'Arte Moderna di Roma. Risulta oggi non attendibile la connotazione di Pascali nella Nuova Oggettività, poco calzante alle reali novità del periodo storico, improbabile l'appartenenza all'Arte Povera per vari motivi: per un'indipendenza creativa del tutto sconosciuta agli altri poveristi, per un'adesione a un mito romantico dell'infanzia distantissimo dal loro pragmatismo, nonché dalla sua azione critica dall'interno del sistema e non contro il sistema. Pascali non aderirà convintamente nemmeno alla protesta studentesca del Sessantotto: "L'artista è sempre stato vittima della politica ed è stato usato ora da questo ora da quello"[18], unico a presidiare dalla chiusura il proprio spazio espositivo alla Biennale di quell'anno, affrontando i contestatori. Anche se aderirà energicamente a quelle rivendicazioni sociali, evocando quel mito agrario *ante litteram* che vedrà l'affer-

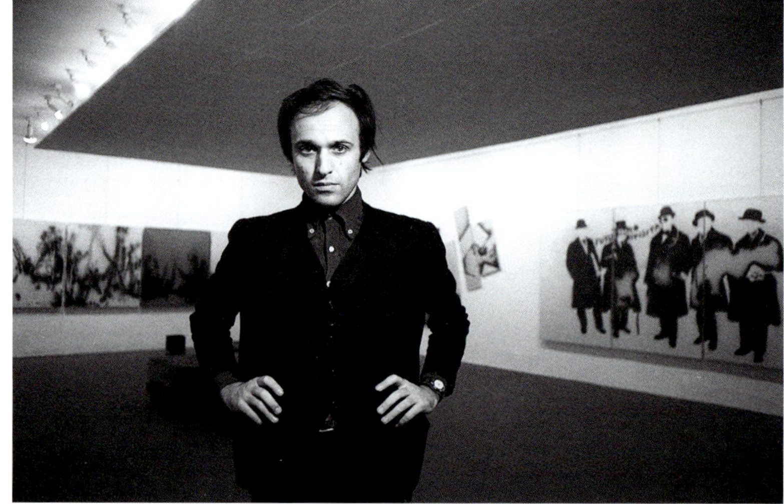

mazione dei Verdi solo nel corso degli anni settanta, con Joseph Beuys in testa, segnale di una convinta rivalutazione di quella civiltà contadina messa in discussione dall'industrializzazione del Paese. Rielaborazioni che giungono da lontano interferendo per molti aspetti col filone della cultura futurista[19], nonché emulando quella "avanguardia di massa" di cui Calvesi ha potuto leggere appunto segni e stigmate del Futurismo[20]. Così come la considerazione plastica della doppia funzione sia dell'opera sia dello spazio che la contiene, chiara riminiscenza delle linee-forza, interne ed esterne, teorizzate da Umberto Boccioni nel 1912 e spesso evocato come seguace/innovatore sui materiali rispetto alla lezione di Balla[21], nonché del Polimaterismo teorizzato da Prampolini nel suo saggio *Arte polimaterica*, datato 1944[22]. Della massima rilevanza nella ricerca di Pascali sarà anche la padronanza tecnica dei materiali, frutto della sua abilità da scenografo televisivo, già dichiarata ma del tutto evidente soprattutto nel suo formidabile Padiglione a Venezia, pochi mesi prima della morte, dove si annuncerà anche una possibile tendenza geometrico-minimalista, restata inopinatamente senza prova. Opere che manifestano distanze siderali dalla Pop americana, dichiarata esplicitamente anche dall'artista nel '66.

Mario Schifano (1934-1998), sarà il protagonista che avrà sulla Pop nazionale analoga importanza di quanto Andy Warhol ne abbia avuta su quella americana e che nei primissimi anni sessanta, proveniente dalla stagione dei Monocromi e dalla permanenza negli Stati Uniti, anziché

attributed to him by Palma Bucarelli,[17] then director of the Galleria d'Arte Moderna in Rome. Today, Pascali's place among the artists of the New Objectivity seems unreliable, his work not fitting with the real novelties of the historical period, and his belonging to Arte Povera also improbable for various reasons: for a creative independence that was completely unknown to the other Arte Povera artists, for his adherence to a romantic myth of childhood that was very distant from their pragmatism, and for his critical action from within the system and not against the system. Pascali would not even wholeheartedly support the student protest in 1968: *the artist has always been a victim of politics and has been used now by one or another*[18]; he was, too, the only one to preside over his own exhibition space at the Biennale that year to prevent its closure by confronting the protesters. However, he energetically maintained those social claims, evoking that *ante litteram* agrarian myth that would see the affirmation of the Green political party during the 1970s, with Joseph Beuys in the lead, a sign of a convinced re-evaluation of that peasant civilization that the industrialization of the country was threatening. These are re-elaborations that come from afar, interfering in many respects with the strand of Futurist culture[19] as well as emulating that 'mass avant-garde' in which Calvesi was able to see the signs and stigmata of Futurism.[20] Other elements that prove the influence of Futurism are the plastic consideration of the double function of both the work and the space that contains it, a clear reference to the internal and external force lines theorized by Umberto Boccioni in 1912 and often evoked as a follower/innovator of materials with respect to Balla's lesson[21], as well as of the Polymaterism theorized by Prampolini in his essay *Arte polimaterica*, dated 1944.[22] Also of the utmost importance in Pascali's research was his technical mastery of materials, the result of his skill as a television set designer, already asserted but clearly evident especially in his formidable Pavilion at the Venice Biennale, where were displayed visible hints of a possible geometric-minimalist tendency which, unfortunately, was not to be confirmed by future works because of his untimely death.
All these are works that manifest humongous distances from American *Pop*, as the artist himself admitted in 1966.

Mario Schifano (1934-1998), was to be the protagonist who would exert a similar importance on Italian Pop Art as had Andy Warhol on American Pop Art and who, in the very early 1960s, following on from his Monochrome period and stay in the United States, instead of sitting in the American Pop salon, once back in Italy, would retrace the national historical avant-garde, Futurism, expressing it in all the possible iterations permitted by his extraordinary visionary nature: from *Futurism revisited*, to the repeated homages to the dynamic research of Giacomo Balla, to the *tout-court* citation of Boccioni, as also recalled, if more timidly, by the critic Achille Bonito Oliva, who will follow, step by step, almost his entire existential path: [Schifano] *has a typically Italian cultural model behind him, in some ways very close to Futurism in terms of cultural tension*[23]. Pop peculiarities that would later be extended to the richness of the landscape — even if most of the time breaking up the contours into a sort of landscape of memory — to the citation of historical and artistic treasures, to the great protagonists of the Renaissance, to Giorgio de Chirico, in the infinite cross-references to history and tradition. It will be the artist himself who reveals to us the real meaning of the quotations, with completely different "weights": *The past begins with Picabia and Balla. The ancients [...] have sometimes been names for me to put on uncertain paintings*, almost precious pretexts, then. The advertising references, *Esso* or *Coca-Cola* in particular, are not banal citations or cultural references of American suggestions, but a statement of complete adherence to an esthetic ideal without constraints; images brought back to painting, from the street or from memory in the same way, under the banner of a totalizing freedom, where *Esso* is but a sign of energy and *Coca-Cola* one of propaganda, terms often referred to by the artist himself. A confrontation with *Pop Art* that Schifano experienced as an equal, without any subservience: *I am one like them, they are like me.*[24] One work in particular gives

accomodarsi nel salotto della Pop americana, una volta rientrato in Italia, ripercorrerà l'Avanguardia storica nazionale, il Futurismo, declinandolo in tutte le versioni possibili consentite dalla sua straordinaria visionarietà: dal Futurismo rivisitato, agli omaggi ripetuti alla ricerca dinamica di Giacomo
Balla, alla citazione tout-court di Boccioni, come ricordato più timidamente anche dal critico Achille
Bonito Oliva, che ne seguirà, passo passo, pressoché tutto il percorso esistenziale: "(Schifano) Ha
alle proprie spalle un modello culturale tipicamente italiano, per certi versi assai vicino al futurismo
quanto a tensione culturale"[23]. Peculiarità pop che saranno poi estese alla ricchezza del paesaggio
– anche se il più delle volte sfaldando i contorni in una sorta di paesaggio della memoria – alla citazione alle bellezze storico-artistiche, ai grandi protagonisti del Rinascimento, a Giorgio de Chirico,
negli infiniti rimandi di storia e tradizione. Sarà lo stesso artista a svelarci il significato reale delle
citazioni, con "pesi" del tutto diversi tra loro: "Il passato comincia con Picabia e Balla. Gli antichi
[...] sono stati per me talvolta dei nomi da mettere a dei quadri incerti", quasi dei preziosi pretesti,
quindi. Gli stessi riferimenti pubblicitari, *Esso* o *Coca-Cola* su tutte, non saranno banali citazioni
o riferimenti culturali di suggestioni americane, ma un'adesione totale a un ideale estetico senza
vincoli; immagini riportate in pittura, dalla strada o dalla memoria allo stesso modo, all'insegna di
una libertà totalizzante, dove *Esso* non è che un segno di energia e *Coca-Cola* uno di propaganda,
termini riferiti spesso dallo stesso artista. Un confronto con la Pop Art che Schifano vivrà alla pari,
senza alcuna sudditanza: "Io sono uno come loro, essi sono come me"[24]. Un'opera in particolare
rende la temperatura di come Schifano, pur riconoscendone l'importanza visiva e sociale, considerava la nuova pressione della pubblicità: *Tutta propaganda*, con il logo della *Esso* che aggalla da
una massa di colore informe. Nulla di celebrativo, quindi, ma solo documentario: la pura immagine quindi, non il suo significato. La declinazione che ne risulterà sarà vertiginosa, personalissima,
all'insegna di quella velocità nella pittura cui non viene lasciato il tempo di fissarsi, colando spesso
fuori dalle campiture: "Il lavoro bisogna pensarlo a lungo e farlo velocemente"[25]. Schifano sarà un
cacciatore d'immagini ("La mia maniera è guardare") che divorerà la vita in ogni suo singolo istante
pervaso da una naturale, dissennata vitalità, venendone a tratti fagocitato e spesso travolto. Per
quanto riguarda il periodo sessantottino delle varie versioni di *Compagni, Compagni*, con falce e
martello in grande evidenza, può senz'altro apparire come la sua identificazione movimentista, del
tutto evidente in molti altri autori, ma non in Schifano, almeno consapevolmente. Se il principio di
questa analisi è quella di dar voce alle intenzioni degli artisti, quella di Schifano sarà inequivocabi-
le: "Non sono comunista e non sono Guttuso"[26], corroborata anche dalla superficialità (politica) nel
riportare in modo poco ortodosso la frase: *Sulla giusta soluzione delle contraddizioni in seno alla
società*, presente in mostra, anziché: *Sulla giusta soluzione delle contraddizioni in seno al popolo*,
tutt'ora presente nella Biblioteca Multimediale Marxista.
L'Arte-Vita in Schifano permarrà anche nelle realizzazioni con supporto fotografico e video (segno
dei tempi) a cavallo degli anni sessanta e settanta, dominate dall'aspetto personale dell'artista:
"Dormo con la televisione accesa, sono cullato dalla Tv". Immagini a ritmo continuo, ipnotico, in-
troitate senza volume, freneticamente fotografate con la fedele Polaroid istantanea in centinaia, migliaia di scatti poi ritoccati uno a uno, in una sorta di *trance* estetica, spesso soggiogato da sostanze
allucinogene: "Ciò che m'interessava non era la cultura della Tv, ma la sua cultura dell'immagine".
Ancora l'immagine al centro, ancora la celebrazione dei media, come agli inizi.

Componente di spicco del gruppo di Piazza del Popolo, Franco Angeli (1935-1988) lavora sui materiali in continuità con Alberto Burri, velando le sue opere con strati leggeri di veli e garze, quasi la
lettura dell'opera fosse mediata, lontana nel tempo, evocando la ferita della tragedia della guerra:
"Una ferita cui togli pezzi di benda [...] dove il sangue rappreso non è più un macchia rossa", evol-
vendo poi verso una citazione gli autoritarismi storici (stella americana, falce e martello e svastica).

MARIO SCHIFANO

Particolare di propaganda, 1964
smalto, olio e grafite
su tela, dittico / enamel,
oil and graphite, diptych

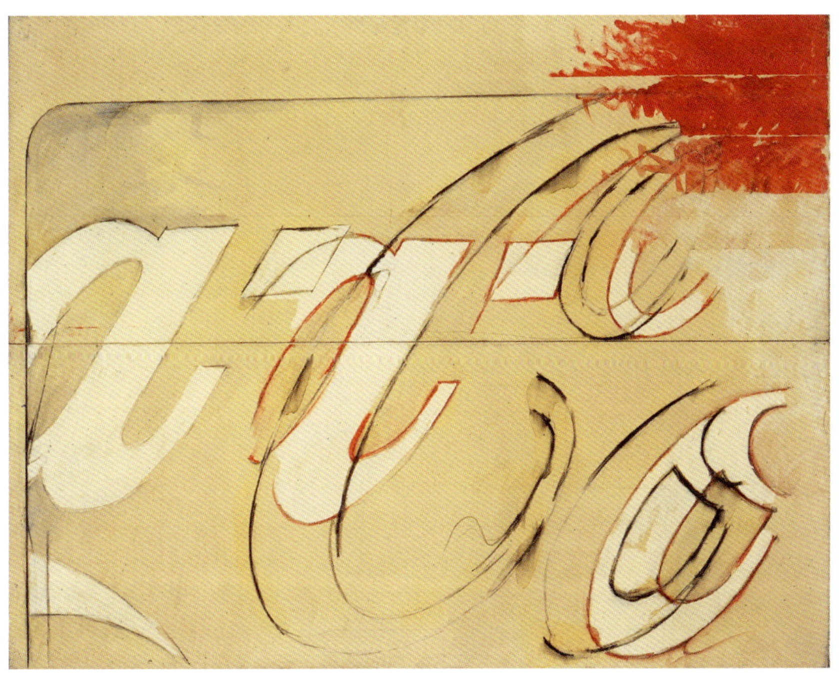

the sense of how Schifano, while recognizing its visual and social significance, considered the new force of advertising: *Just propaganda*, with the *Esso* logo projecting from a mass of shapeless color. Nothing celebratory, then, but only documentary: the pure image, not its meaning. The resulting expressions would prove vertiginous, highly personal, under the banner of that speed in painting which is not given time to fix itself, often dripping out of the backgrounds: *the work must be thought about at length and done quickly*.[25] Schifano was to be a hunter after images (*La mia maniera è guardare*), who devoured life in every single instant pervaded by a natural, unbridled vitality, at times engulfed and often overwhelmed by it. Despite the fact that the various versions of *Compagni Compagni* (Comrades, Comrades) produced in the 1968 period, with the hammer and sickle afforded great prominence, could certainly be seen as its identification with the movement, an identification evident in the work of many other of his colleagues, this does not hold true for Schifano, at least not consciously. If the principle of this project is that of giving voice to the artists' intentions, Schifano's will be unequivocal: *I am not a communist and I am not Guttuso*[26], a statement corroborated also by the unorthodox citation, on one of the paintings, of the famous phrase "On the correct handling of *contradictions among the people*," still present in the Marxist Multimedia Library, which in his painting becomes: "On the correct handling of *contradictions within society*," a mistake that displays his evident political superficiality.

The Art-Life in Schifano also persisted in the photographic and video-based realizations (a sign of the times) at the turn of the 1960s–'70s, dominated by the artist's personal dimension: *I sleep with the television on, I am lulled by it*. Images at a continuous, hypnotic rhythm, introduced without volume, frantically photographed with the faithful instant Polaroid camera in hundreds, thousands of shots then retouched one by one, in a sort of esthetic *trance*, often mediated by hallucinogenic drugs: *What interested me was not the culture of TV, but its culture of the image*.

Again, the image at the center, again the celebration of the media, as in the early days.

A leading member of the Piazza del Popolo group, Franco Angeli (1935-1988) worked on materials in continuity with Alberto Burri, covering his output with light layers of veils and gauze, almost as if the reading of the work were mediated, far away in time, evoking the wound of the tragedy of war: *A wound from which pieces of bandage have been removed [...] where the congealed blood is no longer a red stain*, evolving toward the citation of historical authoritarian symbols (American star, the hammer and sickle and swastika). Over the years, different symbologies will rise to the surface, taking his research from the territory of the Informal toward an all-Italian Pop, where a very strong component of political identity will prevail, devoted to communism in its various guises, even approaching the Maoist version at one point, as well as seeing him bewitched by the history of Rome, his city. The priority of Angeli's narrative will come from the "bottom" and from the moment that catches the eye: *they are testimony to direct contact with the street*, just as from '66 the symbolism of the dollar, of the half-dollar, would appear, which will be polemically elevated to a universal symbol, schematized in the figure of the eagle, with strong references to the imperialism of American society.

Included among the 'cursed' artists of those years, he died prematurely in 1988.

Roberto Floreani

Aggalleranno alla superficie, negli anni, simbologie differenti che, nei vari periodi, porteranno la sua ricerca dal territorio dell'Informale verso una Pop tutta italiana, dove da un lato prevarrà una fortissima componente politica identitaria votata al comunismo nelle sue varie accezioni, approdando negli anni, anche a quella maoista, nonché stregato dalla storia di Roma, la sua città. La priorità del racconto di Angeli proverrà dal basso e dall'attimo che coglie lo sguardo: "Sono la testimonianza del contatto diretto con la strada", così come dal '66 comparirà la simbologia del dollaro, del mezzo dollaro, che sarà polemicamente elevato a simbolo universale, schematizzandolo nella figura dell'aquila, con forti riferimenti all'imperialismo della società americana. Evocato tra gli artisti "maledetti" di quegli anni, morirà precocemente nel 1988.

Sodale ai due precedenti Tano Festa (1938-1988) sarà il terzo protagonista della triade con Schifano e Angeli, nel gruppo di Piazza del Popolo. Proveniente da un'esperienza comune inizialmente informale e poi votata al monocromo, Festa approda dal '62 alla rappresentazione di oggetti, inserendo anche componenti d'uso quotidiano quali finestre, porte, obelischi realizzati in legno, sostituendo quindi all'immagine l'oggetto stesso. Saranno gli "oggetti inutili" esposti alla Sidney Janis di New York nel '62, che Festa, privandoli del loro utilizzo reale, vuole rendere problematici, inquietanti. Poco dopo compariranno, per l'intero decennio, citazioni michelangiolesche, integrate dai *Cieli* che dal '65 introducono l'aspetto paesaggistico sotto una luce del tutto particolare, con inserimenti naturalistici schematizzati. Votato a una vita senza freni, scomparirà nel 1988, lo stesso anno del suo sodale Angeli.

La ricerca di Mario Ceroli (1938) all'interno della Scuola di Piazza del Popolo è dominata dall'impiego di materiali eterogenei. Nello specifico, del tutto caratterizzante in quella che sarà tutta la sua ricerca, nel '64 presenta alla Galleria La Tartaruga di Roma una serie di lavori realizzati in legno grezzo da imballaggi da cui ritaglia le più varie silhouette, aderenti alla politica dell'oggetto così caro alla Pop italiana, prediligendo dalla fine del '64 la figura umana. Una critica sociale che parte quindi dall'impiego di un materiale povero, alternativo, di basso costo, lasciato grezzo, così come recuperato: una sfida frontale alle convenzioni sulla gradibilità tradizionale deputata all'opera d'arte e sulla scelta dei materiali: "Uso i legni di copertura dei vagoni che vengono dal nord perché costano meno. Le mie sono sculture molto cattive, molto secche, sono crudeli, sono molto precise, anche squallide"[27]. Dopo la permanenza a New York, dal '66-'67 inizierà l'attività di scenografo teatrale, anche con realizzazioni monumentali, come documentato dalla sfera in mostra.

Giosetta Fioroni (1932) sarà l'unica presenza femminile del gruppo, aggiungendo fin dal '61 il suo contributo fotografico all'immaginario collettivo, proiettato, scomposto e ri-veicolato sulla tela in gradazioni differenti. Un pop sentimentale, di fascinazione, di sogno, d'incanto, ma alimentato da una formidabile spinta di emancipazione, dopo il rifiuto di genere subito, ancor giovanissima, da un collezionista misogino: "Da quel momento io sono un pittore, perché pittrice [...] suona un po' come puttana". Da quel giorno manterrà una ferrea, convinta determinazione a svolgere ciò per cui si sentiva predestinata, comunicando tutta la femminilità di cui si sentiva intimamente portatrice. Anche Fioroni, oltre alla dominante di volti femminili, inserirà icone della tradizione visiva nazionale quali Botticelli o Carpaccio, riproponendo strutture segniche vicine al Futurismo. Parlando della serie degli "argenti", dal '60 al '70, Fioroni ribadirà la sua distanza da Warhol e dalla sua assenza di contatto con l'opera, demandato agli assistenti. Dopo la proiezione sulla

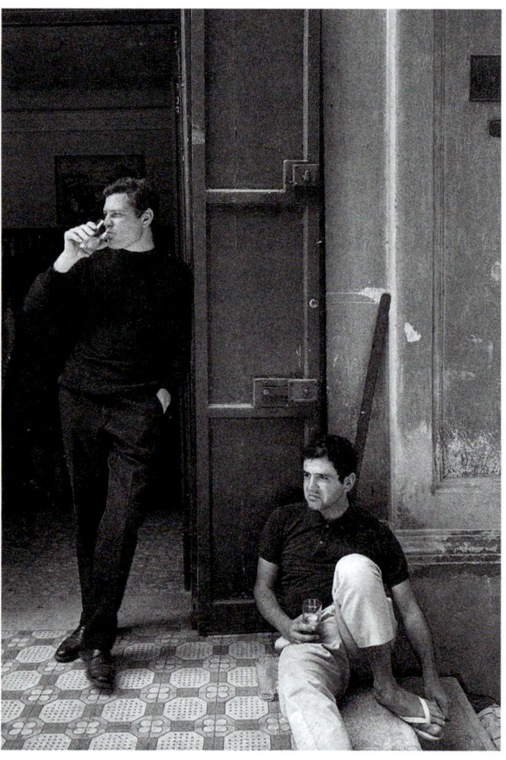

FRANCO ANGELI E TANO FESTA
XXXII Esposizione Internazionale Biennale d'Arte, Venezia, 1964

Tano Festa (1938-1988) was the third protagonist of the triad, together with Schifano and Angeli, in the *Piazza del Popolo* group. Coming from a common experience that involved Informal art first and then monochrome, from '62 onward Festa moved toward the representation of objects, ending up also inserting components of the everyday such as windows, doors, obelisks made of wood, thus replacing the image with the actual object. It will be the "useless objects" exhibited at the Sidney Janis in New York in '62, that Festa, divesting them of their intended use, wants to make problematic, disturbing. Shortly afterward, Michelangelo's quotations will appear for the entire decade, supplemented by the Skies that from '65 introduce the aspect of landscape in a very particular light, with schematic naturalistic insertions.
Devoted to a life lived on the edge, he died in 1988, the same year as his partner, Angeli.

Mario Ceroli's (1938) research within the *Scuola di Piazza del Popolo* is dominated by the use of heterogeneous materials. Specifically characterizing what was to become his entire research, in 1964 he presented at the Galleria La Tartaruga in Rome a series of works made of raw wood taken from packaging from which he cut out the most varied silhouettes, adhering to the policy of the primacy of the object so dear to Italian Pop art, with a preference for the human figure from the end of 1964. A social critique that thus starts from the use of a lowly, alternative, cheap material, left in its natural state, as well as reclaimed, a head-on challenge to the conventions of what was traditionally acceptable in terms of the work of art and the choice of materials: *I use the wood from the roofs of wagons that come from the north because they cost less. Mine are very bad sculptures, very dry, they are cruel, they are very precise, even squalid.*[27] After his stay in New York, from 1966 to '67 he began to work as a theater set designer, also producing monumental creations, as attested by the sphere included in this exhibition.

Giosetta Fioroni (1932) was to be the only female presence in the group, adding after 1961 her photographic contribution to the collective imagination, projected, decomposed, and re-vegetated on canvas in different gradations. A sentimental approach to Pop, one of fascination, of dreams, of enchantment, but fueled by a formidable drive for emancipation, after the rejection suffered because of her gender, when still very young, at the hands of a misogynist collector: *From that moment on I am a painter, because painter [...] sounds a bit like whore.* From that day on, she maintained an iron, steadfast determination to do what she felt predestined to do, communicating all the femininity that she felt she was carrying inside. In addition to the dominance of female faces, Fioroni also included icons of the national pictorial tradition such as Botticelli or Carpaccio, re-proposing sign structures close to Futurism. Speaking of the 'silver' series, from the 1960s to the 1970s, Fioroni reiterated her distance from Warhol and his lack of contact with the work, left to his assistants. After the projection on the canvas, in fact, hers would be a meticulous work of passion, of detail: *Mine is a work closer to Morandi than to Warhol.* Warhol is also distant from another primary trait in Fioroni: the sensitive storytelling delegated to feelings, experienced with a melancholic, enveloping, seductive sensibility.
From the 1970s onward, after her move to the provinces, in the Treviso area, with her companion Goffredo Parise, she would insert fairy-tale images linked to childhood, or bucolic images linked to the landscape: *In all my work there is a kind of common matrix which is childhood [...] lived amidst elements that are very much linked to the visionary.*

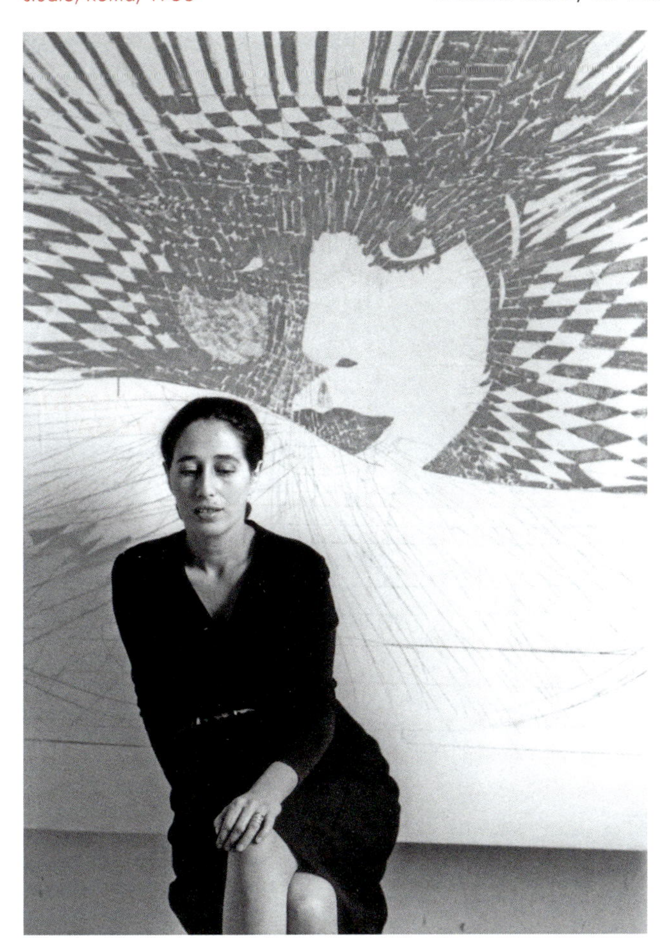

tela infatti il suo sarà un lavoro minuzioso di passione, di dettaglio: "Il mio è un lavoro più vicino a Morandi che a Warhol". Warhol distantissimo anche da un'altra peculiarità primaria in Fioroni: il racconto sensibile delegato ai sentimenti, vissuti con una sensibilità malinconica, avvolgente, di seduzione. Dagli anni settanta, dopo il suo traferimento in provincia, nel trevigiano, con il compagno Goffredo Parise, inserirà immagini fiabesche e legate all'infanzia, o bucoliche legate al paesaggio: "In tutto il mio lavoro c'è una specie di matrice comune che è l'infanzia [...] vissuta tra elementi molto legati alla visionarietà".

Cesare Tacchi (1940-2014) percorre la strada comune degli altri "romani", provenendo da una temperatura prima informale e poi votata alla rappresentazione dell'oggetto. La sua personalità artistica più nota è legata allo sviluppo, dal 1965, della sua ricerca verso opere tridimensionali imbottite, con una lavorazione mutuata dalla sua attività di tappezziere, utilizzando cerate e stoffe del tutto inusuali in ambito artistico. I soggetti saranno prelevati dalla storia dell'arte, come Canova o Botticelli e dalla socialità più varia, dall'ambito pubblicitario della comunicazione di massa, approdando a tematiche concettuali dalla fine dei sessanta, riprendendo la pittura poi solo dagli anni ottanta. Vittorio Rubiu scriverà di una *realtà imbalsamata*, riferendo il passaggio tratto dal *Manifesto della Pittura futurista* del 1910: "I nostri corpi entrano nei divani su cui sediamo e i divani entrano in noi, riferibile al: Programma 1966 del romano Cesare Tacchi"[28]. È un umore melanconico quello che avvolge le opere di Tacchi, che proietta il passato nel presente e l'attualità oltre il significato stesso del tempo, una sorta di pittura d'arredo, che mette in evidenza particolari ingranditi e incompleti narrando di una realtà inesistente.

"Voglio fare tutto, ballare, cantare, scrivere, recitare, fare il cinema, il teatro, la poesia [...] ma voglio farlo da pittore perché dipingere non è un modo di fare ma un modo di essere." Così Renato Mambor (1936-2014) parlando della sua Arte-Vita, famelica d'emozioni proprio come quella dei futuristi: "Mi sono sempre domandato da dove abbia preso tanta attitudine, dal Futurismo", dichiarerà Gino Di Maggio, suo buon amico fin dal '68[29]. Nelle opere in mostra, chiari sono i riferimenti comuni ai suoi sodali romani, con una matrice di fondo attenta al Futurismo, un'attenzione primaria all'immagine, all'oggetto, descritti con attenzione e minuzia di particolari. Altrettanto chiari i riferimenti storiografici riferiti alla storia nazionale e alle bellezze della sua città, netta la sua capacità di rendere essenziale la comunicazione conferendo assolutezza all'immagine, che appare non come un recupero della memoria ma qualcosa che ha a che fare

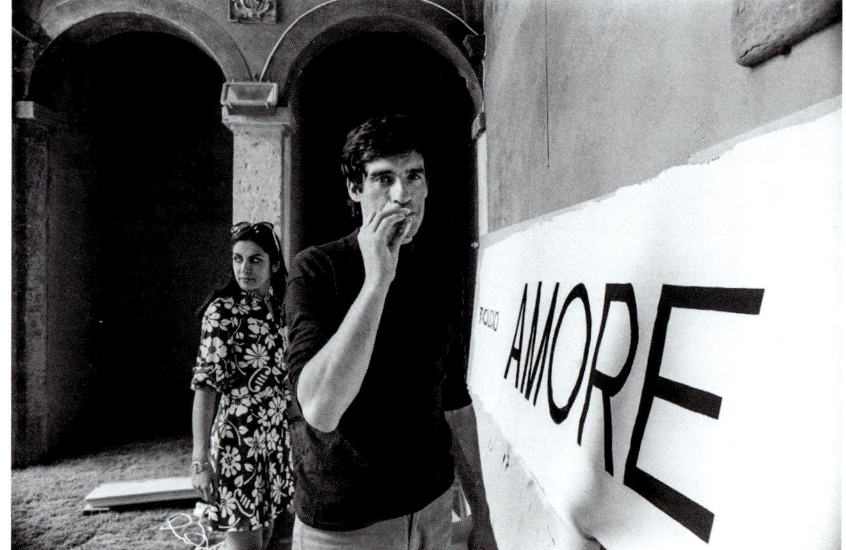

RENATO MAMBOR E / AND LUCE MONACHESI

in occasione della mostra / on the occasion of the exhibition *Amore Mio*, Palazzo Ricci, Montepulciano, 1970

con la bizzarra nitidezza del racconto sognato. Ma Mambor è artista complesso, nella seconda metà dei sessanta sarà fortemente orientato anche alla *performance*, al teatro, alla messa in scena, sospendendo la pittura dal 1975 al 1987, per poi riprendere: "L'arte è un gradino prima e agisce sulla percezione". È quindi l'artista stesso che si mette in discussione con l'opera, che rivisita la sua struttura cognitiva, analizzandosi e disvelandosi: "La sagoma vuota indica modalità di passaggio", ambendo a costruire un'opera: *Capace di dare a chi guarda la possibilità di relazione*, dopo aver staccato, diviso, svuotato, separato. L'opera rappresenterà quindi la sintesi delle intenzioni, delle suggestioni, dell'intera storia dell'artista: *La mia storia la si può leggere negli elementi dell'opera. In questo tutto c'è l'ironia, il gioco, come la vita e la morte, c'è il vuoto e il pieno*[30].

Cesare Tacchi (1940-2014) traveled the path shared by the other 'Romans,' coming from an atmosphere that was first informal and then devoted to the representation of the object. His best-known artistic persona is linked to the development, post-1965, of his research into three-dimensional upholstered works, with a craftsmanship borrowed from his activity as an upholsterer, using waxes and fabrics that are quite unusual in the artistic field. His subjects would be taken from the history of art, such as Canova or Botticelli, and from the most diverse social scenarios, from the advertising sphere of mass communication, arriving at conceptual themes from the end of the 1960s, and only resuming painting in the 1980s. Vittorio Rubiu wrote of an *embalmed reality*, referring to the passage from the 1910 *Manifesto of Futurist Painting: Our bodies enter the sofas we sit on and the sofas enter us*, referring to: *1966 Programme of the Roman Cesare Tacchi*.[28] It is a melancholic mood that envelops Tacchi's works, projecting the past onto the present and topicality beyond the very meaning of time, a sort of furniture painting highlighting enlarged and incomplete details, narrating a non-existent reality.

I want to do everything, dance, sing, write, act, do cinema, theater, poetry [...] but I want to do it as a painter because painting is not a way of doing but a way of being. This is how Renato Mambor (1936-2014) spoke about his Art-Life, hungry for emotions just like that of the Futurists: *I have always wondered where he got so much attitude from, from Futurism*, as Gino Di Maggio, his good friend since 1968, declared.[29] In the works on show, the common references to his Roman colleagues are evident, with an underlying matrix mindful of Futurism, a primary focus on the image, the object, described with attention and in minute detail. Equally overt are the historiographical references to national history and the beauty of his city, and his ability to make communication essential by conferring absoluteness on the image, which appears not as a recovery of memory but as something that has to do with the bizarre sharpness of the dreamed tale. But Mambor is a complex artist; in the second half of the 1960s he will also be strongly oriented toward performance, theater and staging, suspending painting from 1975 to 1987, only to return to it later on: *Art is a step before and acts on perception*. It is therefore the artist himself who questions himself with the work, who revisits his cognitive structure, analysing and unveiling himself/baring his soul: *The empty silhouette indicates modes of passage*, aspiring to construct a work: *Able to give the beholder the possibility of relationship*, after having detached, divided, emptied, separated. The work will therefore represent the synthesis of intentions, of suggestions, of the artist's entire story: *My story can be read in the elements of the work. In this everything there is irony, play, like life and death, there is emptiness and fullness.*[30]

Sergio Lombardo (1939) followed in the footsteps of many of his Roman associates, going beyond the Informal art trend with his initial monochrome output, but focusing on his most characteristic and recognizable theme of 'typical gestures' as early as '63 with his first solo exhibition at Galleria La Tartaruga. In Lombardo, too, the common matrix is the avant-garde: *We had a much more lucid position [...] with a Futurist origin [...] an intellectual form of painting is adopted*[31], a position that reiterates that of 2014 at Palaexpo in Rome: *I was born out of Futurism, my theories come from the Avant-garde, from Futurism; I consider myself a scientist who deals with Art and Beauty.* Two-dimensional monochrome black figures set against a white background depicting prominent figures, often politicians, caught in admonitory attitudes of command. Works that denounce authority in all its gestural expressions, questioning the methods and the very hegemonic social scale of those years and highlighting how their overexposure makes them de facto advertising icons. These works are aligned with the artistic approach of the other members of the Piazza del Popolo group: they contain shots from photographic projections and keep the *focus* not only on the reproduced image, but on its intrinsic meaning, absolutizing it in the total absence of backdrops. Already in 1968, driven by the visceral

Sergio Lombardo (1939) segue lo sviluppo di molti dei suoi sodali romani, superando la stagione informale con quella iniziale dedicata al monocromo, ma centrando, fin dal '63 con la sua prima personale alla Galleria La Tartaruga, la sua tematica più personale e riconoscibile dei "Gesti tipici". Anche in Lombardo la comune matrice e nell'avanguardia: "Abbiamo avuto una posizione molto più lucida [...] con un'origine futurista [..] viene ripresa una forma intellettuale di pittura"[31], posizione che ribadisce quella del 2014 al Palaexpo di Roma: "Nascevo dal Futurismo, le mie teorie vengono dall'Avanguardia, dal Futurismo, mi ritengo uno scienziato che si occupa di Arte e di Bellezza". Figure bidimensionali monocrome nere su fondo bianco che raffigurano personaggi di rilievo, spesso politico, ripresi in atteggiamenti ammonitori di comando. Opere che denunciano l'autorità nella sua declinazione gestuale, mettendo in discussione le modalità e la stessa scala sociale egemone di quegli anni ed evidenziando come la loro sovraesposizione le faccia diventare, di fatto, icone pubblicitarie. Si tratta di opere allineate con la temperatura degli altri componenti del gruppo di Piazza del Popolo, con riprese da proiezioni fotografiche, tenendo il *focus* non solo sull'immagine riprodotta, ma sul significato intrinseco della stessa, assolutizzandola in totale assenza di fondali. Già nel '68, guidato dal desiderio virale di libertà espressiva assoluta, approderà a esperienze diverse, ai *Supercomponibili*, sculture geometriche modulari, colorate, costruite per permettere l'interazione collettiva, con il pubblico che ne deciderà le modalità espositive, fondando poi nel '77 il Centro Studi Jartrakor: *Per difendersi dagli anni di piombo*, cioè proprio da quella *fine del sogno* citata nel progetto.

Umberto Bignardi (1935-2022), nato a Bologna ma romano d'adozione artistica, fin dal '62, presente alla seminale mostra alla Sidney Janis di New York, caratterizza ampie zone dipinte con immagini fotografiche pubblicitarie riportate. Già nel '66, pur esponendo le sue opere alla XXXIV Biennale di Venezia, collabora con esponenti del teatro-immagine, tendenza di molti artisti in quel periodo, avvicinandosi progressivamente ad un ambito performativo e installativo, come indicano le partecipazioni nel '67 alle due selezioni *Fuoco, Immagine, Acqua e Terra* a Roma e *Arte Povera Im-Spazio* a Genova, ricognizione fondativa dell'Arte Povera. Le opere esposte sono quindi la sintesi più esauriente del suo periodo pop, dove la pittura vera e propria rimane supporto, fagocitata dall'immagine fotografica che la definisce meccanicamente. I soggetti sono tratti dalla realtà di ogni giorno e citano tematiche nuove in ambito artistico quali la pubblicità, la moda, sagome vuote con significati allusivi, dettagli minimali. Una quotidianità dove l'influenza dei media risulta determinante: topografia di un nuovo mondo che si sta delineando, intuizione che anticipa mutamenti sociali e comportamentali profondi.

Ma Roma presenterà anche altre individualità, quali quelle di Gianfranco Baruchello, Fabio Mauri e Gino Marotta, protagonisti di un prolungato, fruttuoso sodalizio amicale e artistico.

Gianfranco Baruchello (1924-2023), approderà all'arte dopo una laurea in giurisprudenza e un'esperienza imprenditoriale che concluderà nel '59. Folgorato nel '62 dall'incontro a New York con Marcel Duchamp, si voterà alla sperimentazione, situandosi nell'ambito dell'arte extra-mediale, protagonista proprio nel '62 della mostra seminale alla Sidney Janis di New York, anche se non compreso come avrebbe meritato fino all'ampia antologica al Mart di Rovereto nel 2018. Le ragioni di questa difficoltà di comprensione stanno esattamente nella natura duchampiana, indipendente, anarchica e anticonvenzionale dell'artista. Il flusso d'immagini minimali nell'opera risulta infatti inafferrabile, suggerendo sofisticate dinamiche riguardanti il subconscio e necessita di un supplemento di attenzione per essere colto nella combinazione di visione, lettura, immaginazione e sottinteso, che sfocerà anche nel film d'artista, già sperimentato nel '60 con *Molla*. In

desire for absolute expressive freedom, he arrived at different experiences, at the *Supercomponibili*, modular, colorful geometric sculptures, built to allow collective interaction, with the public deciding on the manner of display, later founding the Centro Studi Jartrakor in 1977: *To defend against the 'lead years' (anni di piombo)*, i.e. against that *end of the dream* mentioned in this publication.

Umberto Bignardi (1935-2022), born in Bologna but artistically adopted by Rome, as early as 1962, who was present at the seminal exhibition at the Sidney Janis in New York, characterized large painted areas with advertising's photographic images. Already in 1966, while exhibiting at the XXXIV Venice Bienniale, he collaborated with exponents of image-theater, a trend engaged in by many artists at that time, progressively moving toward a dimension that combined performance and installation, as confirmed by his participation in 1967 in the two events *Fuoco, Immagine, Acqua e Terra* in Rome and *Arte Povera Im-Spazio* in Genoa, an exploratory journey for *Arte Povera*. The works included in this project are therefore the most comprehensive synthesis of his Pop period, where the actual painting remains a support, consumed by the photographic image that mechanically defines it. The subjects are taken from everyday life and reference themes that are new in art such as advertising, fashion, empty silhouettes with allusive meanings, minimal detail. An everyday life where the influence of the media is decisive: a topography of a new world taking shape, an insight that anticipates profound social and behavioral change.

But there are also other personalities In Rome, such as Gianfranco Baruchello, Fabio Mauri, and Gino Marotta, united by a prolonged, fruitful friendship and artistic partnership.

Gianfranco Baruchello (1924-2023) came to art after a degree in Law and an entrepreneurial experience that ended in 1959. Thunderstruck in 1962 by his meeting in New York with Marcel Duchamp, he devoted himself to experimentation, placing himself in the sphere of extra-media art, which dominated the seminal exhibition at the Sidney Janis in New York of 1962, although not appreciated as he deserved until the extensive retrospective exhibition at the Mart in Rovereto in 2018. The reasons for this difficulty in understanding his importance lie precisely in the Duchampian, independent, anarchic, and anti-conventional nature of the artist. The flow of minimal images in the work is in fact elusive, suggesting sophisticated dynamics relating to the subconscious and requiring careful attention in order to be grasped in their combination of vision, reading, imagination, and subtext, which also leads to the 'artists' films, an experiment in the medium already attempted in the 1960s with the film *Molla*. In Baruchello, experimentalism emerges forcefully, embracing all art techniques in each piece: painting, writing photographic fragments, threadlike connections, and then photography, sound, publishing, and thematically linking them to economics (from his studies), anthropology, esthetics. In this project, Baruchello thus represents the experimental edge that, while working with image and media, creates a humongous distance with the elementary spontaneity of American Pop Art.

Fabio Mauri (1926-2009), a friend of Pier Paolo Pasolini who introduced his first solo exhibition in 1957, embodied the figure of the all-round intellectual, a forerunner, someone always attentive to the social impulses experienced an instant earlier, a characteristic before the avant-garde. Coming from his work on monochromes, in the early 1960s he focused his research on *Schermi*, understood as a field of representation linked to the innovations of the media and their influence on society: a mental form that would accompany Mauri throughout his research. From 1964 and at least for the whole of the following decade, he would retrace the harsh reality of the war, referring to its ideological cruelties: he would also take the temperature of Futurism: he *decided to challenge a certain historical oblivion that never ceased to amaze me*, with the re-edition of his *Grande Serata*

Baruchello emerge con forza la sperimentalità assemblando pittura, scrittura, lacerti fotografici, collegamenti filiformi e poi fotografia, sonoro, editoria, collegandoli tematicamente con economia (dai suoi studi), antropologia, estetica. Baruchello rappresenta quindi nel progetto la punta sperimentale che, pur operando con l'immagine e i media, crea una distanza siderale con la spontaneità elementare della Pop Art americana.

Fabio Mauri (1926-2009), amico di Pier Paolo Pasolini che presenterà la sua prima personale nel '57, incarna la figura dell'intellettuale a tutto tondo, antesignano e sempre attento alle pulsioni sociali vissute un istante prima, caratteristica prima dell'avanguardia. Proveniente dalla ricerca sui monocromi, focalizzerà sugli *Schermi* la ricerca dei primi anni sessanta, intesi come ambito di rappresentazione collegato alle innnovazioni dei media e alla loro influenza sulla società: una forma mentale che accompagnerà Mauri in tutta la sua ricerca. Dal '64 e almeno per tutto il decennio successivo, ripercorrerà la realtà storica e sofferente della guerra, riferita alle sue crudeltà ideologiche: ripercorrerà la temperatura anche del Futurismo "deciso a sfidare un certo oblio storico che non cessava di stupirmi", con la riedizione della sua *Grande serata futurista 1909-1930*, messa in

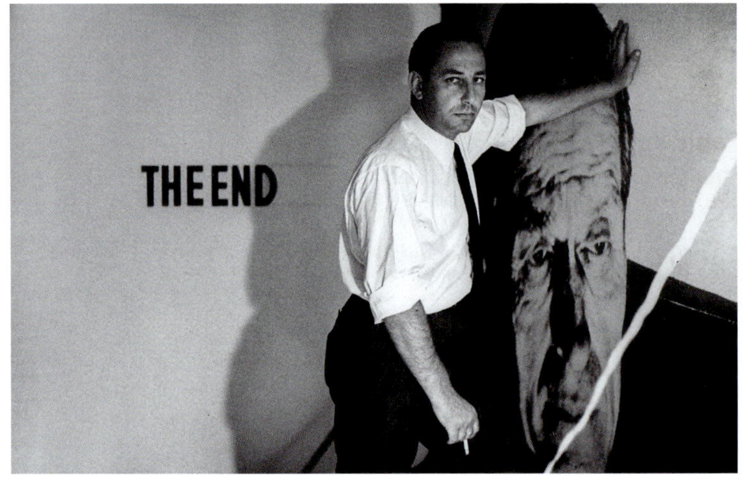

scena nel 1980 all'Aquila poi a Roma (Teatro Olimpico, 4-6 marzo 1982) e Milano (Teatro Nuovo, 12-14 marzo 1982). Le opere in mostra sintezzano compiutamente la sua ricerca con uno *Schermo*, dove aggalla la presenza del pubblico e con la splendida *Cinema a luce solida*, opera installativa: "Congeniale a le *Lampadine* con i 'raggi solidificati' di Depero e Balla, materializzando quindi il concetto di proiezione, dando corpo solido alla luce [...] Metafora di un rapporto reale tra la mente e il mondo, tra la memoria delle cose e la loro [...] evoluzione di significato"[32].

Gino Marotta (1935-2012), sarà grande sperimentatore di materiali, muovendosi sulla falsariga di Burri, Rotella e Colla, esplorando nuovi linguaggi e approndando nei primi anni sessanta all'impiego del metacrilato, con cui si cimenta nella produzione di sculture prodotte in serie con un procedimento industriale: "L'unico materiale che non degenera, perché altamente tecnologico", sostituendo quindi la funzione della trasparenza in arte deputata fino ad allora al solo vetro, celebrando così anche il progresso scientifico: "Ho usato il colore luce, anzichè il colore materia". Come Gilardi, indaga sulla dicotomia Natura-Artificio, rappresentando con un materiale freddo, asettico, povero, forme della natura che si rifanno al mondo vegetale e animale, con evidente sensibilità per il problema ambientale, pur svuotate da ogni consistenza corporea; "Vorrei fosse il più lucido dei deliri, posseduto e sostenuto senza pathos"[33]. Sarà tra i fondatori del gruppo Crack, che rivendica libertà e indipendenza d'espressione. Affioreranno nella sua ricerca riferimenti che ricordano anche la storia dell'arte italiana, come l'omaggio a Perugino o il tributo più o meno diretto alla serie dei *Fiori* realizzati da Giacomo Balla con analoga struttura: riminiscenze futuriste presenti anche nell'opera multisensoriale *Foresta menta* del '68, dove il forte odore di menta dell'opera ricorderà i principi del Tattilismo marinettiano (1921), nonché del testo di Federico Azari del '24 riferito a una: "Flora futurista ed equivalenti plastici di odori artificiali", derivazione di quanto presentato da Balla e Depero nella *Ricostruzione futurista dell'universo* del '15 in cui si presagisce anche "l'avvento di animali metallici, fusione di arte+scienza". Opere dal forte tenore scenografico che faranno collaborare Marotta con Carmelo Bene, in alcune delle sue rappresentazioni più celebri come Salomè, ad esempio. "Caro Fabio (Mauri) [...] è stato tutto vero! [...] Il fumetto, l'oggetto, il kitsch, lo schermo, le strutture primarie, il teatro, l'ambiente e tante altre cose per le quali ci siamo battuti."[34]

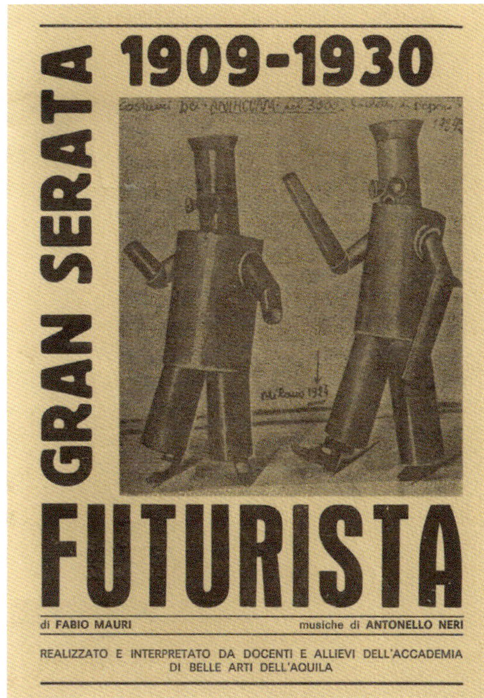

FABIO MAURI
Gran serata futurista,
1981, manifesto / poster

futurista 1909-1930, staged in 1980 in L'Aquila then in Rome (Teatro Olimpico, March, 4–6, 1982) and Milan (Teatro Nuovo, March, 12–14, 1982). The works in the exhibition fully synthesize his research with a *Schermo (Screen)*, where he includes the presence of the audience, and with the splendid *Cinema a luce solida*, an installation work: *Congenial to Depero and Balla's "Solidified light bulbs," thus materializing the concept of projection, giving solid body to light [...] Metaphor for a real relationship between mind and world, between the memory of things and their [...] evolution of meaning.*[32]

Gino Marotta (1935-2012) was to be a great experimenter with materials, along the lines of Burri, Rotella, and Colla, exploring new languages and, in the early 1960s, moving into the use of methacrylate, with which he tried his hand at mass-produced sculptures using an industrial process: *The only material that does not degenerate, because it is highly technological,* thus replacing the function of transparency in art deputed until then to glass alone, and so also celebrating scientific progress: *I used the color light, instead of the color matter.* Like Gilardi, he investigates the Nature–Artifice dichotomy, representing with a cold, aseptic, cheap material, forms of nature that refer to the vegetal and animal world, with evident sensitivity to environmental problems, although devoid of all corporeal consistency: *I wish it were the most lucid of delusions, possessed and sustained without pathos.*[33]
He was one of the founders of the Crack group, that claimed freedom and independence of expression. References that also recall the history of Italian art surfaced in his research, such as the homage to Perugino, the more or less direct tribute to Giacomo Balla's *Fiori* series with a similar structure: Futurist reminiscences also present in the multi-sensory work *Mint Forest* of 1968, where the work's strong smell of mint recalls the principles of Marinetti's Tactilism (1921), as well as Federico Azari's text of '24 referring to a *Futurist Flora and Plastic Equivalents of Artificial Smells*, an offshoot of what was presented by Balla and Depero in *Ricostruzione futurista dell'universo* of 1915 in which they also foresaw *The advent of metallic animals, a fusion of art+science*. Works with a strong scenographic input that would induce Marotta to collaborate with Carmelo Bene in some of his most famous performances such as *Salome*, for example. *Dear Fabio* (Mauri) *[...] It was all true! [...] The comic strip, the object, the kitsch, the screen, the primary structures, the theater, the environment, and many other things we fought for.*[34]

If Rome would prove to be the most attractive pole of the new pop ferments, the role of the north was to be not only complementary, but decisive. Integral protagonists such as Valerio Adami, Alik Cavaliere, Lucio Del Pezzo, Bruno Di Bello, Sergio Sarri, Tino Stefanoni, Emilio Tadini, as well as the 'group of Milanese' Paolo Baratella, Fernando De Filippi, Giangiacomo Spadari, and Umberto Mariani would in fact carve out an indispensable role for themselves in the Italian Pop atmosphere of those years.

Valerio Adami (1935), a student at the Brera Academy of Fine Arts, trained as an excellent draughtsman. Favored with the opportunity to travel: *Travel is perhaps the thing that nurtured me*, he came into contact with both English and American Pop culture, incorporating typical comic book iconographies in the first half of the 1960s. In addition to the dominance of the image and the rigorous two-dimensional immediacy, the representation of a rough, often equivocal everyday life remains decisive in his research, with reminiscences of interiors – of rooms or bathrooms, with details dedicated to latrines, sinks, radiators: *Drawing a thought, a memory, many things from my everyday life*. The image, in its refinement and with uncommon skill and naturalness: *I believe I was born with a pencil in my hand [...] I have never painted a picture without having drawn it first,*[35] is not intact

Se Roma sarà il polo più attrattivo dei nuovi fermenti pop, il ruolo del nord risulterà non solo complementare, ma determinante. Indispensabili protagonisti come Valerio Adami, Alik Cavaliere, Lucio Del Pezzo, Bruno Di Bello, Sergio Sarri, Tino Stefanoni, Emilio Tadini, oltre al "gruppo dei milanesi" Paolo Baratella, Fernando De Filippi, Giangiacomo Spadari e Umberto Mariani, si ritaglieranno infatti un ruolo imprescindibile nella temperatura pop italiana di quegli anni.

Valerio Adami (1935), sarà studente all'Accademia di Brera formandosi come eccellente disegnatore. Favorito dalla possibilità di viaggiare: "Il viaggio è forse la cosa che mi ha nutrito", entra in contatto con la temperatura pop sia inglese sia americana, inserendo nella prima metà degli anni sessanta le iconografie tipiche dei fumetti. Oltre alla dominante sull'immagine e alla rigorosa immediatezza bidimensionale, nella sua ricerca resta a ogni modo determinante la rappresentazione di una quotidianità scabra, spesso equivoca, riminiscenze d'interni di camere o bagni, con dettagli dedicati alle latrine, ai lavandini, ai termosifoni: "Disegnare un pensiero, un ricordo, molte cose del mio quotidiano". L'immagine, nella sua ricercatezza e non comune abilità e natutalezza: "Credo di essere nato con una matita in mano [...] Non ho mai dipinto un quadro senza averlo prima disegnato"[35], non è integra ma frammentata in una scomposizione del tutto personale, pilotata da una straordinaria perizia compositiva, dove le immagini sembrano scivolare una sull'altra, pur mantenendo sempre la loro integrità in un tripudio di cromìe il più delle volte accesissime e definite da bordature con contorni neri di gusto grafico. Il nutrito retroterra culturale affiorerà dalla metà degli anni sessanta dove compariranno tributi ai protagonisti dell'arte del '900, o con l'inserimento di una scrittura dalla forte valenza grafica che ne definiranno la tematica. Artista dal forte retroterra teorico, avrà modo di sintetizzare in più occasioni la funzione dell'arte: "L'arte dev'essere amore, razionalità, tradizione rinnovata, estasi [...] l'arte deve arginare la barbarie, deve opporre utopie"[36].

Da una sensibilità all'altra, la personalità di Alik Cavaliere: "Uno dei più grandi scultori del nostro secolo"[37] conduce nel territorio della poesia, dell'indeterminatezza, dell'analisi introspettiva: Chi guarda [...] se trova l'errore tanto meglio, perché è un punto da cui ripartire [...] Ho sempre usato i materiali come un narratore di storie, lavorando sulla memoria [...] dove potermi incontrare con lo spettatore per poi perderci entrambi all'interno dell'opera stessa, oltrechè psicologicamente anche fisicamente [...] nei grovigli della materia". Una forza che nasce da una fragilità sofferta: "Ho combattuto senza armi contro persone armate", pur mantenendo una convinta centralità: "Credo di aver fatto scultura sempre per necessità espressive, comunicative, estetiche. di linguaggio, salvandomi dal diventare un buon produttore di beni artistici"[38], così dichiarando una ferma determinazione al rinnovamento. La pop, pur atipica, di Cavaliere racconta per immagini, ma trasuda un'interiorità complessa che riguarda il singolo: "Divenuto soggetto pensante che riprende la propria entità 'sacra'". Il suo è un retroterra di suggestione, intriso di una malinconia silenziosa, quasi metafisica, che narra il mito, la magìa, la tensione drammatica della vita in gabbie inestricabili, da cui emergono frutti sospesi, segnale di un possibile riscatto. Superando l'immagine, il riferimento pop riguarda la costruzione di un ambito della scultura che Cavaliere realizzerà: *Per la massa*, dal 1969 al '73, calandosi esattamente in quella *libertà di sognare* da condividere con gli altri.

Tra le personalità di assoluto spicco, testimone della prima ora e presente alla mostra seminale del '62 in America, il napoletano Lucio Del Pezzo (1933-2020) si trasferisce a Milano nel '59, proveniente dal Gruppo 58 di neoavanguardia attivo a Napoli ed è presente anche alla storica edizione del '64 della Biennale di Venezia. La sua esperienza è fortemente connotata dall'assemblaggio mutuato, pur senza accezioni *brut* o espressioniste e con una raffinatezza tutta mediterranea,

but fragmented in a wholly personal decomposition, driven by an extraordinary compositional skill, where the images seem to slide one on top of the other, while always maintaining their integrity in a riot of color that is most often very bright and defined by borders with black outlines typical of a graphic designer's taste. The rich cultural background emerges from the mid-1960s where tributes to the protagonists of 20th-century art appear, or with the inclusion of writing with a strong graphic value that defines the theme. An artist with a strong theoretical background, he was to summarize the function of art on several occasions: *Art must be love, rationality, renewed tradition, ecstasy [...] art must stem barbarism, it must oppose utopias.*[36]

From one sensibility to another, the personality of Alik Cavaliere: *One of the greatest sculptors of our century*[37] leads into the territory of poetry, of indeterminacy, of introspective analysis: *The viewer [...] if he finds the error so much the better, because it is a point from which to start again [...] I have always used materials as a storyteller, working on memory [...] where I can meet with the viewer and then both of us lose ourselves within the work, as well as psychologically and physically [...] in the tangles of matter.* A strength that stems from a fragility endured: *I have fought without weapons against those carrying arms,* while maintaining a convinced centrality: *I believe I have always made sculpture out of expressive, communicative, esthetic, linguistic necessity, saving myself from becoming a good producer of artistic items,*[38] thus making a firm declaration for renewal. Cavaliere's Pop, albeit atypical, narrates through the image, but exudes a complex interiority relating to the individual: He has become a thinking subject who reclaims his own "sacred" entity. His is a background of suggestion, imbued with a silent, almost metaphysical melancholy, narrating myth, magic, the dramatic tension of life in inextricable cages, from which emerge suspended fruits, a sign of possible redemption. Moving beyond the image, the Pop reference concerns the construction of an aspect of the sculpture that Cavaliere will make: *For the masses,* from 1969 to 1973, stepping exactly into that *Freedom to dream* to be shared with others.

Ranked among the most outstanding of Italian Pop's personalities, witness of the new dawn and present at the seminal '62 exhibition in America, the Neapolitan Lucio Del Pezzo (1933-2020) moved to Milan in '59, coming from the neo-avantgarde Gruppo 58 active in Naples and also present at the historic '64 edition of the Venice Biennale. His experience is strongly marked by the assemblage borrowed, though without brutalist or expressionist meanings and with an all-Mediterranean refinement, from the experience of the *Merzbau* of the German artist Kurt Schwitters, where the work is realized with the combined accumulation of elements taken from everyday life, enriched by the animistic tradition especially southern in scope. Vowed to irony and an apparent lightness often misunderstood in critical circles, Del Pezzo's research is situated on the magical threshold between reality and metaphysics, analysing the consumerist concerns of mass society. His visual boxes are a kind of ex-voto to elementary everyday life, focused on the object and its representation that often alludes to recollections emerging from memory. From the mid-1960s the recovery of the details is replaced by their direct construction, with the addition of popular and folk components in the brightness of the colors, while also simultaneously drawing on the metaphysical imagery of the national tradition.

Among the founders of Gruppo 58, Bruno Di Bello (1938-2019), who came into contact in the early 1960s with the Roman artistic world and always kept in touch with the Neapolitan artistic milieu, moved toward a sign painting that would characterize the work with repeated graphic elements. His interest in

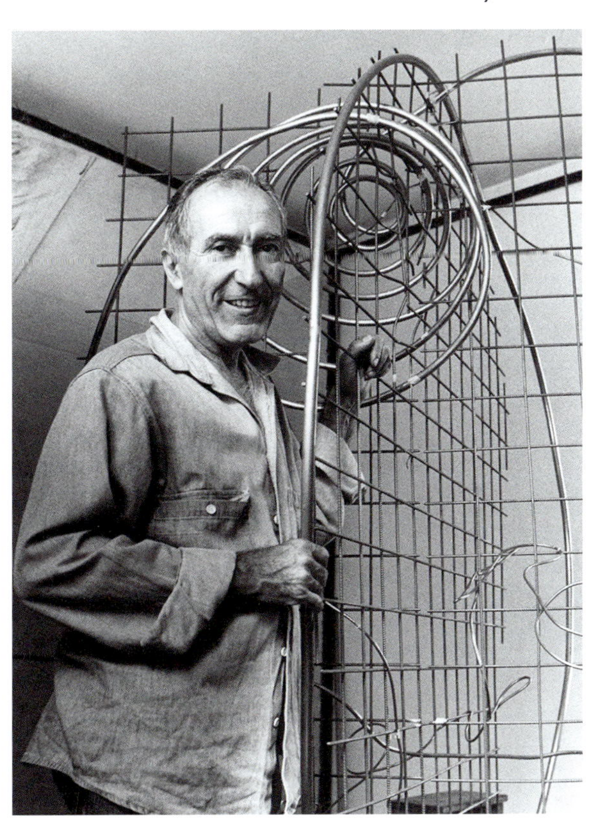

ALIK CAVALIERE
con l'opera / with his work
Il pigmalione, metà anni
ottanta / mid eighties

dall'esperienza dei *Merzbau* dell'artista tedesco Kurt Schwitters, dove l'opera si realizza con l'accumulazione combinata di elementi tratti dalla quotidianità, arricchita dalla tradizione animistica di ambito soprattutto meridionale. Votata all'ironia e a un'apparente leggerezza spesso malintesa in ambito critico, la ricerca di Del Pezzo si situa nella magica soglia tra realtà e metafisica, analizzando le criticità consumistiche della società di massa. Le sue *visual box* sono una sorta di ex voto alla quotidianità elementare, focalizzata sull'oggetto e la sua rappresentazione che spesso allude a riminiscenze emerse dalla memoria. Dalla metà dei sessanta il recupero dei particolari è sostituito dalla costruzione diretta degli stessi, aggiungendo anche la componente popolare e folkloristica nell'accensione delle cromìe, nonché attingendo simultaneamente all'immaginario metafisico della tradizione nazionale.

Tra i fondatori del Gruppo 58, Bruno Di Bello (1938-2019), venuto in contatto nei primi anni sessanta con la realtà romana e restato sempre in contatto con l'ambiente artistico napoletano, si orienta verso una pittura segnica che caratterizzerà l'opera con elementi grafici ripetuti. L'adesione con Rotella e Bertini alla Mec-Art, caratterizzata dall'ausilio di supporti fotografici, prende la netta direzione di una neo-oggettività, in linea con la sensibilità pop che sta emergendo in Italia. L'intervento sarà quindi indiretto, mediato dalla tecnica, dall'elaborazione di materiale esistente ricombinato, con la rinuncia ad una manualità diretta nell'intento di ridefinire la stessa pratica artistica: una ricerca votata all'Avanguardia, più che allo sviluppo di tendenze esistenti: "Mi è sembrato giusto provarci a rimescolare le carte [...] di avere meno familiarità con quel che sto facendo". In occasione della sua prima personale, nel '66 a Napoli da Lucio Amelio, Di Bello potrà attingere ad un archivio d'immagini tratte dalla stampa illustrata, riproducendone alcuni particolari ingranditi: la serie verrà titolata *Copia dal vero* basandosi sul paradosso per cui l'artista non copia dalla realtà, ma dalla sua riproduzione fotografica e conterrà spunti anche di natura politica, sulla guerra del Vietnam, ad esempio, soggetti che diverranno più frequenti percorrendo il movimentismo del '68. Dal '67 inserirà anche soggetti legati alla storia dell'arte di cui l'opera su Klee rappresenta uno dei punti più alti di scomposizione e ricomposizione dell'immagine, operando preferibilmente su carta fotografica emulsionata. Grazie alla sua sperimentazione Di Bello è considerato uno dei precursori di una forma d'arte al confine tra composizione formale riferibile alla pittura e la fotografia.

Sergio Sarri (1938) è un caso da considerare a parte. Pur focalizzato sulla descrizione dell'immagine, sviluppa un'iconografia del tutto diversa dai suoi coetanei, fin dal 1965, di ritorno dagli Stati Uniti, pur con un forte intendimento pittorico: "Io credo solo e unicamente nella pittura". La sua ricerca sarà centrata sul rapporto uomo-macchina, molto vicina al Mitomacchina di futurista memoria. Già collaboratore delle riviste di fumetti Corto Maltese e Comic Art, espone già nel '68 alla Galleria Il Punto di Torino, come i più promettenti artisti di quella generazione. Molti quindi i riferimenti che lo inseriscono nel filone pop nazionale, con delle peculiarità del tutto particolari nella scelta delle immagini che evocano un clima spesso inquietante popolato da uomini-robot, tavoli di contenzione e frammenti di corpi, soggetti che appartengono ai linguaggi cosiddetti minori come il fumetto o il cinema, ma proiettati verso un futuro indistinto, anziché a un passato conosciuto come i suoi pop-coetanei. Il risultato finale sarà gravido di sottintesi, difficilmente decifrabile, meno diretto di quello degli altri artisti considerati nel progetto, più enigmatico e relativo a un futuro dove compaiono figure aliene e anatomie meccaniche. A monte della ricerca un archivio, una grande quantità d'immagini che Sarri utilizza come serbatoio per le sue realizzazioni composite, quasi fossero dei collage montati con indifferente distacco, con una distanza emotiva dal risultato finale dell'opera che pur presagisce un futuro complesso e poco rassicurante per il genere umano.

Mec-Art, shared with Rotella and Bertini and characterized by the aid of photographic media, takes the clear direction of a neo-objectivity, in line with the Pop sensibility emerging in Italy. The intervention will therefore be indirect, mediated by technique, by the elaboration of existing material recombined, with the rejection of a direct hands-on approach with the intention of redefining the very nature of artistic practice: a research devoted to the avant-garde, rather than to the development of existing trends: *It felt right to try to shuffle the cards [...] to be less familiar with what I'm doing.* On the occasion of his first solo show, in '66 in Naples at Lucio Amelio's, Di Bello could draw on an archive of images taken from the illustrated press, reproducing some enlarged details: the series would be titled *Copia dal vero* based on the paradox whereby the artist did not copy from reality, but from its photographic reproduction, and would also contain cues that were political, to the Vietnam War, for example, subjects that would become more frequent as he went through the movementism of '68. From '67 he would also insert subjects related to art history, of which the work on Klee represents one of the high points of decomposition and recomposition of the image, working for preference on emulsified photographic paper. Thanks to his experimentation Di Bello is considered one of the forerunners of an art form on the border between formal composition in painting and photography.

Sergio Sarri (1938) is a case meriting separate consideration. Although focused on the description of the image, as early as 1965, on his return from the United States, he developed an iconography quite different from his peers', although with a strong pictorial intention: *I believe solely and only in painting.* His research will be centered on the man–machine relationship, very close to the Mitomacchina of Futurist memory. Already a contributor to the comic magazines *Corto Maltese* and *Comic Art*, he exhibited as early as '68 at Il Punto Gallery in Turin, like the most promising artists of that generation. Many, then, are the references that place him in the national Pop tradition, with quite particular peculiarities in the choice of images that evoke an often disturbing climate populated by robot-men, restraint tables, and body fragments, subjects that belong to so-called minor languages such as comics or cinema, but projected toward an indistinct future, rather than to a known past like the works of his contemporary Pop colleagues. The end result would be pregnant with subtext, difficult to decipher, less direct than that of the other artists included in this project, more enigmatic, and related to a future where alien figures and mechanical anatomies appear. Upstream of the research is an archive, a large quantity of images that Sarri uses as a reservoir for his composite realizations, almost as if they were collages mounted with indifferent detachment, with an emotional distance from the final result of the work that nonetheless portends a complex and not very reassuring future for humankind.

Tino Stefanoni (1937–2017) is another such individual and his counter-cultural path is such that it becomes solitary, original. As for all the other protagonists of this project, his is a personal progression, more metaphysical than Pop, even if his research concerns the object in its absoluteness and primacy, through the essentiality of the reading code: *The fewer elements I introduce into the painting, the greater intensity I can reach*[39]. Minimal, iconic landscapes, silent and allusive at the same time, immersed in an atmosphere that is metaphysical but devoid of myth, self-referential, which therefore concerns the dimension of thought and reaffirms its distance from the rowdiness of the media, of the commercial product of which it is the exact, noble antithesis: *Painting is pure fiction. Therefore art is "mysterious and beautiful"*[40]. The fixity of Stefanoni's objects evokes a signposting of the spirit that speaks beyond the passage of time, serially multiplying itself by opposing chaos, reaffirming order, seeking a material permanence, a resistance that is embodied in the albeit invented (and therefore non-existent) plates and road signs, made of galvanized iron stove enameled. *Despite all its innumerable implications, art always and only comes into being as a commodity produced for the mind (and spirit).*[41]

Quello di Tino Stefanoni (1937-2017) è un percorso talmente
individuale e controcorrente da diventare solitario, originale. Come
per tutti gli altri protagonisti del progetto, il suo è un procedere personale, più metafisico che pop, anche se la sua ricerca riguarda l'oggetto
nella sua assolutezza e primarietà, attraverso l'essenzialità del codice
di lettura: "Meno elementi introduco nel quadro, maggiore intensità
posso raggiungere"[39]. Paesaggi minimali, iconici, silenziosi e allusivi allo stesso tempo, immersi in un'atmosfera metafisica ma priva di
mito, autoreferenziale, che riguarda quindi la dimensione del pensiero
e ribadisce la sua distanza dalla chiassosità dei media, del prodotto commerciale di cui è l'esatta, nobile antitesi: "La pittura è finzio-
ne in assoluto. Quindi l'arte è 'misteriosa e bella'"[40]. La fissità degli
oggetti di Stefanoni evoca una segnaletica dello spirito che racconta
oltre lo scorrere del tempo, che si moltiplica serialmente opponendosi
al caos, ribadendo un ordine, cercando una permanenza materiale,
una resistenza che si concretizza nelle piastre e nei segnali stradali pur
inesistenti, realizzati in ferro zincato verniciato a fuoco: "L'arte nasce
sempre e solo come merce fabbricata per la mente (e lo spirito) nonostante tutte le sue innumerevoli implicazioni"[41].

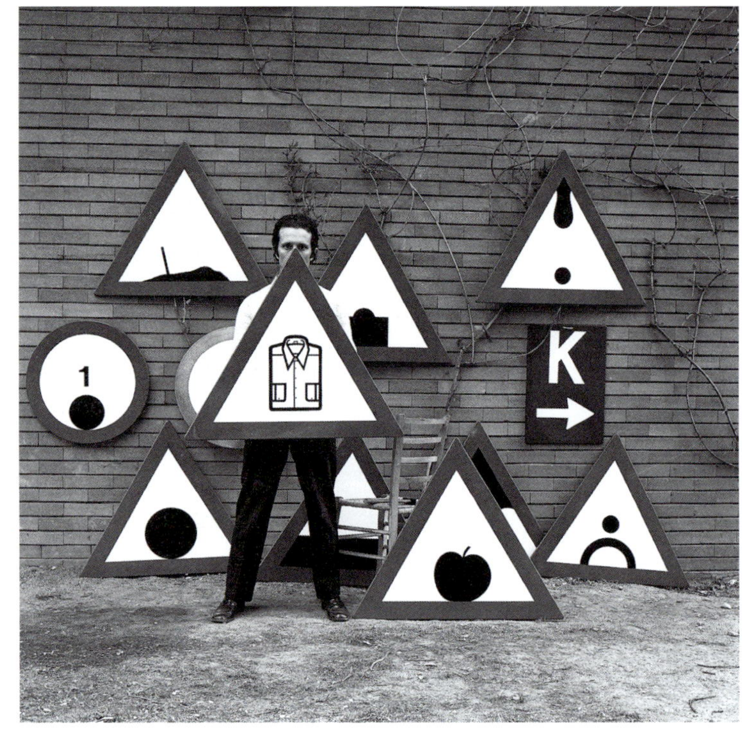

TINO STEFANONI
*Segnali stradali
regolamentari*, ferro
verniciato a forno /
oven painted iron, 1969

Emilio Tadini (1927-2002) manifesta fin da giovane una forte attitudine alla scrittura, che pure
continuerà ad affinare in età adulta. Agli inizi dell'attività espositiva, verso la metà degli anni
sessanta, la sua ricerca non è ancora ben identificata dalla critica, spesso inserita in un filone
surrealista, per la deformazione dei profili delle figure, a volta riferita anche alla lezione di derivazione metafisica di De Chirico. Ma già dal '66 l'immagine verrà meglio delineata in occasione
della personale alla Galleria Marconi, grazie alla definizione di *super-realista* attribuitagli da
Maurizio Fagiolo dell'Arco, superando quindi influssi surrealisti grazie a una *libertà della ragione*
che lo condurrà al massimo grado di oggettività. Ma fin dagli inizi Tadini si esprimerà utilizzando
la sovrapposizione di piani temporali in cui realtà e immaginazione, comico e tragico interagi-
scono scambiandosi i ruoli. Le opere successive guarderanno sempre più in profondità verso una
simbologia dell'irrazionale, del subconscio, dove Tadini svilupperà un grande interesse per la
psicanalisi. Un'oggettività che si dedicherà alla cultura alta, con citazioni di artisti e intellettuali e
bassa, con scene tratte dalla banale quotidianità, ma pur sempre orientata verso la psicologia:
"Natura non come riduzione (sintomatica nella sua banalità) a 'paesaggio' ma come totalità [...]
Arte come mezzo per intensificare la percettibilità delle cose"[42]. Il suo è un dipingere "freddo",
razionale, oggettivo, elementare, servendosi di una quantità illimitata d'immagini fotografiche da
impiegare come spunto per la loro trasformazione nelle stesure piatte di colore in pittura, in questo
seguendo la traccia dei pop artisti, più inglesi che americani, ricordando la personale di Richard
Hamilton da Marconi nel '66. Nelle sue opere non c'è traccia di riferimenti al prodotto, quanto
la presenza costante di uno scavo psicologico sulla natura stessa dell'immagine, più interpretata
dall'osservatore che riprodotta: "Il punto è invece nel pervenire ad un concetto integrale, di natura
come totalità"[43].

Una nota merita l'artista e collezionista Guglielmo Achille Cavellini (1914-1950), pittore e poi collezionista e mecenate, poi nuovamente pittore e performer di ambito pop-dadaista, approda a
metà degli anni sessanta alle *Opere oggetto* dedicate alla riproposizione dell'oggetto quotidiano
rivisitato con sensibilità pop. Negli anni settanta distruggerà gran parte di queste opere col fuoco

Emilio Tadini (1927-2002) from a young age showed a strong aptitude for writing, which he would also continue to refine in adulthood. At the beginning of his exhibition activity, in the mid-1960s, his research was not yet well identified by the critics and his output often included among surrealist works due to the deformation of the profiles of the figures, sometimes also attributed to the influence of Metaphysical art by De Chirico. But already by '66 the image would be more clearly delineated, as it was on the occasion of the solo show at Galleria Marconi, thanks to the label of super-realist bestowed on him by Maurizio Fagiolo dell'Arco, thus overcoming surrealist influences thanks to an emancipation of the expressive reason that would lead him to the highest degree of objectivity. But from the outset Tadini expresses himself through the superimposition of temporal planes in which reality and imagination, the comic and the tragic, interact by exchanging roles. Later works look deeper and deeper toward a symbology of the irrational, the subconscious, where Tadini would develop a great interest in psychoanalysis. An objectivity that will be devoted to high culture, referencing artists and intellectuals, and low-brow culture, with scenes taken from the banal every day, but still oriented toward psychology: *Nature not as a reduction (symptomatic in its banality) to "landscape" but as totality [...] Art as a means of intensifying the perceptibility of things*[42]. His is a "cold," rational, objective, elementary painting, making use of an unlimited quantity of photographic images to employ as a cue for their transformation in the flat spreads of color in painting, in this following the lead of Pop artists, more British than American, recalling Richard Hamilton's solo show at Marconi's in '66. In his works there is no trace of references to the product, rather there is the constant presence of a psychological excavation of the very nature of the image, more interpreted by the observer than reproduced: *The point is instead in arriving at an integral concept, of nature as totality*[43].

The artist and collector Guglielmo Achille Cavellini (1914–1950), a painter and then collector and patron, then once more a painter and performer in the Pop-Dadaist arena, deserves a note. In the mid-1960s he produced the *Opere oggetti* dedicated to the re-presentation of the everyday object revisited with a Pop sensibility. In the 1970s he would destroy most of these works with (cathartic) fire, beginning his own *Self-Historicization* in open polemic with the protagonism and materialism of the art system, with gallery owners and artists to the fore. The work in the exhibition, regardless of whether it is truly historicized or not, comprehensively represents the temperature of the time.
Then there is the group of Milanese: Fernando De Filippi (1940), Giangiacomo Spadari (1938-1997), Paolo Baratella (1935-2023), and Umberto Mariani (1936).

De Filippi would define the partly casual association with the other three: *More than a group a unity of purpose in doing work against, of not doing bourgeois work, of showing a certain anger, in Mariani's case a certain irony*. Sodality that perfectly represents the movementist Italian Pop climate fueled societally by '68. De Filippi, a multidisciplinary artist and experimenter with a natural bent for teaching the arts, wants to elaborate in painting a new model of everyday life that can be inferred from the events in the news, most often ideologically oriented and drawn from the mass media: *The images were not nature but were culture*, images drawn from the French May student unrest, from the Bay of Pigs in Cuba, from the protests in Italy. But often his works are composed of multiple planes of reading, where: *The structure of the work shifts from monocentric to narrative, triggering reflection*. Sometimes referred to as "the guerrilla painter," he devoted himself to the figure of Lenin as *Contrary Myth*, working in a studio between the editorial offices of Potere Operaio and Re Nudo, a sign of authentic militancy. This was a direct way of claiming the social function of the artist; his words, *The situations were sharp, harsher*, confirm that he witnessed events from the inside of the militancy that would degenerate into armed struggle, leading progressively to the *end of the dream*, although De Filippi's will be a less head-on participation than Baratella's, for example, in a sort of strategy of attack and wait: *There is a time for war and a time for poetry*.

(*catartico*) iniziando la propria *Autostoricizzazione* in aperta polemica con il protagonismo e il materialismo del sistema dell'arte, con galleristi e artisti in testa. L'opera in mostra, prescindendo dalla sua reale storicizzazione o meno, rappresenta in modo esauriente la temperatura dell'epoca.

Vi è poi il gruppo dei milanesi Fernando De Filippi, Giangiacomo Spadari, Paolo Baratella e Umberto Mariani.

De Filippi (1940), definirà il sodalizio, in parte casuale, con gli altri tre: "Più che un gruppo un'unità d'intenti nel fare un lavoro contro, di non fare un lavoro borghese, di mostrare una certa rabbia, nel caso di Mariani una certa ironia". Sodalizio che rappresenta perfettamente il clima pop italiano movimentista alimentato socialmente dal Sessantotto. De Filippi, artista multidisciplinare e sperimentatore, con una naturale predisposizione alla docenza in ambito artistico, vuole elaborare in pittura un nuovo modello di quotidianità che si possa desumere dagli avvenimenti della cronaca, il più delle volte orientati ideologicamente e ricavati dai mezzi di comunicazione di massa: "Le immagini non erano la natura ma erano la cultura", immagini ricavate dal maggio francese, dalla Baia dei porci di Cuba, dalle piazze roventi d'italia. Ma spesso le sue opere sono composte da più piani di lettura, dove: "La struttura dell'opera passa da monocentrica a narrativa, innescando una riflessione". A volte definito "il pittore guerrigliero", si dedicherà alla figura di Lenin in quanto: *Mito contrario*, lavorando in uno studio tra le redazioni di "Potere Operaio" e "Re Nudo", segnale di autentica militanza. Un modo diretto per rivendicare la funzione sociale dell'artista: "Le situazioni erano acuminate, più dure", testimone quindi dall'interno della militanza che degenererà in lotta armata conducendo progressivamente alla *fine del sogno*, anche se quella di De Filippi sarà una partecipazione meno frontale di quella di Baratella, ad esempio, in una sorta di strategia di attacco e attesa: "C'è il tempo per la guerra e il tempo per la poesia".

Giangiacomo Spadari (1938-1997), racconta nella sua pittura la storia (politica) di un secolo per fermo-immagini, trasformandoli in icone contemporanee. Centrale nella sua ricerca la consapevolezza del ruolo sociale dell'artista e delle sue implicazioni nel racconto mass-mediatico del suo tempo. Il suo racconto abbraccia un realismo esistenziale che vuole impedirci di dimenticare, focalizzando alcuni punti-cardine della storia per immagini iconiche, ribadendo eticamente le urgenze rispetto alle diseguaglianze, monito a una deriva che si dimentica dell'uomo e della giustizia sociale.

Paolo Baratella (1935-2023), che De Filippi definirà "forse il più arrabbiato", verrà prelevato con forza dalla polizia all'inaugurazione della Biennale di Venezia del '68, dimostrando fisicamente quanto la sua Arte-Vita potesse influire sulla sua ricerca. Sarà infatti un artista-militante che incarna perfettamente l'identità ideologica di una parte della pop italiana, strettamente condizionata dagli avvenimenti sociali del Sessantotto; delegando all'arte quindi il compito imprescindibile di mantenere la creazione artistica nel reale, attraversando in prima linea gli anni della passione, del coinvolgimento, del racconto vissuto nelle piazze. Un modello mutuato da Majakovskij, da Malevič, artisti, teorici e militanti della Rivoluzione bolscevica, al servizio del popolo.

Umberto Mariani (1936), che si unisce al sodalizio in un secondo tempo e che amerà definirsi *un cane sciolto*, ribadendo così la sua incrollabile indipendenza, costruisce la sua immagine pittorica analizzando l'opera di Graham Sutherland, conosciuto nel '65 per poi sviluppare la sua ricerca in assoluta autonomia dal 1967 con i suoi "Oggetti allarmanti": "Ho voluto conferire agli oggetti [...] soprattutto un significato allarmante, per allertare, per: Spezzare la condizione subalterna, per acquisire una coscienza critica per giudicare tutti [...] i condizionamenti ai quali la società ci vorrebbe

In his painting Giangiacomo Spadari tells of the (political) history of a century through still-images, transforming them into contemporary icons. Central to his research is an awareness of the social role of the artist and its implications in the mass-media narrative of his day. His narrative embraces an existential realism that seeks to prevent us from forgetting, focusing on some of history's pivotal points for iconic images, ethically reaffirming the urgencies with respect to inequalities, a warning of a drift that forgets man and social justice.

Paolo Baratella, whom De Filippi would describe as: *Perhaps the angriest*, would be forcibly taken into custody by the Police at the opening of the Venice Biennale in 1968, physically demonstrating how much his Art-Life affected his research. He would in fact be an artist-militant who perfectly embodies the ideological identity of a section of Italian Pop, closely conditioned by the societal events of '68; delegating to art, therefore, the fundamental task of keeping artistic creation in the real, going through the years of passion, involvement, storytelling lived in the squares on the front line. A model borrowed from Majakovsky, Malevič, artists, theorists, and militants of the Bolshevik Revolution, in the service of the people.

Umberto Mariani, who joined the fellowship at a later date and who loved to call himself *A Loose Dog*, thus reaffirming his unwavering independence, built his pictorial image by analysing the work of Graham Sutherland, whom he met in '65, and then developed his research in absolute autonomy from 1967 with his *Alarming Objects: I wanted to give the objects* [...] *above all an alarming meaning, to alert, to break the subaltern condition, to acquire a critical consciousness to judge all* [...] *the conditionings to which society would like to force us*[44], combining furnishing objects with others traceable to design and fashion, also as a celebration of the industrial development of Milan, his city, oriented in particular toward excellence in these two sectors. An overall image of undoubtedly Pop currency but with a component of strong visual impact, an attribute of the posters and modern mass-media communication linked to the product, which, however, remains the result of a psychological and not a real suggestion, of a combined reminiscence of a complex and never trivial nature: *Because I did not share the fetishist and uncritical celebration that the object had had by American Pop Art. Objects yes, then, but alarming, that is, deprived of their possibility of becoming status symbols in the service of the market and capital.* Having concluded his account of the social temperature of the city and its formidable development, Mariani went on to devote himself to the introspective tale of incommunicability, taking critical cues from Piero Manzoni's *Achrome* and especially the cinema of Antonioni and Polanski. From an anti-fascist family, Mariani would maintain a strong adherence to libertarian and ideological values, in fact working shoulder to shoulder with his three other sodalists, who held very strong ideological views. The triptych prepared by Mariani for the Salon de la Jeune Peinture in Paris in 1968, which was never inaugurated due to the French May riots, is reassembled in the exhibition for the first time.

Clusters of Pop art in Italy were also found in Turin, where Piero Gilardi, Aldo Mondino, and Ugo Nespolo worked.

Piero Gilardi (1942-2023) developed, after the early 1960s, a rigorous sensitivity to the relationship between art and nature and later to that between man and nature, of great relevance to our times, representing also an important figure of the artist-theorist. His polyurethane foam sculptures, the very famous nature carpets, a sort of meta-reality of a fragment of nature taken as a sample, are an *ante-litteram* denunciation of a lifestyle increasingly distant from man and increasingly oriented toward the artificial, in this distancing himself diametrically from the American approach, even though he often kept company with Claes Oldenburg, one of his American sodalists. 'Gilardi's is

costringere"[44], combinando oggetti d'arredamento con altri riconducibili al design e alla moda, anche come celebrazione dello sviluppo industriale di Milano, la sua città, orientata in particolare verso l'eccellenza in questi due settori. Un'immagine complessiva d'indubitabile valenza pop ma con una componente di forte impatto visivo, proprio della cartellonistica e della moderna comunicazione massmediale legata al prodotto, che però rimane frutto di una suggestione psicologica e non reale, di una riminiscenza combinata di natura complessa e mai banale: "Perché non condividevo la celebrazione feticistica e acritica che l'oggetto aveva avuto dalla Pop Art americana". Oggetti sì, quindi, ma *allarmanti*, cioè privati della loro possibilità di diventare status symbol al servizio del mercato e del capitale. Concluso il racconto sulla temperatura sociale della città e sul suo formidabile sviluppo, Mariani di dedicherà al racconto introspettivo sull'incomunicabilità, prendendo spunto critico dagli *Achrome* di Piero Manzoni e soprattutto dal cinema di Antonioni e Polanski. Di famiglia antifascista, Mariani manterrà una forte adesione ai principi libertari e ideologici, di fatto lavorando spalla a spalla con gli altri tre sodali, molto connotati ideologicamente.
In mostra per la prima volta viene ricomposto il trittico preparato da Mariani per il Salon de la Jeune Peinture di Parigi del '68, mai inaugurato per i disordini del maggio francese.

Nell'approssimativa dislocazione territoriale pop rientra anche l'esperienza torinese di Piero Giraldi, Aldo Mondino e Ugo Nespolo.

Piero Gilardi (1942-2023) sviluppa, fin dai primi anni sessanta, una rigorosa sensibilità verso il rapporto Arte e Natura e in seguito tra Uomo e Natura, di grande attualità ai nostri giorni, rappresentando anche un'importante figura di artista-teorico. Le sue sculture in poliuretano espanso, i celeberrimi *tappeti-natura*, una sorta di meta-realtà di un frammento di natura preso a campione, sono una denuncia ante litteram verso uno stile di vita sempre più distante dall'uomo e sempre più orientato all'artificiale, in questo allontanandosi diametralmente dalla temperatura americana, pur frequentando Claes Oldenburg, uno dei suoi sodali d'oltreoceano. Quella di Gilardi è quindi un'assunzione di responsabilità di chi presagisce quel che sta per succedere e si adopera per dichiararlo al mondo. La sua prima mostra del '63 titolata *Macchine per il futuro* non manifesta quella tendenza centrata sull'immagine che si delineerà solo nel '65 con i *tappeti-natura*, appunto, esposti in tutta Europa e in America. Ma il richiamo sociale dell'artista lo porterà ad un abbandono della pratica artistica diretta nel '68, per dedicarsi a un ruolo più ideologizzato, seppur indipendente, da lui inteso come modo altro di fare l'artista, in una sorta di congiunzione perfetta tra Arte e Vita. Attività che riprenderà in modo più convenzionale solo dal 1985, mantenendo la stessa frequenza, la stessa urgenza, la stessa militanza dei primi anni, in un'inesausto desiderio d'incidere positivamente sulla società.

Anche Aldo Mondino (1938-2005) è una delle figure centrali della Pop italiana e non solo: "Tra i più significativi protagonisti della scena artistica del dopoguerra"[45], un autentico sabotatore, un cocciuto outsider, mai allineato all'insegna di un'anarchia progettuale permanente. Anche Mondino non solo non si omologa agli americani, ma anzi opera in maniera diametralmente opposta, togliendo all'oggetto cardine celebrato della Pop d'oltreoceano la sua connotazione originaria, ricontestualizzandolo dal versante onirico, desacralizzandone il messaggio, analogamente a Pascali, Boetti e anche, per alcuni versi, Manzoni. La Pop di Mondino è vivace, curiosa, giocosa, antitetica rispetto all'Arte Povera e al Concettuale, proponendo materiali inediti, esponendo pesce fresco come sberleffo agli otto cavalli vivi di Kounellis all'Attico di Roma solo pochi mesi prima: "I miei pesci erano i resti della battaglia e non avevano nulla di ideologico". Anche Mondino crede alla continuità della storia dell'arte, dedicando la sua videointervista del 20 marzo 2002[46] a Gino Severini, già sottoscrittore dei due Manifesti futuristi dedicati alla pittura

thus an assumption of responsibility of one who foreshadows what is coming and works to proclaim it to the world. His first exhibition, in '63, titled *Machines for the Future*, does not manifest that image-centered tendency that would only emerge in '65 with the nature carpets, exhibited throughout Europe and America. But the artist's social appeal led him to abandon direct artistic practice in 1968, to devote himself to a more idealized, if independent, role, which he understood as another way of being an artist, in a kind of perfect conjunction between Art and Life. An activity that he would resume in a more conventional way only after 1985, maintaining the same frequency, the same urgency, the same militancy of the early years, in a relentless drive to have a positive impact on society.

Aldo Mondino (1938-2005), too, is one of the central figures of Italian Pop and beyond: *Among the most significant protagonists of the postwar art scene*[45], an authentic saboteur, a stubborn outsider, never aligned under the banner of a permanent design anarchy. Mondino, moreover, not only does not conform to the Americans, but rather operates in a diametrically opposite way, stripping the celebrated pivotal object of overseas Pop of its original connotation, recontextualizing it from the oneiric side, desacralizing its message, similarly to Pascali, Boetti, and even, in some ways, Manzoni. Mondino's Pop is lively, curious, playful, antithetical to Arte Povera and Conceptual Art, proposing unseen materials, exhibiting fresh fish as a mockery of Kounellis's eight live horses at the Attico in Rome only a few months earlier: *My fish were the remnants of battle and had nothing ideological about them.* Mondino, too, believes in the continuity of art history, dedicating his video-interview of March 20, 2002[46] to Gino Severini, formerly a subscriber to the two Futurist Manifestos dedicated to painting, dated 1910, and his mosaic master in Paris in 1958, a guide to that anarchic hands-on approach that would characterize all his research: *I owe, much, much to the great master Severini, learning also to work all day long in the studio: With a monk-like dedication, always at the disposal of art.* Manual dexterity that will return with the mosaics in sugar squares, with the sculptures of chocolates (special, imperishable, colorful), with the chandeliers made with Bic pens, with the paintings apparently supported by the balloon, materials that will feed an inexhaustible irony and disenchantment of resolutely anarchic extraction. From Severini Mondino would also borrow the great religious tradition while claiming his own, the Jewish one, but always with disenchantment.

Ugo Nespolo (1941), born in Biella graduated from the Accademia Albertina in Turin. His research developed under the banner of maximum expressive freedom, touching on different themes always with an ironic and disenchanted spirit, with a Futurist speed and restlessness. His first exhibitions were characterized by a jumble of works accumulated indistinctly to occupy every available space, a "making art" in a totalizing, liberating way, a sort of game under the banner of compositional freedom, lightness, expressive contamination. He would experiment with the juxtaposition of bright colors combined with interlocking, a patient jigsaw puzzle of little wooden pieces that became his trademark, lived in the dimension of fun, of the carefree student spirit: a fantastic visionary and colorful world. He would come to rest convincingly in cinema just as Allen Ginsberg and Fernanda Pivano; he would, too, go on to create advertising campaigns, design record covers, be a theatrical costume designer, re-designer of cars and motorcycles, under the banner of a maximal multi-disciplinarity.

datati 1910 e suo maestro di mosaico a Parigi nel '58, guida a quella manualità anarchica che caratterizzerà tutta la sua ricerca: "Devo, molto, molto al grande maestro Severini", imparando anche a lavorare per tutto il giorno in studio "con una dedizione monacale, sempre a disposizione dell'arte". Manualità che tornerà con i mosaici in quadratini di zucchero, con le sculture di cioccolatini (speciali, imperituri, coloratissimi), con i lampadari realizzati con le penne Bic, con i quadri apparentemente sostenuti dal palloncino, materiali che alimenteranno un'inesauribile ironia e disincanto di estrazione risolutamente anarchica. Da Severini Mondino mutuerà anche la grande tradizione religiosa rivendicando la sua, ebraica, ma sempre con disincanto.

Ugo Nespolo (1941), nato a Biella si diplomerà all'Accademia Albertina di Torino. La sua ricerca si sviluppa all'insegna della massima libertà espressiva, toccando diverse tematiche sempre con spirito ironico e disincantato, con una velocità e un'irrequietezza futuriste. Le sue prime esposizioni sono caratterizzate da un affastellamento di opere accumulate in modo indistinto ad occupare tutto lo spazio disponibile, un "fare arte" in modo totalizzante, liberatorio, una sorta di gioco all'insegna della libertà compositiva, della leggerezza, della contaminazione espressiva. Sperimenterà l'accostamento di cromie brillanti abbinate all'incastro, un puzzle paziente di legnetti che diventerà il suo procedere distintivo, vissuto nella dimensione del divertimento, della goliardia: un fantastico mondo visionario e colorato. Approderà convintamente al cinema coinvolgendo anche Allen Ginsberg e Fernanda Pivano, sarà autore di campagne pubblicitarie, copertine di dischi, costumista teatrale, re-designer di auto e moto, all'insegna della massima multidisciplinarietà.

Rilevante poi in quel sentire comune, la testimonianza toscana legata alle figure rilevanti di Roberto Barni, Gianni Bertini e Roberto Malquori.

Roberto Barni (1939) inizia la sua attività espositiva nel '60 e nel '62 esporrà dadaisticamente il suo necrologio. Sono gli anni in cui attinge alle immagini di ambiti industriali o artificiali e relative a rilevamenti topografici, nonché realizzando grandi sagome in ferro verniciato. Annoverato nella cosiddetta Scuola di Pistoia con Gianni Ruffi e Umberto Buscioni, esporrà nel '65 nella mostra seminale *Nuova Oggettività in Europa* con Pino Pascali e Mario Ceroli. In Barni si assiste al contrasto tra il desiderio di rendere l'opera accessibile e quello di realizzarla con la massima ricercatezza possibile, per salvare la forma dalla degenerazione della banalità, passando dalla bidimensionalità alla scultura con la massima disinvoltura. Sempre alla ricerca di sviluppi espressivi, attraverserà, come molti autori presenti nel progetto, l'esperienza concettuale per poi approdare definitivamente e come esponente di spicco alla *pittura colta*.

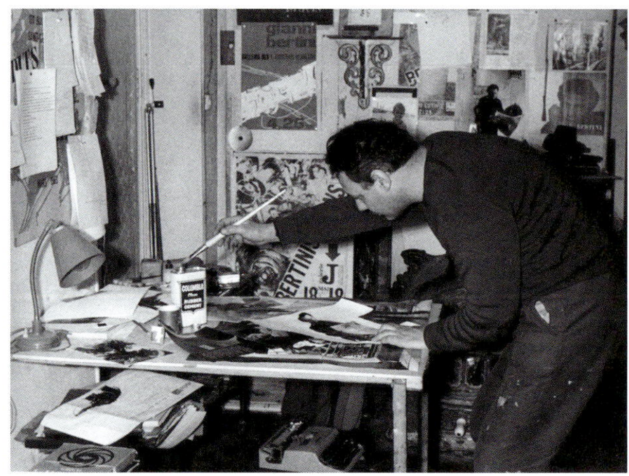

Gianni Bertini (1922-2010), artista vulcanico e poliedrico, autentica mina vagante del sistema, condurrà la sua ricerca con la massima libertà fin dagli inizi: "Solo il gesto, la sua precisione, il suo linguaggio mi è sempre interessato affinare. Dunque far scaturire ogni volta un significato nuovo, dimenticando la forma precedente". Probabilmente per questo motivo avrà la folgorante intuizione proto-pop della serie *Gridi* già nel '48-'49, dove la presenza di numeri, riferimenti segnaletici e lettere rappresenteranno l'incredibile premonizione a livello mondiale sulla "temperatura" pop che si sarebbe diffusa consapevolmente solo un decennio dopo. Intuizione che non avrà sviluppi spiegabile solamente col fatto che Bertini sarà ossessionato dal futuro a tal punto da perdere consapevolezza del presente, di ciò che la sua ricerca poteva rappresentare in quel momento, rimanendo comunque un precursore della stessa Pop Art americana. La stessa

Relevant, then, in that common feeling is the Tuscan testimony linked to the figures of Roberto Barni, Gianni Bertini, and Roberto Malquori.

Roberto Barni (1939) began his exhibition activity in 1960 and in '62 he put on a Dada-style show of his own obituary. These were the years in which he drew on images of industrial or artificial environments and those relating to topographical surveys, as well as making large painted iron silhouettes. Counted among the so-called Pistoia School with Gianni Ruffi and Umberto Buscioni, in '65 he participated in the seminal exhibition *New Objectivity* in Europe with Pino Pascali and Mario Ceroli. In Barni we see the contrast between the desire to make the work accessible and the desire to realize it with the greatest possible refinement, to save form from degenerating into banality, moving from two-dimensionality to sculpture with the greatest ease. Always in search of expressive developments, he would go through, like many of the artists included in this project, the conceptual experience and then land definitively and as a leading exponent of cultured painting.

Gianni Bertini (1922-2010), a volcanic and multifaceted artist, an authentic loose cannon of the system, would conduct his research with the utmost freedom from the very beginning: *Only the gesture, its precision, its language has always interested me to refine. So, to bring forth a new meaning each time, forgetting the previous form.* Probably for this reason he manifested the dazzling proto-Pop intuition of the series *Screams* as early as '48–'49, where the presence of numbers, sign references, and letters would represent the incredible worldwide prefiguration of the Pop "temperature" that would spread consciously only a decade later. An intuition that would not have developments explicable only by the fact that Bertini would be obsessed with the future to such an extent that he would lose awareness of the present, of what his research could represent at that moment, remaining nevertheless a precursor of true American Pop Art. Mechanization, from '61–'62, of which the three works in the exhibition are extraordinary exemplars, was to become a theoretical bridge between the French Pop intuitions of French Mec-Art, of which he would be a part with Rotella and Alain Jacquet, and the American tension of those years, albeit not yet identified as such. Mec-Art would evoke the communicative forms of the day, processing photographic material culled from magazines and rearranged in such a way as to take on a new dimension of meaning, recalling advertising and television communication in every way.

Roberto Malquori (1929) is a collector of images taken from everyday life, from magazines, from television, from all the media used by the modern community. The process *keeps him strictly away from brushes, palettes, and easels,* as Lamberto Pignotti wrote in '66, having perfected a technique of extracting inks from original images, but it links him to a representation of a real "other" than what he then inevitably represents. In a new condensed world, obtained by this technological operation, everything is sublimated to the highest degree, triggering a critical reflection on the myths and rituals of mass communication; in a process almost of accumulation daze, new imaginary mappings reworked for the simultaneous promotion of a new cumulative product are then repurposed for the further multiplication of profit. Malquori reconstructs a new universe in which we might find ourselves and toward which we still have the time to slow down, *conceived as early as the early 1960s, more than half* a century ahead of contemporary drifts. The tricolor displayed in the exhibition is an apt description of the weight of Italian tradition in his research and how far such a precise signal is able to distance itself from the American model.

Unlike the many artists who left Bologna to reach art capitals abroad, Concetto Pozzati (1935-2017) chose to remain in his home territory. After a debut in Informal art, he came to Pop in the

meccanizzazione, dal '61-'62, di cui le tre opere in mostra sono una selezione straordinaria, diventerà un ponte teorico tra le intuizioni francesi pop della Mec-Art francese, di cui farà parte con Rotella e Alain Jacquet e la tensione americana di quegli anni, non ancora identificatasi come tale. La Mec-Art evocherà le forme comunicative del tempo, elaborando materiale fotografico tratto dai rotocalchi e ricomposto in modo da assumere una nuova dimensione di significato, richiamando a ogni modo la comunicazione pubblicitaria e televisiva.

Roberto Malquori (1929) è un accumulatore d'immagini tratte dalla quotidianità, dalle riviste, dalla televisione, da tutti i media utilizzabili dalla moderna collettività. Il procedimento "lo tiene rigorosamente lontano da pennelli, dalle tavolozze, dai cavalletti", come scrive Lamberto Pignotti nel '66, avendo perfezionato una tecnica di estrazione degli inchiostri dalle immagini originali, ma lo rende organico a una rappresentazione di un reale "altro" rispetto a quello che poi inevitabilmente rappresenta. In un nuovo mondo concentrato, ottenuto da questa operazione tecnologica, tutto viene sublimato al meglio, innescando una riflessione critica sui miti e i riti della comunicazione di massa; in un processo quasi di stordimento da accumulazione, vengono quindi riproposte nuove mappature immaginarie rielaborate per la promozione simultanea di un nuovo prodotto cumulativo, per un'ulteriore moltiplicazione del profitto. Malquori ricostruisce un nuovo universo in cui potremmo trovarci e verso cui siamo ancora in tempo per rallentare, concepito già nei primi anni sessanta, con oltre mezzo secolo d'anticipo sulle derive contemporanee. Il tricolore esposto in mostra descrive bene il peso della tradizione italiana nella sua ricerca e quanto possa un segnale così preciso prendere le distanze dal modello americano.

Concetto Pozzati (1935-2017) tra i molti artisti che da Bologna emigrano verso le capitali dell'arte, rimane invece nel suo territorio d'origine. Dopo un esordio in ambito informale, approda alla Pop agli inizi degli anni sessanta. Nelle opere di Pozzati si sommano la freddezza della riproduzione dell'immagine alla magia di una rappresentazione quasi onirica: *L'arte è un progetto impossibile*. Rivendicherà sempre un'autonomia critica dell'artista, fino al convegno internazionale "Autonomia critica dell'artista" tenuto proprio a Bologna nel '79: "Fummo odiati [...] ma chiedevamo il diritto autonomo della parola perché stanchi di essere servi di scena". Già nel '63 applicherà alla sua ricerca il concetto di falso più vero del vero, opere che sono una sorta d'inventario degli oggetti e dei luoghi della quotidianità, di oggetti-icona: sarà uno dei protagonisti, tra i più giovani, alla Biennale del '64. La sua poetica dell'oggetto è distaccata, rarefatta, descrittiva, immobile ed è rivolta in ultima istanza alla società dei consumi e al rapporto naturale-artificiale: "L'arte è sempre interrogazione ed è sempre indicibile [...] L'importante è essere fuori dal conformismo [...] la tecnica non svela lo splendore della verità".

Beat-Italia. L'Antigruppo di Nat Scammacca

La sezione dedicata alla Beat italiana affiancata alla Pop è imprescindibile per descrivere quel *sentire comune* di artisti e letterati di quel periodo, affidata in questo progetto al racconto di Alessandro Manca. Ma l'estensione territoriale del movimento Beat nell'estremo sud grazie all'attività dell'Antigruppo siciliano di Nat Scammacca conferisce un'identità nazionale al Movimento fino a oggi misconosciuta. Ci sono alcune dichiarazioni di quegli anni che rendono meglio di ogni altra cosa

NAT SCAMMACCA

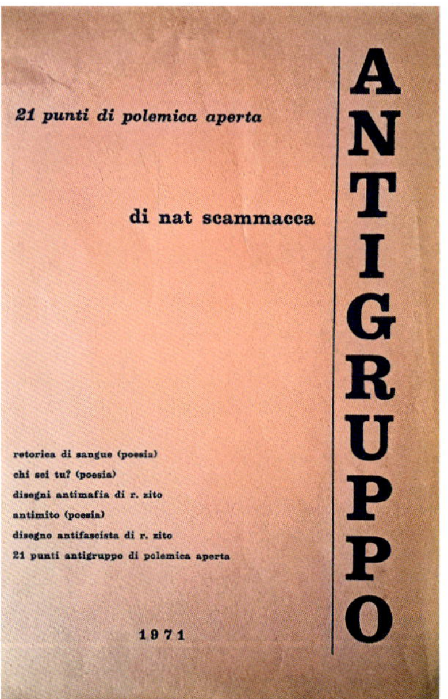

ANTIGRUPPO
21 punti di polemica aperta di Nat Scammacca, 1971

early 1960s. In Pozzati's works, the coldness of image reproduction is added to the magic of an almost dreamlike representation: *Art is an impossible project.* He would always lay claim to a critical independence for the artist, until the international conference "Critical Independence of the Artist" held in Bologna in '79: *We were hated [...] but we demanded the right to independence of speech because we were tired to just work behind the scenes.* Already in 1963 he would apply to his research the concept of the false that is truer than the true, works that are a sort of inventory of the objects and places of everyday life, of icon-objects: he would be one of the protagonists—among the youngest—at the '64 Biennale. His poetics of the object is detached, rarefied, descriptive, immobile, and is ultimately aimed at consumer society and the natural– artificial relationship: *Art is always interrrogation and is always unutterable [...] The important thing is to be outside conformity [...] technique does not reveal the splendor of truth.*

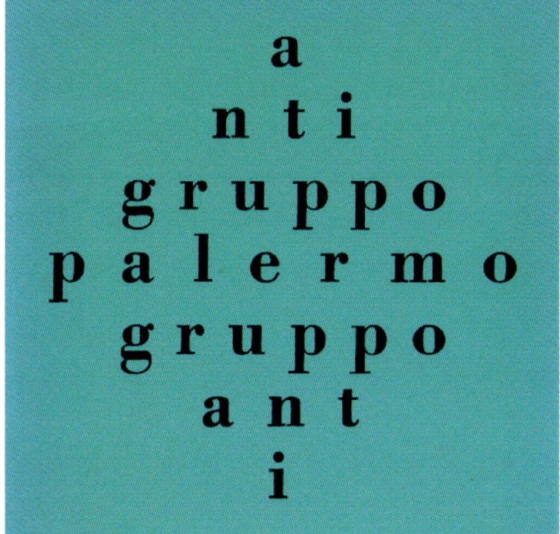

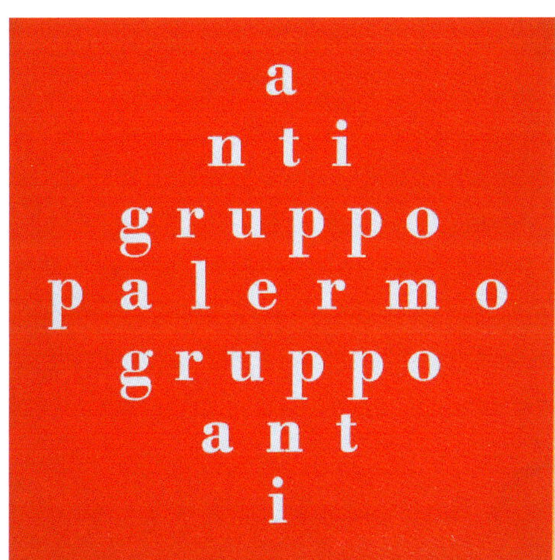

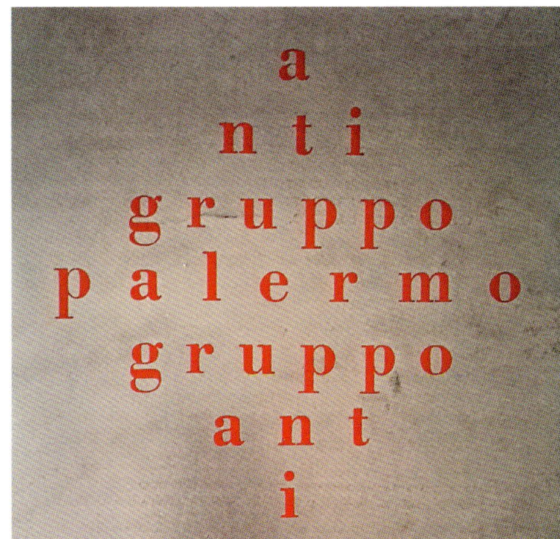

Beat-Italy. Nat Scammacca's Antigruppo

The section dedicated to Italian Beat side by side with Pop is integral to any description of that common feeling shared by artists and literati of the period, a feeling entrusted in this project to the narrative of Alessandro Manca. But the territorial extension of the Beat movement in the far south thanks to the activity of Nat Scammacca's Sicilian Antigruppo gives a national identity to the Movement that has hitherto gone unrecognized. There are a few statements from those years that render better than anything else the temperature of that period: *You make me tender, you are our grandchildren, but the Beat is dead*, said by Allen Ginsberg, the bard of the Beat Generation, to Gianni Milano, his peer in Italy; as well as: *Because we are long-haired beats, stray lambs, fucked up angels*, written by Gianni De Martino, another significant player of those years. Italy was shaken by the release in 1964 of the book *Poetry of the Last Americans*, edited by Fernanda Pivano, which shifted the interest of the young from Pavese, Baudelaire, Fenoglio, Svevo, to Jack Kerouac, Allen Ginsberg, Lawrence Ferlinghetti, Gregory Corso, authors permeated by an idea of rebellion and total autonomy from the past. In Italy, the Pop and Beat trends, even in the limitations of the two definitions, which imply too heavy a tribute toward the American experience, have a close genesis: with the former de facto born in '62 and the latter having traces from '65 in the north and '67–'68 in the south. Both will be united by that *common feeling* toward the social, political, economic, and lifestyle ferments of those years and will hold up a mirror to the utopias, illusions, and hopes of a good part of that generation. In fact, the musical progression of those years still forms part of the collective imagination of a large section of today's adult population.

Hitherto located mainly in the country's north, the Italian Beat scene would see a significant development in Sicily as well, thanks to the activity of

Roberto Floreani

la temperatura di quella stagione: "Mi fate tenerezza, siete i nostri nipotini, ma il Beat è morto", che Allen Ginsberg, il vate della Beat Generation disse a Gianni Milano, pari grado in Italia, nonché: "Perché siamo capelloni beat, randagi agnelli angeli fottuti", scritta da Gianni De Martino, altro protagonista di quegli anni. L'Italia viene scossa dall'uscita nel '64 dal libro *Poesia degli ultimi americani*, curato da Fernanda Pivano, che sposta l'ottica dei giovani da Pavese, Baudelaire, Fenoglio, Svevo, verso Jack Kerouac, Allen Ginsberg, Lawrence Ferlinghetti, Gregory Corso, permeati da un'idea di ribellione e di autonomia totale verso il passato. In Italia le tendenze Pop e Beat, pur nell'improprietà delle due definizioni, che sottintendono un tributo troppo gravoso verso l'esperienza americana, hanno una genesi ravvicinata: con la prima di fatto identitaria a partire dal '62 e la seconda che darà tracce dal '65 al nord e dal '67-'68 al sud. Entrambe saranno accomunate da quel *sentire comune* verso i fermenti sociali, politici, economici e di costume di quegli anni e diventeranno lo specchio delle utopie, delle illusioni e delle speranze di buona parte di quella generazione. La declinazione musicale di quegli anni infatti fa ancora parte dell'immaginario collettivo di una larga parte della popolazione adulta di oggi.

Fino a oggi collocata territorialmente soprattutto al nord, la Beat italiana in realtà avrà uno sviluppo significativo anche in Sicilia, grazie all'attività dell'Antigruppo di Nat Scammacca, realtà collettivista che si doterà fin dagli esordi di un corposo Manifesto fondativo in 21 punti. La valorizzazione dell'Antigruppo rappresenta un tassello fondamentale per dotare la tendenza Beat italiana di un respiro nazionale fino a oggi mai considerato, di riconoscere ad un nutrito gruppo dell'estremo sud uno spessore teorico pressoché sconosciuto al nord e colpevolmente mai incluso compiutamente nel racconto di quegli anni. Nat Scammacca redige i *Ventuno punti di polemica aperta* dove: "Chi non è del nostro gruppo è falso", ovvero schiavo di quelle case editrici che si sono allontanate dal popolo, autocelebrandosi nei salotti dorati del capitalismo. L'Antigruppo di nome e di fatto si oppone al monopolio del Gruppo '63, di cui vale ricordare l'atto fondativo proprio a Palermo, egemonico e distante dalla realtà di quella base che avrebbe dovuto invece rappresentare: "La loro verità è bugia", quindi. Non casualmente, animato da componenti palermitani, nascerà immediatamente dopo anche l'Antigruppo Palermo, per ribadire le distanza tra due modi opposti di porsi nei confronti del proletariato. Due saranno i principali obiettivi della polemica: Edoardo Sanguineti, il coordinatore e Umberto Eco, l'affabulatore. Il documento successivo: *Antigruppo 1971. Esistenza*, integra il primo con l'estensione della posizione ideologica del gruppo, riportando l'azione poetica al centro con i tre testi seminali: *Esistenza Antigruppo*, *Capogruppo d'Avanguardia* e *Anno Uno*, dove emerge con forza il tenore sociale di ribellione, che si conclude con un significativo: *Guai a chi vuol essere padrone!* Attività che sarà corroborata dall'uscita lo stesso anno anche della rivista *Anti*, indispensabile per alimentare il dibattito. Quella dell'Antigruppo sarà una feroce contestazione marxista alla sinistra imborghesita e un'opposizione assoluta al fascismo, ma con evidenti riminiscenze verbali e strutturali riconducibili alla comunicazione dei gruppi futuristi, pur molto attenti all'emancipazione delle estreme periferie nazionali.

Guidati da Nat Scammacca, gli affiliati Crescenzio Cane, Gianni Diecidue, Ignazio Apolloni, Antonio Cremona, Santo Calì, Pietro Terminelli, Emanuele Mandarà, Ugo Minichini, Giuseppe Addamo e molti altri saranno ricevuti nell'aprile del '73 da Lawrence Ferlinghetti nella libreria City Lights a San Francisco, dove verrà loro attribuito un importante tributo culturale: *POPULIST MANIFESTO – for poets with love [...] they are a fantastic production!* Nonché riconosciuto Scammacca come il più rilevante poeta beat italiano. Quindi l'Antigruppo si costituisce in polemica frontale con la politica culturale instaurata dal Gruppo 63. Sarà una polemica durissima, antagonista verso quel che viene indicato da sinistra come un autentico, infame tradimento delle istanze primarie della Beat, perfettamente

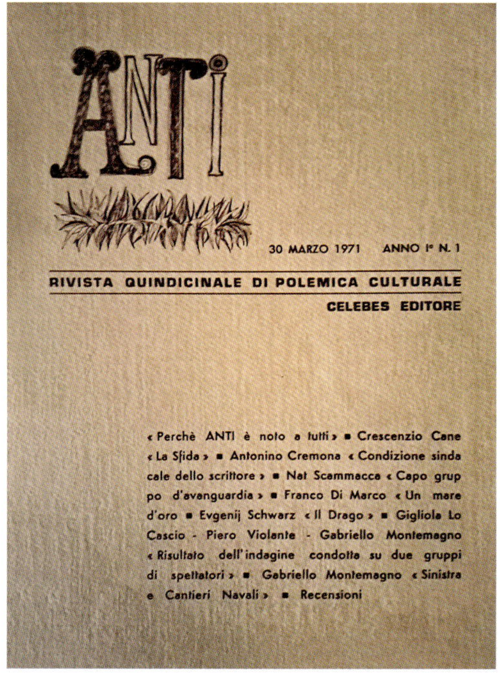

"ANTI"
copertina / cover,
31 marzo / March 1971

Nat Scammacca's Antigruppo, a collectivist reality that would endow itself from the very beginning with a full-bodied 21-point Founding Manifesto. Recognizing the importance of the Antigruppo is a fundamental step toward bestowing on the Italian Beat trend a national aura never hitherto considered, to recognize in a large group from the far south a theoretical depth almost unknown in the north and – rather unforgivably- never fully included in the narrative of those years. Nat Scammacca drafts the *21 points of open controversy* where: *Those who are not of our group are false*, that is, slaves of those publishing houses that have distanced themselves from the people, self-celebrating in the gilded salons of capitalism. The Antigruppo in name and in fact opposes the monopoly of Group '63, whose founding act in Palermo is worth remembering, as it was hegemonic and distant from the reality of the base it was supposed to represent: *Their truth is a lie, therefore*. Not coincidentally, animated by elements from the city, the Palermo Antigruppo would also be born immediately afterwards, to reiterate the distance between two opposing ways of dealing with the proletariat. There will be two main targets of the polemic: Edoardo Sanguineti, the coordinator, and Umberto Eco, the storyteller par excellence. The following document, *Antigruppo 1971. Existence*, complements the first with the extension of the group's ideological position and brings poetic action back to the center with the three seminal texts, Antigruppo Existence, Avant-Garde Group Leader, and Year One, where the social tenor of rebellion emerges forcefully, concluding with a significant: *Woe to those who wish to be the masters!* Activity that will be reinforced by the release that same year of the magazine *Anti*, that proved indispensable to fuel the debate. The position of the Antigruppo would be a fierce Marxist contestation of the gentrified left and an outright opposition to fascism, but with obvious verbal and structural reminiscences traceable to the communications of the Futurist groups, while also bearing in mind the peculiarities of the island.

Led by Nat Scammacca, his associates Crescenzio Cane, Gianni Diecidue, Ignazio Apolloni, Antonio Cremona, Santo Calì, Pietro Terminelli, Emanuele Mandarà, Ugo Minichini, Giuseppe Addamo, and many others would be welcomed in April 1973 by Lawrence Ferlinghetti at the City Lights bookstore in San Francisco, where they would be praised for their important cultural tribute: *POPULIST MANIFESTO – for poets with love [...] they are a fantastic production!* and Scammacca would be recognized as the most significant of the Italian beat poets. So, the Antigruppo positioned itself in confrontation with the cultural program established by Group '63. It was to prove a very harsh polemic, antagonistic toward what is pointed out by the left as an authentic, infamous betrayal of the primary instances of Beat by someone perfectly aware that this will cost them dearly, also in terms of the group's visibility: *The Arrow against the Tank*, punctually occurring to this day[47]. Despite this, the Antigruppo would proudly reject any opening toward the north, avoiding that diaspora to Turin and Milan embarked on by many southerners as a journey of hope, arguing forcefully that the social role of the poet must be expressed above all exactly where the need for emancipation is urgent: on the ground, therefore, house by house, field by field, factory by factory. The representatives of the Antigruppo would renounce Einaudi, Feltrinelli, Bompiani, and laboriously print self-published books; their founding documents would be cyclostyled and staple-bound, in an evocation of the spirit of the authentic avant-garde.

Compared to the Beat as we know it, the Antigruppo would, over the years, come to be endowed with theoretical-popular texts of considerable social relevance, first and foremost *Populist Philosophical Aesthetics of the Sicilian Antigruppo*, which supported by the cyclostyled *Antigruppo 1971 - Existence* and *Antigruppo - 21 Points of Open*

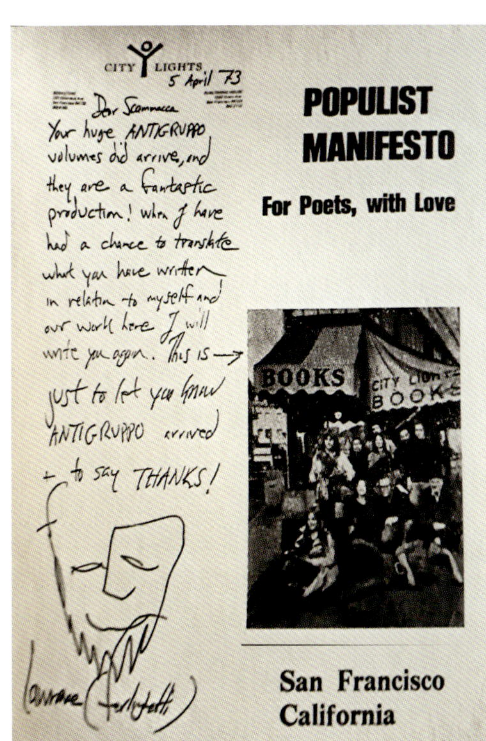

consapevoli che questo costerà loro carissimo, anche in termini di visibilità del gruppo: *La freccia contro il carro armato*, puntualmente verificatosi fino ad oggi[47]. Nonostante questo, l'Antigruppo rifiuterà orgogliosamente qualsiasi contatto con il nord, evitando quella diaspora verso Torino e Milano di molti meridionali nel loro viaggio della speranza, sostenendo con forza che il ruolo sociale del poeta debba esplicarsi soprattutto dove sia urgente la necessità di emancipazione: sul territorio, quindi, casa per casa, campo per campo, fabbrica per fabbrica. Rinunceranno a Einaudi, Feltrinelli, Bompiani, stamperanno faticosamente libri autoprodotti e i loro documenti fondativi saranno ciclostilati e rilegati con punto metallico, evocando autenticamente lo spirito dell'Avanguardia, quella vera.

Rispetto alla Beat conosciuta fino a oggi, l'Antigruppo si doterà, negli anni, di testi teorico-popolari d'importante rilevanza sociale, primo fra tutti *Estetica Filosofica Populista dell'Antigruppo siciliano*, che supportato dai ciclostilati *Antigruppo 1971 – Esistenza* e *Antigruppo – Ventuno punti di polemica aperta*, rappresentano la testimonianza più concreta dell'autonomia espressiva, sociale e movimentista della poetica beat italiana, rispetto a quella americana. Nat Scammacca e i suoi sodali s'identificano in un movimento che vuole intervenire nel sociale per una sua evoluzione/rivoluzione espressiva e culturale, guardando (consapevolmente o meno) in modo significativo al Futurismo, unica avanguardia autenticamente rivoluzionaria italiana. L'Antigruppo presenterà molte delle caratteristiche dei Gruppi Futuristi: analogie precise, ad esempio, con i Gruppi Boccioni di Verona e Savarè di Monselice[48]. Prescidendo dalla struttura verticistica con Marinetti e Scammacca autentici mentori nonché finanziatori, i gruppi faranno azione di proselitismo dedicandosi con energia incrollabile ai territori marginali, decentrati, disagiati e quindi particolarmente bisognosi di un'azione emancipatoria. Tale funzione sarà multidisciplinare e applicata verso tutti gli ambiti popolari possibili: raduni, feste, attività ricreative, con volantini, pieghevoli, giornali, opuscoli, in modo da mantenere costante la presenza del gruppo nella comunità. Per contro, l'estrazione nazionalista interventista e poi, in parte, aderente al Fascismo dei futuristi, si scontrerà con l'efferato antifascismo dell'Antigruppo, anche se le analogie, paradossalmente, saranno le stesse: l'interventismo nella Grande guerra dei primi e la partecipazione attiva e prolungata di Scammacca nella Seconda, con analoga crudezza del racconto dell'Antigruppo che, in apertura del suo opuscolo fondativo[49] dichiarerà: "Sì sono antifascista. Non violento dichiarato. Ma violento antifascista [...] Ogni borghese venduto morirà. GUERRA CIVILE!". Frasi inutili da commentare con lo spirito di oggi, trattandosi di bagaglio comprensibile di un combattente operativo per anni (Scammacca), ma che pur riporta al Futur-Bolscevismo dell'*agit-prop* Majakovskij e alla sua rivoltella, oppure al Malevič del comitato esecutivo popolare rivoluzionario in tempi di guerra civile, difficilmente condivisibili oggi, ma di assoluta attualità, per chi li ha vissuti, agli inizi degli anni settanta.

Pur agli antipodi ideologici col Futurismo (ma identici in Russia), l'Antigruppo si doterà di analoga strutturazione in Manifesto programmatico, stessa articolazione in punti di rilievo con estensione esplicativa, stessa militanza popolare sistematica, analoghe rivendicazioni sociali a favore degli stessi soggetti, pur a latitudini differenti, stessa temperie fortemente antiborghese. Antineutrali e antigraziosi entrambi.

Sicuramente un *sentire comune* anche questo, seppur con differente temperatura.

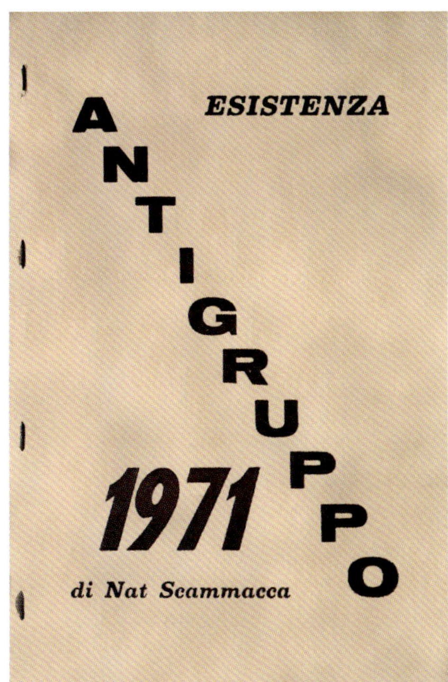

ESISTENZA. ANTIGRUPPO 1971
ciclostile / mimeograph

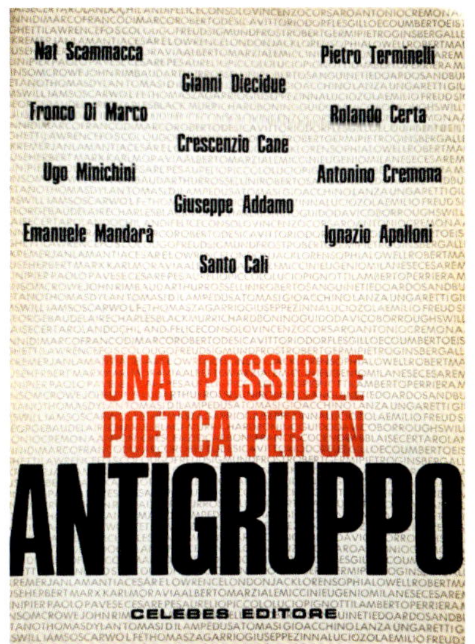

UNA POSSIBILE POETICA PER UN ANTIGRUPPO
copertina / cover, 1970

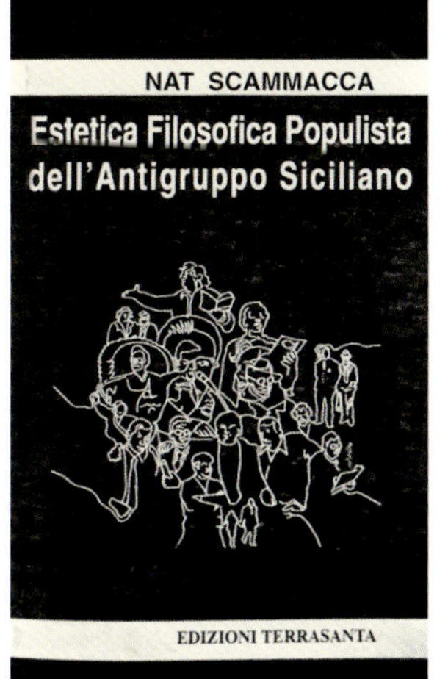

ESTETICA FILOSOFICA POPULISTA DELL'ANTIGRUPPO SICILIANO
copertina / cover, 1971

Controversy, represents the most concrete testimony to the expressive, social, and movementist autonomy of Italian beat poetics, compared to its American counterpart. Nat Scammacca and his associates identify themselves in a movement that seeks to intervene in the social for its own expressive and cultural revolution, looking (consciously or unconsciously) significantly to Futurism, the only authentically revolutionary Italian avant-garde. The Antigruppo exhibited many of the characteristics of the Futurist groups: there were, for example, precise analogies with the Boccioni groups of Verona and Savarè of Monselice[48]. As well as sharing a top-down structure with Marinetti and Scammacca as authentic mentors as well as financiers, both groups would proselytize by dedicating themselves with unwavering energy to marginal, decentralized, disadvantaged territories and thus places particularly in need of emancipatory action. This function would be multidisciplinary and directed toward all possible popular areas: rallies, festivals, recreational activities, with leaflets, newspapers, pamphlets, so as to maintain the group's constant presence in the community. However, there were elements that set apart the members of the Antigruppo and the Futurists, despite some similarities: on the one hand, the nationalist interventionism first and then the partial adhesion to Fascism of the Futurists would clash with the aggressive anti-fascism of the Antigruppo, while on the other, paradoxically, the interventionism in the Great War of the Futurists shares some similarities with Scammacca's active and prolonged participation in World War II, as we see a similar rawness of the Antigruppo's narrative. In fact, in the opening of its founding pamphlet[49] the Antigruppo would declare: *Yes, I am anti-fascist. I am a declared non-violent. But also a violent anti-fascist [...] Every sold-out bourgeois will die. CIVIL WAR!* It would be anachronistic to comment on those words in line with our current feelings, as they were the result of the understandable baggage of a fighter who had been active for years (Scammacca), but they nevertheless bring us back to the Futurism-Bolshevism of the agit-prop Majakovsky and his revolver, or to Malevič of the Revolutionary People's Executive Committee in times of civil war, hardly acceptable today, but of absolute relevance for those who lived through that period, in the early 1970s.

Although at the ideological antipodes with Futurism (while close to the Russian movement), the Antigruppo would have similar structuring in their Programmatic Manifesto, the same articulation in points of emphasis with explanatory extension, the same systematic popular militancy, similar social claims on behalf of the same subjects, albeit at different latitudes, the same strongly anti-bourgeois tenor. Anti-neutral and anti-graceful, both.

Surely a common feeling, too, albeit at a different temperature.

1   M. De Bei Schifano, *Tutto diventa Schifano*, in *Mario Schifano tutto*, Electa, Milano 2001, p. 17.
2   *Umberto Boccioni. Arte-Vita*, Mondadori-Electa, Milano 2017.
3   *Plinio De Martiis*, in *L'Arte Pop in Italia*, Grafiche Aurora, Verona 1999, p. 11.
4   R. Lichtenstein, dall'intervista con G.R. Swenson in "Art News" n. 7, novembre 1963.
5   C. Vivaldi, *Verso un realismo di massa*, in "Tempo Presente", VIII, n. 1, gennaio 1963.
6   M. Calvesi, in *L'Arte Pop in Italia* cit., p. 145.
7   P. Marino, in *Pino Pascali*, Laterza Edizioni, Bari 1983, p. 6.
8   G. Celant, in "Flash Art", n. 5, 23 novembre 1967.
9   *Non ero un artista Pop perché non ho mai usato immagini popolari*, in *Pistoletto*, Electa, Milano 1976, p. 19.
10 *L'Arte Pop in Italia* cit., p. 27.
11 J. Baudrillard, *Baj ovvero la mostruosità messa a nudo dalla pittura*, in E. Baj, *I Grandi Quadri*, Electa, Milano 1982, p. 11.
12 E. Baj, in L. Caprile, *Conversazioni con Enrico Baj. Mezzo secolo di avanguardie*, Eleuthera, Milano 1997, p. 94.
13 *Poemi fonetici 1949-75*, pubblicati da Plura Records con edizione firmata e numerata in 1000 esemplari.
14 M. Rotella, in *Mimmo Rotella*, Gli Ori Edizioni, Prato 2001, pp. 95-101.
15 L. Lippard, *Pop Art*, Mazzotta, Milano 1967, p. 227.
16 M. Valsecchi, *Maselli*, Edizioni Palazzo dei Diamanti, Ferrara 1970, p. II.
17 P. Bucarelli, *Catalogo XXXII Biennale di Venezia*, Longo Editore, Bologna 1964, pp. 135-136.
18 P. Pascali, in *Pino Pascali* cit., p. 66.
19 P. Marino, ivi, p. 5.
20 *Ibidem*.
21 A. D'Elia, ivi, p. 28.
22 E. Prampolini, *Arte polimaterica (verso un'arte collettiva)*, Edizioni del Secolo, Roma 1944.
23 A. Bonito Oliva, *Descrizione da critico della battaglia d'artista*, in *Schifano opere 1957-1997*, Electa, Milano 1998.
24 *Mario Schifano tutto*, Electa, Milano 2001, p. 73.
25 Ivi, p. 27.
26 Intervista di Alberto Moravia, in *Schifano opere 1957-1997* cit., p. 207.
27 M. Fagiolo dell'Arco, *L'Archiscultura*, in "La botte e il violino", n. 2, 1966.
28 V. Rubiu, *La realtà imbalsamata di Cesare Tacchi*, in *Catalogo 3*, Edizioni Galleria La Tartaruga, Roma 1966.
29 G. Di Maggio, *Caro Renato*, in *Renato Mambor*, Fondazione Mudima, Milano 2007, p. 15.
30 R. Mambor, ivi, p. 34.
31 S. Lombardo, video-intervista inaugurazione, Luca Tommasi Arte Contemporanea, Milano 2016.
32 F. Mauri, *Io sono un ariano*, Edizioni Volume, Roma 2009, p. 62.
33 G. Marotta, testo di presentazione alla mostra personale alla Galleria dei bibliofli, Milano, ottobre 1973.
34 Lettera personale di Gino Marotta a Fabio Mauri, 1969.
35 Videointervista online del 28 marzo 2022.
36 Videointervista con Omar Calabrese online, 14 marzo 2016.
37 A. Schwarz, intervento all'inaugurazione del centro artistico Alik Cavaliere, Milano, novembre 1999.
38 A. Cavaliere, in "QB Quaderni dell'Accademia di Brera", n. 1, maggio 2000.
39 T. Stefanoni, *La pittura come oggetto*, Electa, Milano 1994, p. 32.
40 Ivi, p. 29.
41 Ivi, p. 34.
42 Archivio Emilio Tadini, appunti ms. FOL.8-9
43 Archivio Emilio Tadini, appunti ms., s.d. (1969-1971)
44 U. Mariani, in *Alternative attuali 3*, a cura di E. Crispolti, L'Aquila 1968, p. 3.
45 A. Fiz, *Aldo Mondino*, Silvana Editoriale, Cinisello Balsamo 2008, p. 19.
46 Videointervista ad Aldo Mondino, Videolampo-Archivio Garghetti 03/2022.
47 C. Cane, *La freccia contro il carro armato*, in "Trapani Nuova", 1971, p. 3.
48 *Futurismo: i Gruppi Boccioni e Savarè*, Edisai Edizioni, Ferrara 1999.
49 *Antigruppo. 21 punti di polemica aperta*, ciclostilato autoprodotto, Trapani 1971.

1   M. De Bei Schifano, *Tutto diventa Schifano*, in *Mario Schifano tutto*, Electa, Milan 2001, p. 17.
2   *Umberto Boccioni. Arte-Vita*, Mondadori-Electa, Milano 2017.
3   *Iinio De Martiis*, in *L'Arte Pop in Italia*, Grafiche Aurora, Verona 1999, p. 11.
4   R. Lichtenstein, from the interview with G.R. Swenson in *Art News*, no. 7, November 1963.
5   C. Vivaldi, "Verso un realismo di massa", in *Tempo Presente*, VIII, no. 1, January 1963.
6   M. Calvesi, in *L'Arte Pop in Italia, op. cit.*, p. 145.
7   P. Marino, in *Pino Pascali*, Laterza Edizioni, Bari 1983, p. 6.
8   G. Celant, in *Flash Art*, no. 5, 23 November 1967.
9   *Non ero un artista Pop perché non ho mai usato immagini popolari*, in *Pistoletto*, Electa, Milan 1976, p. 19.
10   *L'Arte Pop in Italia, op. cit.*, p. 27.
11   J. Baudrillard, *Baj ovvero la mostruosità messa a nudo dalla pittura*, in E. Baj, *I Grandi Quadri*, Electa, Milan 1982, p. 11.
12   E. Baj, in L. Caprile, *Conversazioni con Enrico Baj. Mezzo secolo di avanguardie*, Eleuthera, Milan 1997, p. 94.
13   *Poemi fonetici 1949-75*, published by Plura Records in a signed and numbered edition of 1,000 copies.
14   M. Rotella, in *Mimmo Rotella*, Glio Ori Edizioni, Prato 2001, pp. 95-101.
15   L. Lippard, *Pop Art*, Mazzotta, Milan 1967, p. 227.
16   M. Valsecchi, *Maselli*, Edizioni Palazzo dei Diamanti, Ferrara 1970, p. II.
17   P. Bucarelli, *Catalogo XXXII Biennale di Venezia*, Longo Editore, Bologna 1964, pp. 135-136.
18   P. Pascali, in *Pino Pascali, op. cit.*, p. 66.
19   P. Marino, *Ibid.*, p. 5.
20   *Ibid.*
21   A. D'Elia, *Ibid.*, p. 28.
22   E. Prampolini, *Arte polimaterica (verso un'arte collettiva)*, Edizioni del Secolo, Rome 1944.
23   A. Bonito Oliva, *Descrizione da critico della battaglia d'artista*, in *Schifano opere 1957-1997*, Electa, Milan 1998.
24   *Mario Schifano tutto*, Electa, Milan 2001, p. 73.
25   *Ibid.*, p. 27
26   Interview by Alberto Moravia in *Schifano opere 1957-1997, op. cit.*, p. 207.
27   M. Fagiolo dell'Arco, "L'Archiscultura", in *La botte e il violino*, no. 2, 1966.
28   V. Rubiu, *La realtà imbalsamata di Cesare Tacchi*, in *Catalogo 3*, Edizioni Galleria La Tartaruga, Rome 1966.
29   G. Di Maggio, *Caro Renato*, in *Renato Mambor*, Fondazione Mudima, Milan 2007, p. 15
30   R. Mambor, *Ibid.*, p. 34.
31   S. Lombardo, video-interview inauguration Luca Tommasi Arte Contemporanea, Milan, 2016.
32   F. Mauri, *Io sono un ariano*, Edizioni Volume, Rome 2009, p. 62.
33   G. Marotta, presentation text for his personal exhibition at the Galleria dei Bibliofili, Milan, October 1973.
34   Private correspondence from Gino Marotta to Fabio Mauri, 1969.
35   Video-interview online, 3.28.2022.
36   Video-interview with Omar Calabrese online, 3.14.2016.
37   A. Schwarz, speech at the inauguration of the Alik Cavaliere art center, Milan, November 1999.
38   A. Cavaliere, in *QB Quaderni dell'Accademia di Brera*, no. 1, May 2000.
39   T. Stefanoni, *La pittura come oggetto*, Electa, Milan 1994, p. 32.
40   *Ibid.*, p. 29.
41   *Ibid.*, p. 34.
42   Archivio Emilio Tadini, ms. notes FOL.8-9.
43   Archivio Emilio Tadini, ms. notes, s.d. (1969–71).
44   U. Mariani, in *Alternative attuali 3*, edited by E. Crispolti, L'Aquila 1968, p. 3.
45   A. Fiz, *Aldo Mondino*, Silvana Editoriale, Cinisello Balsamo 2008, p. 19.
46   Video-interview with Aldo Mondino, Videolampo-Archive Garghetti, 03.2022.
47   C. Cane, "La freccia contro il carro armato", in *Trapani Nuova*, 1971, p. 3.
48   *Futurismo: I Gruppi Boccioni e Savarè*, Edisai Edizioni, Ferrara 1999.
49   *Antigruppo. 21 punti di polemica aperta*, self-produced cyclostyled, Trapani 1971.

LA LETTERATURA UNDERGROUND ITALIANA

I *beats* (Aldo Piromalli, Gianni Milano, Andrea D'Anna) e l'Antigruppo

Alessandro Manca

In queste pagine c'è un breve racconto di una storia *in minore*, quella di alcuni uomini che si opposero allo status quo della società e della letteratura degli anni sessanta in Italia. Provare a definire compiutamente le caratteristiche di questi movimenti è un'impresa non facile data la natura proteiforme che non si presta a semplici identificazioni e schematizzazioni. È la storia, da una parte, di giovani che decisero di mettersi *on the road* non soltanto a livello geografico e fisico ma, con coraggio e consapevolezza, a livello esistenziale. In queste pagine, per comodità, li chiamerò *beats* e le traiettorie toccate sono tre: quella dei poeti Aldo Piromalli, Gianni Milano e del prosatore Andrea D'Anna.

Dall'altra parte, con l'Antigruppo siciliano, una prospettiva di marcata connessione fra *poiesis* e *praxis*[1] inserita nella storia dell'isola meridionale in cui spicca "oltre al carattere prettamente letterario, anche quello politico"[2].

Fra i due 'movimenti' vi è una sinfonia di motivi comuni (il rifiuto dell'autorità, i bisogni dell'individuo, l'entusiasmo di una produzione letteraria condivisa, una quota di marginalità periferica) e di differenze, anche sostanziali. Entrambi però sono accomunati da una prospettiva di azione, relazione e produzione letteraria di intransigenza.

L'Underground, in Italia, inizia nel 1965 con una frase: "non contate su di noi". A partire da quella data gruppi di giovani dalla marginalità metropolitana si ritrovarono nei parchi, nei giardini pubblici, nelle metropolitane delle principali città italiane. Li univa non la filiazione diretta dalla scena americana[3] o qualche ideologia specifica, quanto l'asfissia per il sistema di vita nostrano, il desiderio di verità, di espressione, di pace, l'antimilitarismo, il rifiuto delle mode, l'anarchismo.

Da quel momento si attivò uno "scontro, violentissimo, ma chiaro, fra un carattere, una cultura, una società"[4].

Tutto ciò portò alla nascita di una sorta di tribù, sulla scia dell'esperienza Beat americana degli anni quaranta e cinquanta. Gianni Milano stesso ricorda come la loro fu una "agglomerazione umana che

ITALIAN UNDERGROUND LITERATURE:

The *beats* (Aldo Piromalli, Gianni Milano, Andrea D'Anna) and the Antigroup

In these pages there follows a brief account – of a story in a minor key, that of a few men who opposed the status quo in both society and literature in 1960s' Italy. Trying to fully define the characteristics of these movements is no easy task given their protean nature, one that does not lend itself to simple identifications and schematizations. On the one hand, it is a tale of young people who decided to go on the road not just geographically and physically but also, with courage and an acute consciousness, on an existential level. Here, for convenience, we'll refer to them as *beats* and we'll touch upon three trajectories in particular, those of the poets Aldo Piromalli and Gianni Milano and of the prose writer Andrea D'Anna.

On the other hand, when looking at the Sicilian Antigruppo, we'll see a perspective of marked connection between *poiesis* and *praxis*[1] inserted into the history of the southern island in which "in addition to the purely literary character, the political one also stands out.[2]

Between these two 'movements' there is a symphony of common motives (the rejection of authority, the needs of the individual, enthusiasm for a joint literary production, a share of peripheral marginality) and of differences, even substantial ones. Both, however, are united by a perspective of action, relationship, and the literary production of intransigence.

The Underground movement in Italy began in 1965 with the slogan: "Don't count on us." From then on, groups of young people from the metropolitan outskirts met in the parks, public gardens, and subways of major Italian cities. They were united not by a direct link to the American scene[3] or some specific ideology, but by a sense of suffocation with the Italian way of life, the desire for truth, self-expression, peace, anti-militarism, rejection of fashions, anarchism.

From that moment on, a "very violent but clear clash between a character, a culture, a society" was triggered.[4]

This led to the birth of a kind of tribe, following on from the American Beat experience of the 1940s and '50s. Gianni Milano himself recalls how theirs was a "human agglomeration that proposed

si proponeva come alternativa allo stato anonimo ed oppressivo. La tribù era formata da persone che liberamente si sceglievano avendo passati e speranze in comune. Molto influì la storia dei Nativi Americani. Nelle tribù, agli inizi c'era un leader (a Torino, nel 1965, ve n'era uno che chiamavano Gesù e portava una lunga, fluente, parrucca rossa). In seguito il leader sparì e rimase soltanto il bardo, il poeta-sciamano"[5].

Il clima culturale al di fuori era asfissiante[6]. La sofferenza patita fu radicale (per quanto riguarda elementi ambientali, dinamiche storiche e letterarie). Con queste basi nascono una nuova consapevolezza e una nuova poesia. Alcuni, anche in maniera spregiativa, la chiamarono la stagione dei 'capelloni'.

La famiglia del Beat italiano, come accennato, fu disorganica e frantumata[7]. Erano attivi, infatti, gruppi di diversa impostazione a Roma, Milano e in Toscana, a Lucca in particolare, ma non solo. Per quanto riguarda una eventuale categorizzazione stringente va ricordato come non esistette mai in quanto tale questa codifica (ciò anche per marcare un distacco non tanto dal panorama americano bensì per non confonderlo con quello delle canzonette ye-ye nazionali). Fu semmai un movimento underground a togliere: le maschere e i pregiudizi, ribaltando il mito del lavoro, del profitto e del conformismo. Ci si mosse, contrariamente ad alcune istanze dell'Anti-gruppo, verso il rifiuto del potere – come scrisse Milano – e non, invece, verso la lotta al potere[8]. I *beats* si mossero come un pendolo fra il polo del rifiuto e quello della partecipazione a una tribù sentita come accogliente e solidale e a una nuova ipotesi di scrittura e letteratura. Superarono ogni logica di partito. Rispetto a questo orizzonte, alcuni, abbracciarono quello delle filosofie orientali, delle saggezze indigene e dei sentimenti libertari evitando così tattiche da scontro frontale. Erano infatti tutti convinti che occorresse "tirarsi fuori" dal sistema.

Con loro, in Italia, si avviò una carsica, disorganizzata, esistenziale rivoluzione di vita, che rifiutava il potere, il consumismo, il dogmatismo e la rigidità. Inizialmente furono incatalogabili secondo le tradizionali definizioni ed etichette e, da destra come da sinistra, iniziarono a montare ironia e livore verso questi giovani che non volevano votare né si schieravano nell'agone politico. Questo portò anche uno scarsissimo interesse verso modalità che potessero far sì che i loro testi fossero pubblicati dentro l'orizzonte dell'editoria ufficiale. Probabilmente l'assenza di mezzi rapidi di comunicazione rinforzò il senso di appartenenza, ma anche quello di orfanezza: "Parevano alieni, erano visti come matti, derisi, perseguitati, rinchiusi nelle patrie galere, processati, (...) cercavano di *essere* e non di *avere* (...), ciclo-stilando clandestinamente giornali subito requisiti..."[9].

Uno dei portati decisivi della loro azioni fu quello di dedicarsi a ipotesi e pratiche per una lingua rifondata. Di certo non un linguaggio libresco. Questi uomini furono scrittori a tutti gli effetti, ma, orgogliosamente, non letterati. Un aspetto fondamentale fu quello della fusione coerente fra vita e opere. Significativamente, oltre ai *beats* americani, un riferimento furono l'azione e la scrittura di Arthur Rimbaud.

Siamo di fronte a una prospettiva che concretizza un'incapacità morale e nervosa di accettare il contesto nelle varie forme in cui si presenta (famiglia, religione, società, politica, patria) che pose questi uomini in una condizione di isolamento e di disagio profondi e di urto attivo e urticante nei confronti di quel contesto. La presa di coscienza fu varia,[10] oscillante fra l'impeto distruttivo e l'ansia di edificare, fra il gesto che abbatte e il gesto che ricrea. Fernanda Pivano provò, anche tentando di antologizzare gli scritti di questi poeti, a codificare una controcultura sulla scorta e sul modello dei *beats* americani. Il tentativo fu vano[11].

Coerentemente, la loro, fu una poesia di tensione e quindi di relazione. Un ascolto che si tramutava in poesia. Non nacque da una torre d'avorio semmai, come nel caso dell'Antigruppo, da una torre d'assalto.

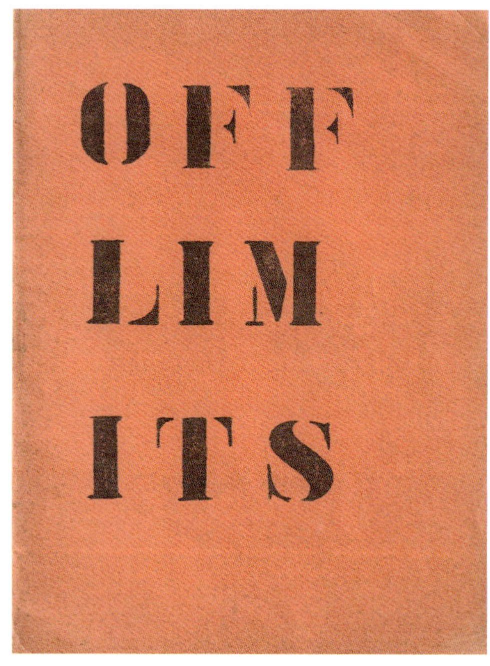

OFFLIMITS
Poesie di / Poems by
Gianni Milano, Paolo
Cerrato, Boris Zobel
1967
volume a stampa /
printed volume
240 x 170 mm
Collezione Alessandro
Manca / Alessandro
Manca Collection

 La letteratura underground italiana

itself as an alternative to the anonymous and oppressive state. The tribe was made up of people who freely chose each other, having pasts and hopes in common. Native American history had a great influence. In the tribes, in the beginning there was a leader (in Turin, in 1965, there was one they called Jesus who wore a long, flowing, red wig). Later, the leader disappeared and only the bard, the shaman-poet, remained."[5]

The cultural climate outside was suffocating.[6] The suffering endured was radical (in terms of environmental elements, historical and literary dynamics). From these foundations, a new awareness and a new poetry were born. Some, even in a derogatory manner, called it the season of the 'hippies.' The Italian *beat* family, as mentioned, was disorganized and fragmented.[7] There were, in fact, differently set up active groups in Rome, Milan and Tuscany, and in Lucca in particular, but not only in such places. As far as a possible strict categorization is concerned, it should be remembered that this codification never existed as such (also to mark a distinction not so much from the American scene as not to confuse it with that of national simplistic ye-ye songs, in the wake of the British yeah! yeah! music). If anything, it was an underground movement that was trying to remove masks and prejudices, while overturning the myth of work, profit, and conformity. Contrary to other Antigroup entities, it focused on the rejection of power – as Milano wrote – rather than on the struggle against power.[8] The *beats* moved like a pendulum between the pole of rejection and that of participation in a tribe experienced as welcoming and supportive and in a new hypothesis of writing and literature. They overcame all party logic. With respect to this horizon, some embraced that of oriental philosophies, indigenous wisdom and libertarian sentiment, thus eschewing the tactics of direct confrontation. In fact, they were all convinced that it was necessary to 'get out' of the system.

With them, a subterranean, disorganized, existential revolution of life began in Italy, rejecting power, consumerism, dogmatism, and conformity. Initially they were tarred with the brush of traditional definitions and labels and, from the right as well as the left, irony and resentment began to mount toward these young people who neither wanted to vote nor took sides in the politics of the day. This also led to very little interest in ways that their texts could be published within the context of mainstream publishing. Probably the absence of rapid means of communication reinforced the sense of belonging, but also that of being outcast: "They seemed to be aliens, they were seen as mad, mocked, persecuted, locked up in the prisons, put on trial, (...) they tried to *be* and not to *have* (...), clandestinely mimeographing newspapers that were immediately requisitioned".[9]

One of the decisive factors in their actions was their devotion to hypotheses and practices for a re-founded language. Certainly not a bookish language. These men were authors in their own right, but proudly non-literary. A fundamental aspect was the consistent fusion of life and work. Significantly, besides the American *beats*, one influence was the action and writing of Arthur Rimbaud.

We are faced with a perspective that concretizes a moral and nervous inability to accept the context in the various forms in which it presents itself (family, religion, society, politics, homeland) that placed these men in a condition of deep isolation and discomfort and in a state of active and strident shock at that context. The awareness was variously experienced,[10] oscillating between the destructive impetus and the anxiety to build, between the gesture that demolishes and the gesture that recreates. Fernanda Pivano tried, even attempting to anthologize the writings of these poets, to codify a counterculture in the wake and model of the American *beat*. The attempt proved in vain.[11]

Consistently, theirs was a poetry of tension and therefore of relationship. A listening that turned into poetry. It was not born from an ivory tower, but, if anything, as in the case of the Antigroup, from a tower of assault.

Some of these youths, like Eros Alesi, did not make it into adulthood.

A few years passed before the advent of the Sicilian group. Laneri recalls how "documentary evidence dates the birth of the Antigroup movement to September and October 1968 and in reference

Alcuni di questi ragazzi, come Eros Alesi, non arrivarono all'età adulta.

A distanza di qualche anno si colloca la nascita della compagine siciliana. Laneri ricorda come "le testimonianze documentarie fanno risalire la nascita del movimento Antigruppo ai mesi di settembre e ottobre del 1968 e in riferimento a due eventi specifici. All'inizio di settembre Ignazio Apolloni, Crescenzio Cane, Pietro Terminelli e Nat Scammacca tengono sull'isola di Ustica un primo recital collettivo di poesie, seguito dalla trascrizione dei loro versi sui muri delle case dei pescatori[12]. Un mese dopo, l'incontro con Rolando Certa, poeta di Mazara del Vallo sancisce e evidenzia il 'comune inveire contro l'industria editoriale, i monopoli culturali, la mafia, insomma, della carta stampata'"[13]. Fra Palermo e Trapani si codifica il primo nucleo di questo movimento. Il concetto di "antigruppo" nasce da una riflessione del poeta romano Gianni Toti e si pone posizioni nettamente contrarie alla militarizzazione dell'arte incarnata nell'organizzazione avanguardistica del dibattito letterario.[14]

> "Il gruppo li può interessare se mai soltanto nella misura in cui si costituisce come incontro libero e non precostituito."[15]

Il carattere antiautoritario è una delle caratteristiche comuni che li affianca all'azione della componente underground di matrice beat. Non vi furono però contatti fra questi 'movimenti' se non, in anni più tardi, riferimenti ad alcuni esponenti americani maggiormente tesi verso richiami populisti, come Ferlinghetti. La vita dell'Antigruppo è cadenzata da una sorta di pendolarismo fra l'idea di codificarsi come compagine unita e istanze individualiste.

Una differenza rispetto ai *beats* nostrani sta nella volontà di "essere un gruppo-anti contro qualsiasi esercizio coercitivo"[16] collegato a una chiara e, sovente, esplicita "responsabilità politica"[17]. Un punto di contatto, invece, è quello della "liberazione della poesia e dell'arte in genere da strutture corporative e da fenomeni di poteri industriali e capitalistici"[18].

Il gruppo beat non fu interessato a scontrarsi in modo diretto con una corrente o un filone letterario specifico, mentre gli Antigruppo trovarono un 'nemico' significativo: la Neoavanguardia. I siciliani, almeno alcuni di loro, provarono ad accompagnare le loro azioni poetiche con concetti come 'bandire il privilegio di classe'. Nozione distante dalla 'galassia' beat. La dicitura 'anti' sta anche a marcare una consapevolezza e un'azione che si situa maggiormente proiettata verso gli eventi del '68 (e di una poesia come strumento di lotta) e perdurerà molto di più rispetto alle azioni dei *beats* che, dal '69 sembrano inabissarsi e divenire sempre più marginali e carsiche.

Le pubblicazioni Antigruppo sono caratterizzate anche, coerentemente, dalla ricerca di una definizione e di una sorta di 'posizionamento'. Significativi il titolo del volume edito nell'autunno '70: *Antigruppo: una possibile poetica per un Antigruppo*[19] e il documento di Scammacca *Ventuno punti di polemica aperta*, dell'anno successivo. Non si può rendere conto, in questa sede, in modo completo delle molteplici uscite editoriali del gruppo e nemmeno del racconto puntuale degli interventi sulla terza pagina del settimanale "Trapani nuova".

Se l'Antigruppo ebbe come intento basilare quello di rompere lo status quo, i *beats* furono tesi anche in una *pars construens* principalmente addentro al fare letterario e all'essere scrittori e poeti che tentarono di inseguire un'aura. Il fare e il porsi attraverso modalità e prassi antiautoritarie invece resta una caratteristica comune.

Aldo Piromalli

Aldo Piromalli nasce a Roma nel 1946 e partecipa ad alcune proposte sviluppatesi in seno agli ambienti beat della capitale negli anni sessanta. Preziose le ricerche del critico Lorenzo Spurio avallate anche dalla corrispondenza con l'autore in cui si possono rintracciare questi ricordi: "Mia

to two specific events. At the beginning of September, Ignazio Apolloni, Crescenzio Cane, Pietro Terminelli, and Nat Scammacca held a first collective poetry recital on the island of Ustica, followed by the transcription of their verses on the walls of fishermen's cottages."[12] A month later, the meeting with Rolando Certa, a poet from Mazara del Vallo, sanctioned and highlighted the "shared rage against the publishing industry, the cultural monopolies, the mafia, in short, of the printed word."[13] The first nucleus of this movement took shape between Palermo and Trapani. The concept of the 'anti-group' arose from a reflection by the Roman poet Gianni Toti and was strongly opposed to the militarization of art embodied in the avant-garde organization of literary debate.[14]

> "The concept of a group is of interest to them only to the extent that it is constituted as a free and informally organized encounter."[15]

Their anti-authoritarian character is one of the common characteristics that links the Sicilians to the action of the Underground 'beat' component. There was, however, no contact between these 'movements' except for, in later years, references to some American exponents more inclined toward populist appeals, such as Ferlinghetti. The life of the Antigroup is marked by a sort of pendulum swinging between the idea of codifying itself as a united group and individualist representations.

One difference from the local 'beats' lies in the desire to "be a group-anti against any coercive exercise"[16] linked to a clear and often explicit "political responsibility",[17] while a point of contact can be found in the push for the "liberation of poetry and art in general from corporate structures and industrial and capitalist powers".[18]

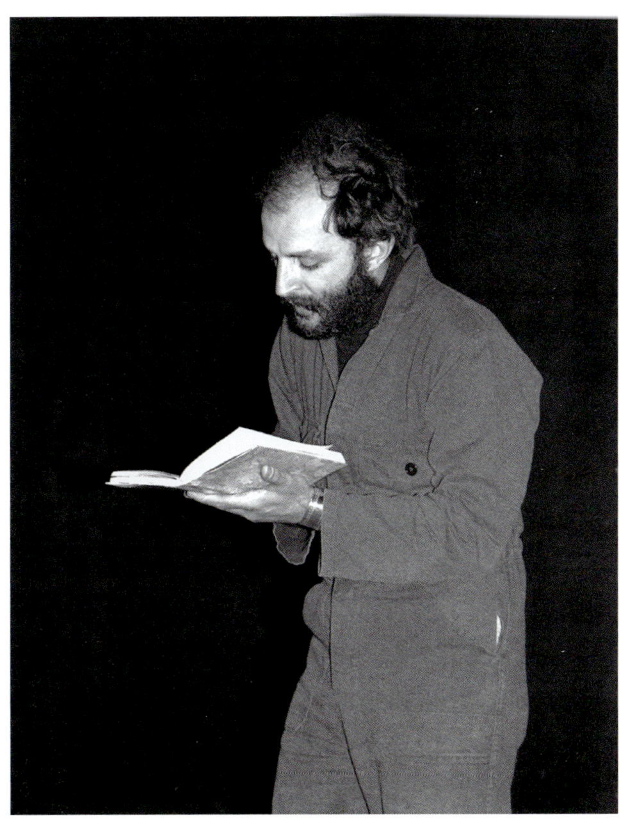

The *beat* group was not interested in clashing directly with any specific literary current or strand, while the Antigroup found a significant 'enemy': the Neoavantgarde. The Sicilians, or at least some of them, tried to accompany their poetic actions with concepts such as 'banishing class privilege', something rather alien to the *beat* 'galaxy.' The term 'anti' also stands as a marker for an awareness and action that are more projected toward the events of '68 (and of poetry as an instrument to keep up the fight) and would last much longer than the actions of the *beats* which, after '69, seemed to sink and become increasingly marginal and subterranean.

Antigroup publications are also characterized, consistently, by the search for a definition and a kind of 'positioning.' In this respect, the title of the volume published in the autumn of 1970, *Antigruppo: una possibile poetica per un Antigruppo*[19] and Scammacca's document *Ventuno punti di polemica aperta* of the following year, are significant. It is not possible here to give a full account of the group's many editorial publications or a detailed list of the interventions on the third page of the weekly 'Trapani nuova.'

If the Antigroup's basic intention was to break the status quo, the *beats* were also strained in a *pars construens* mainly in the sense of literary making and of being writers and poets who attempted to chase an aura. Doing and posing through anti-authoritarian modes and practices, however, remains a common characteristic.

Aldo Piromalli

Aldo Piromalli was born in Rome in 1946 and was involved in some of the strategies developed within the capital's *beat* circles in the 1960s. Particularly useful in this respect is the research by critic Lorenzo Spurio, also endorsed by correspondence with the author in which these memories can be

Alessandro Manca

madre e mio padre mi fecero rinchiudere in un ospedale psichiatrico perché si sentivano disturbati pericolosamente dalla mia persona"[20]. Il poeta romano stette in quelle condizioni per tre mesi. Il 'marchio' dello scarto e di una quota significativa di deviazione sociale, come si è detto, è una delle caratteristiche peculiari da cui partire.

Altri elementi distintivi tornano e sono quello delle esperienze umane profondamente dolorose e dell'aiuto, di un appoggio, ricevuto dagli appartenenti alla 'tribù'.

Piromalli, come poi si dirà per Gianni Milano, si distingue per le sue idee accese da antimilitarista. Rispetto a quest'ultimo la sua figura è connotato però dall'essere un viaggiatore che appare sovente come un uomo solitario in 'fuga'. Già nel '66 ebbe modo di visitare Amsterdam e "successivamente fu impegnato in uno spasmodico ed eclettico 'Grand tour' durante il quale girò abbondantemente per l'Europa e anche in alcuni paesi del Mediterraneo, spesso in autostop o camminando per ore e ore, instancabilmente, come avviene nel celebre *On the road* di Kerouac"[21].

Dalla metà degli anni sessanta "conduce una vita turbolenta e disagiata vivendo spesso in condizioni di randagismo e divenendo dedito alle droghe tanto che, nel 1970, in una retata viene trovato in possesso di un grammo e mezzo di marijuana e condotto al carcere romano di Regina Coeli dove dovrà scontare una pena detentiva di sei mesi (dal dicembre 1970 al giugno 1971)"[22]. Altra marca che illustra le difficoltà vissute da alcuni di questi poeti fu lo scontro diretto con le istituzioni, i processi, le condanne, i fogli di via e, in alcuni casi, come quello di Piromalli, il carcere. "Una volta rimesso in libertà, fugge dalla Capitale e prende a vivere in maniera stabile ad Amsterdam[23]. Per un frangente fu in contatto, indirettamente, anche con l'ondata rivoluzionaria del capoluogo lombardo dove era attiva la rivista 'Mondo Beat'"[24] rapportandosi con la componente situazionista del 'movimento'.

Spurio ci è d'aiuto nel ricordare le letture che formarono la base dei riferimenti del *nostro*: dopo quelle giovanili dei tragici greci, lesse Rimbaud, Leopardi e Dante, e diede prova di conoscere la letteratura *beat* americana giunta in Italia grazie alle traduzioni di Fernanda Pivano[25].

Del 1971 è la prima pubblicazione cartacea, *Uccello nel guscio*, edito per i tipi di Carella Editore di Roma. Il titolo potrebbe suggerire la componente di fragilità della sua ricerca, tutta tesa verso la conquista di ampie zone di libertà. "Il guscio richiama, infatti, un mondo duplice che è sia di protezione, a difesa dell'ambiente esterno, ma anche di chiusura, prigionia e claustrofilia. Insomma, un luogo-non luogo, che descrive una condizione, uno stato dell'essere, prima ancora che un vero spazio"[26] in cui:

> "Il sistema è un mostro
> La poesia è un tesoro".

Il volume ha come sottotitolo *Versi per lottare contro le cose difficili* e si apre con una lettera aperta dello stesso Piromalli ai suoi lettori. L'autore, "che con questo primo lavoro s'inserisce nella scena letteraria del momento, senza peli sulla lingua scrive, annotando e avvertendo al contempo: 'Sono un vecchio animalaccio che vuole sopravvivere alle trasformazioni trasformandosi anch'esso, di dentro. (...) Il poeta deve essere mago. (...) Dietro la prima pelle deve osservare e spiegarsi, deve esplorare il regno dello sconosciuto. Lo sconosciuto esiste per essere esplorato'"[27].

Piromalli abbraccia un universo poetico che allude, sovente, alla parabola rimbaudiana (*Io sono il vento / Io sono il sole* è l'incipit di una breve poesia scritta a Istanbul) e sceglie di allontanarsi dall'orizzonte nazionale delle lettere.

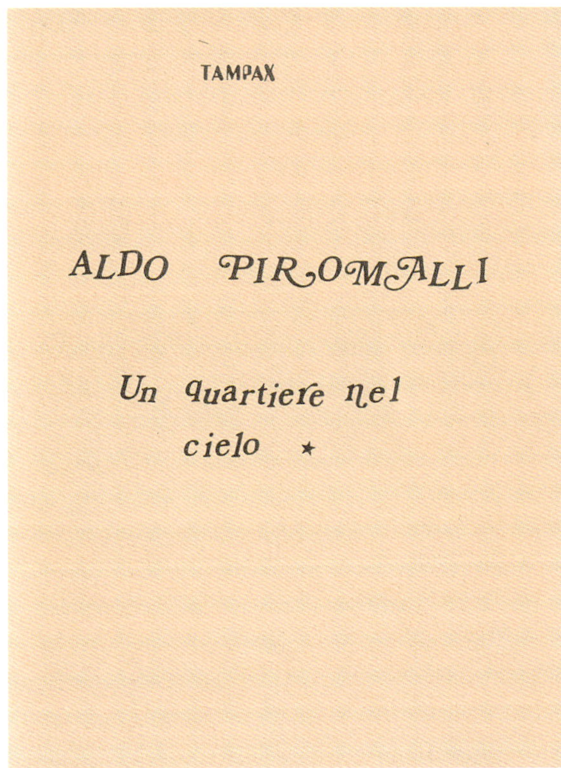

traced: "My mother and father had me locked up in a psychiatric hospital because they felt danger-ously disturbed by who I was.'[20] The Roman poet remained in those conditions for three months. As mentioned above, the 'mark' of rejection, together with a significant share of social deviation, is one of the peculiar characteristics from which to start.

Also present are other distinctive elements, i.e. deeply painful human experiences and the help and support received from members of the 'tribe.'

Piromalli, as would later be said also of Gianni Milano, is distinguished by his strident ideas as an anti-militarist. Compared to Milano, however, he is characterized as a traveller who often appears as a solitary 'man on the run.' Already in '66, he had the opportunity to visit Amsterdam and "was subsequently engaged in a spasmodic and eclectic 'Grand Tour' during which he travelled exten-sively around Europe and also in some Mediterranean countries, often hitch-hiking or walking for hours, tirelessly, as in the famous novel by Kerouac *On the Road*."[21]

From the mid-1960s, "he led a turbulent and uncomfortable life, often living like a homeless person and becoming addicted to drugs to the extent that, in 1970, in a raid he was found in possession of one and a half grams of marijuana and taken to Rome's Regina Coeli jail where he was to serve a six-month prison sentence (from December 1970 to June 1971)."[22]

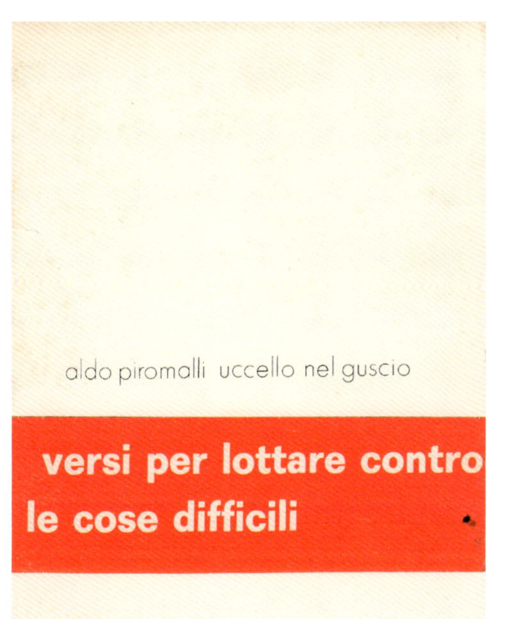

Another distinctive element that illustrates the difficulties experienced by some of these poets was the direct clash with institutions, resulting in trials, convictions, deportation orders and, in some cases, like Piromalli's, imprisonment. "Once released, he fled the capital and took up permanent residence in Amsterdam.[23] For a while, he was also in contact, albeit indirectly, with the revolutionary wave in the Lombard capital which saw activity by the *Mondo Beat* magazine"[24] relating to the situationist component of the 'movement.'

Spurio is helpful in reminding us of the readings that formed the basis of our man's ref-erences: after his youthful interest in the Greek tragedies, he read Rimbaud, Leopardi, and Dante, and proved to be familiar with the American *beat* literature that arrived in Italy in the translations by Fernanda Pivano.[25]

His first work in print, *Uccello nel guscio (Bird in the Shell)*, published by Carella Editore in Rome, dates to 1971. The title might suggest the component of fragility of his research, aimed at the acquisition of large areas of freedom. "The shell recalls, in fact, a dual world that is both one of protection and of defence from the external environment, but also of closure, imprisonment, and claustrophilia. In short, a place-non-place, describing a condition, a state of being, even before being a real space"[26] in which:

> "The system is a monster
> Poetry is a treasure!"

The volume has the subtitle 'Verses to fight against difficult things' and begins with an open letter from Piromalli to his readers. The author, "who with this first work enters the literary scene of the moment, unabashedly writes, noting and warning at the same time: 'I am an old animal who wants to survive the transformations by transforming himself, from within. (...) The poet must be a magician. (...) Behind the first skin he must observe and explain himself, he must explore the realm of the unknown. The unknown exists to be explored'."[27]

Piromalli embraces a poetic universe that alludes, often, to the Rimbaudian parable (*Io sono il vento / Io sono il sole* is the incipit of a short poem written in Istanbul) and chooses to move away from the national horizon of letters.

Dalla sua poesia emerge un intendere la parola come imperativo etico dello spirito. A ciò si aggiunga l'emersione di un'esigenza reale e poetica di autoliberazione collegata a un impegno civile e alla denuncia delle coercizioni e autoritarismi del mondo borghese, bigotto e consumista: *Mi faccio una risata / Sullo spazzolino di alta qualità / In 150 modelli differenti / 8 gradazioni di setolatura / Quando i miei denti sono marci.*

Anche Spurio converge affermando che nella poesia di Piromalli "si esalta (...) il valore della libertà e dell'antiviolenza, si denunciano poteri, malefatte, violenze, dittature per giungere a un canto collettivo e accorato a salvaguardia della libertà dell'uomo"[28].

In questo primo libro, le cui poesie sono state scritte in un periodo di tempo compreso tra il 1957 e il 1971, la metafora dell'uccello a cui ci si riferisce nel titolo (uccello nel guscio, dunque non ancora nato, ma presente, in balia di un evento e in attesa di un tempo di maturazione) è centrale per l'intero lavoro.

La poetica si snoda in una lotta fra la fascinazione del silenzio (*Ho voglia di morire / In notti clandestine*) e il tentativo di superare questa condizione: *Ti ho ritrovato cielo grigio / Ti ho eternamente ritrovato. / Ecco la pianura di nebbia / Ecco le capanne e gli alberi / I volti degli uomini perduti / Io non faccio altro / Che seguire il mio passo / Che avere il capo teso verso di te / Che ascoltare gli uccelli / Dalle ali brune.*

Nel 1976 viene dato alle stampe il libro *Viaggio* per i tipi di Tristram da Cunha di Amsterdam. Si tratta di una sorta di diario nel quale annota, oltre a testi poetici, la cronaca *on the road* delle sue traversie di viaggio da Roma ad Amsterdam del 1967. Due anni dopo Giulio Tedeschi cura la pubblicazione di *Un quartiere nel cielo* edito da Tampax Editrice di Torino.

Nello stesso anno, ricorda Spurio[29] – approfittando di un indulto di pena – riesce a ritornare brevemente in Italia e nell'estate di quell'anno partecipa a uno degli eventi culturali più importanti del periodo ovvero il Festival di Poesia di Castelporziano che si tenne tra il 28 e il 30 giugno. In quella circostanza diede lettura del celebre poema spontaneo *Affanculo* che generò scalpore e al contempo gli fornì un lieve e inatteso clamore che gli permise di venir conosciuto, se non come uno dei maggiori esponenti del *new age* poetico italiano, senz'altro come uno dei più icastici e dirompenti. "*Affanculo* è un testo approssimativo e perentorio con il quale Piromalli si riferisce a 'filosofi e intellettuali'; tutto il poemetto è inteso a creare una provocazione che si fa a tratti assai pungente, venendo a rappresentare una sorta di componimento di denuncia dinanzi al lassismo e alla incongruità di un certo modo di fare cultura, da lui pesantemente preso a bersaglio con toni virulenti e urticanti."[30] Con questo il poeta si scaglia non solo contro certi intellettuali ma anche contro la società nel suo complesso mediante un'aggettivazione schietta e destabilizzante.

Piromalli continuerà la sua attività poetica ritagliandosi una posizione da artista completo dedicandosi anche a lavori grafici e Mail art.

Gianni Milano
Uomo nudo

La genesi di questo lungo componimento si lega alla storia dell'*underground* torinese, un'esperienza minoritaria ma di rottura totale. *Uomo nudo* rappresenta l'esperienza di un fardello e di un tentativo di abbracciare il polo opposto: quello dello splendore. Splendore e fardello. Termini dicotomici che ben si addicono, del resto, a molta produzione underground *beat* nostrana nata da una sperimentazione e da un esame successivo relativo al dolore.

> "La strada dei *beats* e degli hippy fu costellata di dolore, alla faccia degli sculettanti capelloni in T.V."[31]

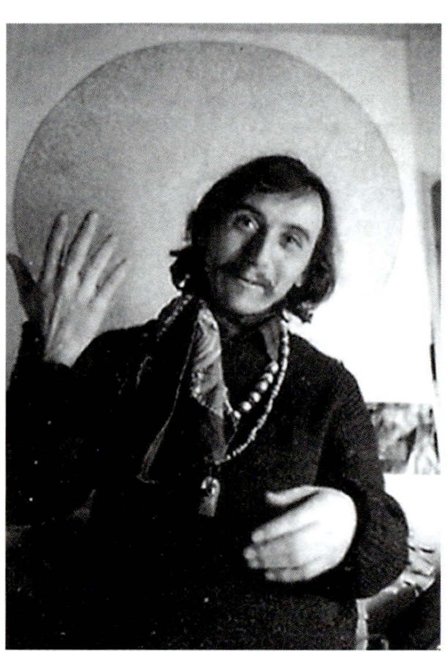

GIANNI MILANO
1965 ca.

From his poetry emerges an understanding of the word as an ethical imperative of the spirit. Add to this the emergence of a real and poetic need for self-liberation linked to a civil commitment and the denunciation of the coercion and authoritarianism of the bourgeois world. Bigoted and consumerist: *"I have a laugh / On the high-quality toothbrush / In 150 different models / 8 gradations of bristles / When my teeth are rotten."*

Spurio also agrees, stating that in Piromalli's poetry "the value of freedom and anti-violence is exalted (...), powers, wrongdoings, violence, dictatorships are denounced to arrive at a collective and heartfelt chant to safeguard human freedom."[28]

In this first book, whose poems were written between 1957 and 1971, the metaphor of the bird referred to in the title (a bird in its shell, thus not yet born, but present, at the mercy of an event and waiting for a time to mature) is central to the entire work.

The poetics unfolds in a struggle between the fascination of silence (*I want to die / In clandestine nights*) and the attempt to overcome this condition: *"I have found you again grey sky / I have eternally found you / Here is the plain of fog / Here are the huts and the trees / The faces of lost men / I do nothing else / Than follow my step / Than have my head stretched towards you / Than listen to the birds / With brown wings."*

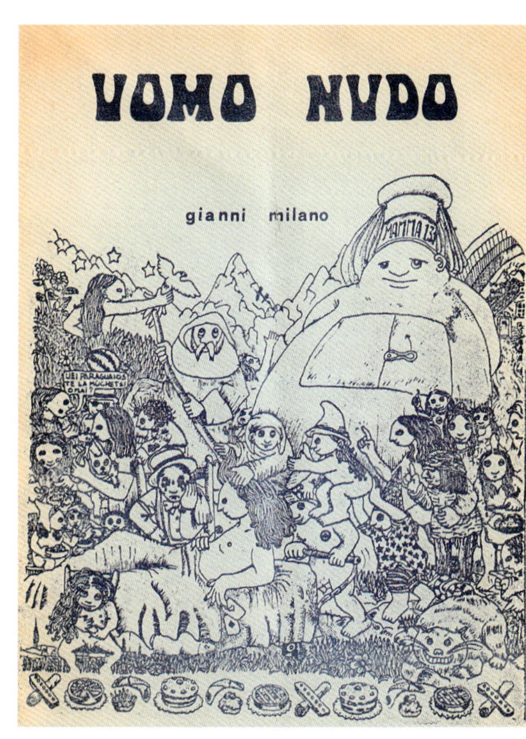

In 1976, the book *Viaggio* was published by Tristan da Cunha of Amsterdam. It is a kind of diary in which Piromalli notes, in addition to poetic texts, the *on-the-road* chronicle of his journey from Rome to Amsterdam in 1967. Two years later, Giulio Tedeschi edited *Un quartiere nel cielo (A neighbourhood in the sky)* published by Tampax Editrice in Turin.

In the same year, taking advantage of a prison pardon, Spurio[29] managed to return briefly to Italy and in the summer took part in one of the most important cultural events of the period, namely the Castelporziano Poetry Festival held between June 28 and 30. On that occasion he gave a reading of the famous spontaneous poem *Affanculo*, which caused a sensation and at the same time provided him with a slight and unexpected hype that allowed him to become known, if not as one of the major exponents of the Italian poetic *new age*, then certainly as one of the most iconic and disruptive. *Affanculo* is an approximate and peremptory text with which Piromalli refers to 'philosophers and intellectuals'; the entire poem is intended to create a provocation that is at times very pungent, coming to represent a sort of composition denouncing the laxity and incongruity of a certain way of doing culture, which he heavily targets in virulent and stinging tones.[30] With this, the poet lashes out not only against certain intellectuals but also against society as a whole by means of blunt and destabilizing adjectives.

Piromalli continued his poetic activity by carving out a position as a total artist, devoting himself also to graphic works and mail art.

Gianni Milano
Uomo nudo (Naked Man)

The genesis of this long composition is linked to the history of Turin's Underground, a minority experience, albeit one of total rupture. *Uomo nudo* represents the experience of feeling a burden and an attempt to embrace the opposite: splendour. Splendour and burden. Dichotomous terms here that are, after all, well suited to describe much of our underground *beat* production born of experimentation and the subsequent examination of pain.

"The road of the beats and hippies was strewn with pain, despite what might appear from the swaggering hippies on TV."[31]

Milano, dopo aver letto, da ragazzo, per la prima volta i poeti maledetti francesi decide che avrebbe scritto. E diventerà uno scrittore e poeta prolifico. "Il suo nome ha percorso gli anni fino ad oggi rimanendo fedele agli ideali eretici e libertari che hanno caratterizzato tutto il corso della sua vita"[32], "nasce come poeta ufficialmente nel 1956. Da quel momento in poi la poesia diventa una sorta di diario e di registrazione di quel che mondo e storia offrono"[33].

Come si ricorda in un articolo l'"anno cruciale nel suo percorso esistenziale è di certo il 1964 quando abbandona la casa familiare per andare a vivere da solo in una soffitta di un edificio in Piazza Vittorio: è il periodo della Contestazione che corrisponde alla vicenda picaresca, *on-the-road*, del dissenso e della battaglia sociale"[34].

Da questo momento inizia la fase di riscoperta del valore della lingua: "I maledetti cantavano l'iniquità del mondo in cui vivevano, il pathos e l'emozione erano posti in antitesi allo stile e all'accademia. Anche i *beat* erano 'patetici' perché esprimevano il dramma"[35]. La lettura attenta di questi ultimi è una cifra distintiva che caratterizzerà il poeta nella sua produzione degli anni sessanta, dove, sulle panchine dei Giardini Reali, a Torino, per due anni si susseguono letture di poesie e incontri con i ragazzi fuggiti da casa. Giovani che scappavano dalla dimensione costrittiva della famiglia. Milano era il più grande (è nato nel 1938) e leggeva le sue poesie anche alla Fontana Dora in piazza CLN (come si vede in una sequenza del documentario *Come favolosi fuochi d'artificio* di Lino del Fra).

Spurio scrive che "il tappeto sociale di eventi e condizionamenti esterni (Usa, Vaticano) sul quale si forma la coscienza identitaria e ribelle di Milano possono essere ascritti in quell'impellente bisogno di cambiamento, per esimersi da un universo di passato, di retorica e di falso perbenismo"[36]. Lo stesso Milano ebbe modo di ricordare: "Eravamo, in Italia, come ranocchie in uno stagno, senza grandi visioni, senza ampi respiri culturali e politici: nostalgie di durezze passate; (…) l'Italietta ansimava. Mancava, insomma, la percezione della vita come esistenza irripetibile e si preferiva recitare, male, il paludoso dramma d'una rivoluzione abortita nel 'tutti a casa'. Anche le contestazioni, in Italia, scivolavano lungo canovacci già praticati: quasi si temeva di volare. (…) Io non mi ci trovavo bene e l'unica possibilità, faticosa e pericolosa, era nuotare controcorrente, tagliandosi fuori dallo stagno dei ranocchi e dal fumo delle cinquecento"[37].

In quel periodo le poesie "venivano fuori a valanga" e con un linguaggio che è "un flusso di emozioni"[38]. Vive quegli anni senza poterlo raccontare da fuori, senza quella distanza che permette di mettere gli avvenimenti uno dopo l'altro. I suoi anni sono a *cavallo*[39].

Nel 1966 compare quello che è considerato uno dei primi documenti dell'Underground torinese: la richiesta alla questura, a nome dei *beats* locali, per una manifestazione contro la guerra in Vietnam. Il permesso fu negato. Questa richiesta fu un modo per presentarsi, per dichiarare il proprio antimilitarismo (gli obiettori di coscienza, in quegli anni, vengono ancora inviati in galera), per collegarsi alla nuova storia americana dalle cui radici sta germogliando quello che verrà definito l'Underground, anche italiano.

Le letture in pubblico comunque non si arrestarono anche se, spesso, furono fischiate e non fu inusuale il dover schivare ortaggi lanciati da alcuni passanti. Quelli furono anni "di fame viscerale, di fughe da casa di minorenni innamorati, di comunità povere ed estatiche"[40].

Al posto di Beat Milano preferì parlare di un "agglomerato di individualità" mosso da intenti comuni: la denuncia e la lotta di ogni autoritarismo, il pacifismo e la lotta al militarismo, la battaglia condotta per l'ottenimento di una società libera ed equa priva di capi e gerarchie, al punto tale che attraverso la sua lotta a ogni ingabbiamento dell'uomo divenne il poeta che raccontava l'implosione, l'esclusione, l'emarginazione, il Ginsberg italiano. *Uomo nudo* è il tentativo di mettere in scena tutto questo.

Parallelamente al fare poetico cominciò il tentativo denigratorio da parte di alcuni organi di stampa e televisivi riguardo la modalità definitoria: il fraintendimento di 'beat' con accezione musicale e

Having read the French Cursed Poets for the first time as a boy, Milano decided to dedicate himself to writing. And he would, indeed, become a prolific author and poet. "His name has travelled down the years until today, remaining faithful to the heretical and libertarian ideals that have characterized the whole course of his life";[32] "he was born as a poet officially in 1956. From then on, poetry becomes a kind of diary and record of what the world and history have to offer."[33]

As one article recalls, the "crucial year in his existential journey is certainly 1964 when he leaves the family home to go and live alone in an attic in Piazza Vittorio: it is the period of the Contestazione (i.e., student protests in Italy) that corresponds to the picaresque, *on-the-road* project of dissent and social fight."[34]

From that moment on, the rediscovery of the value of language began: "The Cursed French Poets sang about the iniquity of the world they lived in; pathos and emotion were placed in antithesis to style and academia. Even the *beats* were 'pathetic' because they expressed drama."[35]

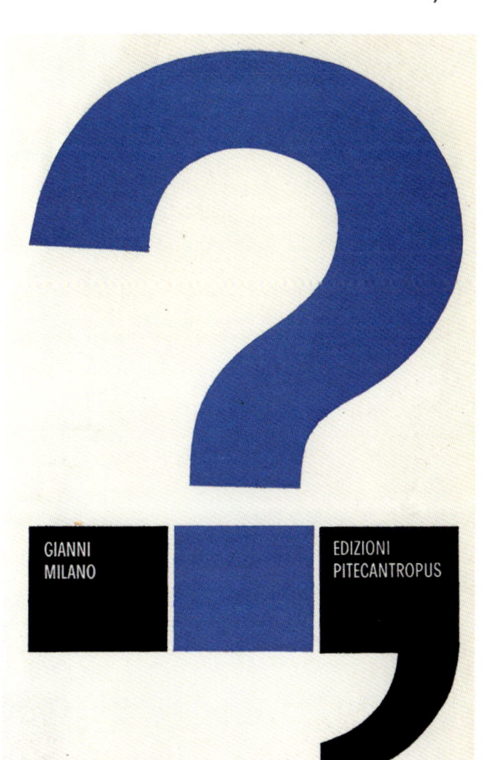

GIANNI MILANO

Prana,
1969
volume a stampa /
printed volume
edizioni Pitecantropus
200 x 120 mm
Collezione Alessandro
Manca / Alessandro
Manca Collection

An attentive reading of the latter is a distinctive feature that would characterize Milano's output in the 1960s, when, on the benches of the Giardini Reali (Royal Gardens) in Turin, for two years he would attend poetry readings and meetings with other young people who had run away from home, to escape the constrictive aspects of family life. Born in 1938, Milano was the oldest member of the group and also read his poems by the Dora Fountain in Piazza CLN (as a sequence of the documentary *Come favolosi fuochi d'artificio* by Lino del Fra shows).

According to Spurio, "the social texture of events and external conditioning (the USA, the Vatican) on which Milano's rebellious nature and identity awareness are formed can be ascribed to that compelling need for change, to free oneself from a universe of the past, its rhetoric and faux respectability."[36] Milano himself recalled: "We were, in Italy, like frogs in a pond, without great visions, without a wide-ranging cultural and political awareness: among the nostalgia for past hardships; (...) poor little Italy was panting. In short, life was not perceived as an unrepeatable existence and people preferred to play out, badly, the swampy drama of an aborted revolution in the 'tutti a casa' (all at home). Even the protests, in Italy, ran smoothly, as if they were following a known and well-practiced script: one almost feared to fly. (...) I was not comfortable with it and the only possibility for me, however tiring and dangerous, was to swim against the current, cutting myself off from the pond of frogs and the fumes of the Fiat 500s".[37]

At that time the poems "burst forth like avalanches" and in a language that is "a stream of emotions."[38] Milano lived those years without being able to recount what was happening from an external perspective, without the distance that allows one to put events in the right sequence, one after the other. His years simply *straddled* events.[39]

In 1966 appeared what may be considered one of the first documents of the Turin Underground: a request to Police headquarters, on behalf of the local *beats*, to stage a protest against the war in Vietnam. A permit was denied. This request was an opportunity for the *beats* to introduce themselves, to declare their anti-militarism (at the time, conscientious objectors who refused to do military service were still being sent to jail), to link up with the new American history from whose roots was sprouting what would come to be defined as the Underground, also its Italian counterpart.

The public readings, however, did not stop, even though they were often booed by passers-by, who would also lob the odd vegetable at the group. Those were years "of visceral hunger, of underage lovers running away from home, of poor and ecstatic communities."[40]

'facile', la creazione della parola 'beatnik' e l'accentuarsi di aggettivazioni sprezzanti da accompagnare al termine 'capellone'.

La lunga poesia-flusso di Milano (scritta nel '66 e pubblicata dalla Tampax nel '75 con la copertina di Matteo Guarnaccia) illustra, anche a sua detta, un messaggio esistenziale più che ideologico e permette di mettere in moto il ritmo profondo del fluire del suo essere. Rappresenta l'alternativa all'uomo burattino, all'apparenza e al 'sociale' di quegli anni in cui l'uomo doveva apparire e rispettare le regole sociali per essere accolto.

Siamo di fronte a una sorta di francescanesimo underground (parole usate dallo stesso Milano) sia pur declinato con 'furore'. Questi versi incarnano la fase iniziale dell'Underground esistenziale e poetico degli anni sessanta.

Uomo nudo è caratterizzato anche da formule che volevano darsi come veri e propri messaggi (non si trascuri il fatto che Milano viveva facendo il maestro di scuola, dove trovò una sponda feconda che mancava nella sua vita familiare) scanditi da un catalogo di atrocità riferite al secolo breve: le due guerre mondiali, quelle coloniali, il conflitto in Vietnam, la realtà della bomba atomica. Il poema si configura anche, dunque, come report di drammi colmi di sangue della storia.

Quest'*uomo* non rispecchia certe semplificazioni e luoghi comuni che cominceranno a innestarsi nella cultura nazionale degli anni seguenti. Non siamo di fronte né a una creatura adamitica e nemmeno allo stereotipo dell'*hippie* allegro bensì a una creatura che si spoglia di tutte le illusioni e appare in tutta la sua fragilità e senza armature di sorta.

Milano, attraverso parole apocalittiche, auspicava una rigenerazione umana e la nascita di un rinnovato rispetto verso le creature indifese. L'Underground, si configura qui, come alternativa a un universo fatto di barbarie e morte.

Uomo nudo rappresenta l'urlo nostrano che restituiva il senso di ferita, furore e disgusto e si anima attraverso un movimento di regressione legato alla fascinazione verso il mondo primitivo, l'innocenza e l'extra letterario. Milano compie una sorta di operazione di depurazione appoggiandosi a immagini oniriche e allucinate. Riduce al minimo i legami sintattici dando però molto peso a parole e concetti chiave calati in un presente dinamico e con ricorrenti strutture a climax e onomatopee. Come accennato, una delle novità più evidenti è il sapiente uso di immagini che colpiscono il lettore e lo disorientano creando un effetto di stupore legato anche ad un utilizzo quantitativamente ampio e significativo di parole 'vietate' (*eiaculante, coito, erezioni di babilonia, veneri defigate, chiappe, peli del cazzo, culi infiammati, piscio, grande madre figa, infinità di ore copulabili, palline colorate di sperma, cazzo sollevato*).

Questo orizzonte è descritto in modo spinto, e per eccesso intenzionale, in antitesi alla censura e alla repressione, anche sessuale, diffusa. Una quota di liberazione, in questa fase, fu attivata da queste modalità di scrivere. Un canto che evochi la rinascita del corpo che era stato, da più fronti, mutilato.

La poesia-flusso è innervata anche da una rete citazionale (*taylor mead, ginsberg, boris, il living theatre, mosè, le guardie rosse, fidel, il ministro degli interni, kerouac, i bhikku, ettore, andrea, dylan, luther king, gianni, adamo, buddha*) che palesa la ricerca sottostante di fratellanze e pone le basi di una nuova tribù (*con gli uomini che si cercano di caverna in caverna / di lingua in lingua di buco in buco del culo*) e un ambito inedito di comunicazione.

In alcune sequenze l'andamento è affine alla modalità di poesia ginsberghiana in cui lo sguardo verso la fragilità umana si fa necessario e si celebra attraverso un nuovo canto di santità e dolore.

VINCENZO PARRELLA

Is,
1970
volume a stampa /
printed volume
edizioni Pitecantropus
193 x 135 mm
Collezione Alessandro
Manca / Alessandro
Manca Collection

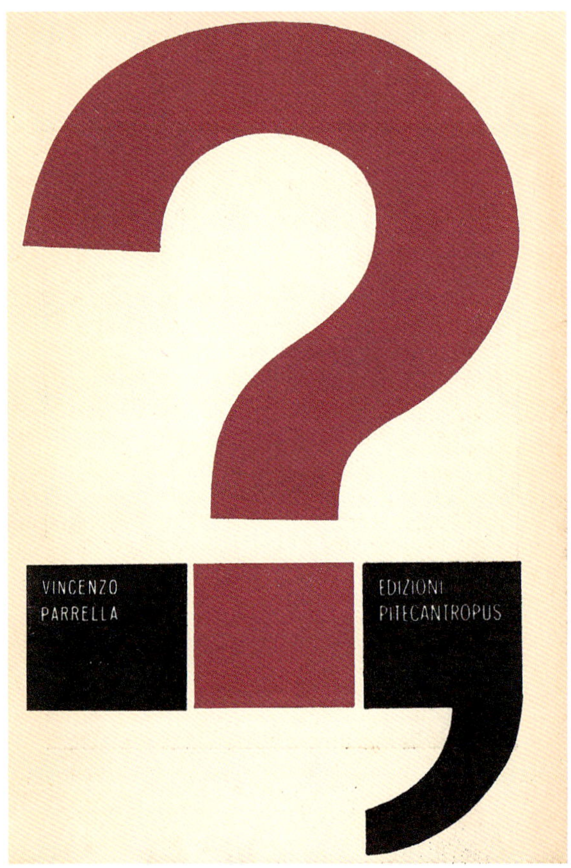

Rather than talk of "beat," Milano preferred to speak of an "agglomeration of individualities" moved by common goals: the denunciation of and fight against all authoritarianism, the embrace of pacifism and the fight against militarism, the battle for a free and equal society without leaders or hierarchies. He became the poet who gave voice to implosion, exclusion, marginalization, the Italian Ginsberg so to speak. *Uomo nudo* is an attempt to stage all this.

Alongside the poetic making began an attempt by parts of the press and television to disparage the movement in terms of the mode of definition: the wilful misinterpretation of "beat" as "musical" and "easy," the coining of the word "beatnik" and the emphasis on derogatory adjectives to accompany the term "long-haired."

Milano's long poem-flow (written in '66 and published by Tampax in '75 with a cover by Matteo Guarnaccia) illustrates, even in his own words, an existential rather than ideological message and allows the deep rhythm of the flow of his being to be set in motion. He represents the alternative to the puppet man, to mere appearance, and to the conventional social actor of those years who had to be seen in a certain light and to respect social rules in order to be accepted.

We are faced with a kind of underground Franciscanism (a description employed by Milano himself), albeit one that is articulated with poetic "fury." These verses embody the initial phase of the existential and poetic Underground of the 1960s.

Uomo nudo is also punctuated by formulas that were intended to be true messages (not to overlook the fact that Milano lived as a school teacher, a job that gave him those satisfactions a plenty that were lacking in his family life) punctuated by a catalog of atrocities referring to the then short century: two world wars, colonial wars, the conflict in Vietnam, the reality of the atomic bomb. The poem is also, therefore, configured as a report of the blood-soaked dramas of history.

This *man* does not reflect certain simplifications and clichés that would begin to gain a hold in the national culture of the following years. We are faced neither with an Adamic creature nor with the stereotype of the cheerful hippie, but rather with a creature who strips himself of all illusions and appears in all his fragility, without armor of any kind.

Milano, through apocalyptic words, hoped for human regeneration and the birth of a renewed respect for the defenceless. The Underground, here, is configured as an alternative to a universe of barbarism and death.

Uomo nudo represents the nostalgic scream that restores a sense of woundedness, fury, and disgust and comes alive through a movement of regression linked to a fascination with the primitive world, innocence, and the extra-literary. Milano performs a kind of act of purification by relying on dreamlike and hallucinated images. He reduces syntactic links to a minimum, yet gives much weight to key words and concepts set in a dynamic present with recurring climactic structures and onomatopoeias. As mentioned, one of the most evident novelties is the skillful use of images that strike the reader and disorientate, creating an effect of amazement also linked to an extensive and significant use of "taboo" words (*ejaculant, coitus, babylon erections, defigated venus, buttocks, cock hair, inflamed asses, piss, big mother pussy, infinite fuckable hours, colored balls of semen, raised cock*).

This horizon is described in a driven manner, and with intentional exaggeration, as an antithesis to widespread censorship and repression, including sexual repression. A quota of liberation, at this stage, was activated by these modes of writing. A song, as it were, that evokes the rebirth of the body that had been, on several fronts, mutilated.

The flow-poem is also innervated by a network of quotations (*taylor mead, ginsberg, boris, the living theatre, moses, the red guards, fidel, the minister of the interior, kerouac, the bhikku, hector, andrea, dylan, luther king, janni, adam, buddha*), which reveals the underlying search for brotherhood and

Alcuni versi riconducono il lettore attento a *Salmo III* e *Sulla tomba di Apollinaire* dell'americano mentre parte della struttura generale ricalca sequenze della più famosa *Urlo*. La sua scrittura è erede delle migliori intuizioni visionarie e stilistiche di Allen Ginsberg (che incontrerà dal vivo a Torino e a Spoleto, nel 1967).

Milano sembra aver predisposto un "grande magazzino di COSE" per incantare con la sua voce da poeta mago (componente presente anche nella produzione di Aldo Piromalli) e gettare le basi di uno scenario umano nuovo in cui "il flauto sta chiamando a raccolta i bhikku / della circonferenza".

La chiusa, e alcuni passaggi (*agitazione marasma coito interrotto / la tua lava discioglie le divise i politici riscoprono / la gioia – la grande madre figa riprende il sorriso*) in cui viene citata un'ipotesi apocalittica può essere interpretata come un invito a una rinascita e a un cambiamento radicale che investa tutte le componenti del vivere (*REGALEREMO UN BIGLIETTO SENZA RITORNO / E SENZA DESTINAZIONE*).

L'anno seguente, nel 1967, Milano fonda le Edizioni Pitecantropus con Vasco Are, Paolo Cerrato e Antonio Russo. Sul logo la scritta COITO ERGO BUM (dal cartesiano Cogito ergo sum). Questa fu "una realtà pioneristica se si tiene in considerazione il fatto che diede voce alle prime esperienze di vera scrittura *underground*"[41]. La fattura di queste opere è scarna e povera. Le copertine furono sviluppate a partire da matrici che lo stampatore già possedeva e i disegni interni sono limitati a sporadici casi. Questa realtà editoriale fu denunciata e i poeti che vi avevano pubblicato ebbero un processo che fece scalpore a livello nazionale.

"Le edizioni Pitecantropus (Torino, 1967-68), perseguitate per i contenuti contrari alla pubblica decenza, costituiscono, oltre ai progetti della Pivano per Feltrinelli, il primo tentativo di organizzare una collana che renda conto della scrittura *beat* italiana"[42]. Con questo marchio editoriale, oltre a *Guru* (1967) e *Prana* (1969) di Milano vennero pubblicati *Evacuati dal paradiso* di Vasco Are, *Comprami* (1967) di Antonio Russo, *Illuminazione* (1967) e *Resurrezione* (1969) di Paolo Cerrato, *Lettera dalla nuova terra* (n.d.) di Massimo Tosco, *Qzearas* (1969) di Piergianni Curti e *Is* (n.d.) di Vincenzo Parrella.

Milano venne, nel 1967, sospeso dall'insegnamento (per esserne reintegrato cinque anni dopo) a causa del suo esser venuto meno, almeno questa fu l'accusa, alla formalità che si credeva dovesse caratterizzare la figura del maestro in quegli anni. Questo fu un ulteriore tentativo di persecuzione oltre le sanzioni già accennate subite dal poeta.

Mentre i carri armati invadevano Praga, nel 1968, Milano scrive una storia, una sorta di trama sceneggiata, *L'uomo ammaestrato*. In questo periodo entra in contatto con Michelangelo Pistoletto e ha la possibilità di contribuire a una rara commistione artistica fra la parte più 'alta' della cultura e il mondo underground. Milano già sporadicamente frequentava Vernazza e lì si unì a un piccolo gruppo di persone nel tentativo di portare avanti un'azione in contesti per lui inconsueti.

Sul telone da cantastorie dipinto alla chiesetta di Vernazza, Pistoletto disegna una storia. Nel disegno era rappresentato Gianni stesso, prima senza sesso, poi con gli attributi maschili. Quest'uomo ricorda un selvatico (un uomo della tribù underground) che doveva essere ammaestrato per poter accedere alla città. "L'uomo con il frustino aveva il ruolo di insegnare all'uomo a fare la scimmia. Secondo loro, diventare uomo, infatti, voleva dire fare la scimmia"[43].

Da lì ha inizio tutta l'opera che viene realizzata come performance e come happening a Vernazza il 15 agosto 1968 e poi portata in tutte le Cinque Terre con Pistoletto e Maria Pioppi[44].

Prima ancora avevano sfilato tutti nudi lungo la Via dell'Amore tra Manarola e Riomaggiore per realizzare un cortometraggio sempre con Pistoletto realizzato da Henry Martin, un critico d'arte afroamericano. Era una ricerca per arrivare a comprendere e vivere un'altra percezione. Questi contributi di Milano si inscrivono nel tentativo di abolire la cesura fra spettatori e attori attraverso un teatro-laboratorio, composto da "un gruppo di guitti, formato da coloro che stanno

lays the foundations of a new tribe (*with men seeking each other from cave to cave / from tongue to tongue from asshole to asshole*) and an unprecedented sphere of communication.

In some sequences, the trend is akin to the Ginsbergian mode of poetry in which the gaze at human frailty becomes necessary and is celebrated through a new song of holiness and sorrow. Some verses lead the attentive reader back to *Psalm III* and *At Apollinaire's Grave* by the American, while part of the general structure traces sequences from the more famous *Howl*. Milano's writing is heir to the best visionary and stylistic insights of Allen Ginsberg (whom he met in person in Turin and Spoleto in 1967).

Milano seems to have set up a "*great storehouse of THINGS*" to enchant with its magician-poet's voice (a component also present in Aldo Piromalli's output) and lay the foundations of a new human scenario in which "*the flute is summoning the bhikku / of the circumference.*"

The close, and some passages (*agitation marasmus coitus interruptus / your lava dissolves the uniforms the politicians rediscover / the joy—the big cool mother resumes her smile*) in which an apocalyptic hypothesis is mentioned can be interpreted as an invitation to a rebirth and a radical change that regard all the components of living (*WE WILL GIVE A TICKET WITHOUT RETURN / AND WITHOUT DESTINATION*).

The following year, in 1967, Milano founded Edizioni Pitecantropus with Vasco Are, Paolo Cerrato, and Antonio Russo. The logo bears the inscription COITO ERGO BUM (from the Cartesian Cogito ergo sum). This was "a pioneering reality if we take into account the fact that it gave voice to the first experiences of true underground writing."[41] The craftsmanship of these works is meagre and poor. The covers were developed from plates that the printer already possessed, and the interior designs are limited. This publishing reality was denounced and the poets who had published there were subjected to a trial that caused a national sensation.

"The Pitecantropus editions (Turin, 1967-'68), prosecuted for content contrary to public decency, constituted, in addition to Pivano's projects for Feltrinelli, the first attempt to organise a series that would represent Italian *beat* writing."[42] Under this publishing label, in addition to *Guru* (1967) and *Prana* (1969) by Milano, *Evacuati dal paradiso* by Vasco Are, *Comprami* (1967) by Antonio Russo, *Illuminazione* (1967) and *Resurrezione* (1969) by Paolo Cerrato, *Lettera dalla nuova terra* (n.d.) by Massimo Tosco, *Qzearas* (1969) by Piergianni Curti and *Is* (n.d.) by Vincenzo Parrella were also published.

Milano was, in 1967, suspended from his teaching post (only to be reinstated five years later) due to his having failed—at least this was the accusation—to comply with the formality that was believed to characterize the figure of the teacher in those years. This was a further attempt at persecution in addition to the sanctions already mentioned suffered by the poet.

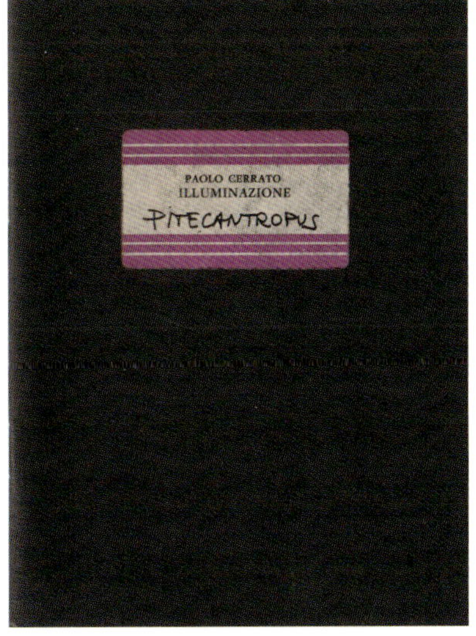

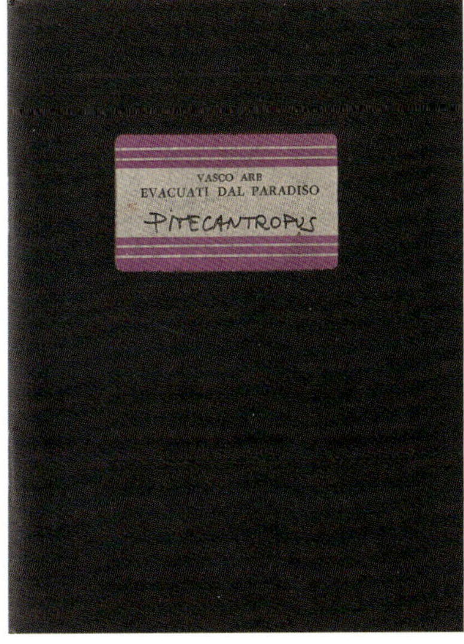

dietro le sbarre"[45] per inventare una forma nuova di cultura teatrale con funzione sociale e che potesse indagare e sperimentare inediti rapporti con la corporalità. Un po' come aveva voluto fare scrivendo *Uomo nudo*.

Andrea D'Anna

Grazie all'intermediazione di Fernanda Pivano Milano conosce anche Andrea D'Anna, nominato da lei il 'Kerouac italiano'. Lui, omosessuale (morto negli anni novanta), scrive un romanzo dal taglio magico, favoloso, alllucinante, *Il paradiso delle Urí*, pubblicato nel maggio 1967 da Feltrinelli. D'Anna, con Silla Ferradini (autore de *I fiori chiari. Il romanzo della beat generation a Milano dal '66 al '69*), furono probabilmente gli unici romanzieri dell'underground italiano.
Pivano si connota e agisce come un ponte fisico che tentò di collegare le varie anime che componevano questo movimento dopo aver posto le basi per far conoscere le scritture dei *beats* americani. Lo sfondo di questo incontro fu la città di Milano, più 'aerea' e vocata a una propensione alla comunicazione rispetto alla catacombale e underground Torino.
Nella quarta di copertina de *Il paradiso delle Urí* si possono leggere queste parole:

> "Alle proprie spalle l'autore ha un vasto curriculum letterario, ma, nono-
> stante la giovane età, ha un passato movimentato e avventuroso; allon-
> tanandosi da scuola e famiglia a diciassette anni, a diciannove era già
> nel cuore dell'Africa, dove ha vissuto in zone diverse per lunghi periodi,
> facendo esperienze di cui si trova il segno in questo romanzo, ambientato
> in una Africa allucinata, surreale e indimenticabile".

D'Anna, e questa è una delle sue particolarità, faceva la spola fra Milano e l'Africa dove sembra sia stato ospitato da missionari italiani. Pivano nella *Prefazione* ricorda come abbia raccolto "esperienze del tutto estranee all'abbecedario di come far car-riera nella giungla del professionismo letterario e strettamente connesse invece con incalzanti interrogativi contemporanei quali la ricerca dell'identità, il controllo delle mutazioni umane o la comunicazione tra gli uomini o il raggiungimento della realtà ultraterrena o il significato della vita". La ricerca di orizzonti altri rappresenta un gesto di sfiducia della vita occidenta-le e del suo benessere all'americana. "Come Ginsberg è andato a cercare in Amazzonia o sull'Himalaya, a Tangeri o in Messico, gente nella quale i resti di civiltà primordiali non fossero ancora soffocati (nella speranza – che non fu soltanto un'illusione – di ritrovare uomini ancora liberi dal condizionamento contemporaneo e così raggiungere una comunicazione perduta ormai in Occidente sotto la vio-lenza psicologica della civiltà meccanizzata) così D'Anna ha respinto, su un altro canale e per altre ragioni, la civiltà europea, e dalla civiltà europea fugge ogni volta che può."
Nei momenti in cui risiedeva a Milano traduceva, diremmo oggi da freelance, per Feltrinelli. Nella città lombarda l'ambiente è differente rispetto a quello torinese. La città è meno schiva. La rivista "Mondo Beat" stava creando una risonanza nazionale ed era una meta d'approdo per molti giovani. L'opera più nota di D'Anna si inserisce nell'orizzonte più generale degli anni trattati: quelli caratteriz-zati da una ricerca psicologica, contro la censura, la chiesa cattolica, i pregiudizi e le sovrastrutture

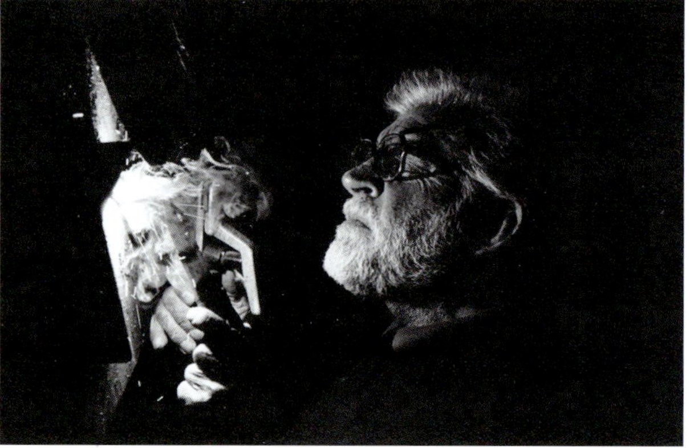

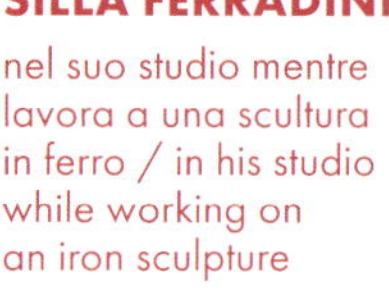

While the tanks were invading Prague in 1968, Milano wrote a story, a sort of scripted plot, *The Trained Man*. He then came into contact with Michelangelo Pistoletto and had the opportunity to contribute to a rare artistic mingling between the "highest" part of culture and the underground world. Milano occasionally frequented Vernazza and there he joined a small group of people in an attempt to carry out an action in contexts that were for him unusual.

On the storyteller's tarpaulin painted at the little church in Vernazza, Pistoletto drew a story. In the drawing, Gianni himself was represented, first without sex, then with male attributes. This man is reminiscent of a savage (an underground tribesman) who had to be trained to enter the city. "The man with the whip had the role of teaching the man to be a monkey. According to them, becoming a man meant being an ape."[43]

This was the beginning of the whole work that was realized as a performance and a happening in Vernazza on August 15, 1968 and then taken to all the Cinque Terre with Pistoletto and Maria Pioppi.[44] Prior to that, they had all paraded naked along the Via dell'Amore between Manarola and Riomaggiore to make a short film, again with Pistoletto, by Henry Martin, an African-American art critic. It was a quest to understand and experience another mode of perceiving.

These works by Milano are part of an attempt to abolish the caesura between spectator and actor through a theatre-laboratory, composed of "a group of guitti [actors], formed by those behind bars"[45] to invent a new form of theatrical culture with a social function that could investigate and experiment with new relationships with the corporeal. A bit like what he had wanted to achieve by writing *Uomo nudo*.

Andrea D'Anna

Through Fernanda Pivano, Milano also met Andrea D'Anna, whom she called the "Italian Kerouac". A homosexual (he died in the 1990s), D'Anna wrote a novel with a magical, fabulous, hallucinating slant, *Il paradiso delle Urí*, published in May 1967 by Feltrinelli. D'Anna, and Silla Ferradini (author of *I Fiori Chiari. Il romanzo della beat generation a Milano dal '66 al '69*), were probably the only novelists of the Italian *underground*.

Pivano denoted and acted as a physical bridge that attempted to connect the various souls who made up this movement after having laid the foundations for making the writings of the American *beats* known. The backdrop for this encounter was the city of Milan, 'airier' and more inclined to communication than the catacomb-like and underground Turin.

The back cover of *Il paradiso delle Urí* reads:

> "The author has an extensive literary curriculum to his credit, but, despite his young age, he has already had an eventful and adventurous past. Leaving school and family at the age of seventeen, two years later he was already in the heart of Africa, where he lived in different areas for long periods, creating experiences that left their mark as it transpires also in this novel, set in a hallucinatory, surreal, and unforgettable Africa."

D'Anna, and this is one of his peculiarities, shuttled back and forth between Milan and Africa where he seems to have been hosted by Italian missionaries. In the *Preface*, Pivano recalls how he amassed "experiences completely unrelated to the primer on how to make a career in the jungle of literary professionalism and closely connected instead to pressing contemporary questions such as the search for identity, the control of human mutations or communication between men, or the attainment of otherworldly reality or the meaning of life." The search for other horizons represents a gesture of distrust of Western life and its American-style prosperity. "Just as Ginsberg went looking in the Amazon or the Himalayas, in Tangier or Mexico, for people in whom the remains of primordial

mentali accumulate. Con il *Il paradiso delle Urí* (che riporta in fascetta la dicitura: *LSD Leggete Subito D'Anna. È un romanzo psichedelico*), compie un'operazione di matrice visionaria. Psichedelico è certamente questo libro, afferma Fernanda Pivano nella *Prefazione*, "non tanto per lo pseudodocumentarismo relativo a una droga e ad una religione inesistenti [e nemmeno dal punto di vista prettamente linguistico aggiungo, ndA], quanto per il groviglio di tensioni e d'invenzioni che fanno da tessuto alla vicenda; e, se si vuole, perché è stato interamente scritto in stato di allucinazione prodotto da questa o quella droga (...). A questo tipo di costruzione fantastica, basata sull'ambiguità e frutto dell'immaginazione alterata dalla droga, D'Anna aderisce fino in fondo, sino ad aprire un filone praticamente finora inventato".

Lo sguardo allucinato, il tentativo di riprodurre per iscritto le dense materie date dalle visioni, le concatenazioni d'idee concepite come in una vertigine e in trance ci riportano all'esperienza che il lettore può fare con la poesia-flusso di Gianni Milano.

Il romanzo è stato scritto tra il febbraio e il luglio del 1966 probabilmente *on the road*, come avverte l'autore stesso. In alcuni passi di quest'opera si può sentire la risonanza di quello che stava accadendo in Italia attorno al 'movimento' di '*Mondo Beat*' e alle problematiche radicali che venivano conseguentemente messe in luce, tematizzate e vissute in prima persona. In qualche modo vi è la presenza di quei gesti e prese di posizioni radicali, di quei ragazzi che, come lui, avevano rotto i ripari di un'educazione che probabilmente non era più nemmeno formalmente ossequiata, abbracciando totalmente una nuova soggettività creativa e conoscitiva.

D'Anna anticipa di qualche tempo anche quella che sarà una ipotesi 'finale' del movimento, che accadrà come una sorta di via d'uscita silenziosa, percorribile da parte di molti italiani che non si sentirono coinvolti dal lungo '68 studentesco-operaio italiano: andare all'estero, rimanendoci anche per anni.

Ne *Il paradiso delle Urí* si possono leggere dinamiche legate a una "trasformazione" o meglio ad una tipologia di "trasformazioni" cercate o subite dai personaggi. Tentativi di andare 'oltre i limiti' rimanendo in ascolto cercando di andare oltre quella simbolica 'morte' che caratterizzava il passato trovato in eredità. Rieccheggia nuovamente, in questa storia sociale, letteraria e umana degli anni sessanta Arthur Rimbaud.

D'Anna, come Piromalli ci parla, in sostanza, di un 'viaggio' e di come il vagabondaggio si possa dare e fare come conquista critica. Quest'ultimo sceglie l'Africa, da cui il protagonista ritornerà a casa con una "cicatrice sulla gamba sinistra". Ancora una volta richiami al poeta francese.

Altri temi cardine sottesi sono quelli della ricerca della felicità, della fratellanza e della risposta a un'ansia spirituale. Pivano scrisse: "Il problema della felicità è per lui fondamentale proprio in sede morale-teoretica".

Ciò caratterizzò anche in buona parte l'underground italiano di fine anni sessanta; si mise in moto attraverso le 'passioni' un profondo lavorare su se stessi. Una nuova e radicale ipotesi per raggiungere la comunicazione tra gli uomini e una accresciuta conoscenza della propria identità avendo abbattuto le barriere condizionanti e castranti.

Pivano fu la sola persona che, pur avendo un ruolo interno a case editrice blasonate e a dibattiti culturali di portata nazionale e non, si avvicinò con curiosità e

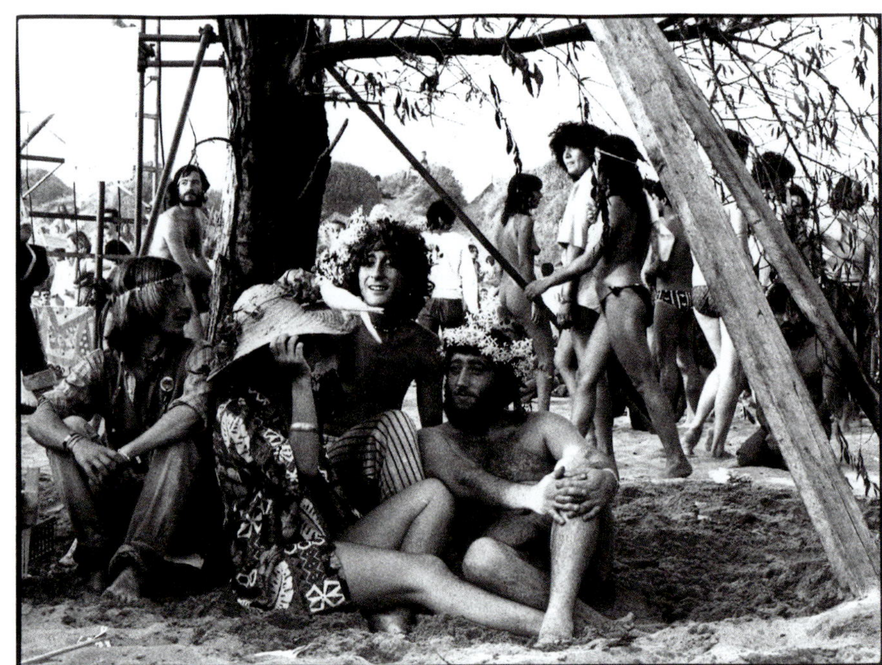

courtesy Rada Film

civilizations had not yet been suffocated (in the hope—which was not just an illusion—of finding men who were still free from contemporary conditioning and thus achieving a communication now lost in the West under the psychological violence of mechanized civilization), so D'Anna rejected, on another channel and for other reasons, European civilization, and it is from European civilization that he flees whenever he can."

During the times when he lived in Milan, he worked as a freelance translator, as we would say today, for Feltrinelli. The environment is different from Turin in the Lombard city, which is less shy. The magazine *Mondo Beat* was creating a national stir and was a destination for many young people.

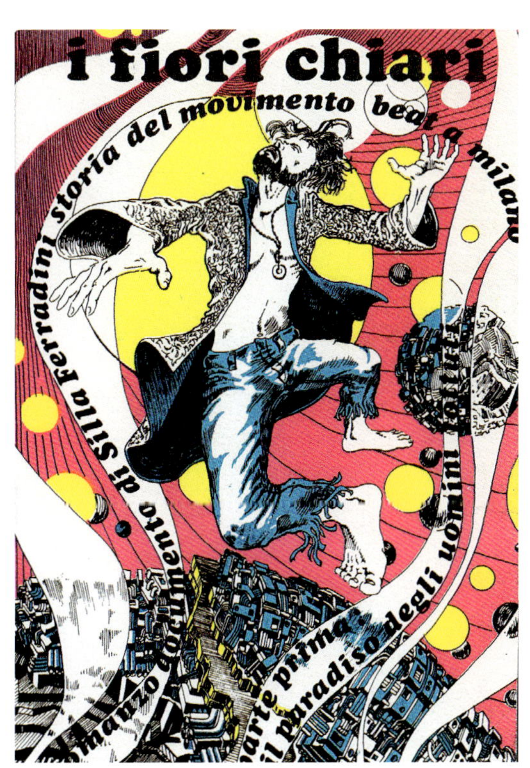

SILLA FERRADINI

I fiori chiari. Il romanzo della beat generation a Milano dal '66 al '69, 1976
volume a stampa / printed volume
165 x 110 mm
edizioni La Scimmia Verde
Collezione Alessandro Manca / Alessandro Manca Collection

D'Anna's best-known work fits into the more general horizon of these years: those characterized by psychological research, against censorship, the Catholic Church, prejudice, and accumulated mental superstructures. With *Il paradiso delle Urí* (whose paper band bears the invite: *LSD Leggete Subito D'Anna. È un romanzo psichedelico – LSD Read D'Anna Now. It is a psychedelic novel*), he performs a visionary operation. This book is certainly psychedelic, states Fernanda Pivano in the *Preface*, "not so much for the pseudo-documentary on a non-existent drug and religion [and not even from a purely linguistic point of view, I would add], but for the tangle of tensions and inventions that weave the story; and, if you like, because it was entirely written in a state of hallucination produced by this or that drug (...). To this type of fantastic construction, based on ambiguity and the fruit of imagination altered by drugs, D'Anna commits completely, to the point of venturing into a new literary genre that has been dominated until now by imagination and invention."

The hallucinated gaze, the attempt to reproduce in writing the dense matter produced by the visions, the concatenations of ideas conceived as it in a state of vertigo and trance bring us back to the experience the reader can have with Gianni Milano's flow-poetry.

The novel was written between February and July 1966 probably *on the road*, as the author himself declares. In some passages one can intuit the resonance of what was happening in Italy around the 'movement' of "*Mondo Beat*" and the radical problems that were consequently being highlighted, thematized, and experienced first-hand. In some way there is the presence of those radical gestures and stances, of those young people who, like him, had broken through the protections of an education that was probably no longer even formally observed, to totally embrace a new creative and cognitive subjectivity.

D'Anna also anticipates by some way what will be a 'final' hypothesis of the movement, which will happen as a sort of silent exit, one viable for many Italians who did not feel themselves involved in the long Italian student-worker upheaval of '68: to go abroad, even staying there for years.

In *Il paradiso delle Urí* we can read dynamics linked to a 'transformation' or rather a typology of 'transformations' sought or undergone by the characters. Attempts to go 'beyond the limits' by listening, trying to go beyond that symbolic 'death' that characterized the past found in the legacy. Arthur Rimbaud is again echoed in this social, literary, and human history of the 1960s.

D'Anna, like Piromalli, tells us, in essence, about a 'journey' and how wandering can be given and undertaken as a critical conquest. The latter chooses Africa, from where the protagonist will return home with a "scar on his left leg." More references to the French poet.

Other underlying themes are those of the pursuit of happiness, brotherhood, and the response to spiritual anxiety. Pivano wrote: "The problem of happiness is fundamental for him in moral-theoretical terms."

This also characterized to a large extent the Italian underground of the late 1960s; a profound work on oneself was set in motion through the "passions." A new and radical hypothesis to achieve communication between men and an increased knowledge of one's own identity having broken down conditioning and neutering barriers.

'tenerezza' verso questi giovani scrittori e poeti. Lei, con il marito Ettore Sottsass, con la collaborazione di Allen Ginsberg fonderanno la rivista "Pianeta Fresco" in cui scriverà anche D'Anna (e, fra i tanti, Gianni Milano).

Pivano, dopo le vicende innescate con il lungo '68 italiano, palesa più o meno evidentemente una delusione riguardo il periodo precedente. In qualche modo si separa dall'orizzonte *underground* per avvicinarsi sempre più a Fabrizio De André. Aveva sperato di trovare e di aiutare a codificare una controcultura. In realtà ha scoperto il fare di un mondo diverso e poco propenso a codificarsi e organizzarsi per essere veicolato in modo ufficiale instaurando rapporti con case editrici *mainstream*. Molti legami si spezzarono. Ci furono diaspore e sommersioni.

In buona sostanza il '68 fu valutato da questi scrittori e poeti *beat* come un movimento regressivo mosso da un nuovo clericalesimo, di matrice marxista che considerava i tentativi di scrittura e di rivoluzione esistenziale come fallimenti piccolo borghesi.

Questa fase si chiude dunque con l'inizio degli anni settanta a mo' di cerchio. Il silenzio sembra richiamare in modo generalizzato molti degli autori che abbiamo citato.

Vi fu anche il momento della diaspora geografica vera e propria: a Nord, ma soprattutto a Sud (nella parte settentrionale dell'Africa) e in India. Parte dell'epitaffio del movimento fu anche la nascita delle prime comuni. Ciò rappresentò il momento in cui, in molti, vedendo che stava finendo quello spazio di possibilità, provarono a realizzare da subito quello in cui avevano creduto, il cambiamento che avevano provato ad operare.

Gli anni settanta, per molti di loro, scivolarono in maniera silente. Gli scrittori che continuarono a essere attivi preferirono farlo attraverso le fenditure evitando così il rischio di essere preconfezionati e amministrati.

Per quanto riguarda l'Antigruppo, negli anni, "tra il 1973 e il 1975 una serie di eventi mettono in crisi il carattere unitario del gruppo-antigruppo. (...) La raccolta antologica *Antigruppo '75* costituisce di fatto l'ultima pubblicazione collettiva dell'antigruppo siciliano"[46].

Pivano was the only person who, despite her role within emblazoned publishing houses and cultural debates of national and other significance, approached these young writers and poets with curiosity and "tenderness." She and her husband Ettore Sottsass, in collaboration with Allen Ginsberg, founded the magazine *Pianeta Fresco* to which D'Anna (and, among many others, Gianni Milano) also contributed.

Pivano, after the events triggered by the long Italian '68, more or less overtly shows disappointment with the previous period. Somehow, she distanced herself from the *underground* horizon to get closer to singer and song-writer Fabrizio De André. He had hoped to find and help codify a counterculture. In reality, he discovered the making of a different world that was little inclined to codify itself and organize itself to be conveyed in an official way by establishing relations with mainstream publishing houses. Many ties were broken. There were diasporas and submersions.

In essence, '68 was evaluated by these beat writers and poets as a regressive movement driven by a new clericalism with a Marxist imprint that considered attempts at writing and existential revolution to be petty-bourgeois failures.

This phase therefore closes with the beginning of the 1970s as a circle. Silence seems to recall in a generalized way many of the authors we have mentioned.

There was also the time of the actual geographical diaspora: to the north, but especially to the south (to northern Africa) and to India. Part of the movement's epitaph was also the birth of the first communes. This represented the moment when many, seeing that this space of possibility was coming to an end, tried to realize what they had believed in, the change they had tried to bring about.

The 1970s, for many of them, slipped silently by. The writers who continued to be active preferred to do so through the cracks, thus avoiding the risk of being pre-packaged and managed.

As far as the Antigroup is concerned, in the years "between 1973 and 1975 a series of events put the unitary character of the Antigroup in crisis. (...) The anthology *Antigruppo '75* in fact constitutes the last collective publication of the Sicilian Antigroup." [46]

1   S. Laneri, *La parola in azione. Poesia e prassi antagonista negli scrittori Antigruppo (1968-1975)*, Sicilia Punto L, Ragusa 2019, p. 5.

2   *Ibidem.*

3   "L'insoddisfazione era tanta e le prime provocatorie opere di autori beat americani giunti a noi grazie anche al lavoro testardo di Fernanda Pivano trovarono non il cemento ma un terreno umido, pronto ad accogliere". Gianni Milano, in G. Moretti, *Soffiare via gli ostacoli oppure l'Apocalisse soffierà via il Pianeta. Intervista a Gianni Milano*, in "Lato Selvatico", equinozio di primavera 2015.

4   I. Margoni, *Introduzione*, in A. Rimbaud, *Opere*, Feltrinelli, Milano 2018, p. V.

5   G. Milano, *Tribù*, in *Quando la luna si appresta a divenir nuova (cosa accadde negli anni '60)*, ora anche in *Non solo beat. Maestro poeta anarchico*, a cura di C. Maraghini Garrone, Nautilus, Torino 2018, p. 214.

6   "I ragazzi si sentivano prigionieri in casa ed i genitori, al contrario, investivano tutta la oro libidine sulla casa. La maggioranza degli Italiani non possedeva casa. A Torino gli immigrati e gli indigenti vivevano in topaie con il cesso sul balcone. Vigeva la promiscuità assoluta e non c'era spazio fisico per costruirsi un proprio mondo o una propria visione del mondo. Molti ragazzi, a partire dal 1965, incominciarono a scappare da casa. Non era la 'fuitina' siciliana. Si sapeva che in alcuni luoghi ci stavano i 'capelloni'": *Casa*, in *Quando la luna* cit., pp. 201-202.

7   L. Spurio, *Tra la Contestazione degli anni '60/'70 e l'esperienza della mail art ALDO PIROMALLI*, in "EUTERPE. Rivista di poesia e critica letteraria", n. 29, luglio 2019, p. 13.

8   G. Milano, *Anarchia*, in *Quando la luna* cit., p. 197. Nel paragrafo dedicato alla parola *Controcultura* scrisse anche: "Non fummo 'contro' ma 'al di là'", ivi, p. 203.

9   G. Milano, in *Non solo beat* cit., p. 141.

10   Si notino dei parallelismi significativi e simili nell'operato di Rimbaud che Margoni ricostruisce, in *Introduzione*, in A. Rimbaud, *Opere* cit., pp. XI-XII.

11   Si segnala l'antologia *I figli dello stupore. La beat generation italiana*, composta dall'autore di questo scritto, considerata la prima antologia collettiva di poesia beat italiana [con allegato docu-film di Francesco Tabarelli], Sirio Films, Trento 2018.

12   S. Laneri, *La parola in azione* cit., p. 8.

13   R. Certa, *L'Antigruppo quando come e dove è nato*, in "Trapani nuova", XIV, 1972, p. 3

14   S. Laneri, *La parola in azione* cit., p. 9.

15   G. Zagarrio, *Struttura e impegno: la poesia*, Quartiere, Firenze 1966, pp. 78-79.

16   S. Laneri, *La parola in azione* cit., p. 12.

17   *Ibidem.*

18   N. Scammacca, *Antigruppo*, in *Antigruppo: una possibile poetica*, a cura di N. Scammacca, Celebes, Trapani 1970, p. 72.

19   *Ibidem.*

20   L. Spurio, *Tra la Contestazione degli anni '60/'70* cit., p. 7.

21   Ivi, p. 8.

22   *Ibidem.*

23   Considerata da Gianni Milano "Terra 'franca', punto di approdo di pellegrini da ogni parte d'Europa, negli anni Sessanta del Novecento": *Amsterdam*, in *Quando la luna* cit., p. 197.

24   L. Spurio, *Tra la Contestazione degli anni '60/'70* cit., p. 8.

25   Ivi, p. 17.

26   Ivi, p. 10.

27   Ivi, p. 9.

28   Ivi, p. 10.

29   Ivi, p. 12.

30   *Ibidem.*

31   G. Milano, *Dolore*, in *Quando la luna* cit., ora anche in *Non solo beat* cit., p. 204.

32   *Ibidem.*

33   *Ibidem.*

34   F. Bolino, *Gianni Milano, io maestro capellone e la mia vita libertaria tra le Vallette e il beat*, in "La Repubblica", 15 dicembre 2018.

35   G. Milano, in *Non solo beat* cit., p. 136.

36   L. Spurio, *Nuove e vecchie battaglie: la Contestazione di GIANNI MILANO, il "Ginsberg italiano" che oggi si batte contro la TAV*, in "EUTERPE. Rivista di poesia e critica letteraria", n. 30, gennaio 2020, p. 10.

37   G. Jo, *Un uomo che ha una visione. Intervista a Gianni Milano*, www.artapartofculture.net, 28 maggio 2018.

38   G. Milano, in *Non solo beat* cit., p. 135.

39   Ivi, p. 136.

40   Ivi, p. 142.

41   L. Spurio, *Nuove e vecchie battaglie* cit., p. 13.

42   P. Echaurren, C. Salaris, *Controcultura in Italia, 1967-1977*, Bollati Boringhieri, Torino 1999, p. 114.

43   G. Milano, in *Non solo beat* cit., p. 161.

44   Pistoletto ricorderà: "Lo Zoo è nato da una battuta di Carlo Colnaghi: 'Io mi trovo nello stesso posto del leone in gabbia'. La cosiddetta civiltà ha relegato ogni animale nella sua gabbia. I meno pericolosi, più docili e sottomessi li ha messi in grandi recinti comuni: le fabbriche, le case popolari, gli stadi sportivi [...]. Gli artisti sono isolati nelle Biennali di Venezia, nei teatri, nei musei e nelle manifestazioni organizzate. [...] Ora noi sappiamo di essere Lo Zoo. Noi non lavoriamo più per gli spettatori, siamo noi stessi attori e spettatori, fabbricanti e consumatori. Tra noi che si riesce a lavorare insieme c'è un rapporto diretto, chiaro, percettivo e istantaneo [...] Quando voi vedete, sentite e fiutate uno spettacolo fatto insieme, come quello dello Zoo e Musica Elettronica Viva, quello che voi credete di capire sarà solo la corteccia, l'involucro, ma non saprete mai cosa è successo finché non sarete attori e spettatori al di qua delle sbarre". M. Pistoletto, *Lo Zoo*, in "Teatro", n. 1, 1969, p. 16).

45   Si veda in *Non solo beat* l'articolo *Zoo* di Germano Celant [riportato nella sezione fotografica del volume, senza notazione delle pagine, in origine *Lo zoo. Michelangelo Pistoletto. 1969*. Pubblicato in G. Celant, *Arte povera*, Mazzotta, Milano 1969].

46   S. Laneri, *La parola in azione* cit., p. 259.

1 S. Laneri, *La parola in azione. Poesia e prassi antagonista negli scrittori Antigruppo (1968-1975)*, Sicilia Punto L., Ragusa 2019, p. 5.

2 *Ibid.*

3 "*L'insoddisfazione era tanta e le prime provocatorie opere di autori beat americani giunti a noi grazie anche al lavoro testardo di Fernanda Pivano trovarono non il cemento ma un terreno umido, pronto ad accogliere*" ("*There was a lot of dissatisfaction and the first provocative works of American beat authors that came to us thanks also to the stubborn work of Fernanda Pivano found not concrete but a damp ground, ready to welcome*"). Gianni Milano, in G. Moretti, *Soffiare via gli ostacoli oppure l'Apocalisse soffierà via il Pianeta. Intervista a Gianni Milano*, in *Lato Selvatico*, Spring Equinox 2015.

4 I. Margoni, *Introduzione*, in A. Rimbaud, *Opere*, Feltrinelli, Milan 2018, p. V.

5 G. Milano, *Tribù*, in *Quando la luna si appresta a divenir nuova (cosa accadde negli anni '60)*, now also in *Non solo beat. Maestro poeta anarchico*, edited by C. Maraghini Garrone, Nautilus, Turin 2018, p. 214.

6 "Kids felt like prisoners at home and parents, on the contrary, invested all their gold in the house. The majority of Italians did not own houses. In Turin, immigrants and the destitute lived in slum tenements with the toilet on the communal balcony. There was absolute promiscuity and no physical space to build one's own world or world view. Many boys, starting in 1965, began to run away from home. It was not the Sicilian 'fuitina'. It was known that in some places there were 'hippies'": *Casa*, in *Quando la luna, op. cit.*, pp. 201–202.

7 L. Spurio, *Tra la Contestazione degli anni '60/'70 e l'esperienza della mail art ALDO PIROMALLI*, in *EUTERPE Rivista di poesia e critica letteraria*, no. 29, July 2019, p. 13.

8 G. Milano, *Anarchia*, in *Quando la luna, op. cit.*, p. 197. In the paragraph devoted to the word '*counter-culture*' he also wrote: "We were not 'against' but 'beyond'''", *Ibid.*, p. 203.

9 G. Milano, *Non solo beat, op. cit.*, p. 141.

10 Note the significant and similar parallels in Rimbaud's work that Margoni reconstructs, in "Introduction," in A. Rimbaud, *op. cit.*, pp. XI–XII.

11 The anthology *I figli dello stupore. La beat generation italiana*, composed by the author of this paper, considered the first general anthology of Italian beat poetry [with attached docu-film by Francesco Tabarelli], Sirio Films, Trento 2018.

12 S. Laneri, *La parola in azione, op. cit.*, p. 8.

13 R. Certa, "L'Antigruppo quando come e dove è nato", in *Trapani nuova*, XIV, 1972, p. 3.

14 S. Laneri, *La parola in azione*, p. 9.

15 Giuseppe Zagarrio, *Struttura e impegno: la poesia*, Quartiere, Florence 1966, pp. 78–79.

16 S. Laneri, *La parola in azione, op. cit.*, p. 12.

17 *Ibid.*

18 N. Scammacca, *Antigruppo*, in *Antigruppo: una possibile poetica*, edited by N. Scammacca, Celebes, Trapani 1970, p. 72.

19 *Ibid.*

20 L. Spurio, *Tra la Contestazione degli anni '60/'70, op. cit.*, p. 7.

21 *Ibid.*, p. 8.

22 *Ibid.*

23 Considered by Gianni Milano as a 'free land', a landing place for pilgrims from all parts of Europe, in the 1960s'. *Amsterdam*, in *Quando la luna, op. cit.*, p. 197.

24 L. Spurio, *Tra la Contestazione degli anni '60/'70, op. cit.*, p. 8.

25 *Ibid.*, p. 17.

26 *Ibid.*, p. 10.

27 *Ibid.*, p. 9.

28 *Ibid.*, p. 10.

29 *Ibid.*, p. 12.

30 *Ibid.*

31 G. Milano, *Dolore*, in *Quando la luna, op. cit.*, p. 204.

32 *Ibid.*

33 *Ibid.*

34 F. Bolino, "Gianni Milano, io maestro capellone e la mia vita libertaria tra le Vallette e il beat," in *La Repubblica*, December 15, 2018.

35 G. Milano, *Non solo beat, op. cit.*, p. 136.

36 L. Spurio, "Nuove e vecchie battaglie: la Contestazione di GIANNI MILANO, il "Ginsberg italiano" che oggi si batte contro la TAV", in *EUTERPE. Rivista di poesia e critica letteraria*, no. 30, January 2020, p. 10.

37 G. Jo, *Un uomo che ha una visione. Intervista a Gianni Milano*, www.artapartofculture.net, May 28, 2018

38 G. Milano, *Non solo Beat, op. cit.*, p. 135.

39 *Ibid.*, p. 136.

40 *Ibid.*, p. 142.

41 L. Spurio, *Nuove e vecchie battaglie: la Contestazione di GIANNI MILANO, il "Ginsberg italiano" che oggi si batte contro la TAV, cit.*, p. 13.

42 Pablo Echaurren, Claudia Salaris, *Controcultura in Italia, 1967-1977*, Bollati Boringhieri, Turin 1999, p. 114.

43 G. Milano, *Non solo Beat, op. cit.*, p. 161.

44 Pistoletto recalls: "*Lo Zoo è nato da una battuta di Carlo Colnaghi: 'Io mi trovo nello stesso posto del leone in gabbia'. La cosiddetta civiltà ha relegato ogni animale nella sua gabbia. I meno pericolosi, più docili e sottomessi li ha messi in grandi recinti comuni: le fabbriche, le case popolari, gli stadi sportivi (...) Gli artisti sono isolati nelle Biennali di Venezia, nei teatri, nei musei e nelle manifestazioni organizzate. (...) Ora noi sappiamo di essere Lo Zoo. Noi non lavoriamo più per gli spettatori, siamo noi stessi attori e spettatori, fabbricanti e consumatori. Tra noi che si riesce a lavorare insieme c'è un rapporto diretto, chiaro, percettivo e istantaneo (...) Quando voi vedete, sentite e fiutate uno spettacolo fatto insieme, come quello dello Zoo e Musica Elettronica Viva, quello che voi credete di capire sarà solo la corteccia, l'involucro, ma non saprete mai cosa è successo finché non sarete attori e spettatori al di qua delle sbarre*" ("The Zoo was born from a line by Carlo Colnaghi: 'I am in the same place as the caged lion.' So-called civilization has relegated every animal to its cage. The less dangerous, more docile and submissive ones it has placed in large communal enclosures: factories, council houses, sports stadiums (...) Artists are isolated in the Venice Biennials, theaters, museums and organized events. (...) Now we know we are the Zoo. We no longer work for the spectators, we are ourselves actors and spectators, makers and consumers. Between us working together there is a direct, clear, perceptive, and instantaneous relationship (...) When you see, hear, and smell a show made together, such as that of the Zoo and Musica Elettronica Viva, what you think you understand will only be the bark, the wrapping, but you will never know what happened until you are actors and spectators on this side of the bars."). M. Pistoletto, "Lo Zoo", in *Teatro*, no. 1, 1969, p. 16.

45 See from *Non solo beat* the article *Zoo* by Germano Celant [reproduced in the photo section of the volume, without page notation, originally *Lo zoo. Michelangelo Pistoletto. 1969*. Published in G. Celant, *Arte povera*, Mazzotta, Milan 1969].

46 S. Laneri, *La parola in azione, op. cit.*, p. 259

VERSO LE ATMOSFERE POP/BEAT IN ITALIA

Appunti sulla situazione artistica italiana negli anni cinquanta del Novecento

Gaspare Luigi Marcone

L'Italia degli anni cinquanta è un Paese ancora ferito e distrutto dalla tragedia della Seconda guerra mondiale, ma vivo e vitale sul piano culturale. Un Paese carico di contraddizioni e forse, anche per questo, pieno di fascino e di fermento. Arte, cinema, design, architettura, letteratura, fotografia, tutto è da ricostruire o costruire[1]. Il decennio si inaugura con tre provvedimenti legislativi che probabilmente sono tra le poche vere "riforme" della storia italiana ovvero i tre decreti riguardanti l'agricoltura, approvati tra il maggio e il dicembre del 1950, dopo mesi di agitazioni e rivolte che portano a decine di morti, feriti e migliaia di arresti tra i contadini. In Italia si parla dunque ancora della tanto agognata riforma agraria che, in sintesi, lascerà gran parte degli attori scontenti: molti contadini, in situazioni di indigenza, inizieranno a emigrare e a lavorare nelle fabbriche e nelle aziende del nord – con costi di manodopera concorrenziali rispetto a quelli degli operai lombardi o piemontesi – mentre i grandi proprietari terrieri meridionali reinvestiranno il loro denaro nella speculazione edilizia – grazie anche a un vuoto normativo – con consequenziale distruzione dei beni paesaggistici e inquinamento del territorio. Nel 1951 solo il 7,4% delle case italiane aveva "l'elementare combinazione di elettricità, acqua potabile, servizi igienici interni" e l'agricoltura continuava a essere il più vasto settore occupazionale (il 42,2% della popolazione rientrava nella categoria "agricoltura, caccia e pesca")[2]. Nello stesso anno però Lucio Fontana illumina la scena artistica con la *Struttura al neon per la IX Triennale di Milano* una monumentale scultura che non può passare inosservata perché esposta in uno degli spazi più autorevoli e visibili della scena artistica internazionale. In gran parte del mondo si lavora ancora con colori e tele, non che sia un demerito, però in un clima misero e semisviluppato Fontana ha già bucato la tela (dal 1949) elaborando sculture, ambienti spaziali, installazioni, collaborazioni con architetti fino al capolavoro luminoso esposto appunto alla IX Triennale di Milano[3]. Usando un po' di libertà e immaginazione, si potrebbe creare un parallelismo tra il triangolo industriale italiano che vedrà Milano, Torino e Genova come motori del cosiddetto "miracolo economico" che esploderà sul finire del decennio, e la triade artistica composta da Lucio

TOWARDS THE POP/BEAT SPIRIT IN ITALY

Notes on the Italian artistic scene in the 1950s

In the 1950s Italy was a country still wrecked and wounded by the tragedy of World War II, but nevertheless vibrant and dynamic on a cultural level. A country replete with contradictions and perhaps for this reason too full of appeal and ferment. Art, cinema, design, architecture, literature, photography, everything was to be built or rebuilt.[1] The decade opened with three legislative measures that are probably among the few true "reforms" in Italian history, namely the three decrees concerning agriculture, approved between May and December 1950, after months of unrest and uprisings that led to dozens of deaths, numerous injuries, and thousands of arrests among farmers. In Italy, therefore, there was still talk of the much longed-for agrarian reform which, in short, would leave most of those concerned dissatisfied: many agricultural workers, often living in extreme poverty, would begin to emigrate to work in factories and companies in the in the north – with labour costs competitive with those of workers from Lombardy or Piedmont –, while the large southern landowners would reinvest their money in speculative building – thanks in part to a regulatory vacuum – with the consequent destruction of the landscape and pollution of the soil. In 1951, only 7.4 per cent of Italian homes had "the basic combination of electricity, drinking water, indoor lavatories" and agriculture was still the largest employment sector (42.2 per cent of the population fell into the category "agriculture, hunting and fishing").[2] In the same year, however, Lucio Fontana lit up the art scene with the *Struttura al neon per la IX Triennale di Milano* (*Neon Structure for the 9th Milan Triennale*), a monumental sculpture that could hardly go unnoticed given that it was exhibited in one of the most commanding and visible spaces on the international art scene. In much of the world art was still made paints and canvas, not that this is a criticism, but in a miserable and half-developed climate Fontana had already pierced the canvas (since 1949) and had been developing sculptures, spatial environments, installations, collaborations with architects through to that luminous masterpiece exhibited at the 9th Milan Triennale.[3] With just a little freedom and imagination, one could see a parallel between the Italian industrial triangle with Milan, Turin, and Genoa as the engines of the so-called "economic miracle" that was to explode

Fontana, Bruno Munari e Alberto Burri che già dai primi anni cinquanta – memori delle rivoluzioni delle avanguardie storiche – seminano e raccolgono idee e opere fertilizzando il panorama artistico italiano. Frutti maturi e ulteriori innesti saranno poi gustati e concretizzati dagli artisti delle generazioni più giovani che esordiranno proprio tra gli anni cinquanta e sessanta, lasciando a loro volta tracce del loro cammino. In pieno Piano Marshall e con odori di maccartismo e di fordismo dunque "De Gasperi aveva scelto l'America ma, cosa assai più importante, l'America aveva scelto l'Italia [...]. Nessuna macchia offuscava ancora l'immagine positiva dell'America, e i giovani di tutta Italia si lasciavano conquistare dalle novità e dalle mode di oltre Atlantico: i juke-box, i flipper, il rock and roll, i film di Marilyn Monroe e James Dean"[4]. Il mercato e la politica – o forse la "geopolitica" che oggi è in grande auge – orienteranno probabilmente anche alcune letture storico-critiche dello sviluppo dell'arte occidentale ma gli artisti italiani personalizzano, e in alcuni casi anticipano, sperimentazioni che poi diventeranno globali.

Mentre il ritmo produttivo dell'industria italiana cresce, nuovi strumenti e nuovi oggetti iniziano a popolare – a macchia di leopardo – la penisola; nel 1954 la neonata televisione italiana, poi "oggetto popolare" per eccellenza, ha solo poche migliaia di abbonati ma, il sempre pionieristico Fontana realizza *Immagini luminose in movimento* già nel 1952, progetto concepito appositamente per la diffusione televisiva, stilando parallelamente, con i suoi compagni di strada, il *Manifesto del movimento spaziale per la televisione*. Tra i firmatari c'è anche Alberto Burri che nel frattempo ha già realizzato "muffe", "sacchi" e "gobbi"; nel 1953 espone al Guggenheim Museum di New York nella collettiva *Younger European Painters: A Selection* e nel 1955 al MoMA – Museum of Modern Art di New York nella collettiva *The New Decade: 22 European Painters and Sculptors* procedendo con una copiosa esperienza espositiva negli Stati Uniti. Burri, in questi anni, fa ampio uso della "colla bianca", Vinavil (Vinil Acetato a Villadossola), nata e cresciuta in Italia anche grazie all'aiuto di un'altra eccellenza italiana, l'azienda Montecatini di Milano; i nuovi materiali dell'industria – dalla tecnologia alla chimica – entrano sempre più massicciamente nel "fare artistico". Il "perfettissimo" Bruno Munari è molto attivo in Italia e all'estero con una produzione talmente variegata e rivoluzionaria impossibile da sintetizzare in poche righe; in questi anni ha già presentato un'infinità di lavori dalle *Macchine aritmiche* ai *Libri illeggibili* fino alle decine di *Oggetti trovati* tra cui *Brandelli di manifesti trovati in Rue Monsieur le Prince, a Parigi, sopra una stecconata di legno, un poco scoloriti dalla pioggia* come ci informa il "bollettino" del MAC – Movimento Arte Concreta del novembre 1951 con testo di Ernesto N. Rogers; espone varie volte negli Stati Uniti e il MoMA di New York gli offre spazio anche nella mostra bipersonale *Two Graphic Designers: Bruno Munari and Alvin Lustig* nel 1955.

Munari, insieme a Gillo Dorfles e altri sodali è promotore del citato MAC che, dal 1948 al 1958, sarà una fucina editoriale ed espositiva in Italia e all'estero amalgamando la voce di artisti, poeti, critici e intellettuali eterogenei tra cui Enrico Baj, Gianni Bertini e Mimmo Rotella che si ritroveranno quasi sempre presenti nelle esposizioni di matrice "pop" sia in vita sia dopo la loro morte. Baj, Bertini e Rotella quindi si potrebbero prendere come esempi di seminatori di idee e soluzioni che, nel vivo e

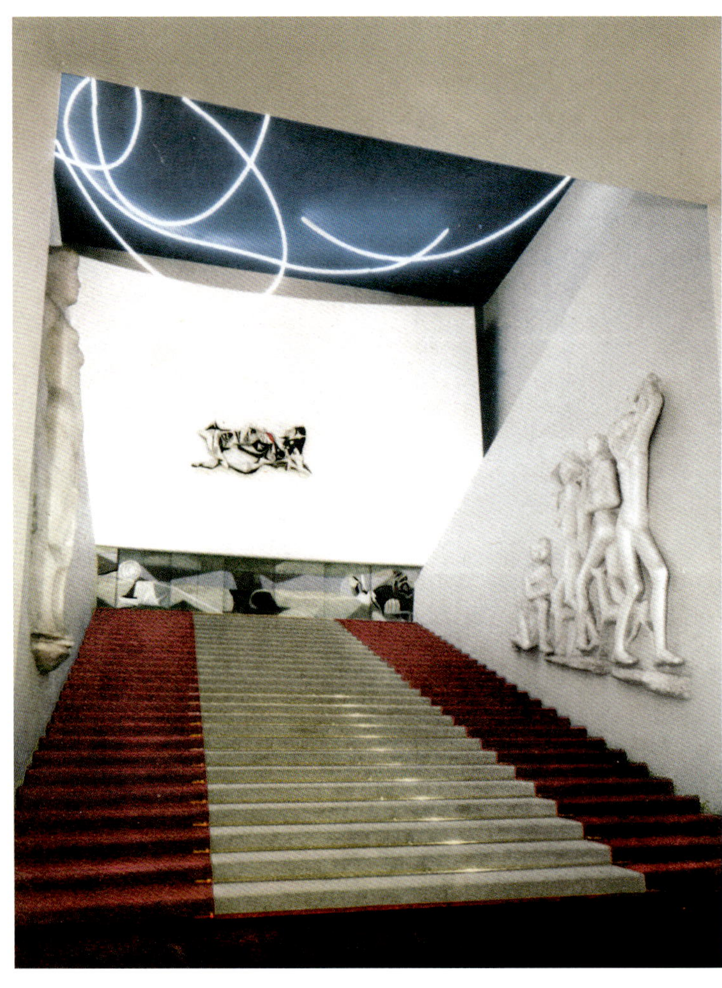

LUCIO FONTANA
Struttura al neon per la IX Triennale di Milano, realizzata per lo / realized for Scalone d'onore del Palazzo dell'Arte, allestimento degli architetti / set up by architects Luciano Baldessari e / and Marcello Grisotti, 1951

toward the end of the decade, and the artistic triad composed of Lucio Fontana, Bruno Munari, and Alberto Burri who, mindful of the revolutions of the historical avant-gardes, were already sowing and harvesting ideas and works that would fertilize the Italian art scene in the early 1950s. Ripe fruits and further grafts would later be tasted and concretized by the artists of the younger generations, who were to make their debut in the 1950s and 1960s, in turn making their own mark. In the midst of the Marshall Plan and with the smell of McCarthyism and Fordism in the air, therefore, "De Gasperi had chosen America but, more importantly, America had chosen Italy [...] No stain as yet tarnished the positive image of America, and young people all over Italy allowed themselves to be seduced by the novelties and fashions from across the Atlantic: jukeboxes, pinball machines, rock and roll, movies with Marilyn Monroe and James Dean."[4] The market and politics – or perhaps the "geopolitics" that is so in vogue today – will probably also orient some historical-critical readings of the development of Western art, but Italian artists personalize, and in some cases anticipate, experiments that will later become global. As the production rhythm of the Italian industry gathered pace, new tools and new objects began to populate the peninsula, albeit patchily; in 1954, the newly born Italian television, then a "popular item" par excellence, had only a few thousand subscribers, but the always pioneering Fontana had already created *Immagini luminose in movimento* (*Luminous images in movement*) in 1952, a project conceived specifically for television, while also drawing up the *Manifesto del movimento spaziale per la televisione* (*Manifesto of the Spatial Movement for Television*) with his fellow travellers. Among the signatories was, too, Alberto Burri who, in the meantime, had already created the series of "Moulds," "Sacks," and "Humps"; in 1953 he exhibited at the Guggenheim Museum in New York in the group show *Younger European Painters: A Selection* and in 1955 at the MoMA–Museum of Modern Art in New York in the group show *The New Decade: 22 European Painters and Sculptors*, proceeding with a copious exhibition experience in the United States. In those years, Burri made extensive use of the "white glue," Vinavil (Vinyl Acetate in Villadossola), developed and produced in Italy also thanks to the help of another exemplar of Italian excellence, the Montecatini company in Milan; the new materials of industry – from technology to chemicals – saw an ever increasing use in "art making." The "most perfect" Bruno Munari was very active in Italy and abroad with an output so varied and revolutionary that it is impossible to summarize in a few lines; in those years, he had already presented a vast array of works ranging from the *Macchine aritmiche (Arhythmic Machines)* to the *Libri illeggibili (Unreadable Books)* to the dozens of *Oggetti trovati (Found Objects)* including *Brandelli di manifesti trovati in Rue Monsieur le Prince, a Parigi, sopra una stecconata di legno, un poco scoloriti dalla pioggia (Shreds of posters found in Rue Monsieur le Prince, in Paris, on a wooden fence, slightly discoloured by the rain)* as the "bulletin" of MAC the Movimento Arte Concreta of November 1951 – informs us with a text by Ernesto N. Rogers. Munari exhibited several times in the United States and MoMA in New York also offered him space in the two-man show *Two Graphic Designers: Bruno Munari and Alvin Lustig* in 1955.

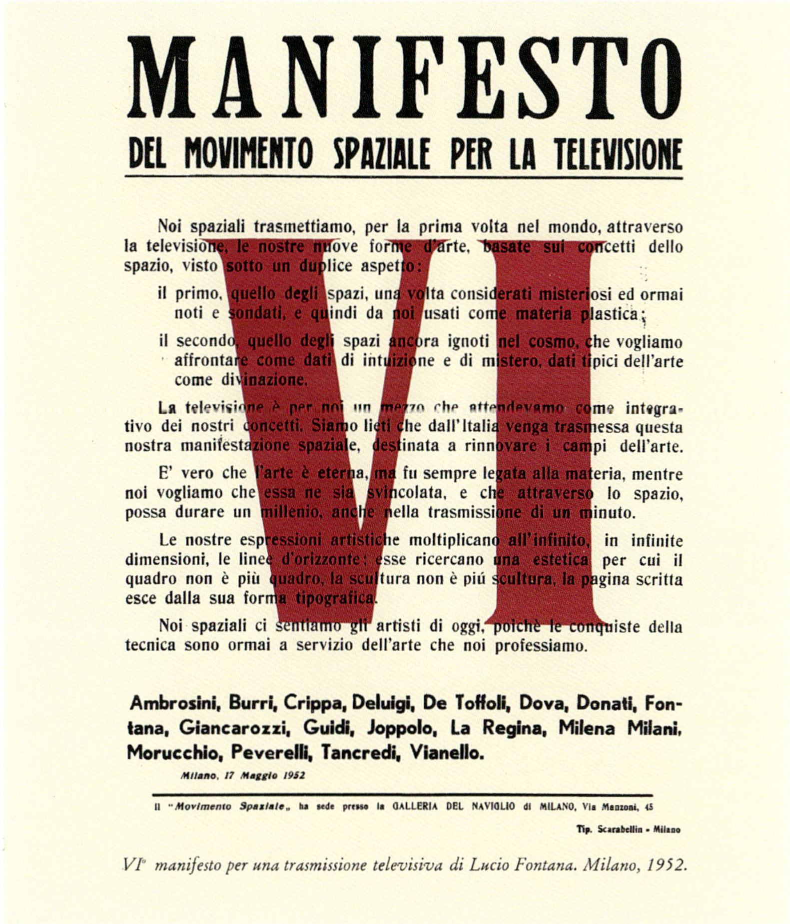

VI° manifesto per una trasmissione televisiva di Lucio Fontana. Milano, 1952.

variegato contesto artistico italiano degli anni cinquanta, saranno funzionali a ridefinizioni estetiche e concettuali. I tre artisti, inoltre, sono emblemi di uno spaccato anche geografico unendo l'Italia dal nord, al centro e al sud, in un periodo dove la migrazione di massa raggiunge la sua acme. Nato a Milano nel 1924, Baj si laurea in giurisprudenza, e pian piano si inserisce nei contesti artistici milanesi ed europei. Inizia un sodalizio con Sergio Dangelo che lo porta a fondare il Movimento Arte Nucleare nel 1952 (dopo la bipersonale del 1951 alla Galleria San Fedele di Milano) coinvolgendo il giovane architetto e designer Joe Colombo e iniziando un battagliero percorso fatto di mostre, manifesti e collaborazioni editoriali arrivando alla fondazione del periodico del Movimento Nucleare "Il Gesto" che a sua volta calamiterà l'attenzione di tanti e diversi protagonisti dell'arte coeva tra cui il giovanissimo Piero Manzoni che in questi anni viaggia per l'Europa in autostop annotando le sue esperienze in un diario giovanile[5]. I "nucleari" sconvolgono anche un altro aspetto, spesso non preso in considerazione, ovvero il *modus vivendi* della gioventù coeva; sono gli animatori delle *caves* milanesi – come l'Arethusa e il Santa Tecla, regni della musica jazz, popolati anche da creazioni nucleari oltre che dalla musica di Chet Baker – luoghi di ritrovo notturni che contribuiscono anche a rivoluzionare i costumi – erano frequentati anche da donne – e le idee al ritmo della musica di importazione statunitense ma nata dal florido groviglio afro-euro-americano di inizio Novecento[6]. I nucleari hanno anche altri meriti tra cui l'ampliamento della loro rete internazionale di rapporti – in primis con Francia e Belgio ma anche con altri paesi del nord Europa – arrivando a far conoscere in Italia il gruppo di calligrafi giapponesi Bokuzin Kai. Nel giro di meno di un decennio Baj inventa soluzioni materiche e immaginifiche dall'automatismo al *tachisme*, dalle "acque pesanti" a "pre-figurazioni" e figurazioni polimateriche surrealisteggianti fino ad

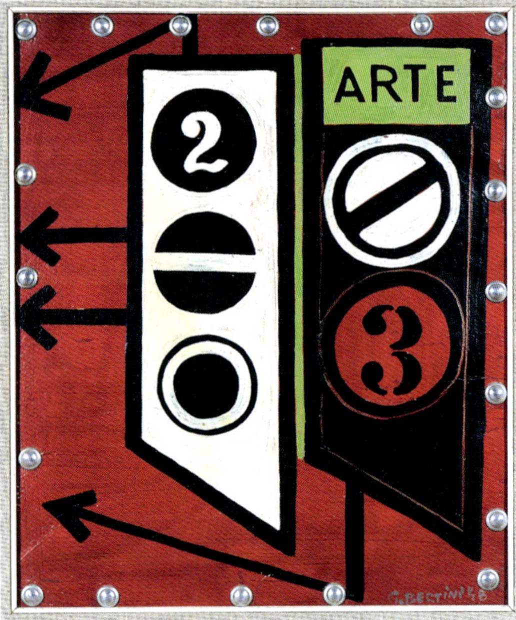

approdare a soluzioni iconografiche come *Be careful* del 1959 con fantasiosa segnaletica stradale. Anche Gianni Bertini, nato a Pisa nel 1922, aderisce al Movimento Nucleare di Baj, Dangelo e Colombo ma, sorprendentemente, un gruppo di suoi lavori denominati *Gridi* e realizzati già sul finire degli anni quaranta possiedono, seppur con materiali grezzi e artigianali, iconografie non lontane da uno spirito pop e new-dada[7]. Bertini inverte nuovamente rotta nel giro di un paio d'anni lasciando la neo-figurazione ed elaborando lavori più vicini a quella che sarà definita "pittura nucleare" che già in sé aveva diverse declinazioni tra Baj, Dangelo ma anche Gianni Dova mentre scoppia la Guerra di Corea e la Guerra Fredda si polarizza maggiormente.

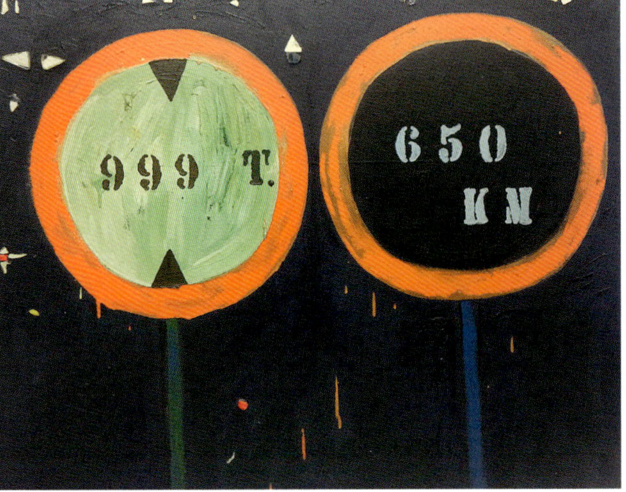

Sarà per voglia di rivalsa e ricrescita dopo le distruzioni belliche, e quindi voglia di affermarsi e cogliere occasioni, sarà per calcolo opportunistico o genuinità di intenti, ma molti artisti, come accennato, si ritroveranno a vivere e frequentare contesti variegati: molti autori che pubblicano sui fascicoli del Movimento Arte Concreta pubblicano anche su "Il Gesto" e così sarà per la neonata rivista "Azimuth" di Piero Manzoni ed Enrico Castellani nel 1959. Forse, a posteriori, la storiografia vuole distinguere in modo molto netto circoli e movimenti, gruppi e fazioni che, nel farsi in quel periodo febbrile, erano più magmatici, fluidi e compenetranti; questo non significa decadere verso un bieco qualunquismo o infondata approssimazione ma ricontestualizzare, quando possibile, rapporti, influenze, strategie, ambizioni, delusioni. Un caso emblematico è il *Manifesto contro lo stile*,

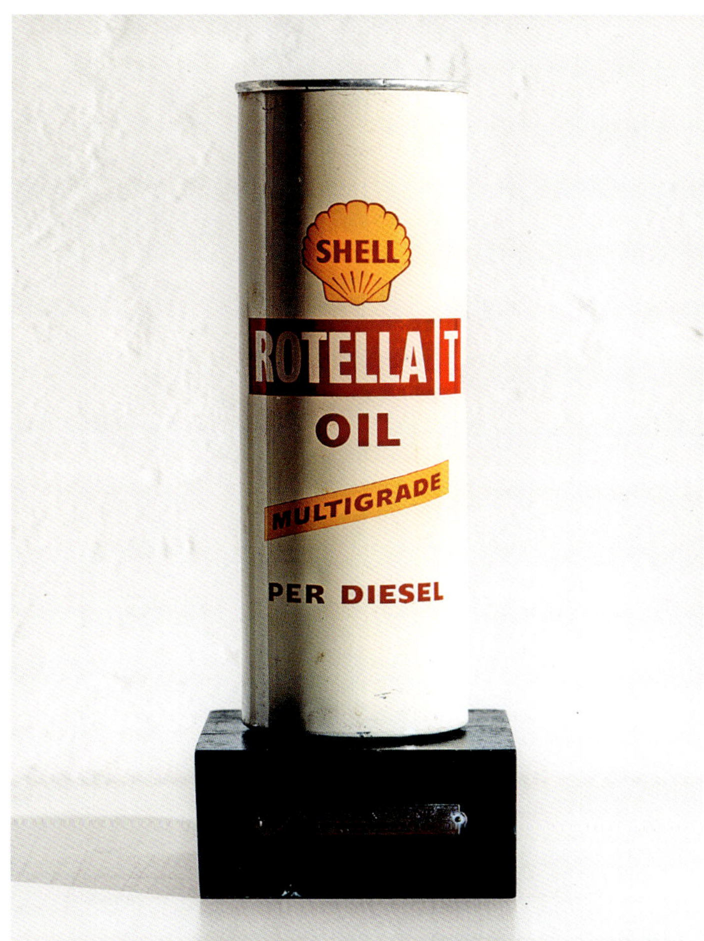

MIMMO ROTELLA
*Petit Monument
à Rotella*, 1961
lattina olio-motore /
engine oil can
23 x 8 cm
edizione /edition
43/100
Collezione privata /
Private collection
Courtesy Frittelli Arte
Contemporanea, Firenze

Munari, together with Gillo Dorfles and other associates, was the promoter of the aforementioned MAC which, from 1948 to 1958, would be an editorial and exhibition hothouse in Italy and abroad, amalgamating the voices of a heterogeneous band of artists, poets, critics, and intellectuals including Enrico Baj, Gianni Bertini, and Mimmo Rotella who are almost always to be found in "pop" exhibitions both during their lifetime and after their death. Baj, Bertini, and Rotella could therefore be taken as examples of disseminators of ideas and solutions that, in the lively and varied Italian artistic context of the 1950s, would be instrumental in esthetic and conceptual redefinitions. The three artists are also emblems of a geographical cross-section, uniting Italy from the north to the centre and south, in a period when mass migration reached its peak. Born in Milan in 1924, Baj graduated in law and gradually became part of the Milanese and European artistic scene. He began an association with Sergio Dangelo that led him to found the Movimento Arte Nucleare (Nuclear Art Movement) in 1952 (after the two-man show in 1951 at the Galleria San Fedele in Milan), involving the young architect and designer Joe Colombo and launching an arresting path of exhibitions, manifestos, and editorial collaborations, leading to the foundation of the Nuclear Movement's periodical *Il Gesto* (*The Gesture*), which in turn attracted the attention of many different protagonists of contemporary art, among them a very young Piero Manzoni, who in these years travelled around Europe hitch-hiking, recording his experiences in a youthful diary.[5] The "Nuclears" also shook up another aspect, often overlooked, namely the *modus vivendi* of contemporary youth; they were the animators of the Milanese "caves", such as the Arethusa and the Santa Tecla, realms of jazz music, also featuring the creations of Nuclear artists as well as the music of Chet Baker, nightclubs that, moreover, contributed to revolutionising customs – they were frequented by women, too – and ideas to the beat of music imported from the United States but born out of the flourishing Afro-Euro-American mix of the early 20th century.[6] The Nuclears also had other merits, including the expansion of their international network of relationships – primarily with France and Belgium but also with other northern European countries – by bringing the Japanese calligraphy group Bokuzin Kai to Italy. In the space of less than a decade Baj suggested new art making solutions, full of imagery and different materials: from automatism to *tachisme*, from "heavy water" to "pre-figurations" and surrealistic polymateric figurations to iconographic solutions such as *Be careful* of 1959 made out of road signs. Gianni Bertini, born in Pisa in 1922, also belonged to the Nuclear Movement of Baj, Dangelo, and Colombo, but, surprisingly, a group of his works called *Gridi* (*Screams*) and produced as early as the late 1940s possesses iconographies not far removed from a pop and new-Dada spirit, albeit with crude and handmade materials.[7] Bertini reversed course again within a couple of years, leaving behind neo-figuration and elaborating works closer to what would be termed "nuclear painting," which had already found various expressions between Baj, Dangelo, but also Gianni Dova as the Korean War broke out and the Cold War became more polarised.

It may be out of a desire for redemption and regrowth after the destruction of the war, and thus a yearning to assert themselves and seize opportunities, it may be out of opportunistic calculation or genuineness of intent, but many artists, as mentioned above, found themselves living and frequenting varied contexts: many authors who published in the Movimento Arte Concreta files also published in *Il Gesto* and so it was for the newly born magazine *Azimuth* founded by Piero Manzoni

Towards the Pop/Beat spirit in Italy

promosso dal Movimento Nucleare nel 1957 – mentre i sovietici si apprestano a lanciare il primo satellite artificiale in orbita, lo Sputnik 1 – firmato da più di una ventina tra artisti, autori, critici da Baj a Bertini, fino ai francesi Armand, Yves Klein e Pierre Restany che proprio a Milano, nel 1960, fonderanno il Nouveau Réalisme inglobando a loro volta artisti eterogenei tra cui Mimmo Rotella[8]. Nato a Catanzaro nel 1918, Rotella matura esperienze internazionali di rilievo: basti ricordare il suo periodo di "residenza artistica" nel 1951, grazie a una borsa di studio Fulbright, presso la Kansas City University; nella primavera del 1952 Rotella esegue una performance di "poesia fonetica" alla Harvard University di Boston e l'evento viene registrato e conservato presso la Library of Congress di Washington. Anche Rotella segue Fontana nelle sperimentazioni televisive; nel 1954 e nel 1955 è protagonista dei programmi RAI dove esegue le sue "poesie epistaltiche", a cui seguirà John Cage qualche anno dopo, quando, tra il 1958 e 1959 è in Italia e partecipa in qualità di esperto micologo alla trasmissione televisiva *Lascia o raddoppia?* condotta da Mike Buongiorno, trovando modo di eseguire alcune sue composizioni[9]. La fama di Rotella, come noto, è legata ai suoi "manifesti" frammenti di oggetti, miti, paesaggi urbani su cui inizia a lavorare a metà anni cinquanta – con le varie declinazioni che poi assumeranno da *retro d'affiche* a *décollage* e che con un po' di fantasia si potrebbero definire lavori *on the road* – ricordando, con tutt'altro spirito, il precedente munariano *Brandelli di manifesti trovati in Rue Monsieur le Prince, a Parigi, sopra una stecconata di legno, un poco scoloriti dalla pioggia* del 1951; Rotella, nello stesso anno in cui Manzoni inscatola la sua *Merda d'artista*, 1961, realizza *Petit Monument à Rotella* edizione "oggettuale" di "lattina olio-motore".

Se si esclude il caso un po' più isolato e meno noto di Bertini, la decana della critica americana Lucy Lippard, a metà anni sessanta, definisce Rotella "il maggiore pittore proto-pop italiano" e Baj come un artista "che molti italiani ritengono il padre dell'arte Pop"[10]. Prima di arrivare a tali definizioni però il percorso dei due artisti è ulteriormente variegato. Baj, infatti, frequentando, come tanti altri artisti italiani e non solo, anche le fertili terre della Liguria entra in contatto con figure d'eccezione come Pinot Gallizio e il circolo di artisti e intellettuali che nel luglio del 1957 fonda a Cosio d'Arroscia l'Internationale Situationniste. Gallizio è promotore del Primo laboratorio sperimentale di esperienze immaginiste nel 1955, della rivista "Eristica" edita nel luglio 1956 e del Primo congresso mondiale degli artisti liberi, tenutosi ad Alba nel settembre 1956 (in questi appuntamenti vi gravitano tra alterne vicende Baj, Asger Jorn, Piero Simondo e l'architetto Ettore Sottsass jr. che nel frattempo ha già sposato Fernanda Pivano); una miriade di appuntamenti, confronti, litigi e incontri di respiro europeo con protagonisti di primo piano come Guy Debord e il circolo lettrista. In questo clima effervescente, mentre a Milano nel novembre del 1957 apre il primo supermercato italiano e il miracolo economico è già in evoluzione, Gallizio elabora la sua "pittura industriale", una delle proposte più paradossali dell'epoca, presentata alla Galleria Notizie di Torino e alla Galleria Montenapoleone di Milano nel 1958; lunghi rotoli di pittura per permettere la vendita "a metro" o "a taglio" creando un cortocircuito tra autorialità, distribuzione, mercato dell'oggetto artistico. Nel *Manifesto della pittura industriale*, che meriterebbe di essere citato integralmente visti i numerosi spunti critici, Gallizio scrive:

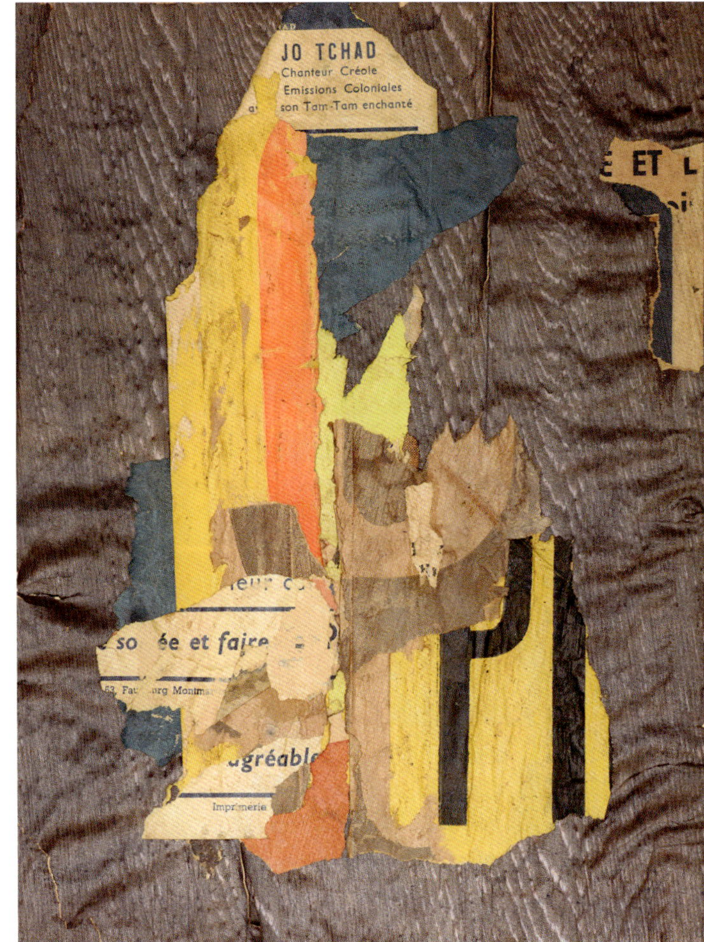

and Enrico Castellani in 1959. Perhaps, in retrospect, historiography wants to draw a very clear distinction between circles and movements, groups and factions that were more magmatic, fluid, and interpenetrating in that feverish period; this did not mean lapsing into trivial approximation, but rather recontextualizing, when possible, relationships, influences, strategies, ambitions, disappointments. An emblematic case is the *Manifesto contro lo stile* (*Manifesto against Style*), promoted by the Nuclear Movement in 1957 while the Soviets were preparing to launch the first artificial satellite into orbit, Sputnik 1, signed by more than twenty artists, authors, critics from Baj to Bertini, through to the Frenchmen Armand, Yves Klein, and Pierre Restany who, in 1960, founded the Nouveau Réalisme in Milan, incorporating in turn heterogeneous artists including Mimmo Rotella.[8]

Born in Catanzaro in 1918, Rotella gained significant international experience: suffice it to recall his period as "artist in residence" at Kansas City University in 1951, thanks to a Fulbright scholarship; in the spring of 1952, Rotella gave a performance of "phonetic poetry" at Harvard University in Boston and the event was recorded and preserved at the Library of Congress in Washington. Rotella also followed Fontana in his experiments with television: in 1954 and 1955 he was the star of RAI programs where he performed his "phonetic poems," to be followed a few years later by John Cage, when, between 1958 and 1959 the latter was in Italy and participated as an expert mycologist in the television quiz *Lascia o raddoppia?* hosted by Mike Buongiorno, taking the opportunity to perform some of his own compositions.[9] Rotella's fame, as is well known, is linked to his "posters," fragments of objects, myths, urban landscapes on which he began working in the mid-1950s in various art forms from *retro d'affiche* to *décollage*, and which, with a little imagination, could be defined as works *on the road* – recalling, in a completely different spirit, the previous work by Munari, *Brandelli di manifesti trovati in Rue Monsieur le Prince, a Parigi, sopra una stecconata di legno, un poco scoloriti dalla pioggia* 1951; Rotella, in the same year in which Manzoni boxed his *Merda d'artista (Artist's Shit)*, 1961, produced *Petit Monument à Rotella*, an "objectual" edition of "motor-oil cans."

If we exclude the somewhat more isolated and lesser-known case of Bertini, in the mid-1960s, the doyenne of American critics Lucy Lippard defined Rotella as "the greatest Italian proto-pop painter" and Baj as an artist "whom many Italians consider to be the father of Pop art."[10] Before arriving at these definitions, however, the path of the two artists was even more varied. Baj, in fact, frequenting the fertile lands of Liguria – like many other Italian and foreign artists – came into contact with exceptional figures such as Pinot Gallizio and the circle of artists and intellectuals who in July 1957 founded the Internationale Situationniste in Cosio d'Arroscia. Gallizio was the promoter of the First Experimental Laboratory of Imaginist Experiences in 1955, of the magazine *Eristica* published in July 1956 and of the First World Congress of Free Artists, held in Alba in September 1956 (amidst ups and downs, around these events gravitated Baj, Asger Jorn, Piero Simondo, and the architect Ettore Sottsass jr., who was, by then, already married to Fernanda Pivano); and the organizer of a myriad of appointments, confrontations, quarrels, and meetings with European-level figures such as Guy Debord and the Lettrist circle. In this heady climate, while the first Italian supermarket opened in Milan in November 1957 and the economic miracle was already evolving, Gallizio elaborated his "industrial painting," one of the most paradoxical proposals of the day, presented at the Galleria Notizie in Turin and at the Galleria Montenapoleone in Milan in 1958: long rolls

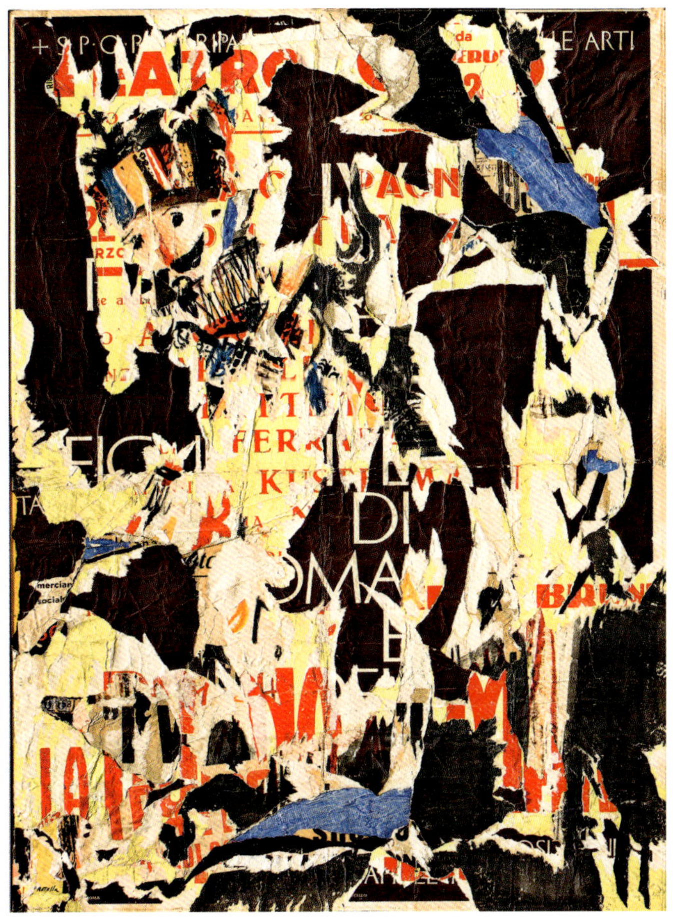

Alessandro Manca

"La società brevettata, concepita e basata sulle idee semplici, sui gesti elementari degli artisti e degli scienziati ridotti in captività come i pidocchi dalle formiche, sta per finire; [...] Può darsi che la macchina sia lo strumento atto a creare un'arte industriale inflazionista e quindi basata sull'Anti-brevetto; la nuova cultura industriale sarà soltanto *Made in Popolo* o non sarà"[11].

Nel 1958, dunque, mentre Gallizio prepara la sua mostra alla Galleria Montenapoleone – dove, sia detto a margine, Munari nel giugno dello stesso anno presenta le sue *Sculture da viaggio* oggetti "pieghevoli" ed essenziali che, come scrive l'artista sull'invito-pieghevole della mostra "fanno parte, assieme alla pittura da proiettare a luce polarizzata, di un nuovo modo dell'arte, che meglio si adatta alla vita d'oggi" – alla Galleria Civica d'Arte Moderna di Milano è in scena una mostra emblematica *The New American Painting*[12]. La collettiva, itinerante tra i musei primari di Basilea, Madrid, Berlino, Amsterdam, Bruxelles, Parigi, Londra per poi approdare alla casa-madre ovvero il MoMA di New York nel 1959, presenta una grande panoramica sull'Espressionismo astratto con opere di Sam Francis e Franz Kline, Willem De Kooning e Jackson Pollock, insomma quasi una ventina tra i più grandi (e costosi) personaggi del contesto coevo e futuro; secondo più voci, alternatesi negli ultimi decenni, la grande mostra faceva parte, sembrerebbe, di un vasto programma del Congress for Cultural Freedom, uno degli organi controllati e finanziati dalla CIA – Central Intelligence Agency, volto a promuovere a livello internazionale il linguaggio modernista dunque l'arte, e quindi l'economia dell'arte, americana e poi internazionale, libera e astratta contro i dettami di regime del realismo socialista sovietico[13]. Sembrerebbero così ancora più acute le parole di Fontana a Carla Lonzi sulla disparità, economica e sperimentale, tra l'arte italiana e l'arte americana[14]. In sostanza, già prima della celebre esplosione dell'arte statunitense alla Biennale di Venezia del 1964, che sancisce il trionfo della Pop Art, il "sistema artistico-economico" stava già navigando e virando, negli anni cinquanta, verso altri lidi.

Dal 1958 esplode il vero miracolo economico italiano; tra il 1958 e il 1963 la "media del tasso annuo di crescita di questi cinque anni raggiunse un livello mai ottenuto prima nella storia

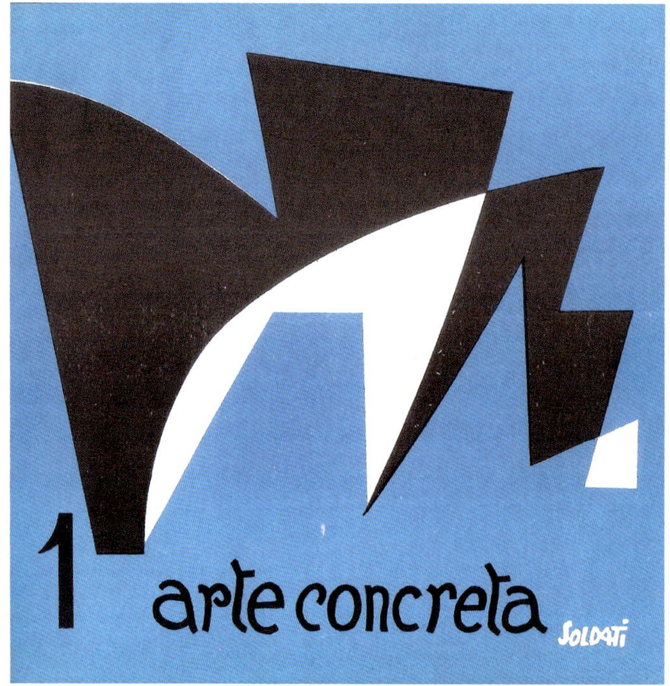

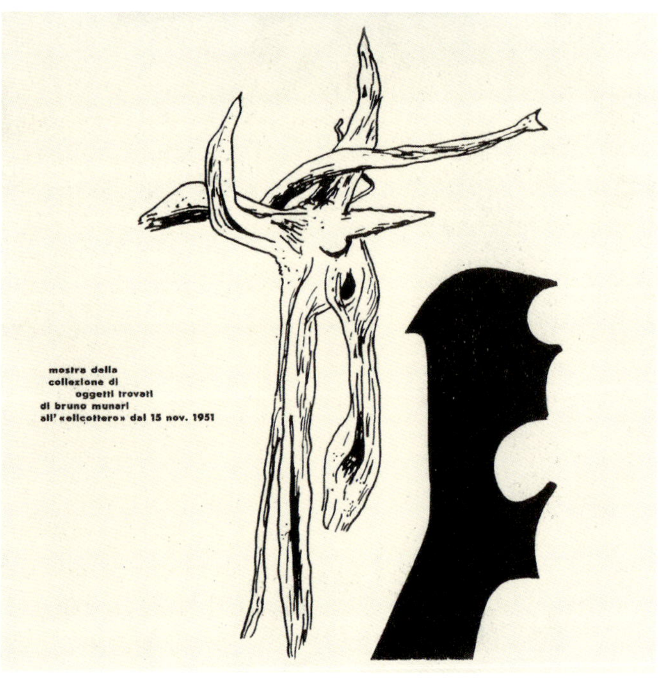

BRUNO MUNARI
Mostra della collezione di oggetti trovati di Bruno Munari, testo di / text by E.N. Rogers, Bollettino MAC - Movimento Arte Concreta, n. 1, novembre / November 1951

of paint to allow the sale "by the metre" or "by the slice," creating a short-circuit between authorship, distribution, and the market for the artistic object. In the *Manifesto della pittura industriale* (*Manifesto of Industrial Painting*), which would deserve to be quoted in full due to its numerous critical insights, Gallizio writes:

> "The patented society, conceived and based on simple ideas, on the elementary gestures of artists and scientists reduced to captivity like lice by ants, is about to come to an end; [...] It may be that the machine is the instrument to create an inflationary industrial art and therefore based on the Anti-patent; the new industrial culture will only be *'Made by the People'* or it will not happen." [11]

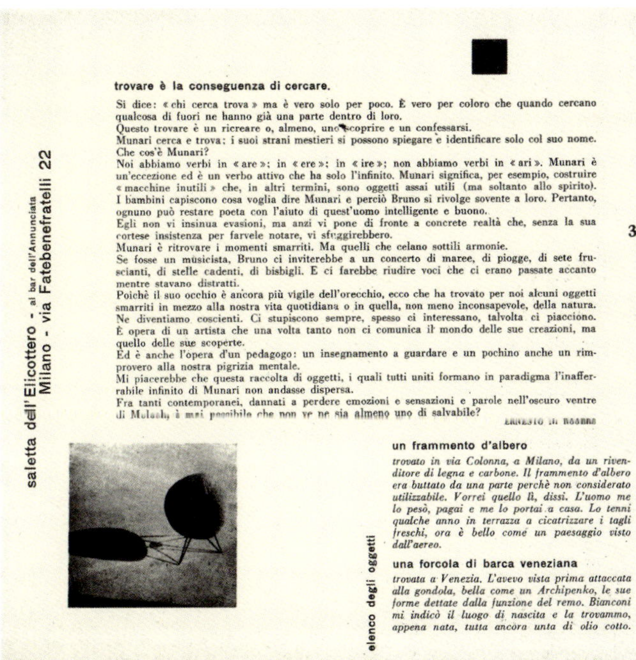

saletta dell' Elicottero - al bar dell'Annunciata
Milano - via Fatebenefratelli 22

trovare è la conseguenza di cercare.

Si dice: «chi cerca trova» ma è vero solo per poco. È vero per coloro che quando cercano qualcosa di fuori ne hanno già una parte dentro di loro.
Questo trovare è un ricreare o, almeno, uno scoprire e un confessarsi.
Munari cerca e trova; i suoi strani mestieri si possono spiegare e identificare solo col suo nome.
Che cos'è Munari?
Noi abbiamo verbi in «are»; in «ere»; in «ire»; non abbiamo verbi in «ari». Munari è un'eccezione ed è un verbo attivo che ha solo l'infinito. Munari significa, per esempio, costruire «macchine inutili» che, in altri termini, sono oggetti assai utili (ma soltanto allo spirito).
I bambini capiscono cosa voglia dire Munari e perciò Bruno si rivolge sovente a loro. Pertanto, ognuno può restare poeta con l'aiuto di quest'uomo intelligente e buono.
Egli non vi insinua evasioni, ma anzi vi pone di fronte a concrete realtà che, senza la sua cortese insistenza per farvele notare, vi sfuggirebbero.
Munari è ritrovare i momenti smarriti. Ma quelli che celano sottili armonie.
Se fosse un musicista, Bruno ci inviterebbe a un concerto di maree, di piogge, di sete fruscianti, di stelle cadenti, di bisbigli. E ci farebbe riudire voci che ci erano passate accanto mentre stavano distratti.
Poichè il suo occhio è ancora più vigile dell'orecchio, ecco che ha trovato per noi alcuni oggetti smarriti in mezzo alla nostra vita quotidiana o in quella, non meno inconsapevole, della natura.
Ne diventiamo coscienti. Ci stupiscono sempre, spesso ci interessano, talvolta ci piacciono.
È opera di un artista che una volta tanto non ci comunica il mondo delle sue creazioni, ma quello delle sue scoperte.
Ed è anche l'opera d'un pedagogo: un insegnamento a guardare e un pochino anche un rimprovero alla nostra pigrizia mentale.
Mi piacerebbe che questa raccolta di oggetti, i quali tutti uniti formano in paradigma l'inafferrabile infinito di Munari non andasse dispersa.
Fra tanti contemporanei, dannati a perdere emozioni e sensazioni e parole nell'oscuro ventre di Munari, è mai possibile che non ve ne sia almeno uno di salvabile?

ERNESTO N. ROGERS

elenco degli oggetti

un frammento d'albero
trovato in via Colonna, a Milano, da un rivenditore di legna e carbone. Il frammento d'albero era buttato da una parte perchè non considerato utilizzabile. Vorrei quello lì, dissi. L'uomo me lo pesò, pagai e me lo portai a casa. Lo tenni qualche anno in terrazza a cicatrizzare i tagli freschi, ora è bello come un paesaggio visto dall'aereo.

una forcola di barca veneziana
trovata a Venezia. L'avevo vista prima attaccata alla gondola, bella come un Archipenko, le sue forme dettate dalla funzione del remo. Bianconi mi indicò il luogo di nascita e la trovammo, appena nata, tutta ancora unta di olio cotto.

una corteccia di sughero
trovata sulla spiaggia di Marina di Campo, a leccarla sa ancora di sale. È un progetto di isola modellato e levigato con grande cura dal mare.
due interni di valvole radio
trovata in un cassetto. Ho notato che, come per i bachi da seta, così anche per le valvole radio c'è una stagione in cui l'insetto interno rompe il bozzolo ed esce sotto forma di farfalla. Devo dire però, sinceramente, che io le ho aiutate un poco col martelletto.
un sasso
trovato in via Tarquinio Prisco, a Milano. Ce ne saranno stati alcuni milioni, grandi e piccoli, di tante forme. Io non sono stato lì a passarli tutti, ho scelto questo, piacevole da tenere in mano come forma e peso, con quella graziosa fossetta.
un frammento di vetro securit
trovato a Monte Olimpino, nel laboratorio di Piccardo. Violentemente frantumato ma ancora un poco unito, frammento d'ali di libellula fossile, alveare d'invisibili api, sezione trasversale di musa paradisiaca, cos'è mai questo oggetto? è un frammento di vetro securit.
una radice
anche questa trovata all'isola d'Elba. Erano le sette di mattina, nessuno era sulla spiaggia bianca e fredda. Violinista fossile, danzatore colpito dal fulmine, scheletro di dervisci, cos'è mai questo oggetto? una radice secca.
un brandello di pelliccia
trovato a casa del diavolo. Come si spiega infatti la presenza di un gufo sulla pelle del vitello? Eppure è vitello, eppure è gufo. Lo saprà Savinio.
brandelli di manifesti
trovati in Rue Monsieur le Prince, a Parigi, sopra una stecconata di legno, un poco scoloriti dalla pioggia.
una pagina sovrastampata
trovata in tipografia a Milano, molti fogli sovrastampati sono curiosi, figure trasparenti si sovrappongono, parole e immagini discordanti si accordano. Questa Cumparsita è davvero assordante.

lo straccio dei colori
trovato nello studio. È di cotone finissimo, le macchie sono di colori a tempera e aniline, c'è anche una macchia di china e inchiostri colorati. Cosa stavo facendo quel giorno? Non sapevo dove asciugare i pennelli.
una rete metallica
trovata in via S. Martino a Milano. Modellata da una bomba, corrosa dalle intemperie.
l'assicella del verniciatore
trovata nei dintorni. Ogni verniciatore pulisce i pennelli contro una porta, sopra un pezzo di compensato, sul muro. Andate a vedere. Il muro non potevo portarlo via, la porta gli serviva. Tra i pori delle ultime pennellate altri colori sbucano.
una piccola reticella
trovata a Fiumetto. Cos'è questo antico papiro, questo rarissimo documento, questa carta geografica di un continente ignoto, questo frammento di benda di mummia? È una piccola reticella arrugginita trovata vicino a un ponte.
corde annodate
trovate a Napoli, schiacciate dalle ruote dei veicoli, non hanno perduto le graziose movenze date loro dai molti nodi, dagli inestricabili nodi.
sassolini
trovati sulla spiaggia di Albisola, bellissime forme modellate con pazienza dalle onde contro la cartavetrata della spiaggia.
cortecce di platani
trovate in corso Sempione a Milano. Sono tutte appiccicate contro i tronchi degli alberi, alcune sono appena sollevate, croste di ferite quasi umane, lebbra, fanno quasi paura, nei sogni.
uno stampo di gesso
trovato ad Albisola, è il progetto per una grande piazza in salita, è il modello di una fontana, è il progetto di piazza fontana, è un gioco indiano, è un pesce fossile, è uno stampo di gesso per ceramiche.

BRUNO MUNARI
Mostra della collezione di oggetti trovati di Bruno Munari, testo di / text by E.N. Rogers, Bollettino MAC - Movimento Arte Concreta, n. 1, novembre / November 1951

In 1958, therefore, while Gallizio was preparing his exhibition at the Galleria Montenapoleone, where, in June of the same year, Munari presented his *Sculture da viaggio* (*Travel Sculptures*), "foldable" and essential objects which, as the artist wrote on the exhibition invitation-leaflets, "are part, together with painting to be projected in polarised light, of a new way of art, which is better suited to today's life," an emblematic exhibition *The New American Painting*[12] was staged at the Galleria Civica d'Arte Moderna in Milan. The group show, which travelled between the primary museums of Basel, Madrid, Berlin, Amsterdam, Brussels, Paris, and London before returning home to the MoMA in New York, in 1959, presents a powerful overview of Abstract Expressionism with works by Sam Francis and Franz Kline, Willem De Kooning and Jackson Pollock, in short, almost twenty of the greatest (and most expensive) figures of the contemporary and future context. According to several voices, alternating in recent decades, the great exhibition was, it would seem, part of a vast program of the Congress for Cultural Freedom, one of the organs controlled and financed by the CIA, the Central Intelligence Agency, aimed at promoting at an international level the modernist language – therefore art, and therefore the economy of art, American and then international, free and abstract against the regime dictates of Soviet socialist realism.[13] Thus, Fontana's words to Carla Lonzi on the disparity, both economic and experimental, between Italian art and American art[14] would seem even more acute. In essence, even before the famous explosion of American art at the 1964 Venice Biennale, which sanctioned the triumph of Pop Art, the "artistic-economic system" had already set sail and was tacking towards other shores in the 1950s.

dello Stato unitario: il 6,3 per cento" e crescono a dismisura le produzioni di beni di consumo, per esempio: "Nel 1951 l'Italia produceva appena 18.500 frigoriferi. Nel 1957 il numero era cresciuto fino a 370.000 e con il 1967 esso aveva raggiunto 3.200.000 unità, facendo dell'Italia il terzo produttore mondiale di frigoriferi, dopo gli Stati Uniti e il Giappone"[15]. Vi sono comunque scompensi e malessere sociale "scuole, ospedali, case, trasporti, tutti i beni di prima necessità, restarono parecchio indietro" e molti italiani sono costretti a costruirsi la casa abusivamente, si pensi al fenomeno delle "coree":

> "Gruppi di case edificate di notte dagli stessi immigrati, senza alcun permesso urbanistico, su terreni agricoli comprati coi loro risparmi. Il nome 'coree' sembra derivare dal fatto che queste costruzioni apparvero per la prima volta ai tempi della Guerra di Corea"[16].

Nell'ultimo anno del decennio Fernanda Pivano, già protagonista della scena culturale non solo italiana, pubblica il suo testo sulla Beat Generation americana, nel gennaio del 1959 sulla rivista "Aut Aut", a cui seguirà dopo poche settimane la prima edizione italiana del capolavoro di Jack Kerouac *On the Road* edita da Mondadori nel febbraio 1959 con prefazione della stessa Pivano[17].

Il decennio volge al termine e, sempre a Milano, Piero Manzoni inizia a "inscatolare" le sue opere le *Linee* nel 1959 e i *Corpi d'aria* tra il 1959-1960; qualche settimana dopo, il 16 aprile del 1960, la Galleria Apollinaire – fondata nel 1954 dal migrante pugliese Guido Le Noci – ospita la collettiva *Arman, Dufrêne, Hains, Yves le Monochrome, Villeglé, Tinguely. Le Nouveau Réalisme* curata da Pierre Restany, che nel catalogo pubblica il *Primo Manifesto del Nouveau Réalisme*[18]. Nascono nuove ricerche per un nuovo decennio.

From 1958, the true Italian economic miracle exploded. Between 1958 and 1963, the "average annual growth rate of these five years reached a level never before achieved in the history of the unitary state: 6.3 per cent" and the production of consumer goods grew disproportionately, for example: "In 1951 Italy produced just 18,500 refrigerators. By 1957 the number had grown to 370,000 and by 1967 it had reached 3,200,000, making Italy the third largest producer of refrigerators in the world, after the United States and Japan."[15] There were, however, imbalances and social malaise "schools, hospitals, houses, transport, all the basic necessities, lagged far behind" and many Italians were forced to build their houses illegally – one thinks of the phenomenon of the "coree":

> "Groups of houses built at night by the immigrants themselves, without any planning permission, on farmland bought with their savings. The name 'coree' (Koreas) seems to derive from the fact that these constructions first appeared at the time of the Korean War."[16]

In the last year of the decade, Fernanda Pivano, already a noted figure on the cultural scene in Italy and beyond, published her text on the American Beat Generation in January 1959 in the magazine *Aut Aut*, which was followed a few weeks later by the first Italian edition of Jack Kerouac's masterpiece *On the Road* published by Mondadori in February 1959 with a preface by Pivano herself.[17] The decade drew to a close and, still in Milan, Piero Manzoni began to "box" his works the *Linee (Lines)* in 1959 and the *Corpi d'aria (Bodies of Air)* between 1959 and 1960. A few weeks later, on April 16, 1960, the Apollinaire Gallery, founded in 1954 by the Apulian migrant Guido Le Noci, hosted the group show *Arman, Dufrêne, Hains, Yves le Monochrome, Villeglé, Tinguely. Le Nouveau Réalisme* curated by Pierre Restany, who in the catalog published the *First Manifesto of Nouveau Réalisme*.[18] New research was born for a new decade.

1   Per una panoramica introduttiva cfr. *Anni cinquanta. La nascita della creatività italiana*, catalogo della mostra (Milano, Palazzo Reale, 4 marzo - 3 luglio 2005), ArtificioSkira, Firenze 2005.

2   Per questi e altri dati sulla situazione italiana cfr. P. Ginsborg, *Storia d'Italia dal dopoguerra a oggi*, Einaudi, Torino 2006 [1989], in particolare i capp. IV La riforma agraria e VII Il miracolo economico, la fuga dalle campagne, le trasformazioni sociali: 1958-63.

3   Sempre gustose le parole di Fontana a Carla Lonzi nel celebre *Autoritratto*, De Donato editore, Bari 1969, pp. 120-122: "Perché, vedi, adesso noi siamo suggestionati dagli americani. Tu vai in America e loro dicono che in Europa non c'è più niente, e tutto quello che stanno facendo è ancora un'educazione europea perché, quando il signor Manzoni ha fatto la linea, gli americani, con tutta la loro arte glaciale, non hanno ancora raggiunto la linea. Quando mi parlano di Pollock, di Spazialismo... Pollock è un macaco tale che l'abbiamo inventato noi europei, perché Pollock è un pasticcione che non ha fatto nient'altro... che ha fatto il Post-impressionismo, e di Spazialismo e di misura di spazio nuovo non ha capito niente. Voleva uscire dal quadro, però l'ha imbrattato, il quadro, c'è un gesto di ribellione e basta. Incomincia a esser valido Klein quando fa tutto bleu, che è una dimensione... Lui, l'ha intuito lo spazio, però, te lo dico, quelli, proprio, che l'hanno capito siamo io e Manzoni: Manzoni con la linea all'infinito e, fino adesso, nessuno l'ha raggiunto, guarda, con tutte le sperimentazioni che stan facendo, è la scoperta più grande che ci sia, e io col buco [...] La Pop-Art è un gesto di ribellione a una figurazione, è una cosa bellissima, ben americana, accettabilissima, però, coi miliardi, l'han lanciata in una forma tale... Ma Rauschenberg è un derivato di Duchamp, cattivo derivato di Duchamp, perché non l'ha capito: in Duchamp c'è un mistero, in Rauschenberg c'è un pasticciata di colore e nient'altro. Viceversa Lichtenstein, Oldenburg hanno veramente fatto una cosa americana e hanno fatto una fine dell'arte attraverso una figurazione, ma si sono inchiodati lì... Viceversa, tu vedi che va avanti un'altra idea, c'è un'altra apertura in un altro senso [...] Siccome noi non abbiamo i miliardi che hanno loro per fare il lancio, noi siamo sempre il sottoprodotto degli americani".

4   P. Ginsborg, *Storia d'Italia* cit., p. 245.

5   P. Manzoni, *Diario*, a cura di G.L. Marcone, Electa, Milano 2013.

6   Per il fascino della musica jazz sugli artisti si vedano anche le dichiarazioni di Arturo Schwarz/Tristan Sauvage in *Pittura italiana del dopoguerra (1945-1957)*, Schwarz Editore, Milano 1957, p. 151: "Baj conobbe Dangelo, che allora si occupava prevalentemente di *jazz* e di teatro, in una cantina dell'Ortica, dove si organizzavano, per pochi amici e invitati, rappresentazioni teatrali d'avanguardia" o di Mario Nigro a Carla Lonzi in *Autoritratto* cit., p. 52: "Verso il 1954, la mia pittura era vicina al jazz di Orleans, effettivamente c'era molta analogia".

7   Si veda la sezione dei *Gridi* in *Gianni Bertini. Catalogo ragionato*, a cura di F. Tedeschi, Electa, Milano 2021, pp. 386-395.

8   Sull'eterogeneità del Nouveau Réalisme ancora Fontana a Lonzi in *Autoritratto* cit., p. 129: "Quel Restany lì, che crede di essere un genio, arriva dieci anni dopo che la Iris Clert ha avuto i Klein, Arman, e tutta questa gente, per dieci anni. Quando sono diventati celebri lui cosa ha fatto? Ti ha fatto una confusione tale... Nuova realtà d'arte, no? Furbo, si è preso uomini celebri: César con Klein. Cosa c'entra César con Klein?".

9   Cfr. *Mimmo Rotella. Décollages e retro d'affiches*, a cura di G. Celant (Milano, Palazzo Reale, 13 giugno - 31 agosto 2014), Skira, Ginevra-Milano 2014, pp. 49-51 e pp. 62-65. I filmati delle poesie epistaltiche di Rotella sono visibili sul sito dell'Istituto Luce www.archivioluce.com (codice filmato: I108606).

10 L.R. Lippard, *Europa e Canadà*, in *Pop Art*, Gabriele Mazzotta Editore, Milano 1967, p. 227 (ed. or. Praeger-Thames and Hudson, New York-London 1966).

11 P. Gallizio, *Manifesto della pittura industriale. Per un'arte unitaria applicabile* (agosto 1959), in "Notizie arti figurative", n. 9, Torino, ottobre 1959.

12 Cfr. *The New American Painting / La Nuova Pittura Americana*, testi di F. Russoli, P.A. McCray, A.H. Barr Jr., catalogo della mostra (Milano, Galleria Civica d'Arte Moderna, 1-30 giugno 1958), Silvana Editoriale d'Arte, Milano 1958. Il catalogo conclusivo del progetto, edito nel 1959 e consultabile integralmente sul sito del MoMA, riporta il sottotitolo "As Shown in Eight European Countries 1958-1959" e anche alcune immagini degli allestimenti europei, e quindi della tappa milanese, con brevi estratti di recensioni (per Milano, L. Borgese, in "Corriere della Sera", Milano, 8 giugno 1958 e M. Valsecchi in "Il Giorno", Milano, 10 giugno 1958).

13 Cfr. la mostra *Parapolitics: Cultural Freedom and the Cold War*, tenutasi presso la Haus der Kulturen der Welt di Berlino nel 2017-2018 e la relativa pubblicazione inglese edita qualche anno dopo *Parapolitics: Cultural Freedom and the Cold War*, a cura di A. Franke, N. Ghouse, P. Guevara, A. Majaca, Sternberg Press / Haus der Kulturen der Welt, Berlin 2021. Su questi temi si vedano inoltre gli articoli: F. Stonor Saunders, *Modern, art was CIA 'weapon'. Revealed: how the spy agency used unwitting artists such as Pollock and de Kooning in a cultural Cold War*, in "The Indipendent", 22 ottobre 1995 (consultabile al seguente link: https://www.independent.co.uk/news/world/modern-art-was-cia-weapon-1578808.html); A. Sooke, *Was modern art a weapon of the CIA?*, in "BBC", 4 ottobre 2016 (consultabile al seguente link: https://www.bbc.com/culture/article/20161004-was-modern-art-a-weapon-of-the-cia); e il più recente contributo in italiano di V. Sabadini, *Pollock e De Kooning alle stelle? Tutto merito dei Servizi americani. Una rassegna a Berlino rivela come la Cia impose in Occidente l'astrattismo come simbolo della libertà contro il realismo sovietico*, in "La Stampa", 7 dicembre 2017 (consultabile al seguente link: https://www.lastampa.it/topnews/tempi-moderni/2017/12/07/news/pollock-e-de-kooning-alle-stelle-tutto-merito-dei-servizi-americani-1.34080624/). In quest'ottica, probabilmente, andrebbe visto l'incontro "L'Avvenire della Libertà. Conferenza Internazionale sotto gli auspici del Congresso per la Libertà della Cultura", tenutasi al Museo Nazionale della Scienza e della Tecnica di Milano, nel settembre 1955.

14 Cfr. nota 3.

15 P. Ginsborg, *Storia d'Italia* cit., pp. 289-290.

16 Ivi, p. 305.

17 F. Pivano, *La Beat Generation*, in "Aut Aut. Rivista di filosofia e di cultura", n. 49, Società editrice Kairos, Milano, gennaio 1959, pp. 1-15.

18 P. Restany, *Arman, Dufrêne, Hains, Yves le Monochrome, Villeglé, Tinguely. Le Nouveau Réalisme*, catalogo della mostra (Milano, Galleria Apollinaire, maggio 1960), Milano 1960.

1 For an introductory overview see *Anni cinquanta. La nascita della creatività italiana,* exhibition catalog (Milan, Palazzo Reale, March 4 – July 3, 2005), ArtificioSkira, Florence 2005.

2 For these and other data on the Italian situation, see P. Ginsborg, *Storia d'Italia dal dopoguerra a oggi,* Einaudi, Turin 2006 [1989], in particular chapters IV La riforma agraria and VII Il miracolo economico, la fuga dalle campagne, le trasformazioni sociali: 1958-63.

3 Fontana's words to Carla Lonzi in the famous *Autoritratto* (*Self-portrait*), De Donato editore, Bari 1969, pp. 120—122 are always to be savored: "Because, you see, now we are influenced by the Americans. You go to America and they say there is nothing left in Europe, and all they are doing is still a European education because, when Mr Manzoni made the line, the Americans, with all their glacial art, have not yet reached the line. When they talk to me about Pollock, about Spatialism.... Pollock is such a macaque that we Europeans invented him, because Pollock is a bungler who has done nothing else... who has done Post-Impressionism, and of Spatialism and the measurement of new space he has understood nothing. He wanted to get out of the painting, but he daubed it, the painting, there's a gesture of rebellion and that's it. Klein begins to be valid when he does everything bleu, which is a dimension.... He intuited space, but, I tell you, the ones who really understood it were Manzoni and I: Manzoni with the line to infinity and, until now, no one has reached it. Look, with all the experimentation they are doing, it's the greatest discovery there is, and I with the hole [...] Pop-Art is a gesture of rebellion against a figuration, it's a beautiful thing, very American, very acceptable, but, with the billions, they launched it in such a way... But Rauschenberg is a derivative of Duchamp, a bad derivative of Duchamp, because ho didn't understand it· in Duchamp there is a mystery, in Rauschenberg there is a mess of color and nothing else. Vice versa Lichtenstein, Oldenburg really did an American thing and made an end of art through a figuration, but they nailed themselves there... Vice versa, you see that another idea goes on, there is another opening in another sense [...] Since we don't have the billions that they have to make the launch, we are always the by-product of the Americans."

4 P. Ginsborg, *Storia d'Italia, op. cit.,* p. 245.

5 P. Manzoni, *Diario,* edited by G.L. Marcone, Electa, Milan 2013.

6 On the fascination of jazz music for artists, see also the statements by Arturo Schwarz/Tristan Sauvage in *Pittura italiana del dopoguerra (1945-1957),* Schwarz Editore, Milan 1957, p. 151: "Baj met Dangelo, who at the time was mainly involved in *jazz* and theatre, in a wine bar in Ortica, where avant-garde theatre performances were organized for a few friends and guests," or by Mario Nigro to Carla Lonzi in *Autoritratto, op. cit.,* p. 52: "Around 1954, my painting was close to Orleans jazz, indeed there was a lot of analogy."

7 See the section on *Gridi* in *Gianni Bertini. Catalogo ragionato,* edited by F. Tedeschi, Electa, Milan 2021, pp. 386-395.

8 On the heterogeneity of Nouveau Réalisme, see again Fontana to Lonzi in *Autoritratto, op. cit.,* p. 129: "That Restany there, who thinks he's a genius, arrives ten years after Iris Clert had the Kleins, Arman, and all these people, for ten years. When they became famous, what did he do? He made such a mess for you. New art reality, no? Smart, he took famous men: César with Klein. What does César have to do with Klein?"

9 See *Mimmo Rotella. Décollages e retro d'affiches,* edited by G. Celant (Milan, Palazzo Reale, June 13 – August 31, 2014), Skira, Geneva-Milan 2014, pp. 49–51 and pp. 62–65. Films of Rotella's phonetic poems can be viewed on the Istituto Luce website www.archivioluce.com (film code: I108606).

10 L.R. Lippard, *Europe and Canada,* in *Pop Art,* Gabriele Mazzotta Editore, Milan 1967, p. 227 (or. ed. Praeger-Thames and Hudson, New York/London 1966).

11 P. Gallizio, "Manifesto della pittura industriale. Per un'arte unitaria applicabile" (August 1959) in *Notizie arti figurative,* no. 9, Turin, October 1959.

12 See *The New American Painting / La Nuova Pittura Americana,* texts by F. Russoli, P.A. McCray, A.H. Barr Jr., exhibition catalog (Milan, Galleria Civica d'Arte Moderna, June 1–30, 1958), Silvana Editoriale d'Arte, Milan 1958. The final catalog of the project, published in 1959 and available in its entirety on MoMA's website, bears the subtitle "As Shown in Eight European Countries 1958–1959" and also some images from the European exhibitions, and thus of the Milanese stage, with brief excerpts from reviews (for Milan, L. Borgese, in *Corriere della Sera,* Milan, June 8, 1958 and M. Valsecchi, in *Il Giorno,* Milan, June 10, 1958).

13 See the exhibition *Parapolitics: Cultural Freedom and the Cold War,* held at Haus der Kulturen der Welt in Berlin in 2017–2018 and the related English publication of a few years later *Parapolitics: Cultural Freedom and the Cold War,* edited by A. Franke, N. Ghouse, P. Guevara, A. Majaca, Sternberg Press / Haus der Kulturen der Welt, Berlin 2021. On these topics, see also the articles: F. Stonor Saunders, "Modern, art was CIA 'weapon'. Revealed: how the spy agency used unwitting artists such as Pollock and de Kooning in a cultural Cold War," in *The Independent,* October 22, 1995 (available at the following link: https://www.independent.co.uk/news/world/modern-art-was-cia-weapon-1578808.html), A. Sooke, "Was modern art a weapon of the CIA?," in BBC, October 4, 2016 (available at the following link: https://www.bbc.com/culture/article/20161004-was-modern-art-a-weapon-of-the-cia); and the more recent contribution in Italian by V. Sabadini, "Pollock e De Kooning alle stelle? Tutto merito dei Servizi americani. Una rassegna a Berlino rivela come la Cia impose in Occidente l'astrattismo come simbolo della libertà contro il realismo sovietico," in *La Stampa,* December 7, 2017 (available at the following link: https://www.lastampa.it/topnews/tempi-moderni/2017/12/07/news/pollock-e-de-kooning-alle-stelle-tutto-merito-dei-servizi-americani-1.34080624/). From this perspective, the meeting "L'Avvenire della Libertà. Conferenza Internazionale sotto gli auspici del Congresso per la Libertà della Cultura" ("The Future of Freedom. International Conference under the auspices of the Congress for Cultural Freedom"), held at the Museo della Scienza e della Tecnica in Milan, in September 1955.

14 See footnote 3.

15 P. Ginsborg, *Storia d'Italia, op. cit.,* pp. 289–290.

16 *Ibid.,* p. 305.

17 F. Pivano, "La Beat Generation", in *Aut Aut. Rivista di filosofia e di cultura,* no. 49, Società editrice Kairos, Milan, January 1959, pp. 1–15.

18 P. Restany, *Arman, Dufrêne, Hains, Yves le Monochrome, Villeglé, Tinguely. Le Nouveau Réalisme,* exhibition catalog (Milan, Galleria Apollinaire, May 1960), Milan 1960.

Towards the Pop/Beat spirit in Italy

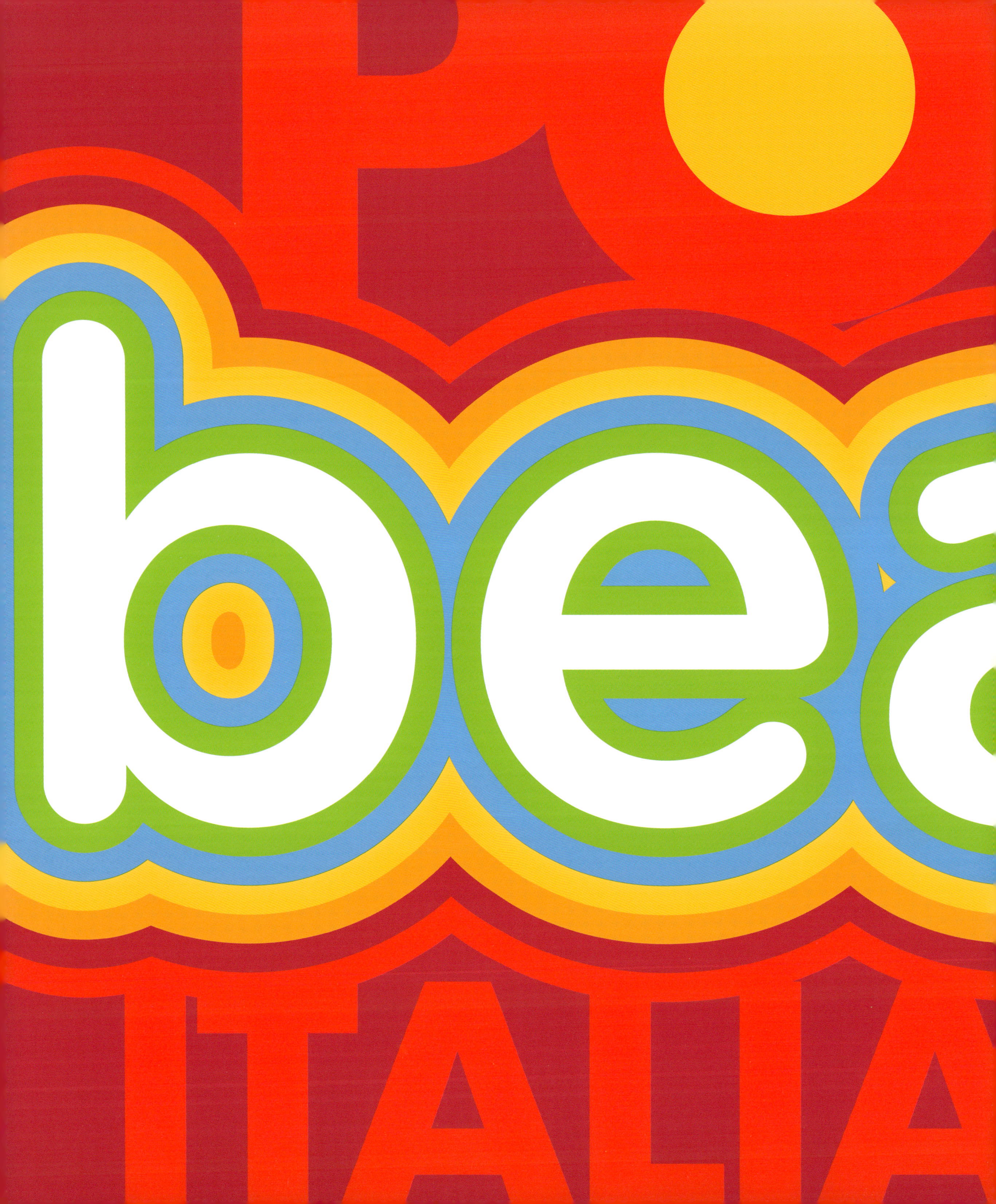
bea
ITALIA

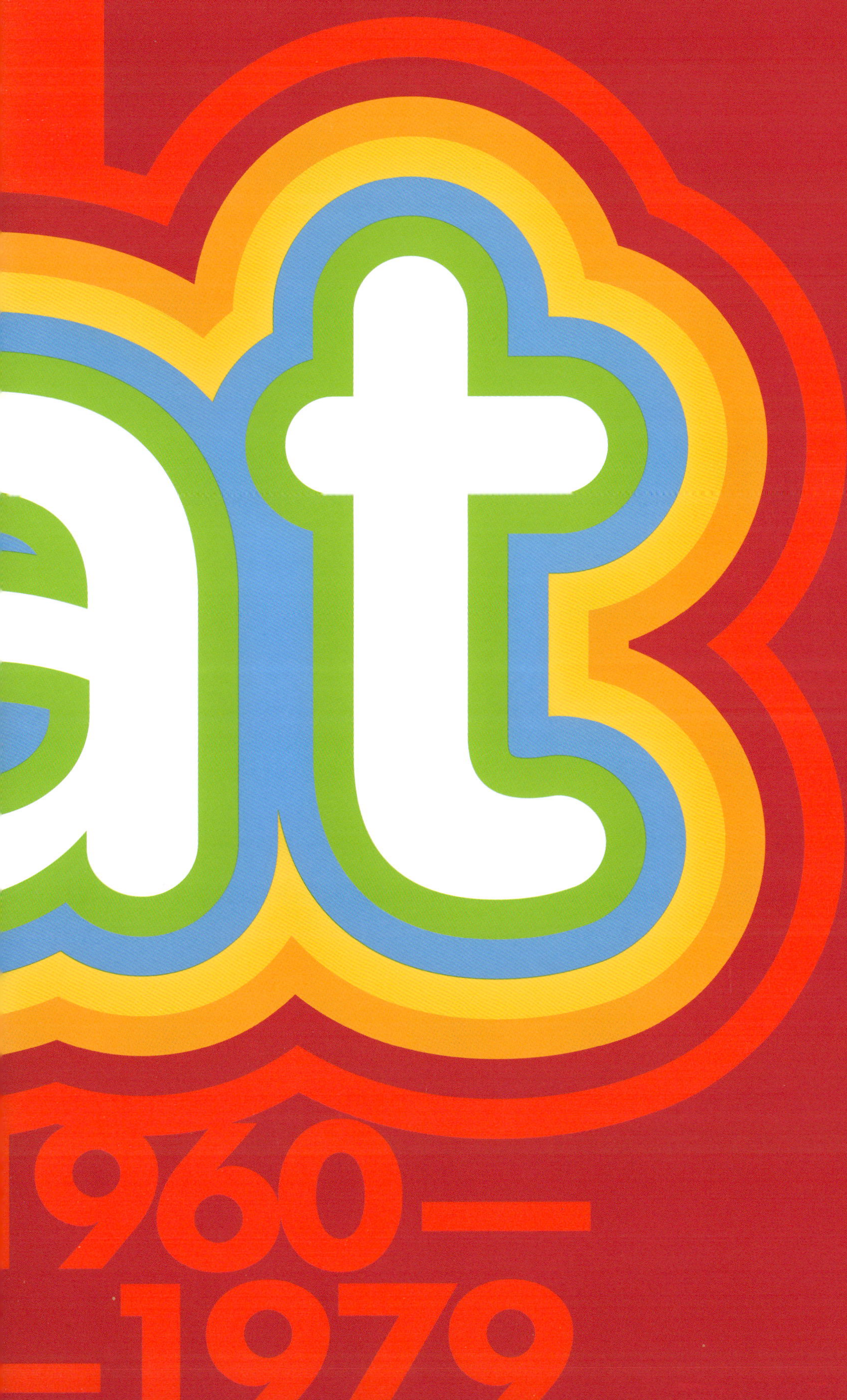
at
1960–
1979

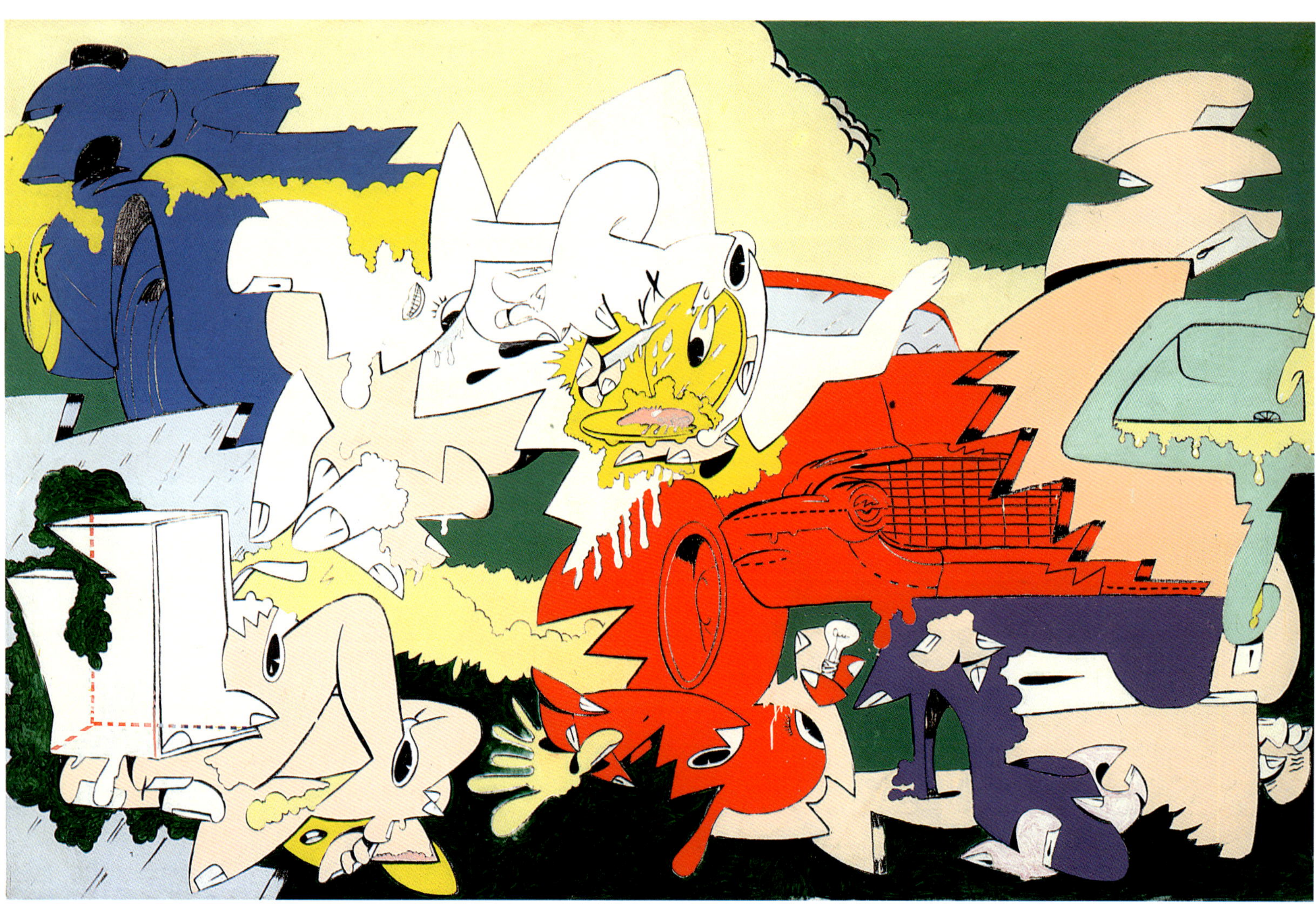

**Auto-lavaggio
mentale**

1964
acrilico su tela /
acrylic on canvas
205 x 305 cm
Collezione privata /
Private collection
Courtesy Gió Marconi,
Milano

**Studio per una
camera d'hotel**

1967
acrilico su tela / acrylic
on canvas
196 x 130 cm
Collezione privata /
Private collection
Courtesy Gió Marconi,
Milano

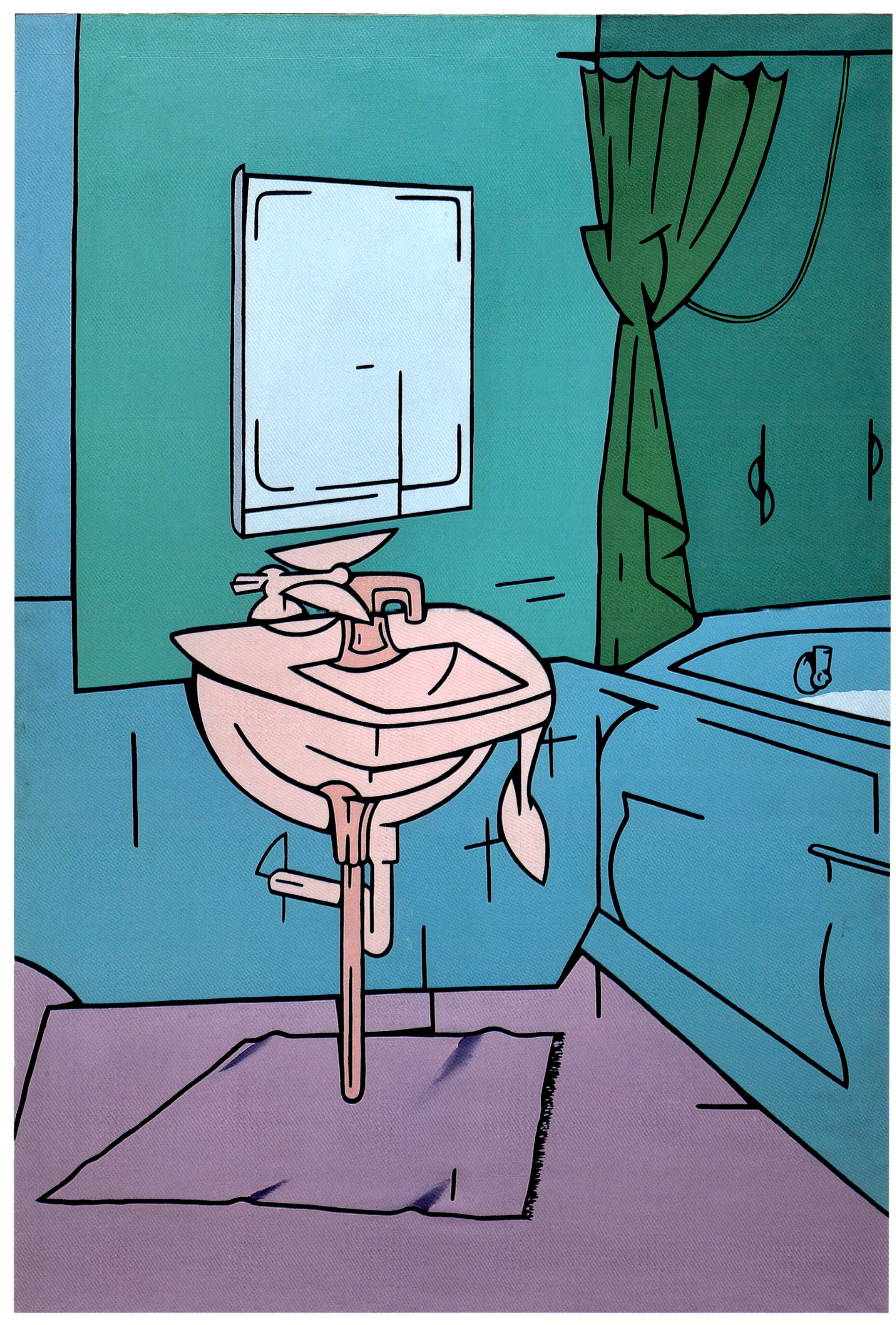

FRANCO ANGELI

Half Dollar
1967
aerografo su tela /
airbrush on canvas
50 x 70 cm
Collezione Intesa
Sanpaolo / Intesa
Sanpaolo Collection
Archivio Patrimonio
Artistico Intesa
Sanpaolo

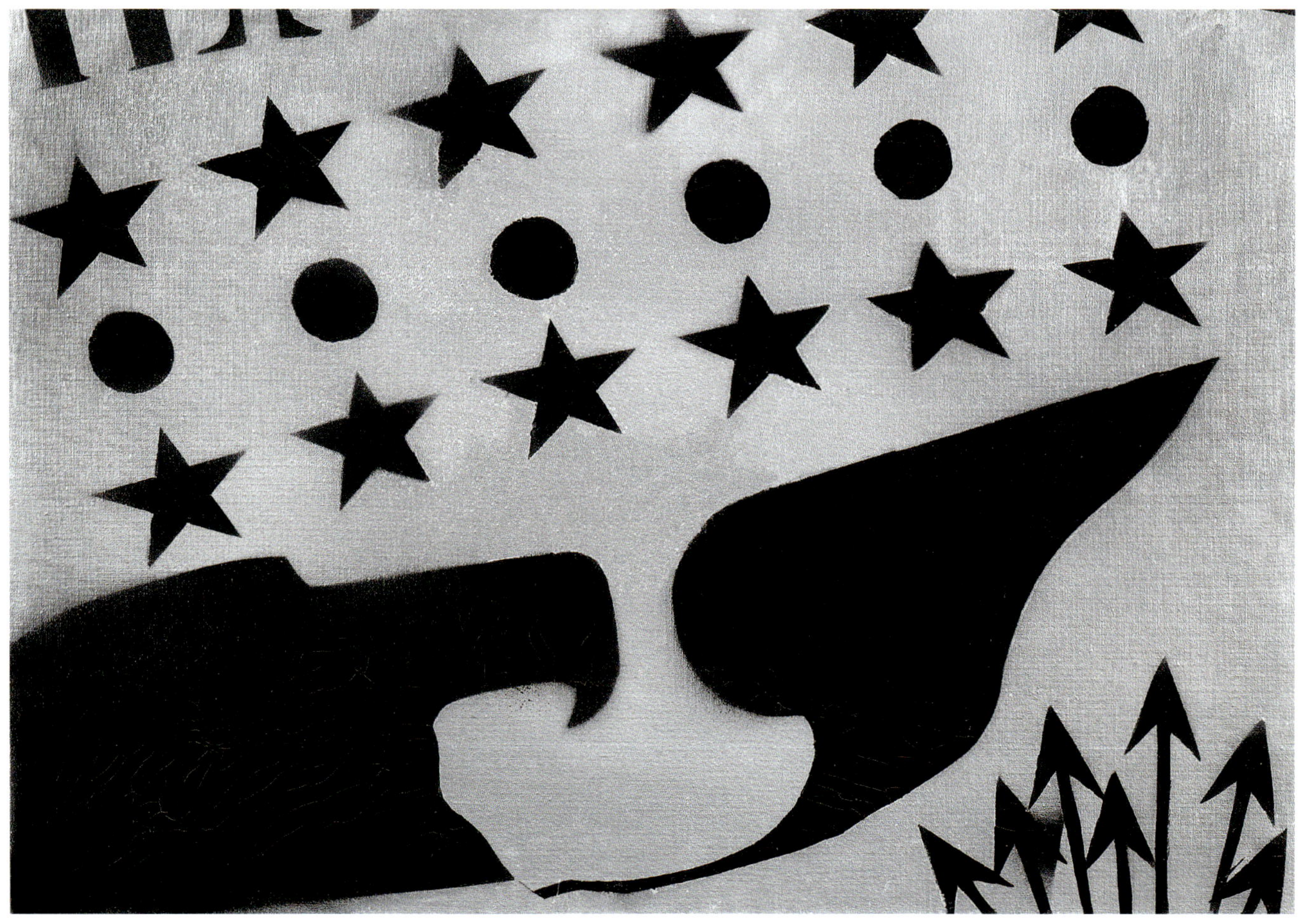

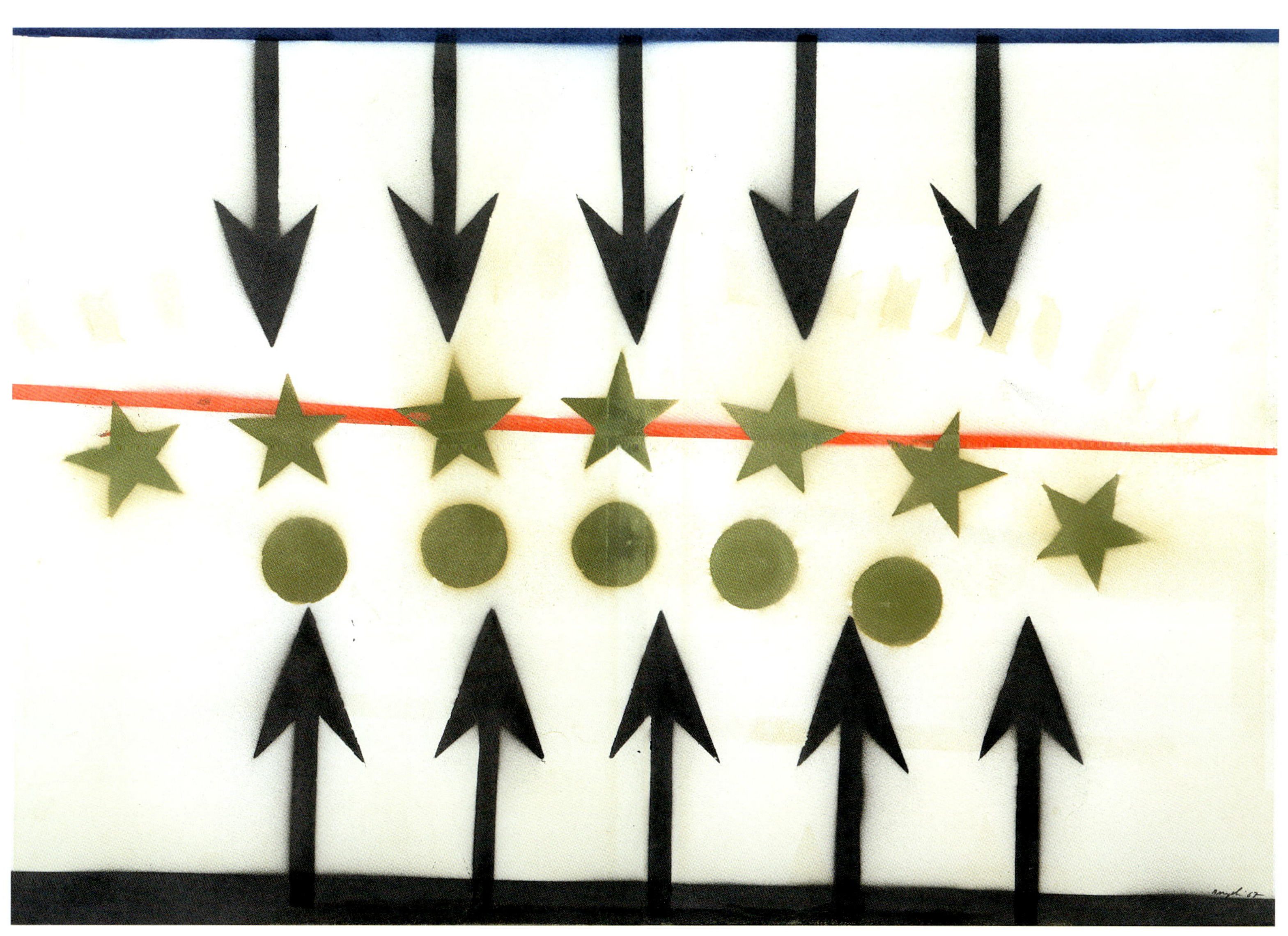

Senza titolo
1967
tempera su carta /
tempera on paper
68 x 100 cm
Collezione Intesa
Sanpaolo / Intesa
Sanpaolo Collection
Archivio Patrimonio
Artistico Intesa Sanpaolo

Half Dollar
(1962) / 1962 c.
81 x 120,5 cm
Mart, Museo
di arte moderna
e contemporanea
di Trento e Rovereto
Collezione VAF-Stiftung
MART 9188, VAF 2242,
ex VWF 3683

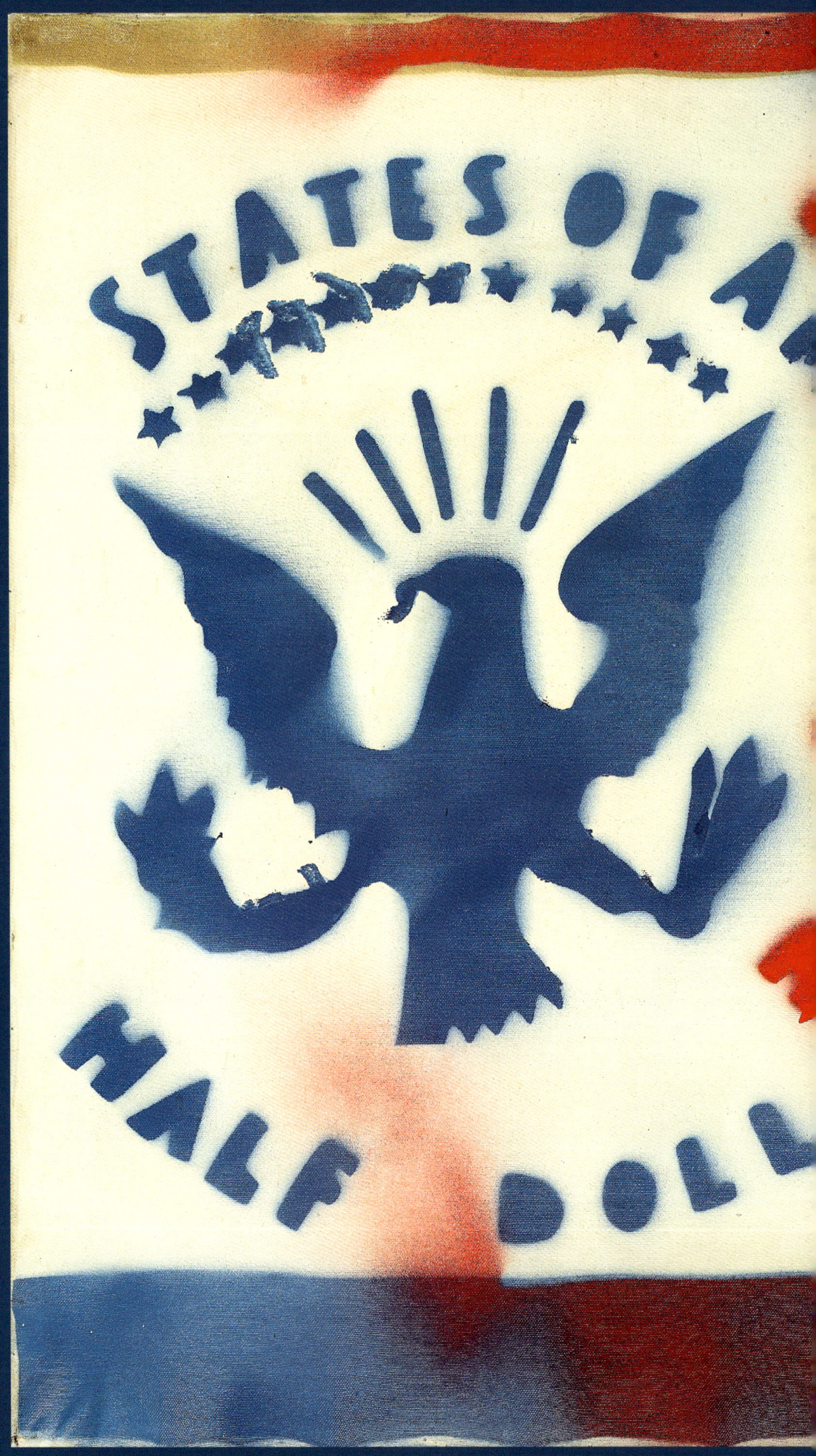

STATES OF A
HALF DOLL

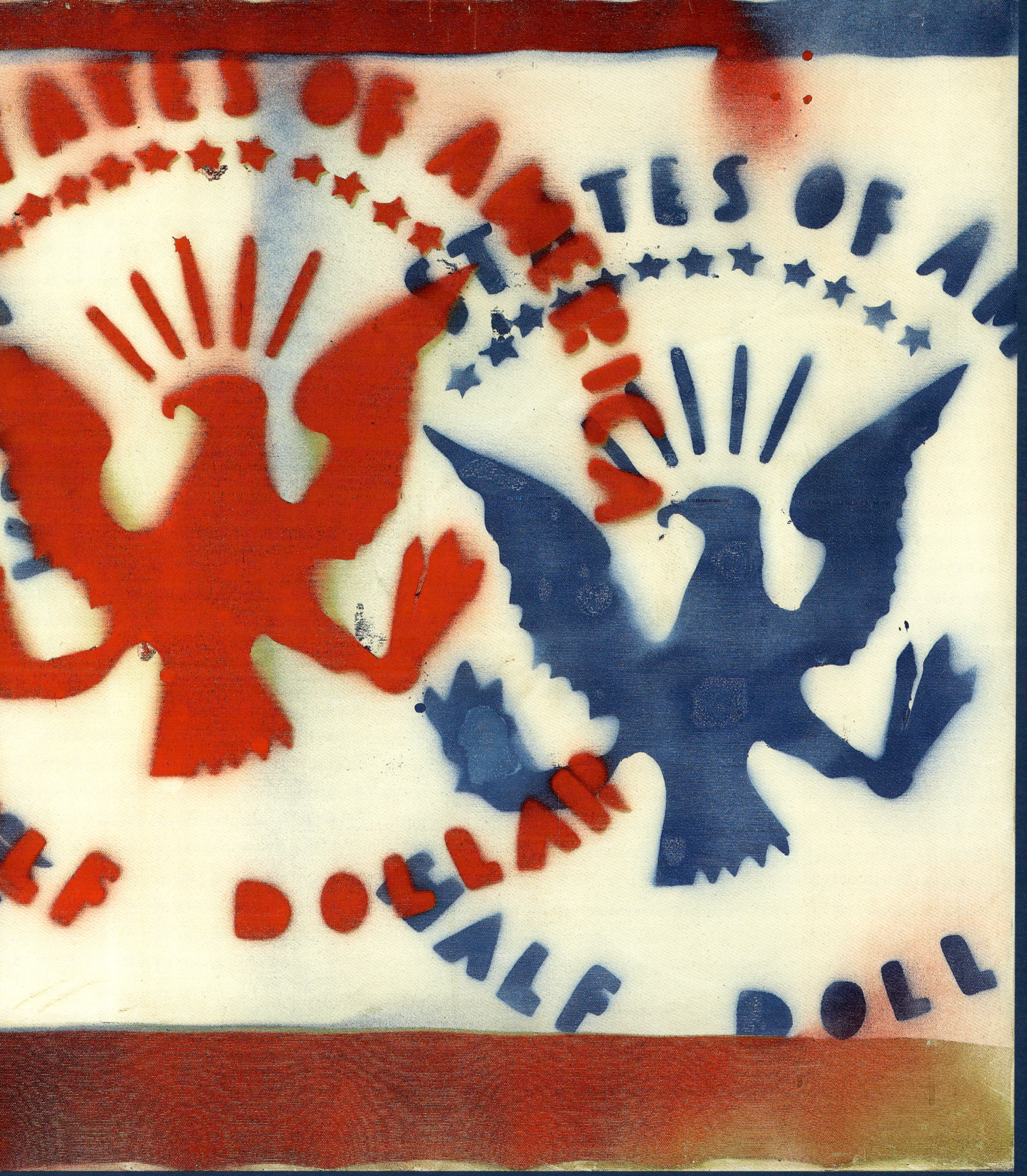

TATES OF AMERICA
TES OF AM
HALF DOLLAR
ALF DOLL

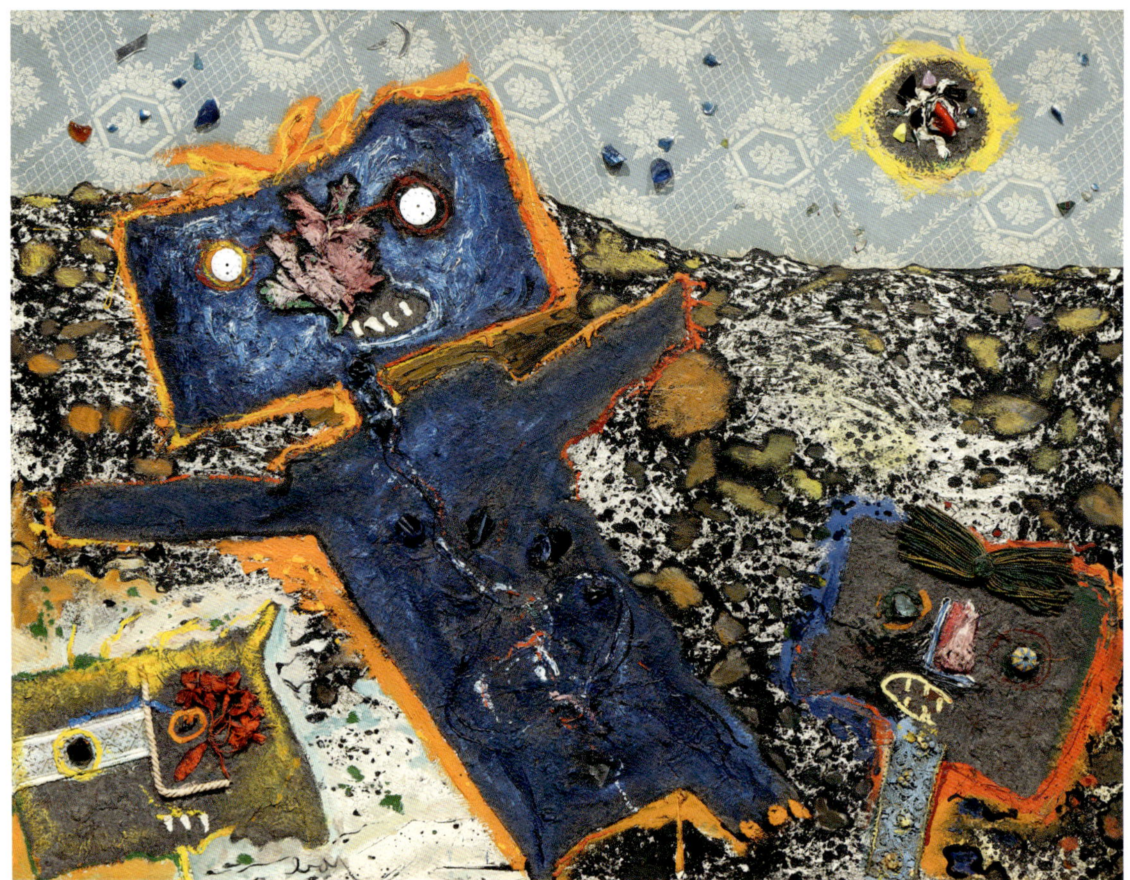

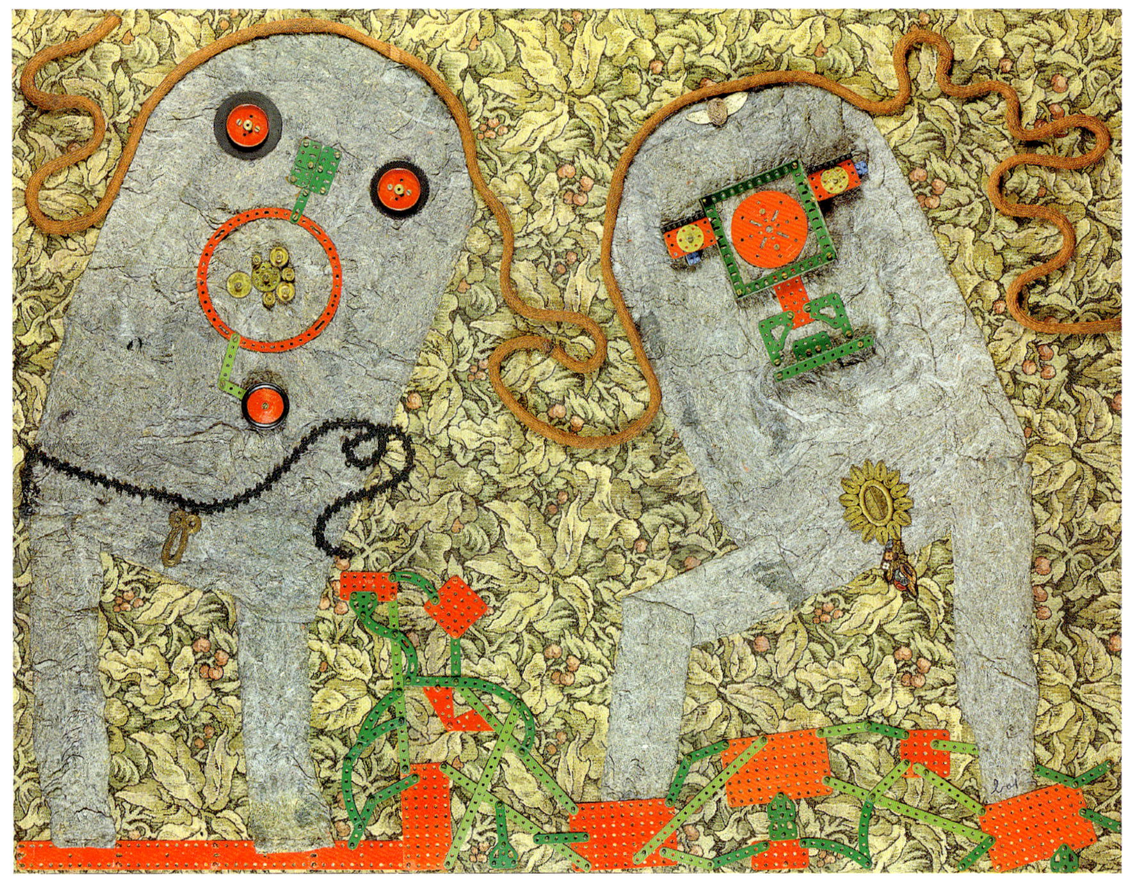

Tre tipi
1960
olio, collage, ovatta,
vetro, stoffa su tela /
olio, collage, wadding,
glass, fabric on canvas
114 x 146 cm
Collezione privata /
Private collection
Courtesy Gió Marconi
Milano

Coppia
1963
collage, ovatta, meccano,
passamaneria su stoffa /
collage, wadding,
meccano pieces,
trimming on fabric
114 x 145 x 4,5 cm
Collezione privata /
Private collection
Courtesy Gió Marconi,
Milano

**Buste de femme
au chapeau**
1969
acrilico e collage
su tela / acrylic and
collage on canvas
146 x 114 cm
Collezione Intesa
Sanpaolo / Intesa
Sanpaolo Collection
Archivio Patrimonio
Artistico Intesa Sanpaolo

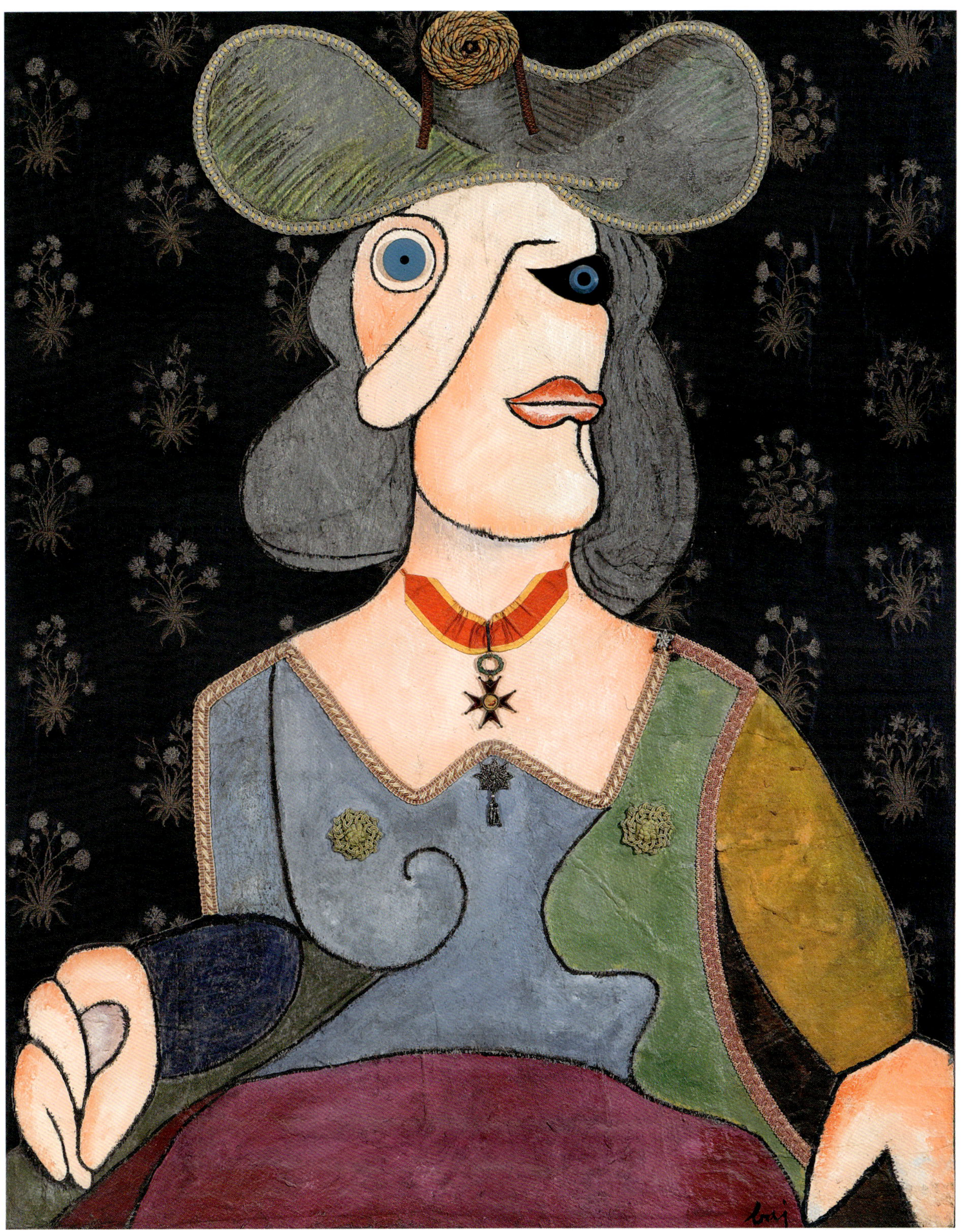

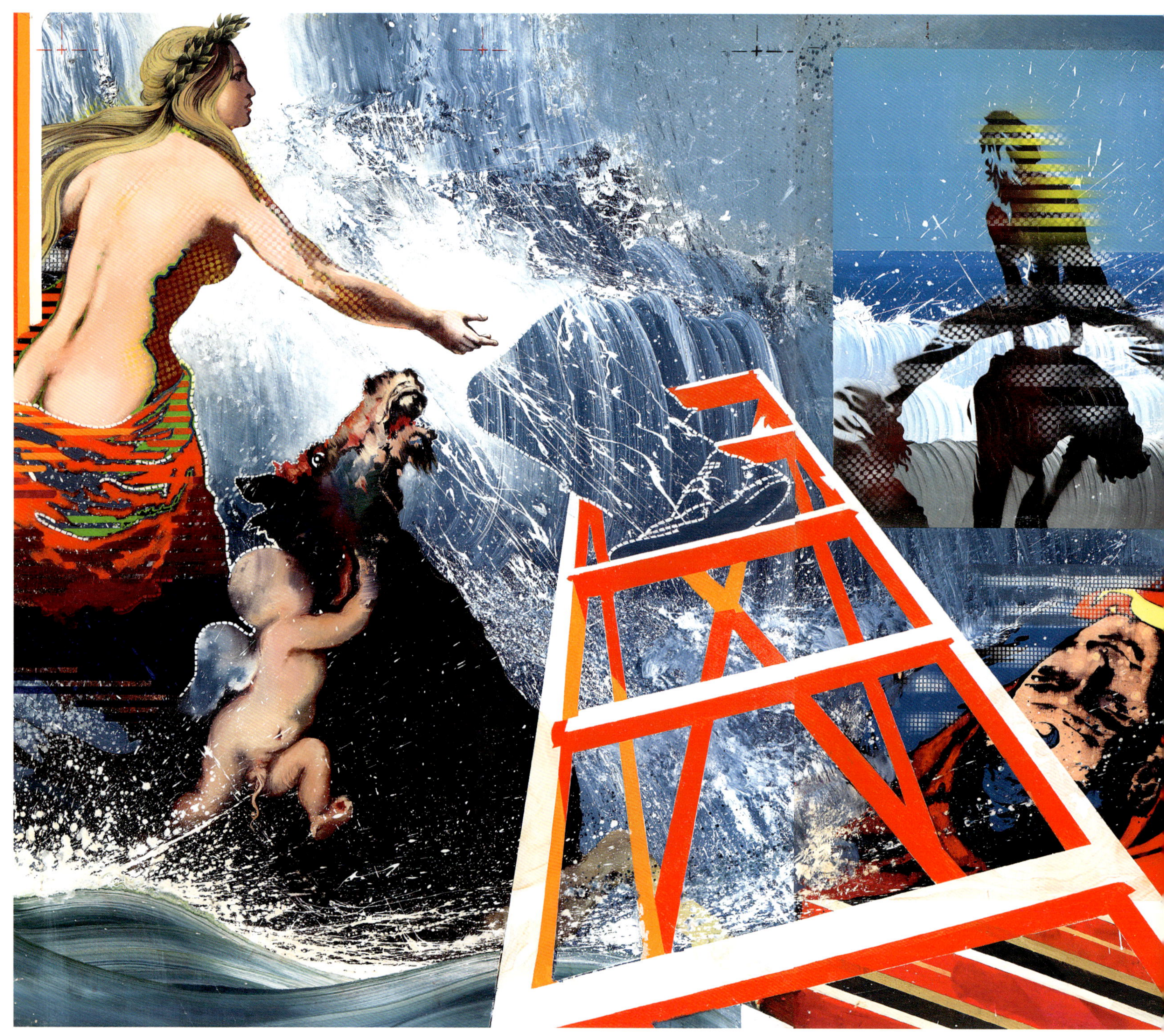

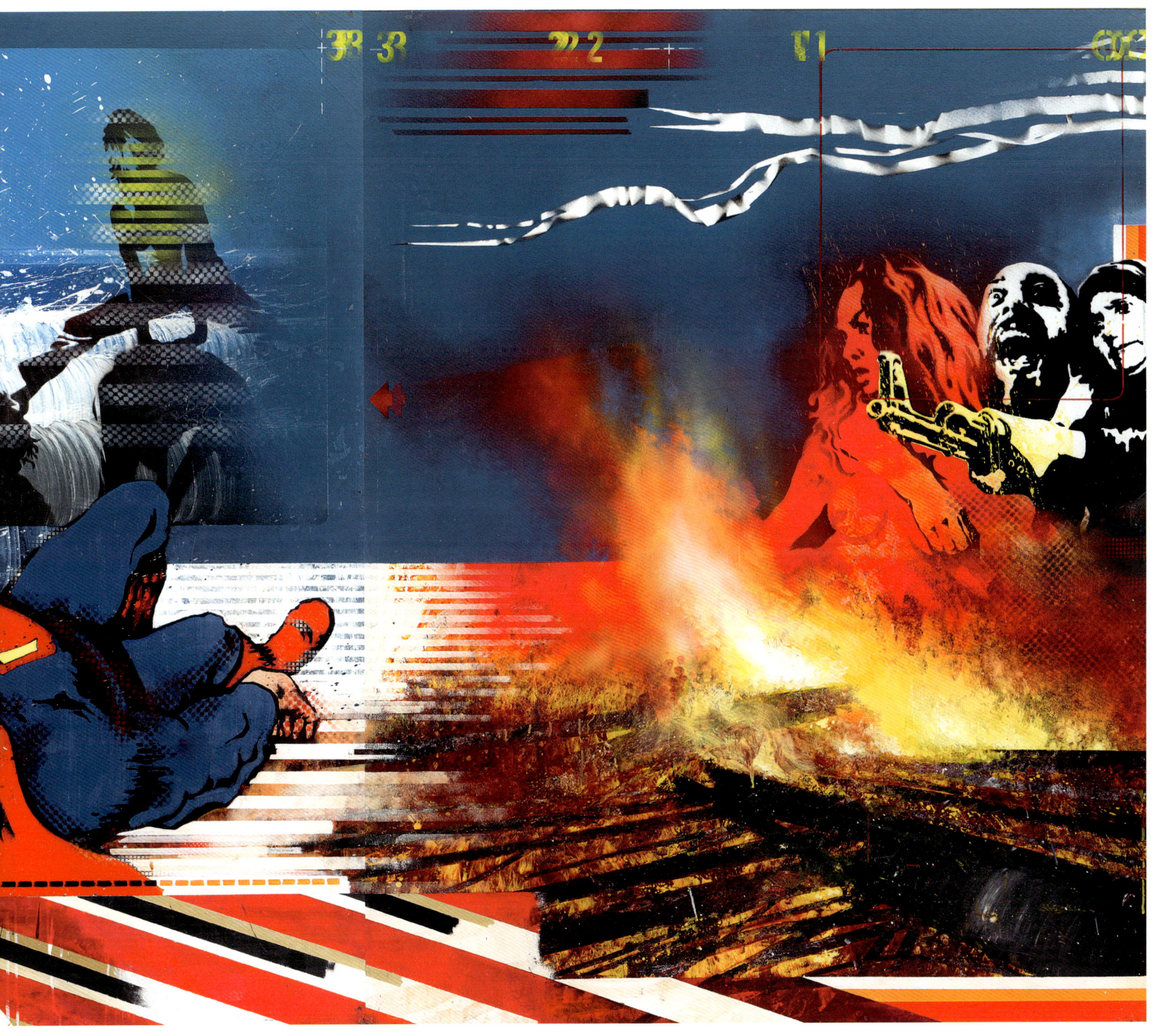

Morte di Superman
1968-1969
tecnica mista su tela (trittico) /
mixed media on canvas (triptych)
162 x 391 x 2,5 cm
Mart, Museo di arte moderna
e contemporanea
di Trento e Rovereto
Collezione VAF-Stiftung
MART 7390/0,
VAF 1673

ROBERTO BARNI

Nodo stradale
1963-1964
olio e grafite su tela /
oil and graphite
on canvas
149,3 x 120,3 x 1,8 cm
Museo Novecento,
Firenze

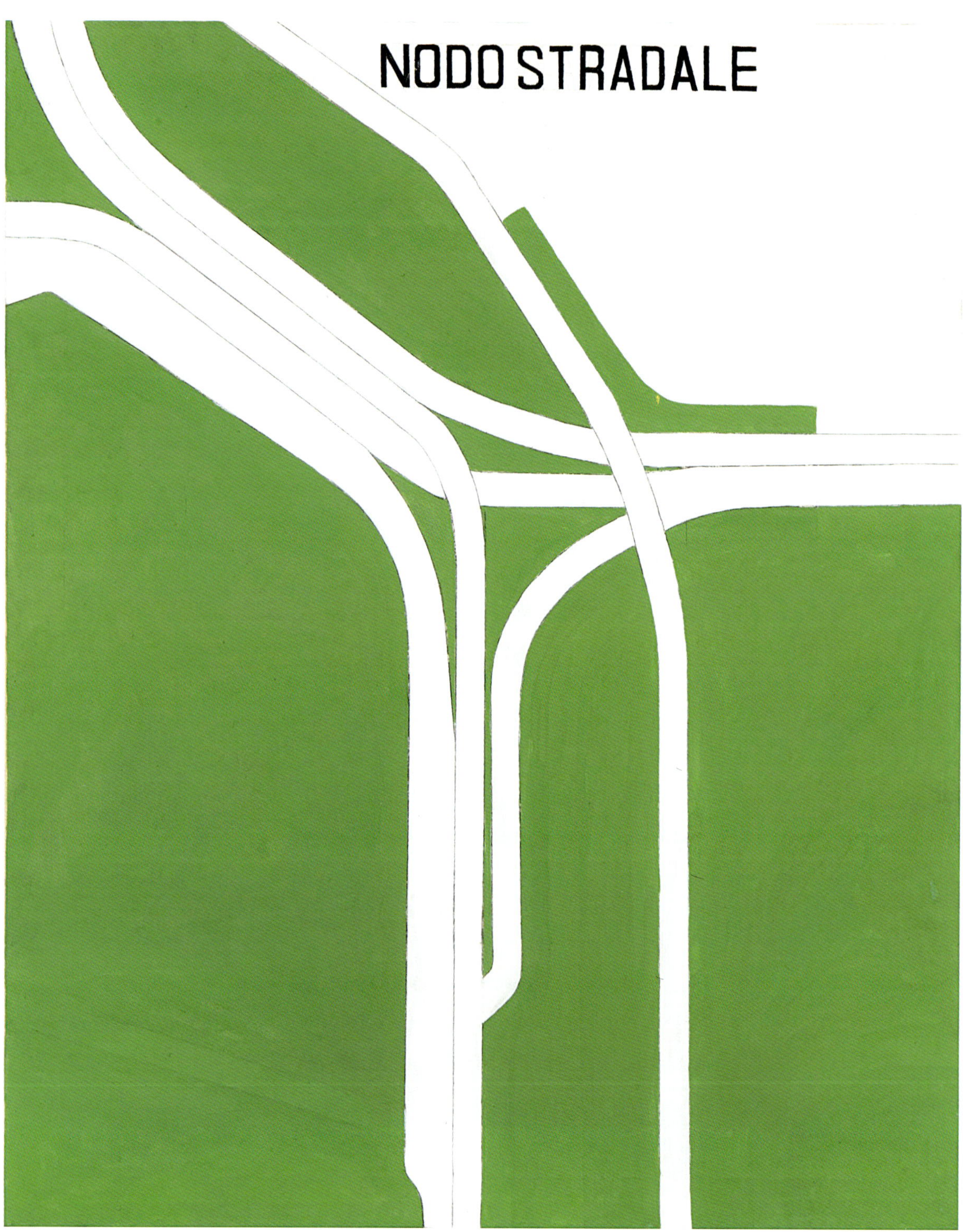

GIANFRANCO BARUCHELLO

**Maremoto
nell'arcipelago**

1973
smalto su alluminio /
enamel on aluminum
100 x 100 cm
Collezione Ilenia
e Bruno Paneghini /
Ilenia and Bruno
Paneghini Collection

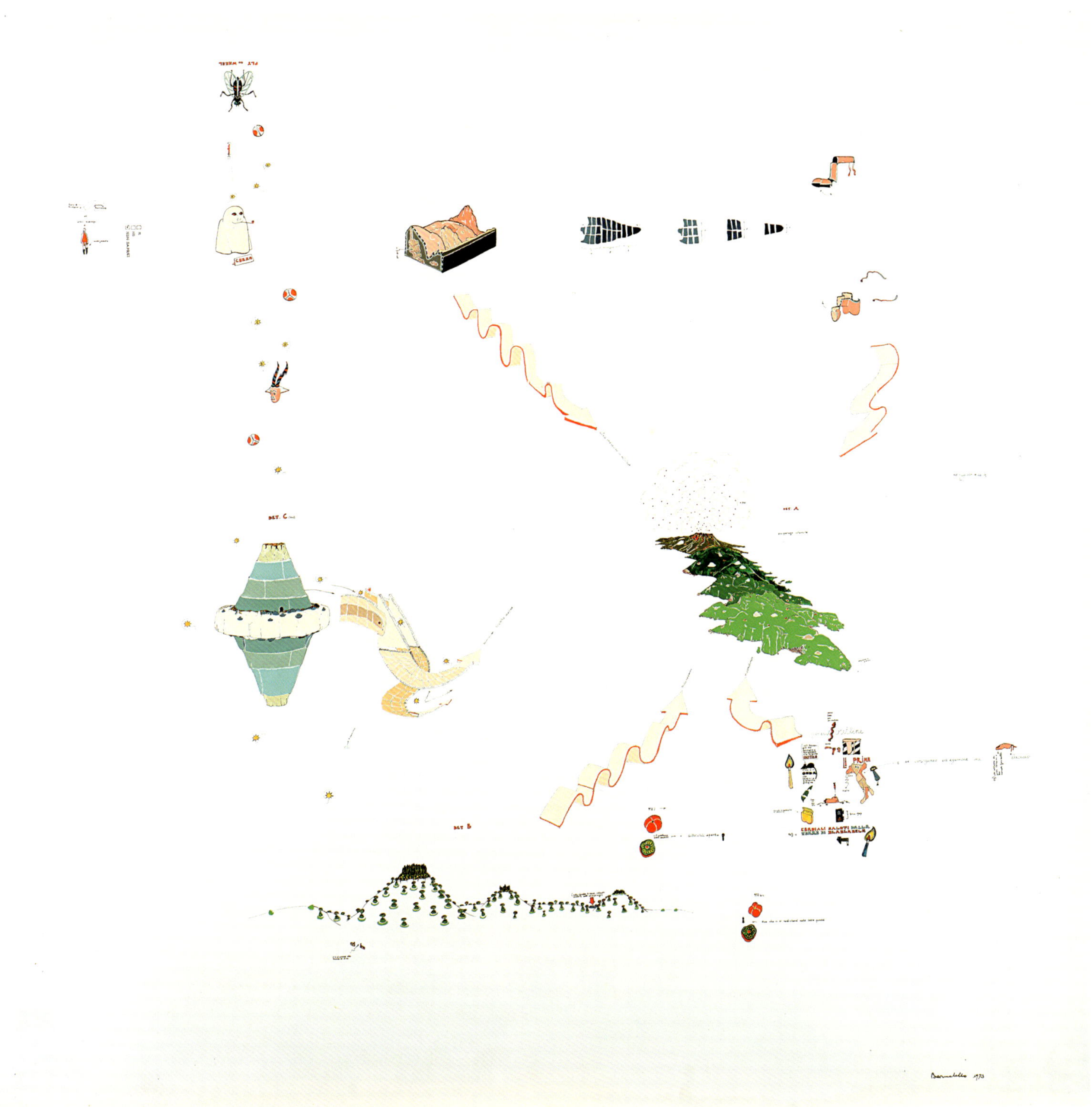

La double himera
1965
anilina e riporto
fotografico su tela
emulsionata / aniline
and photographic
transfer on primed
canvas
195 x 119 cm
Collezione privata /
Private collection
Courtesy Frittelli arte
contemporanea,
Firenze

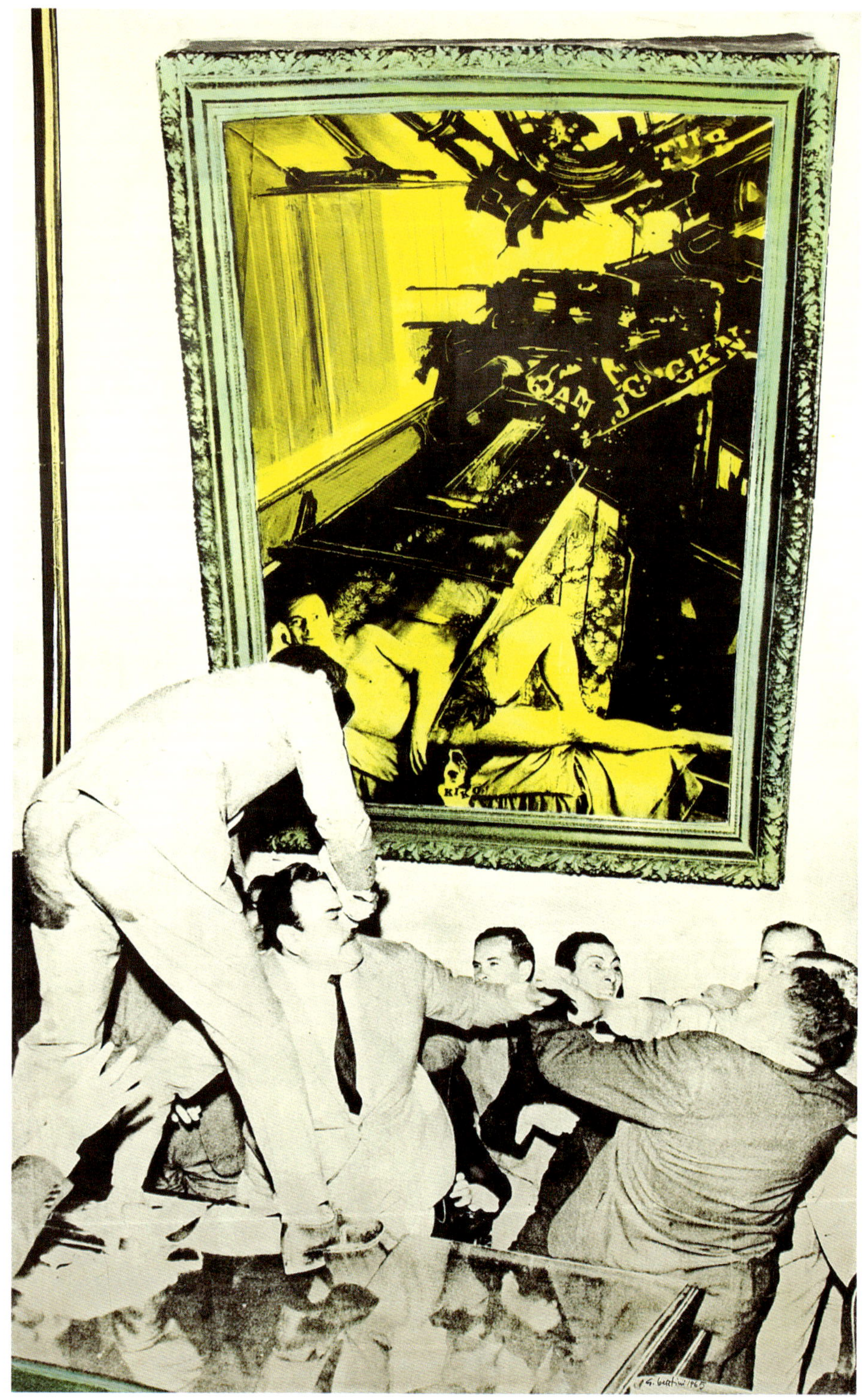

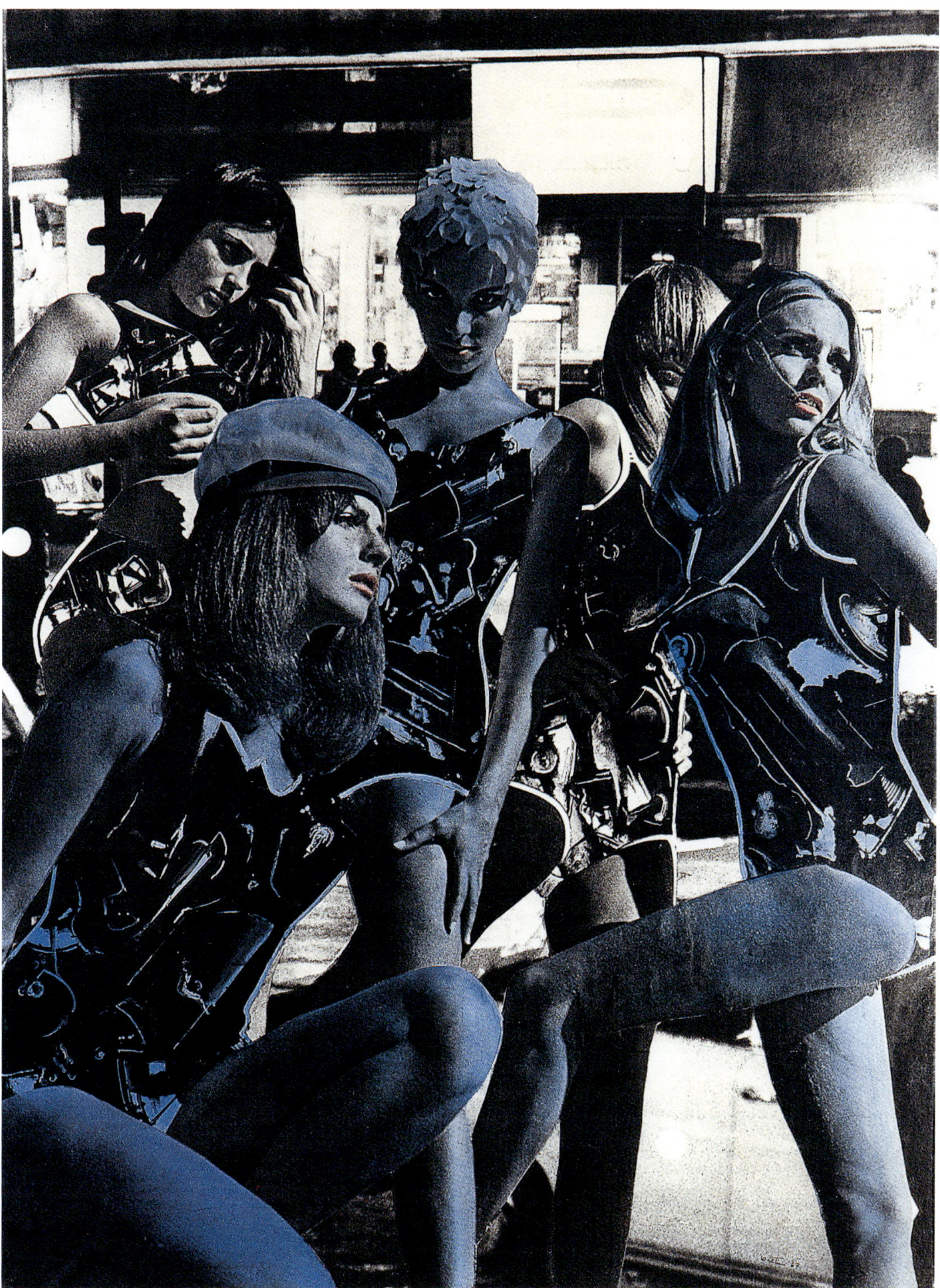

Stilmec
1967
anilina e riporto
fotografico su tela
emulsionata / aniline
and photographic
transfer on primed canvas
162 x 120 cm
Collezione privata /
Private collection
Courtesy Frittelli arte
contemporanea,
Firenze

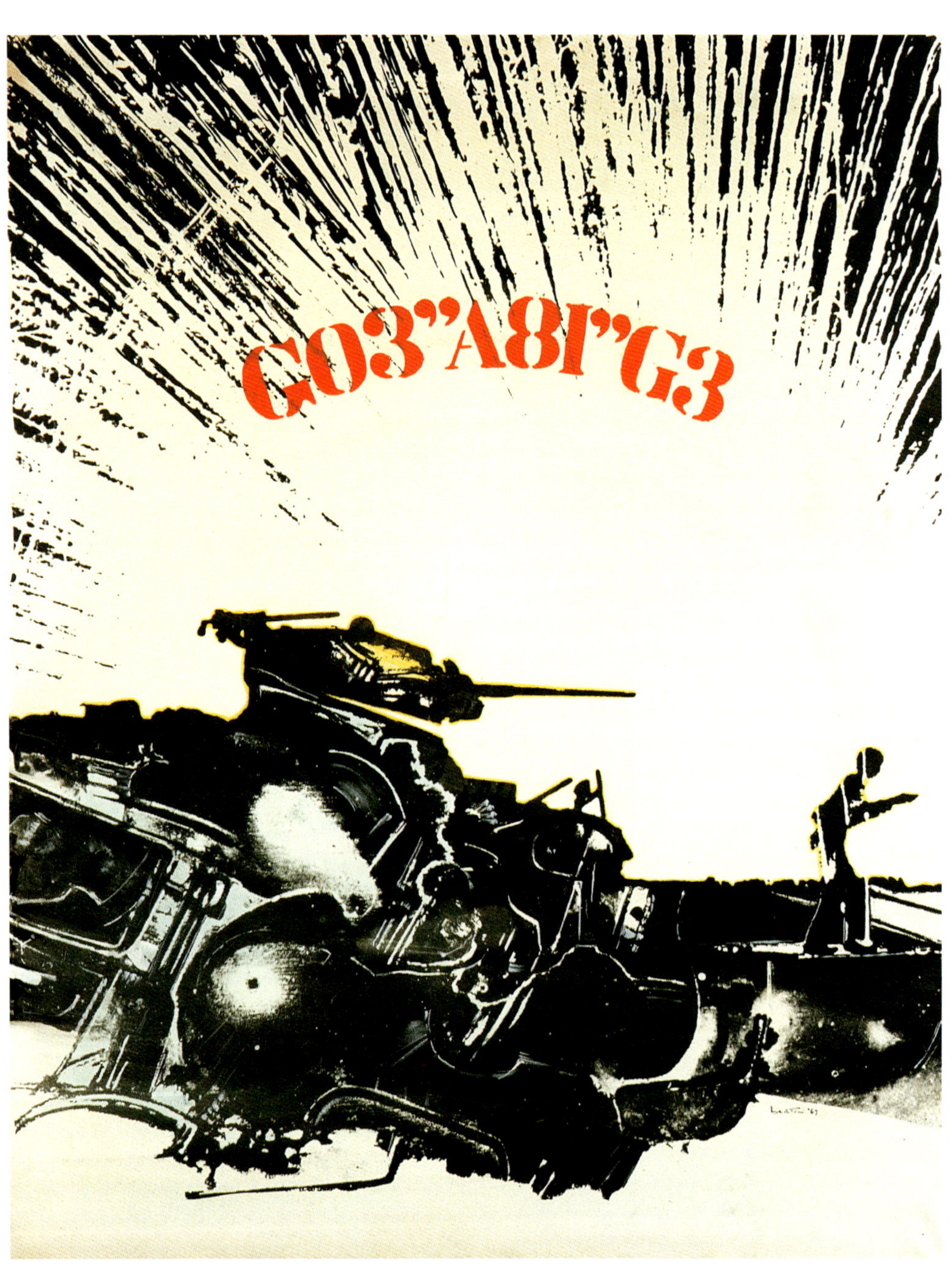

Le soleil se lève
1969
anilina, tempera
e riporto fotografico
su tela emulsionata /
aniline, tempera
and photographic
transfer on primed
canvas
116 x 89 cm
Collezione privata /
Private collection
Courtesy Frittelli arte
contemporanea,
Firenze

UMBERTO BIGNARDI

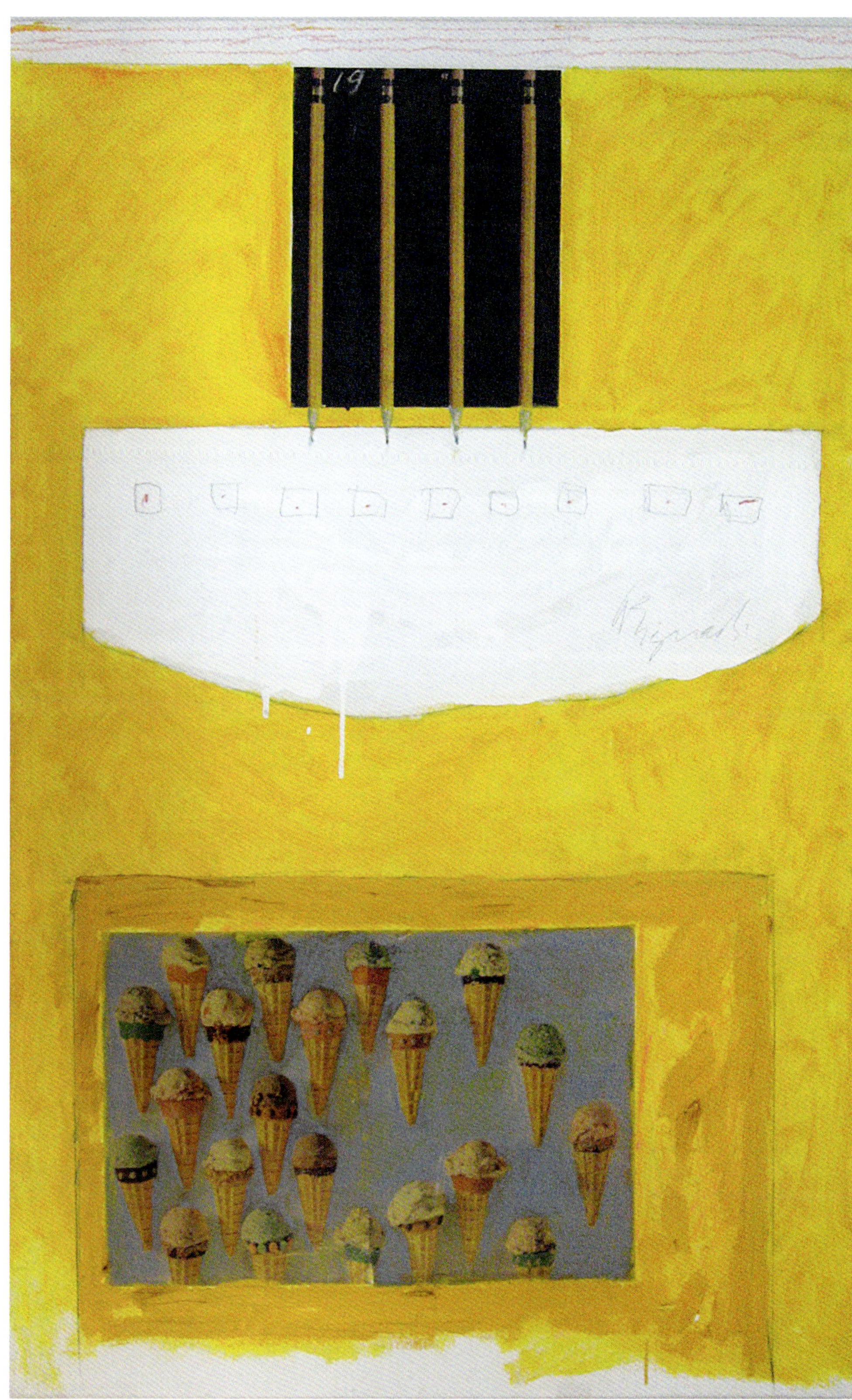

Senza titolo

1962
pittura e collage
su tela / painting
and collage on canvas
136,5 x 83,5 cm
Archivio Umberto
Bignardi
Courtesy Galleria
Valentina Bonomo

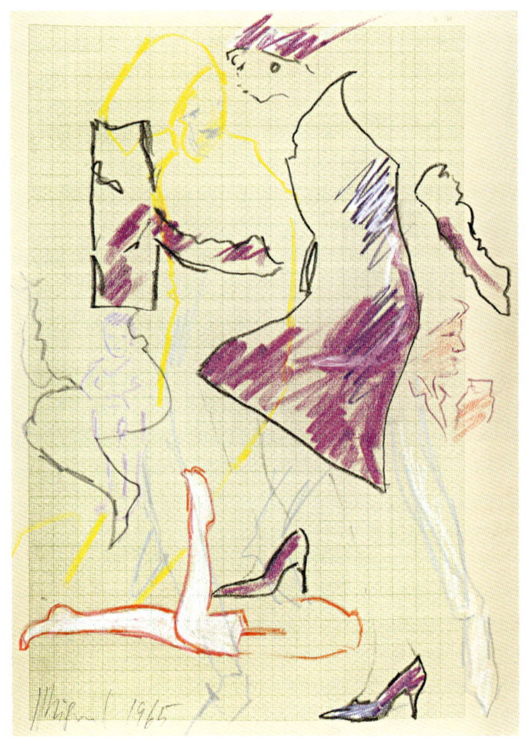

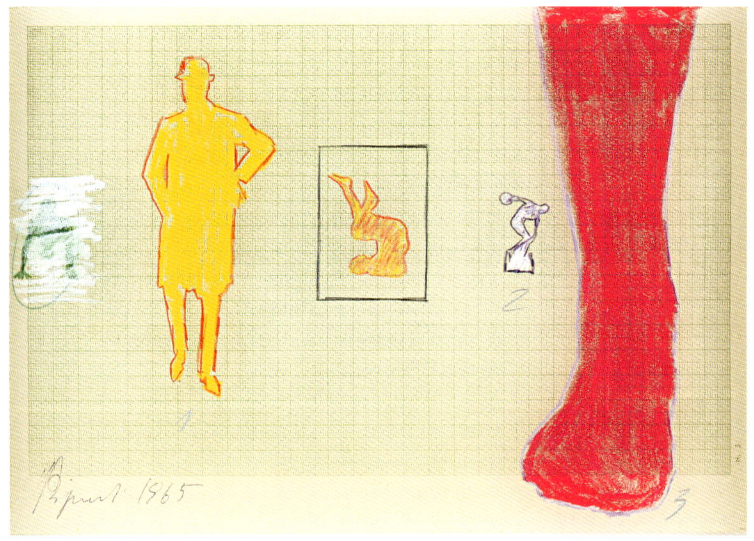

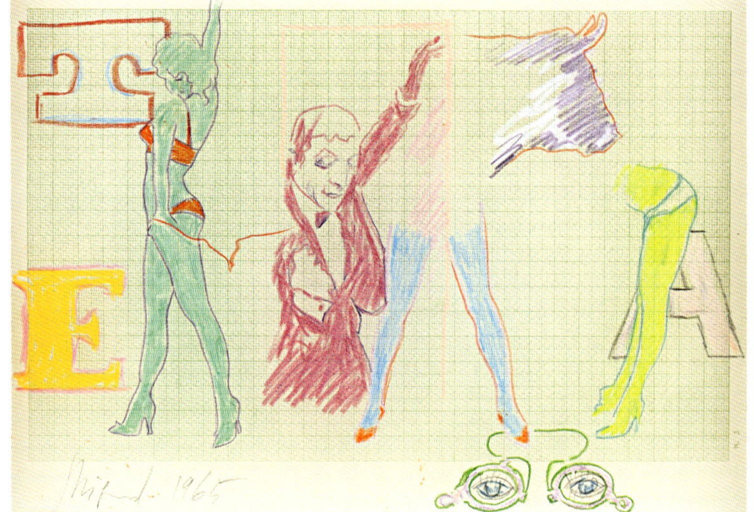

Senza titolo

1965
pastelli e matite su carta
millimetrata / crayons
and pencils on graph
paper
30 x 21 cm
Archivio Umberto
Bignardi
Courtesy Galleria
Valentina Bonomo

Senza titolo

1965
pastelli e matite su carta
millimetrata / crayons
and pencils on graph
paper
21 x 30 cm
Archivio Umberto
Bignardi
Courtesy Galleria
Valentina Bonomo

Senza titolo

1965
pastelli e matite su carta
millimetrata / crayons
and pencils on graph
paper
21 x 30 cm
Archivio Umberto
Bignardi
Courtesy Galleria
Valentina Bonomo

Senza titolo

1965
pastelli e matite su carta
millimetrata / crayons
and pencils on graph
paper
30 x 21 cm
Archivio Umberto
Bignardi
Courtesy Galleria
Valentina Bonomo

Senza titolo

1965
pastelli e matite su carta
millimetrata / crayons
and pencils on graph
paper
21 x 30 cm
Archivio Umberto
Bignardi
Courtesy Galleria
Valentina Bonomo

Senza titolo

1965
pastelli e matite su carta
millimetrata / crayons
and pencils on graph
paper
30 x 21 cm
Archivio Umberto
Bignardi
Courtesy Galleria
Valentina Bonomo

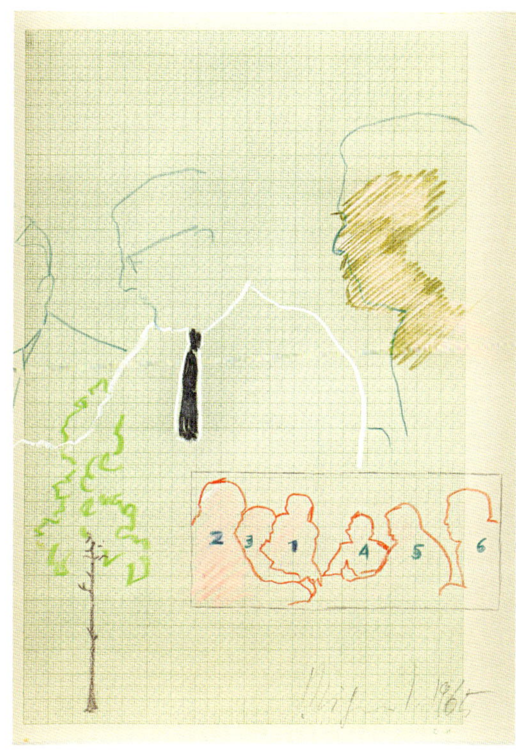

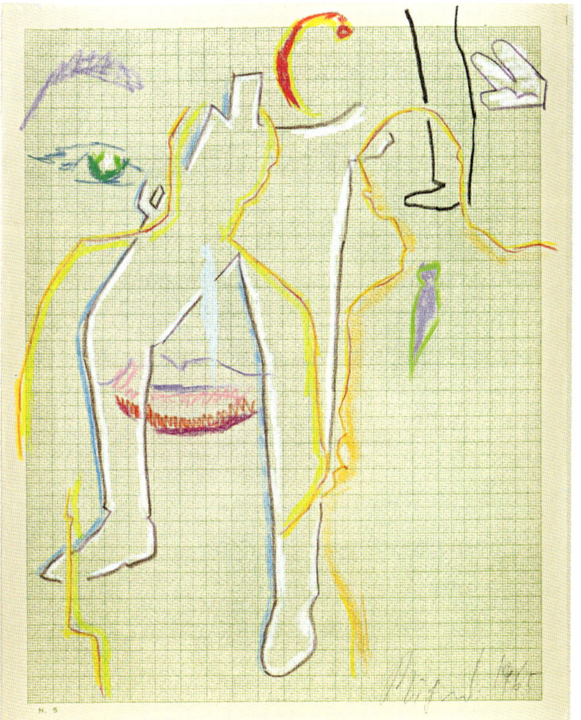

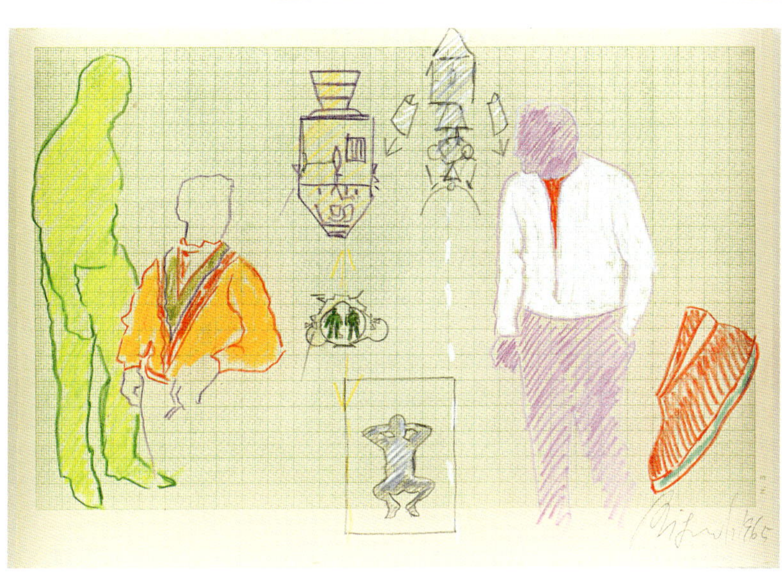

ALIK CAVALIERE

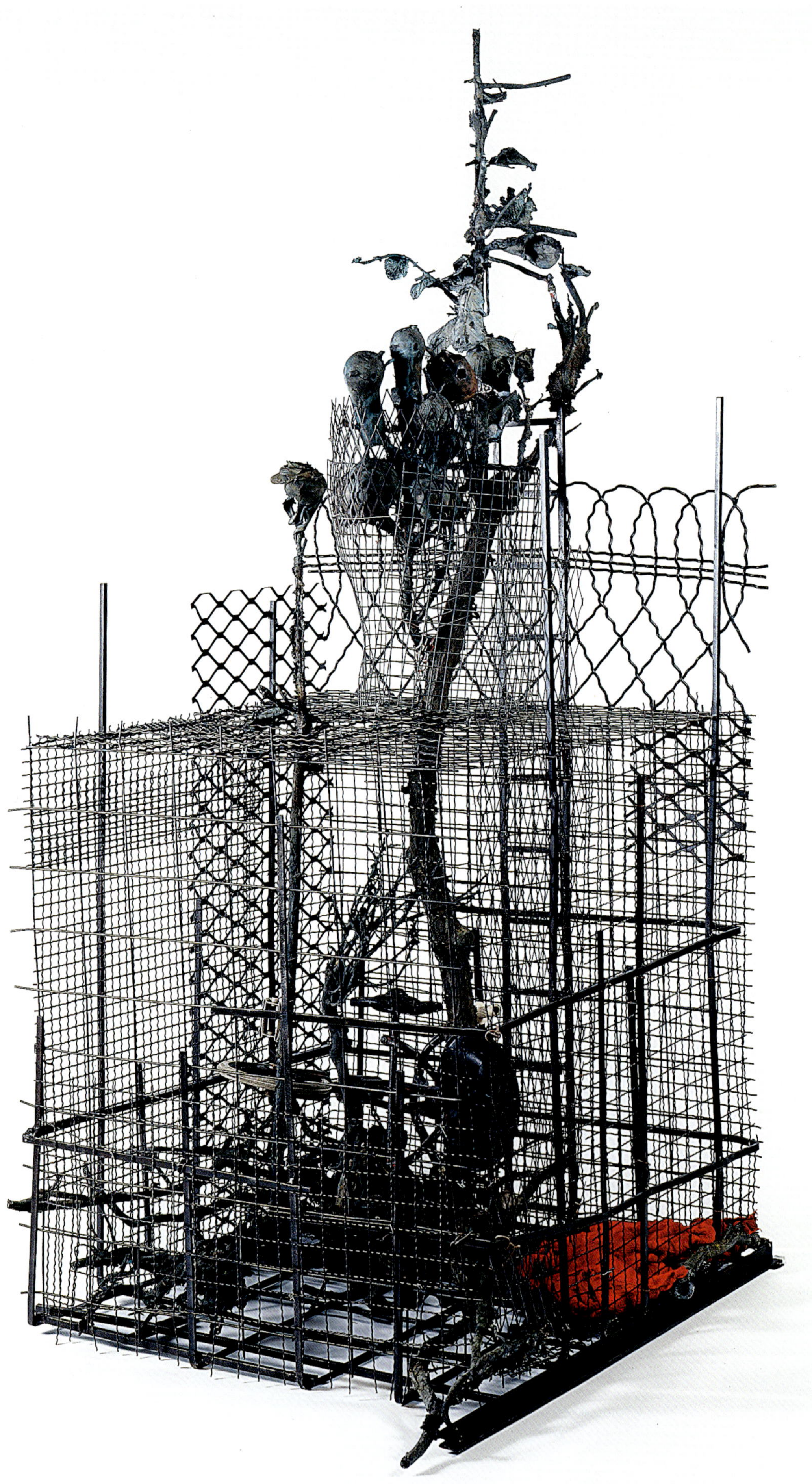

W la libertà
1977
bronzo, ferro, gomma,
stoffa / bronze, iron,
rubber, cloth
219 x 127 x 109 cm
Archivio Cavaliere

Racconto
1966
bronzo / bronze
120 x 45 x 40 cm
Collezione Intesa
Sanpaolo / Intesa
Sanpaolo Collection
Archivio Patrimonio
Artistico Intesa Sanpaolo

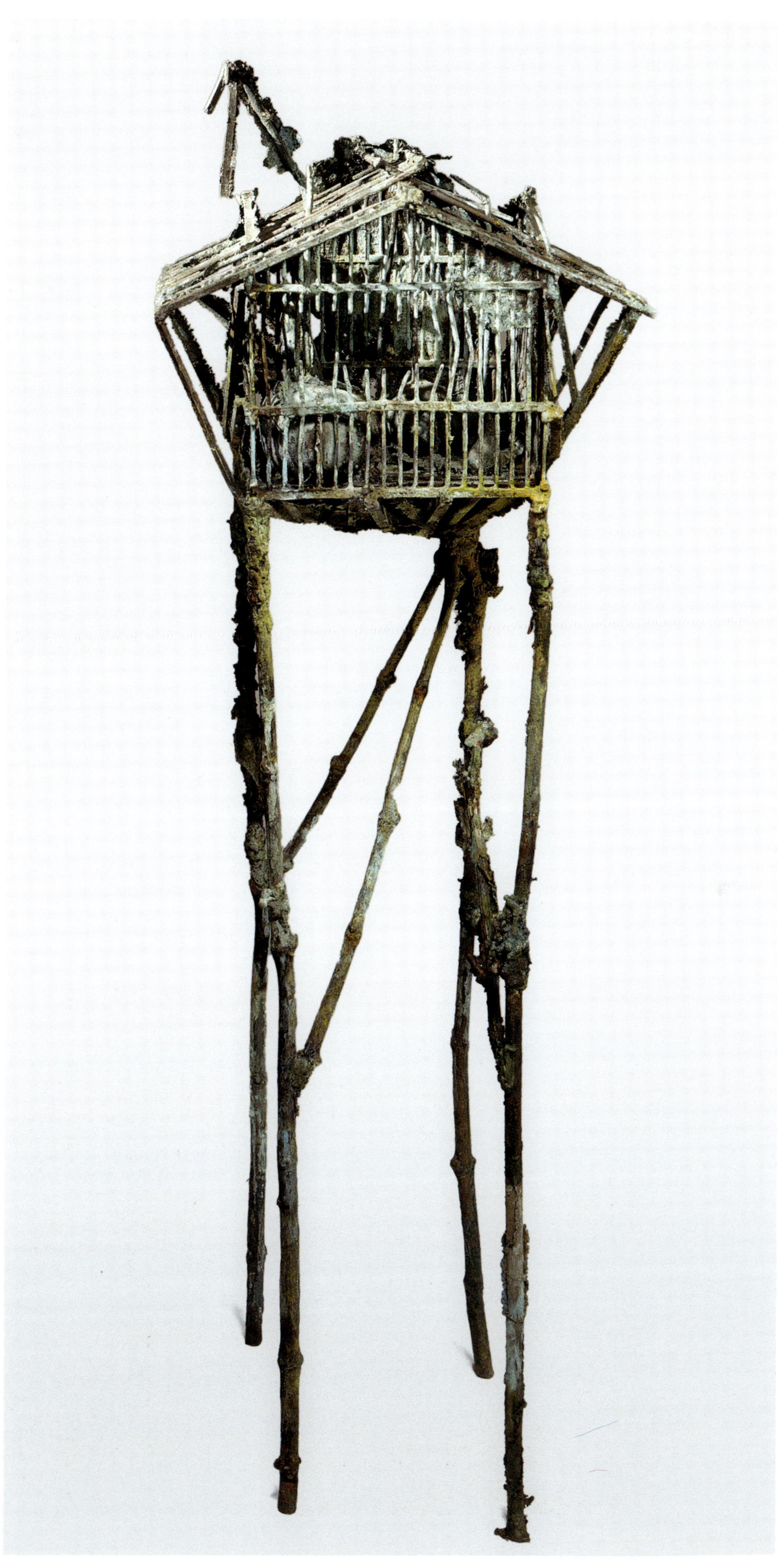

**G.B. inizia
il suo viaggio per
recarsi in città**

1961
bronzo, cristallo,
specchio / bronze,
crystal, mirror
55 x 100 x 100 cm
Archivio Cavaliere

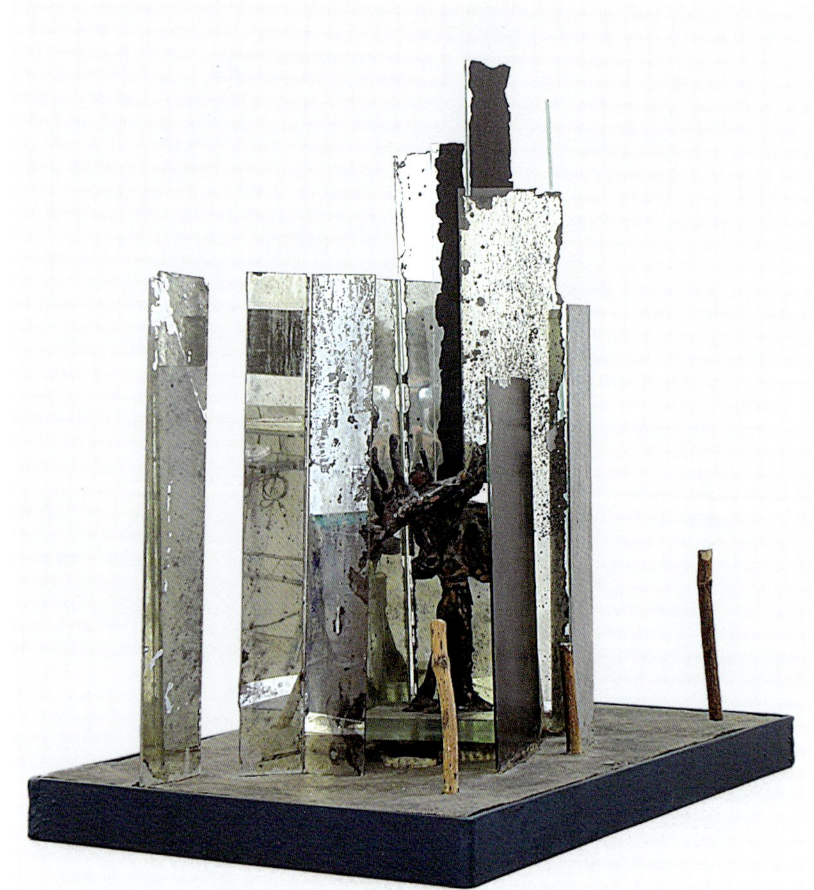

Il cortile

1965-1967
bronzo, resina, legno,
ceramica, porcellana,
piombo / bronze,
resin, wood, ceramic,
porcelain, lead
81 x 82 x 66 cm
Archivio Cavaliere

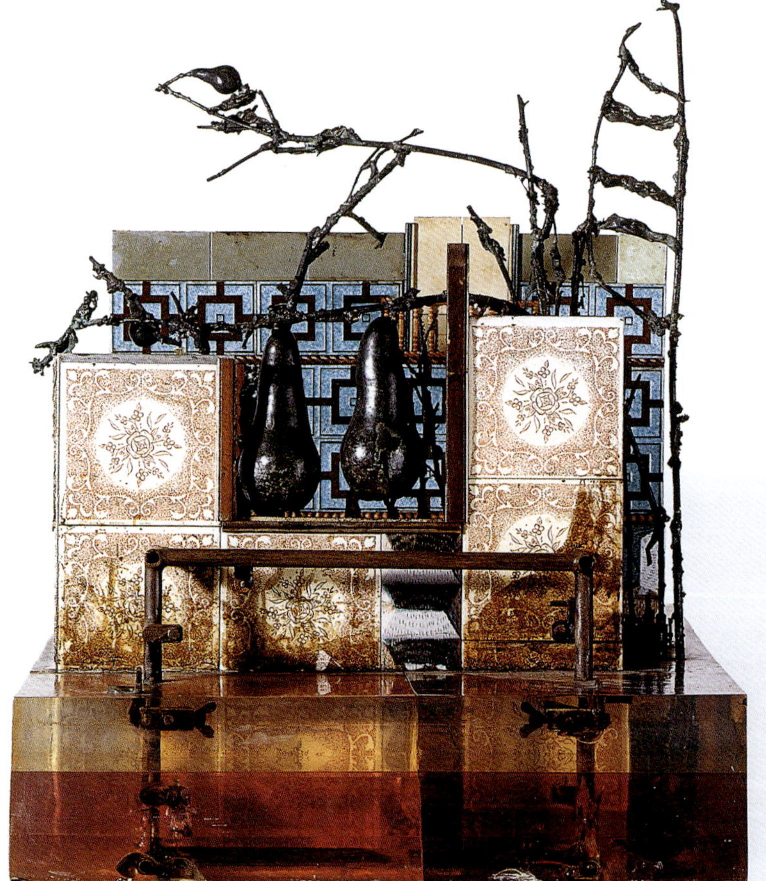

Cassa n. 167

1967-1968
legno e acrilici /
wood and acrylics
45 x 16,5 x 10,5 cm
Collezione Ilenia
e Bruno Paneghini
/ Ilenia and Bruno
Paneghini Collection

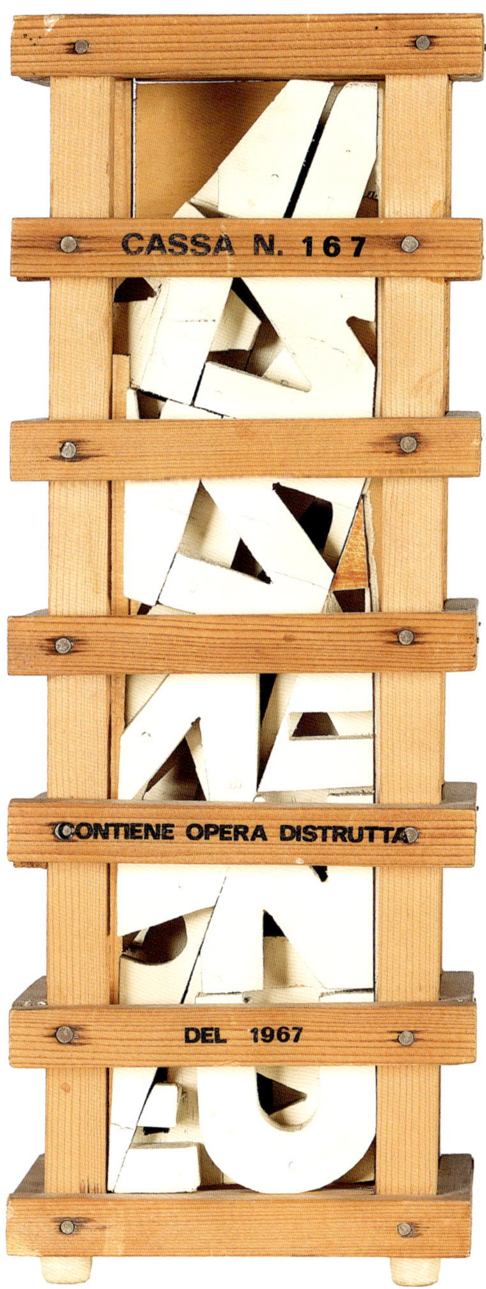

**Io (sfera utilizza
nell'azione Pirar
di Ghiaccio)**

1968
ferro e carbone /
iron and coal
92 cm diametro /
diameter
112 x 112 x 16 cm
Collezione privata
Private collection
Courtesy Tornabuc
Arte, Firenze

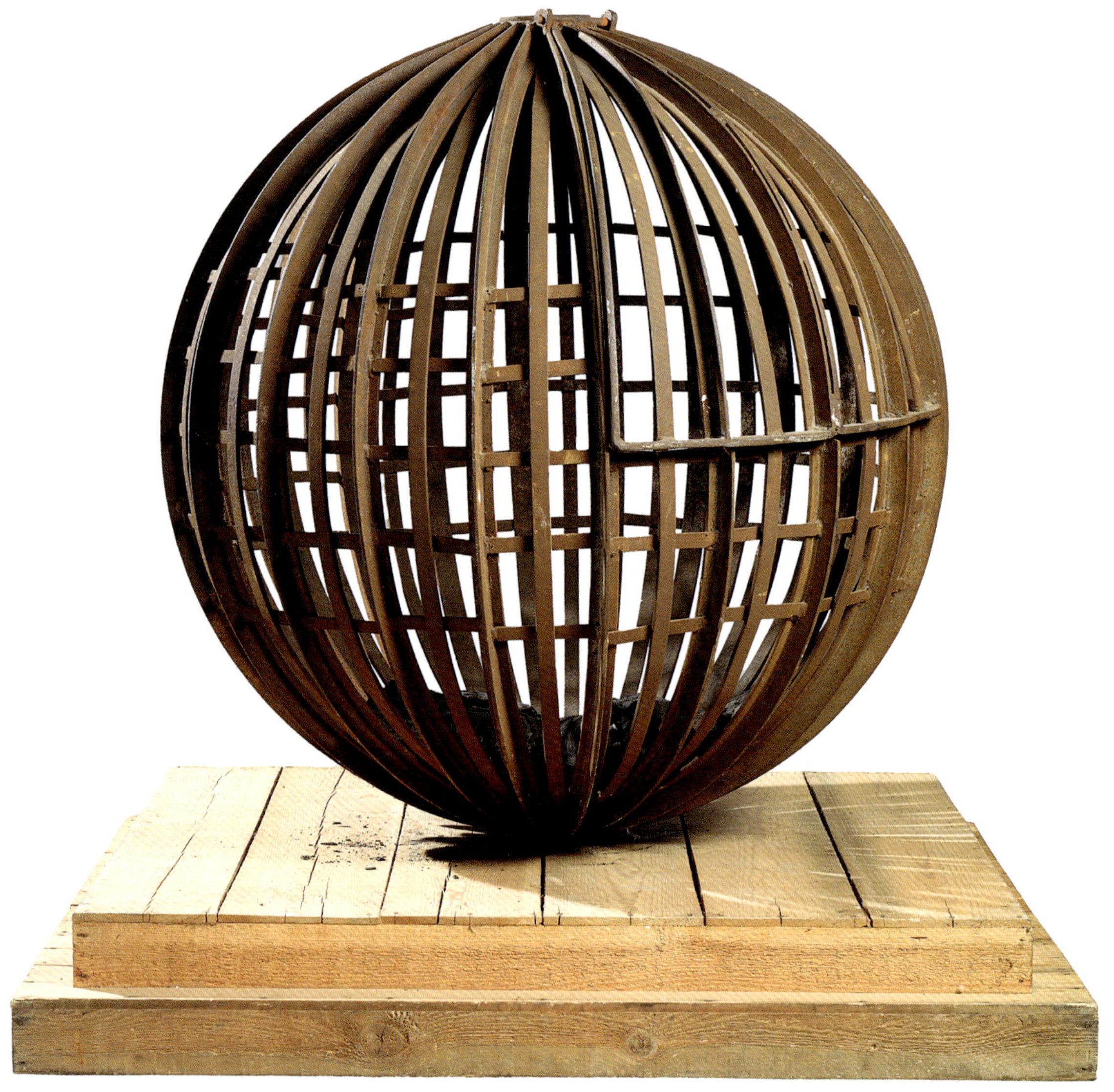

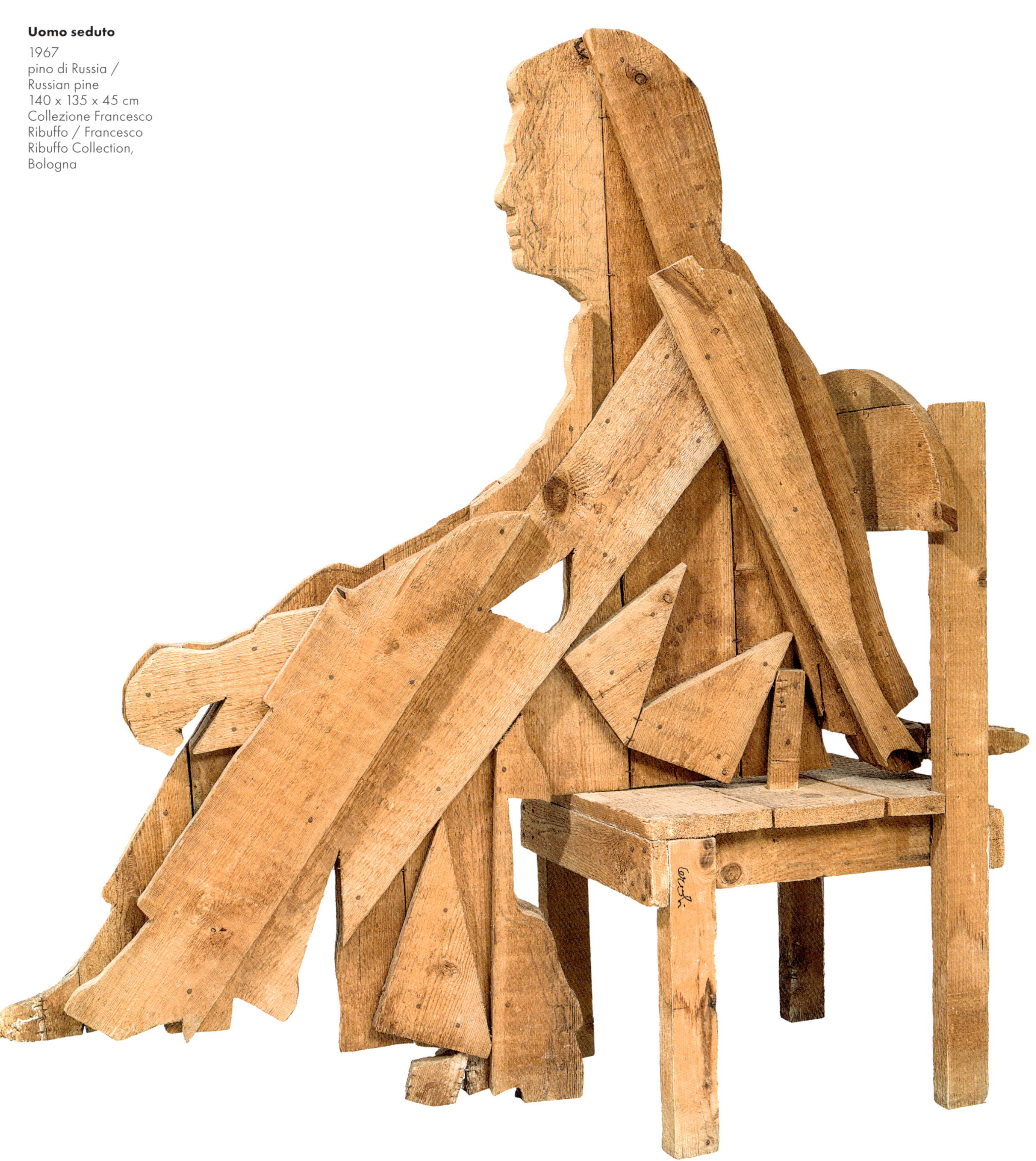

Uomo seduto
1967
pino di Russia /
Russian pine
140 x 135 x 45 cm
Collezione Francesco
Ribuffo / Francesco
Ribuffo Collection,
Bologna

FERNANDO DE FILIPPI

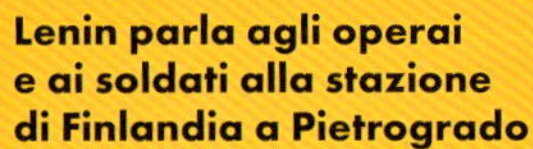

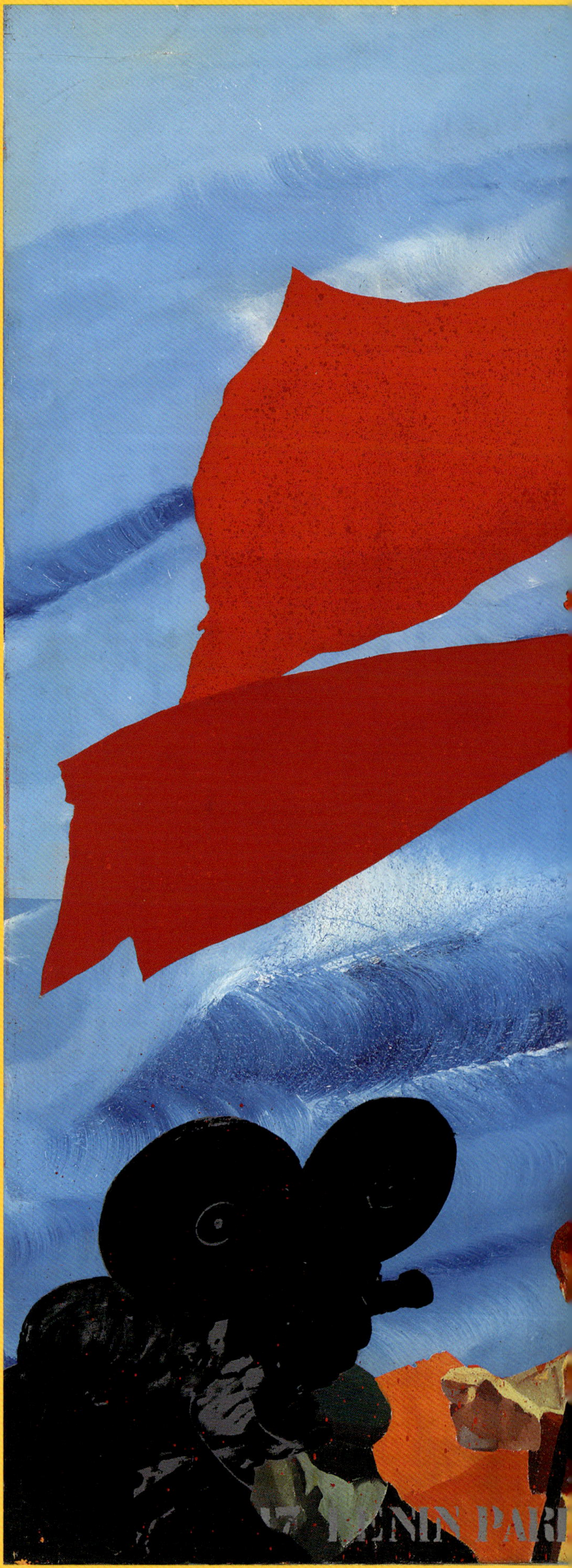

**Lenin parla agli operai
e ai soldati alla stazione
di Finlandia a Pietrogrado**

1971
acrilico su tela / acrylic on canvas
160 x 199,5 cm
Mart, Museo di arte moderna
e contemporanea di Trento e Rovereto
Collezione VAF-Stiftung
MART 7083, VAF 1489

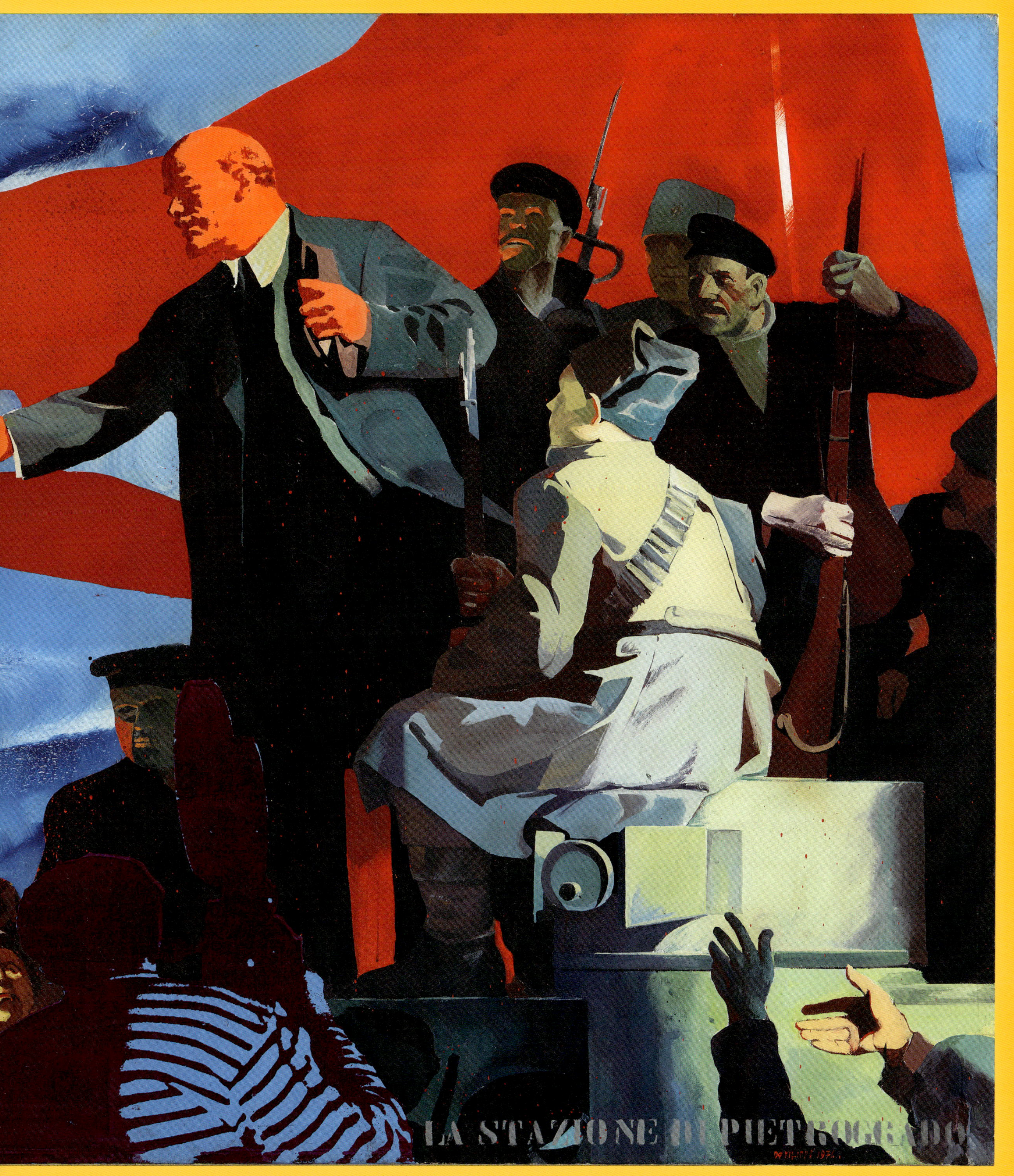
LA STAZIONE DI PIETROGRADO

LUCIO DEL PEZZO

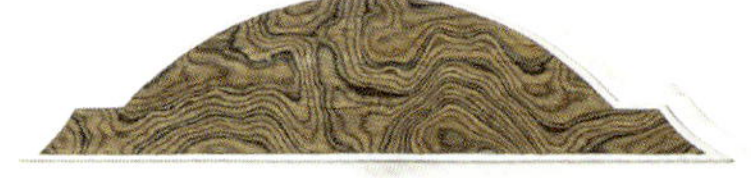
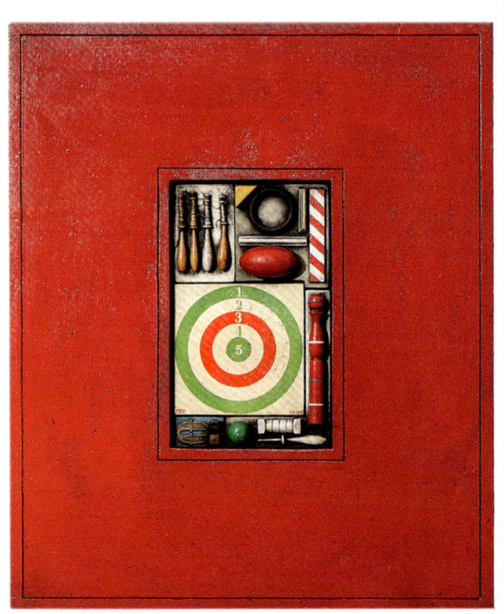
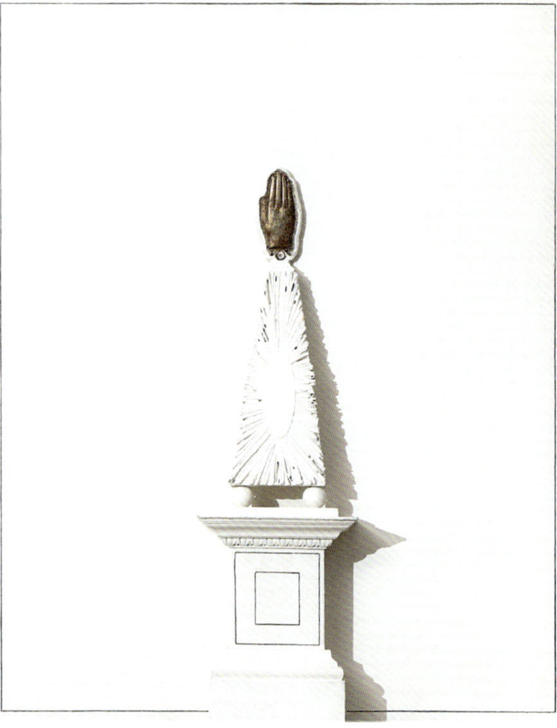
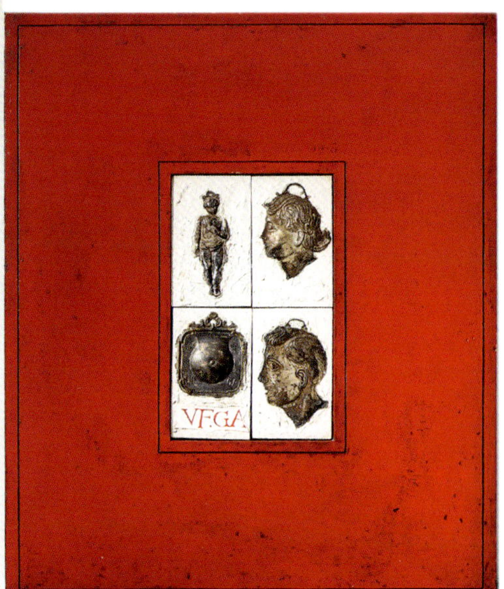

Stele napolitaine
1965
acrilici, lacca
e collage su legno /
acrylics, lacquer
and collage on wood
105 x 192 x 14,5 cm
Collezione privata /
Private collection
Courtesy Gió Marconi,
Milano

Grande Cubo

1974
legno dipinto /
painted wood
232 x 141 x 141 cm
Mart, Museo di arte
moderna e contemporanea
di Trento e Rovereto
Collezione VAF-Stiftung
MART 2396, VAF 0180

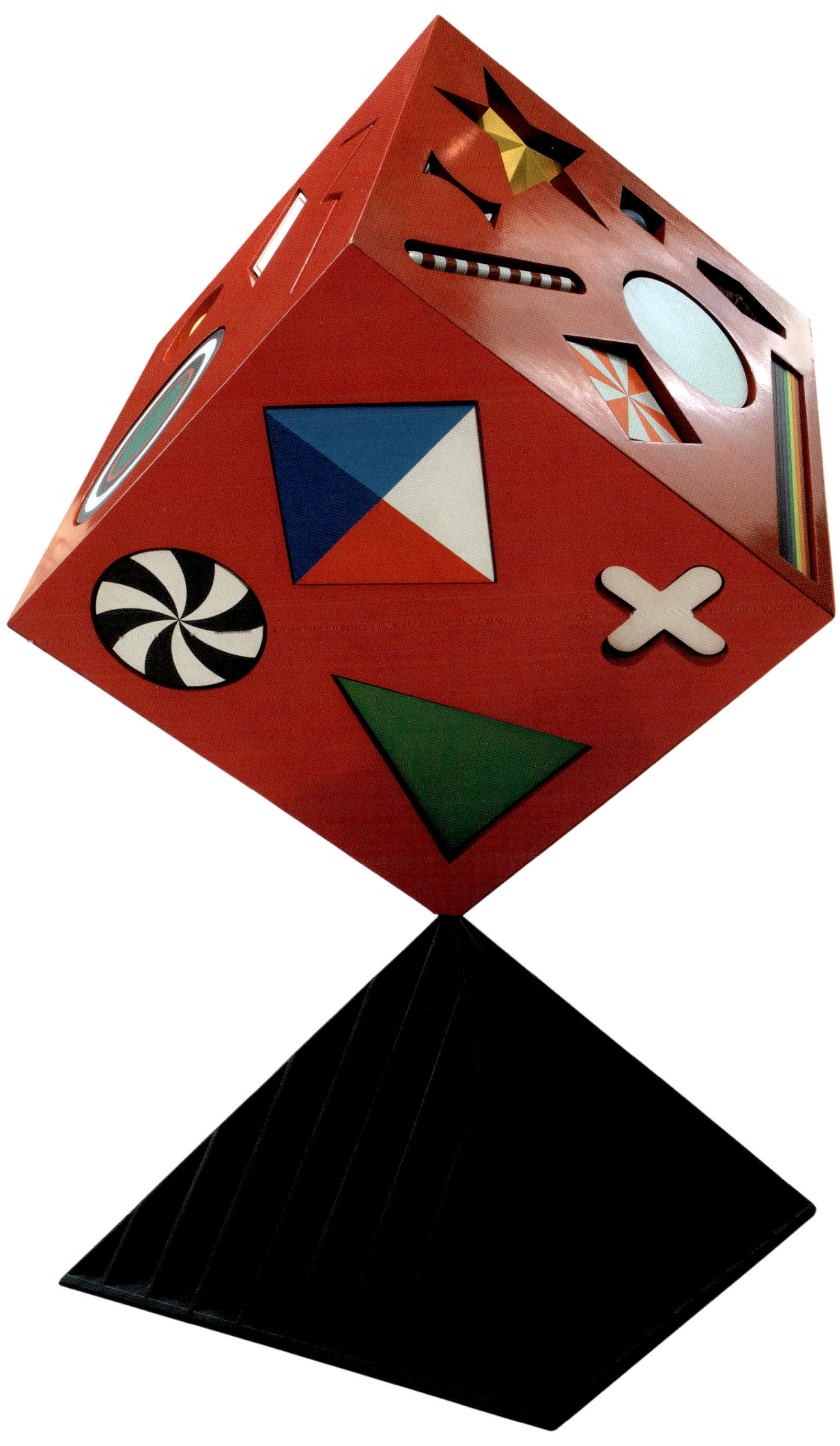

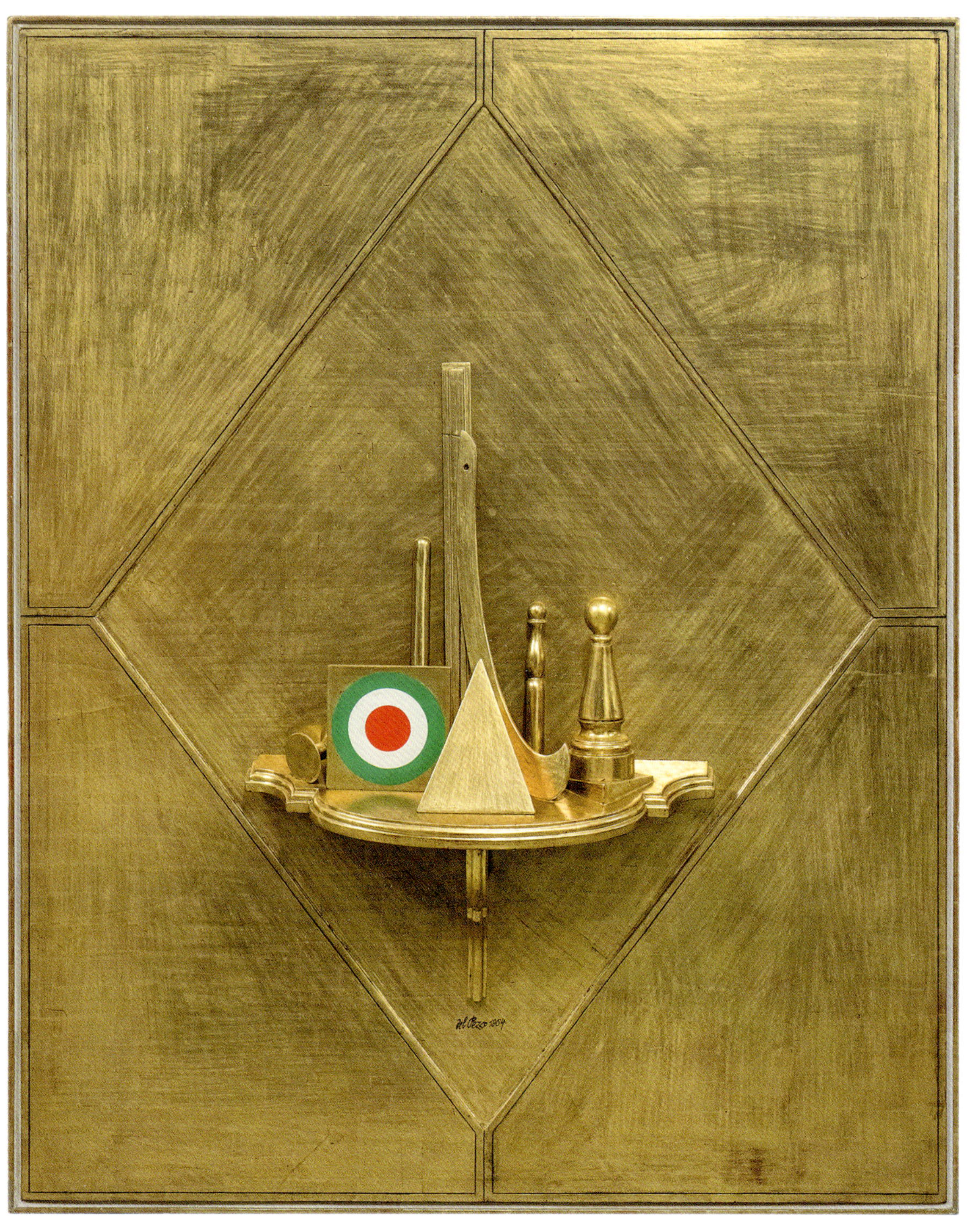

Grande quadro d'oro
1964
tecnica mista su legno /
mixed media
on wood
160 x 130 x 24 cm
Collezione privata /
Private collection
Courtesy Gió Marconi,
Milano

Mensola in rosso
1964
tecnica mista su legno /
mixed technique on wood
100 x 81 x 15 cm
Collezione Koelliker /
Koelliker Collection
Courtesy BKV Fine Art

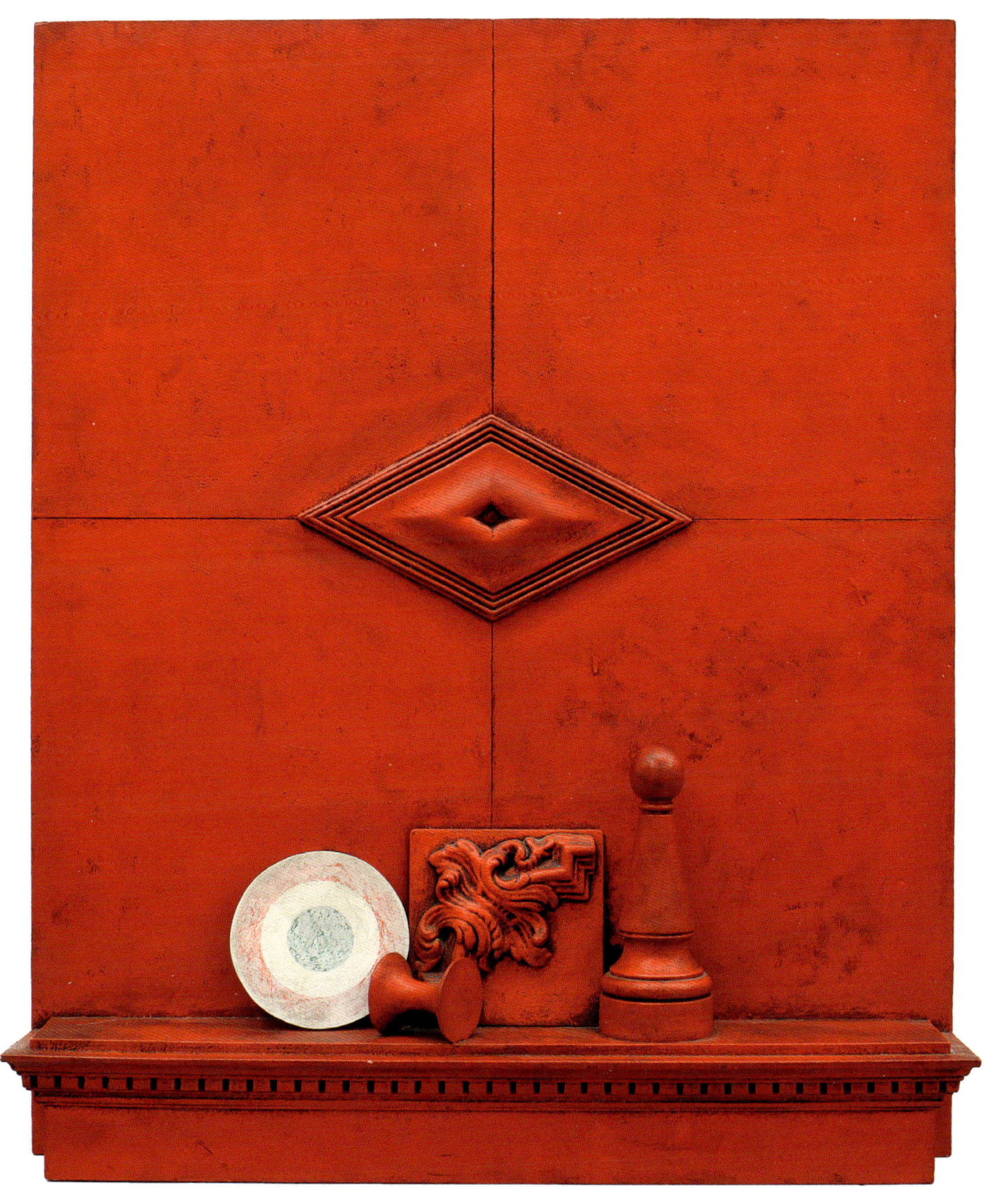

NZ
1962
olio su tela /
oil on canvas
180 x 150 cm
Collezione privata /
Private collection
Courtesy Gió Marconi,
Milano

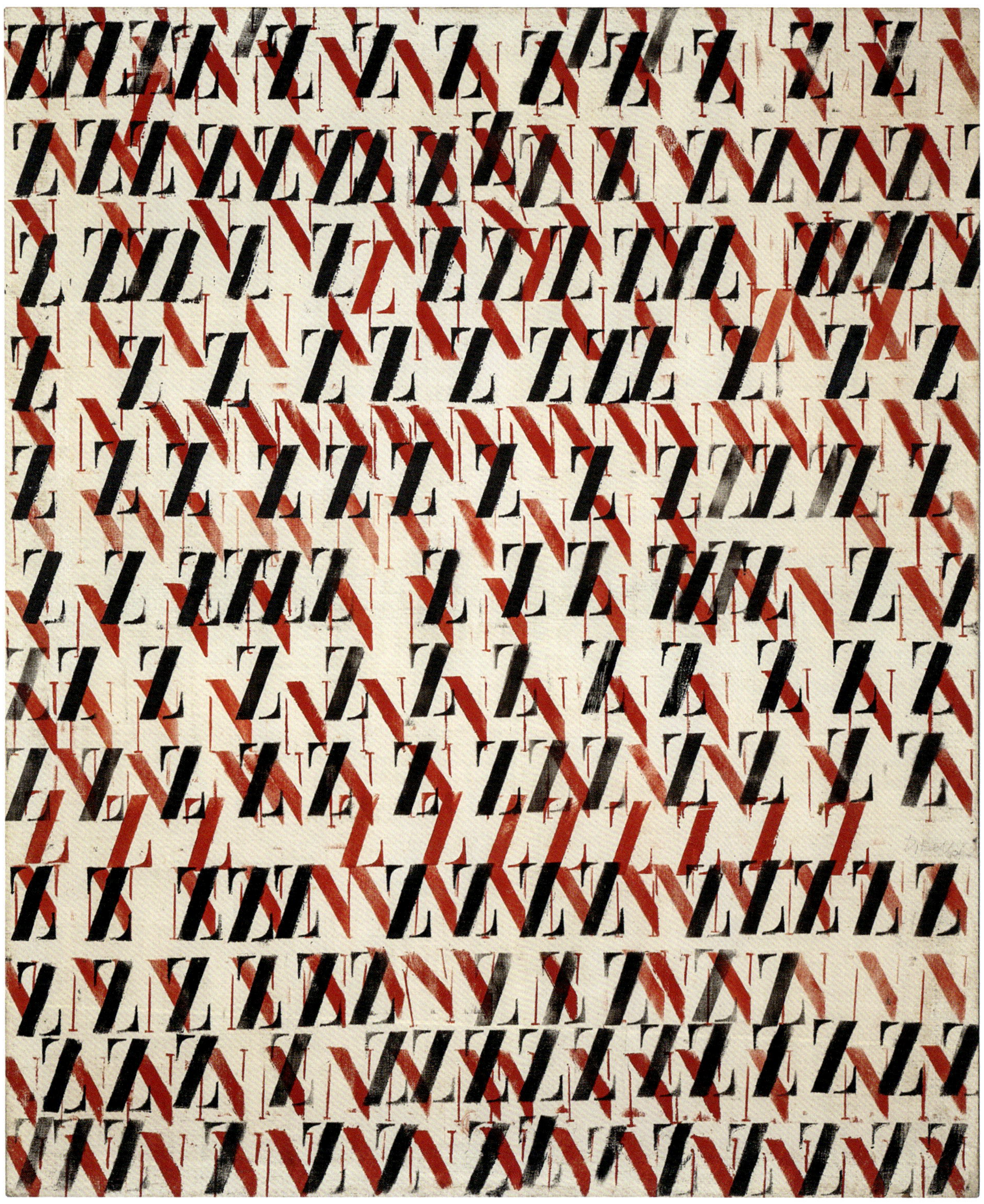

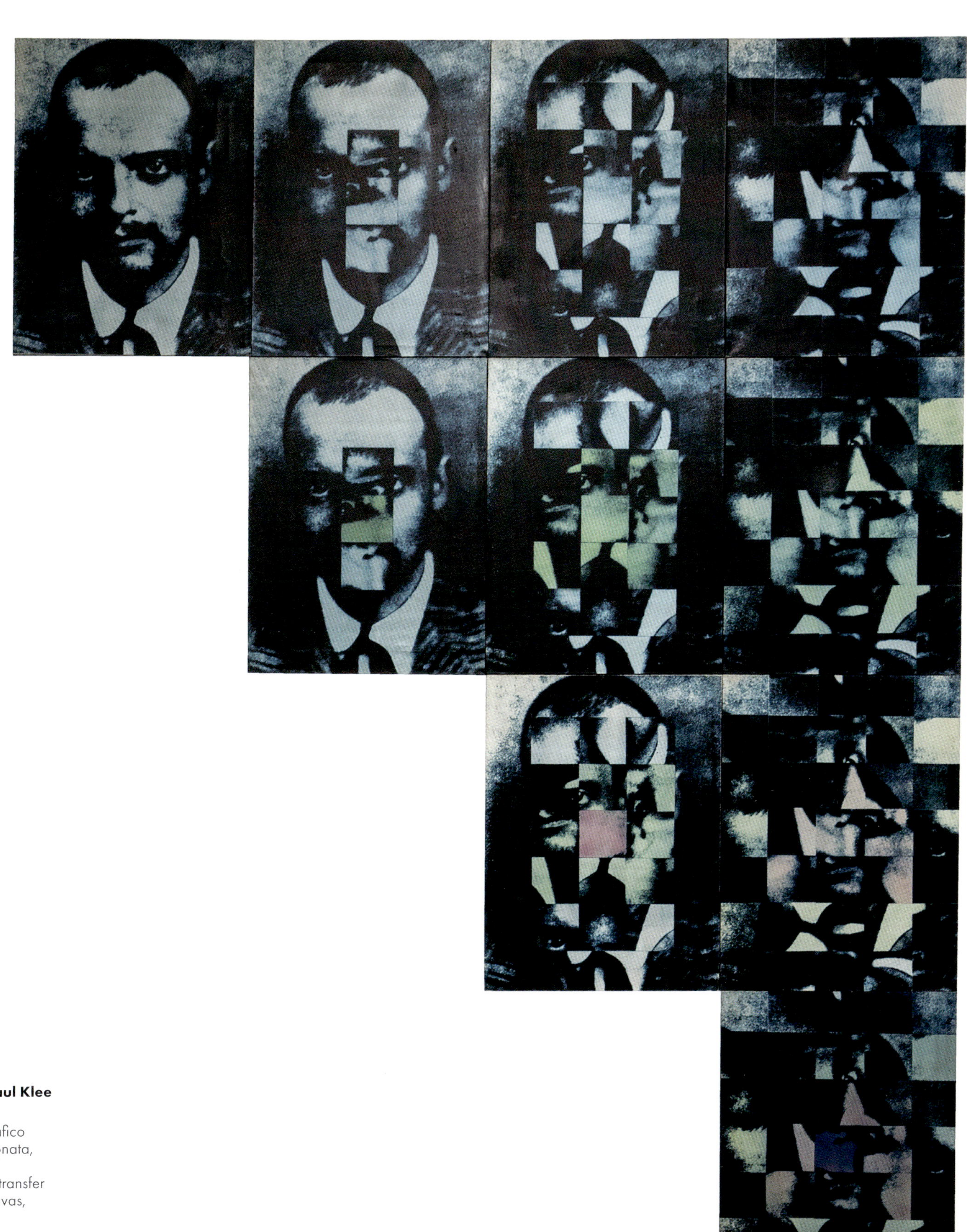

Ritratto di Paul Klee

1968
riporto fotografico
su tela emulsionata,
viraggio blu /
photographic transfer
on primed canvas,
blue toning
240 x 180 cm
Collezione privata /
Private collection
Courtesy Gió Marconi,
Milano

TANO FESTA

Cielo didattico n.1

1968
smalto industriale
per l'edilizia
e pennarello su tela /
industrial enamel
for building and
felt-tip pen on canvas
80 x 65 cm
Collezione Intesa
Sanpaolo / Intesa
Sanpaolo Collection
Archivio Patrimonio
Artistico Intesa Sanpaolo

Persiana n. 8

1963
legno dipinto /
painted wood
92 x 73 x 4,5 cm
MAMbo – Museo d'Arte
Moderna di Bologna
Inv. 3244

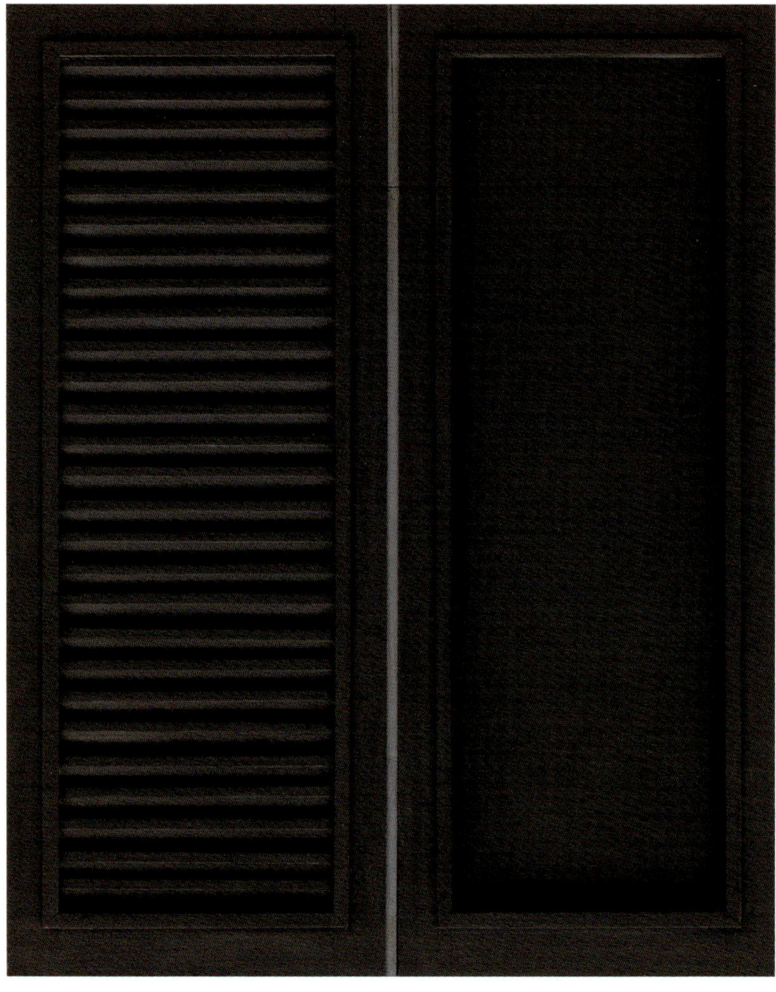

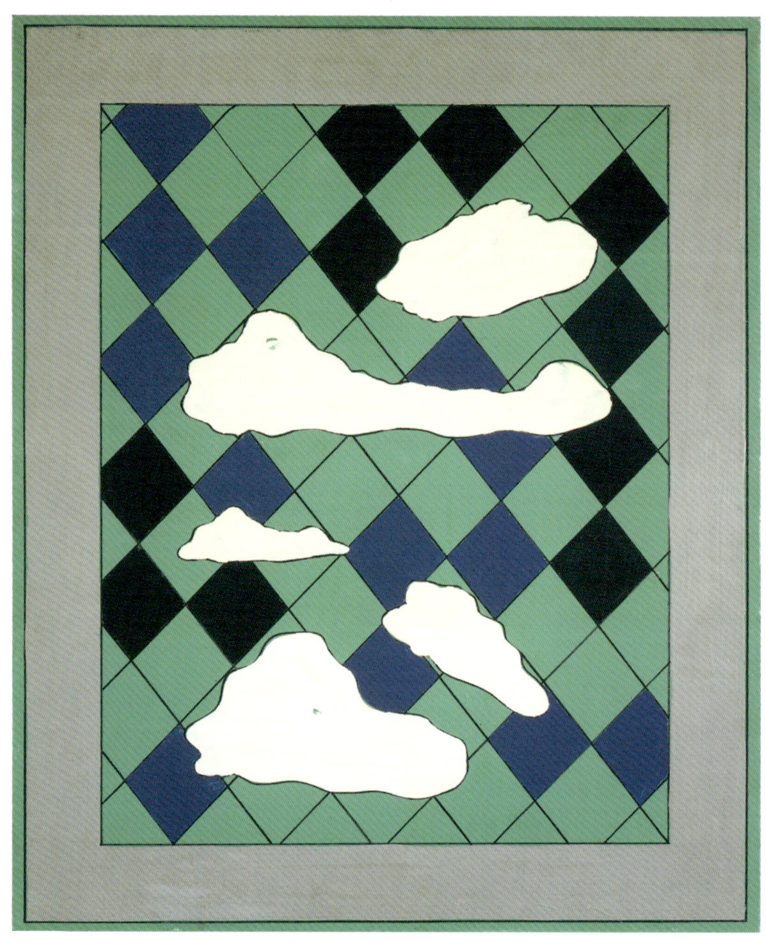

**Michelangelo
according
to Tano Festa**

1967
smalto industriale
per l'edilizia e
pennarello su tela /
industrial enamel
for building and
felt-tip pen on canvas
100 x 80 cm
Collezione Intesa
Sanpaolo / Intesa
Sanpaolo Collection
Archivio Patrimonio
Artistico Intesa Sanpaolo

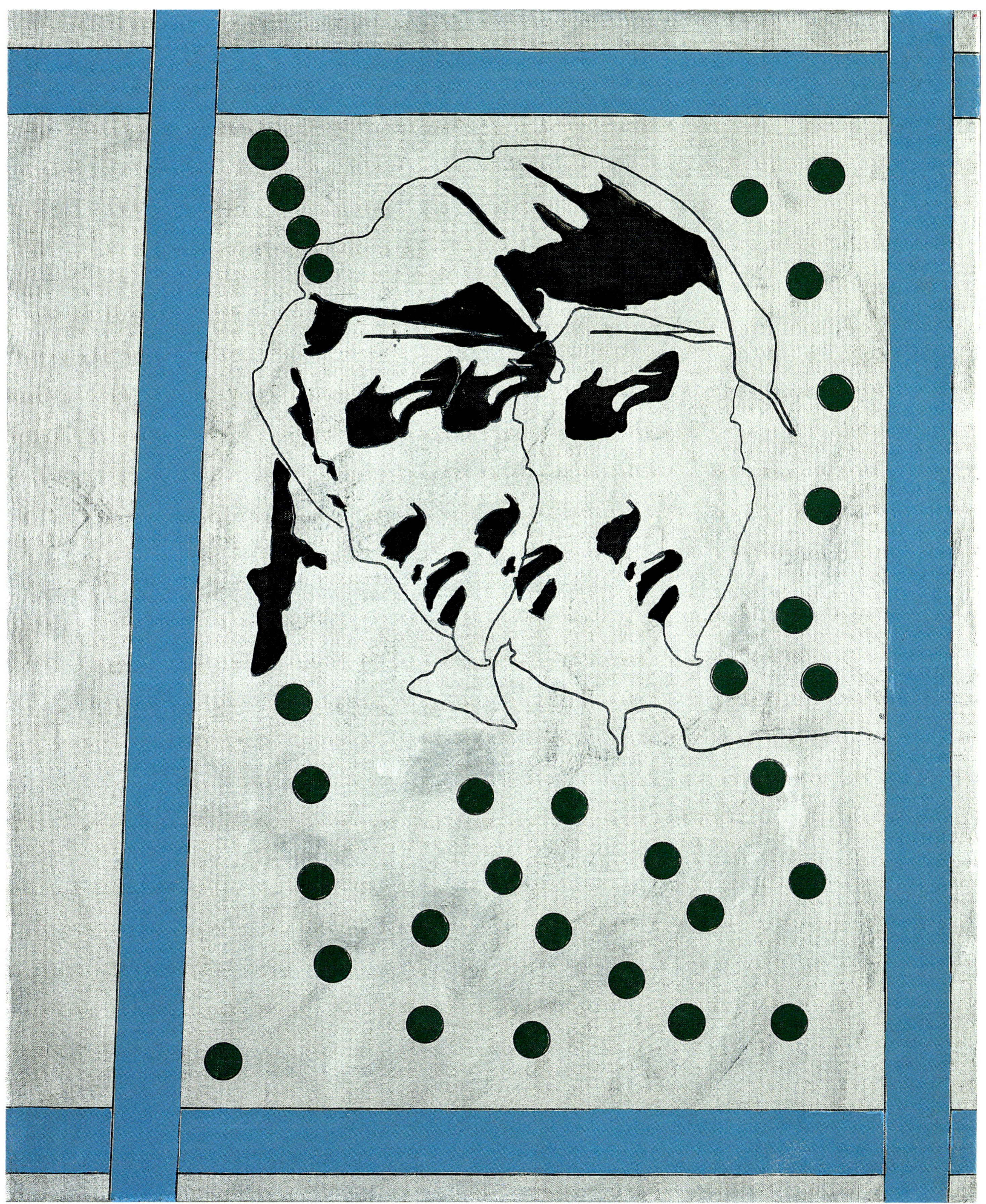

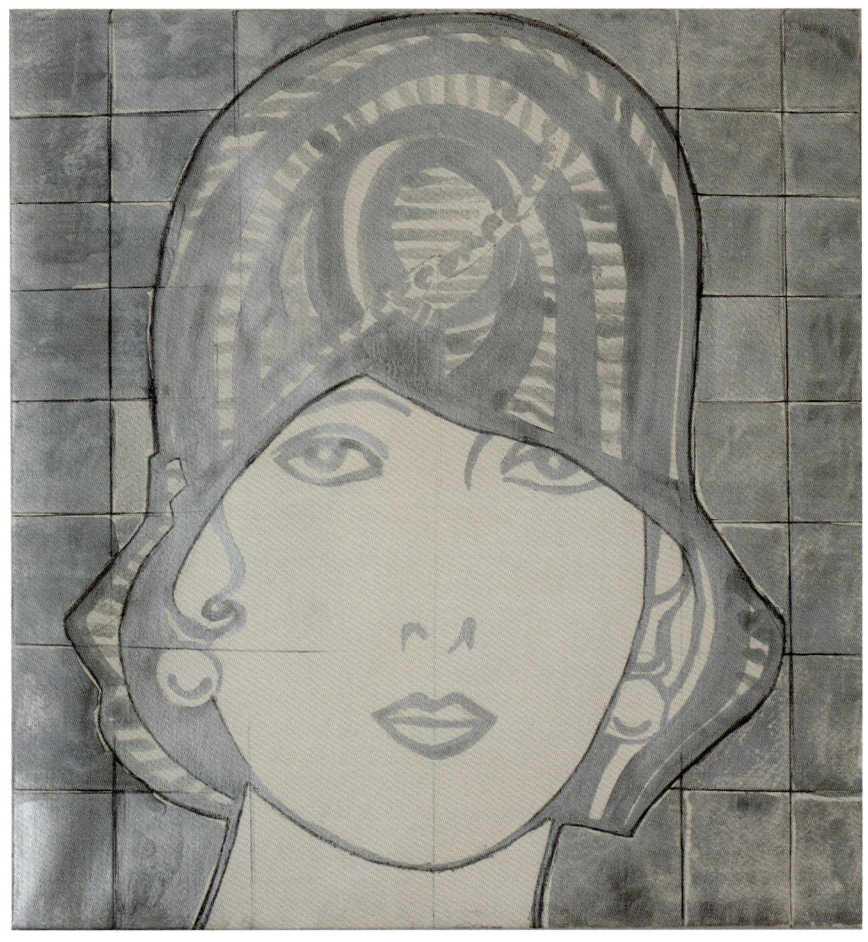

Cappello geometrico
1969
pittura argento su tela /
silver paint on canvas
65 x 70 cm
Collezione privata /
Private collection

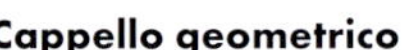

Ragazza
anni sessanta / 1960s
smalto d'argento
su carta / silver enamel
on paper
70 x 100 cm
Casa di Cultura
Goffredo Parise,
Ponte di Piave (TV)
(opera non in mostra /
work not exhibited)

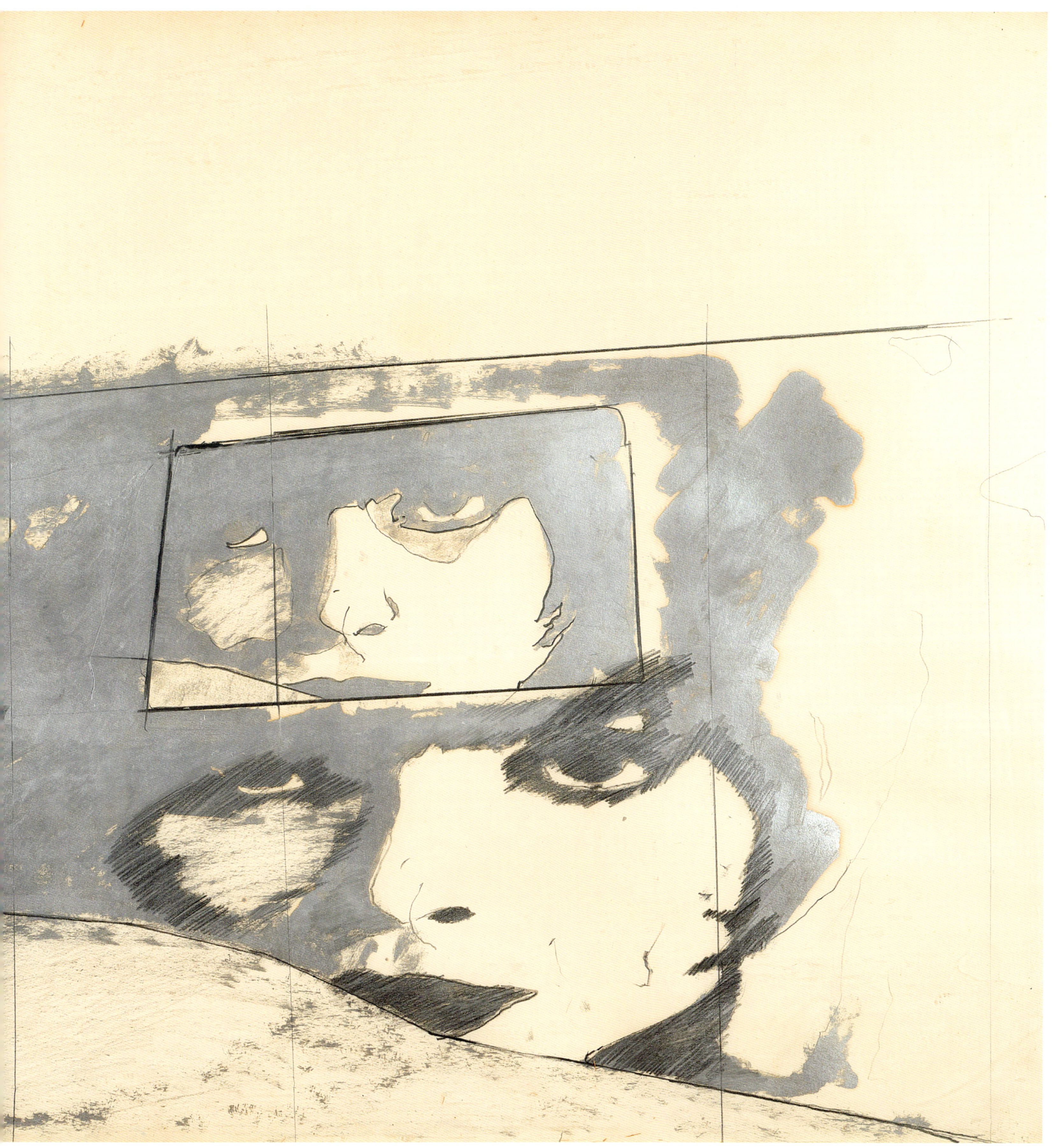

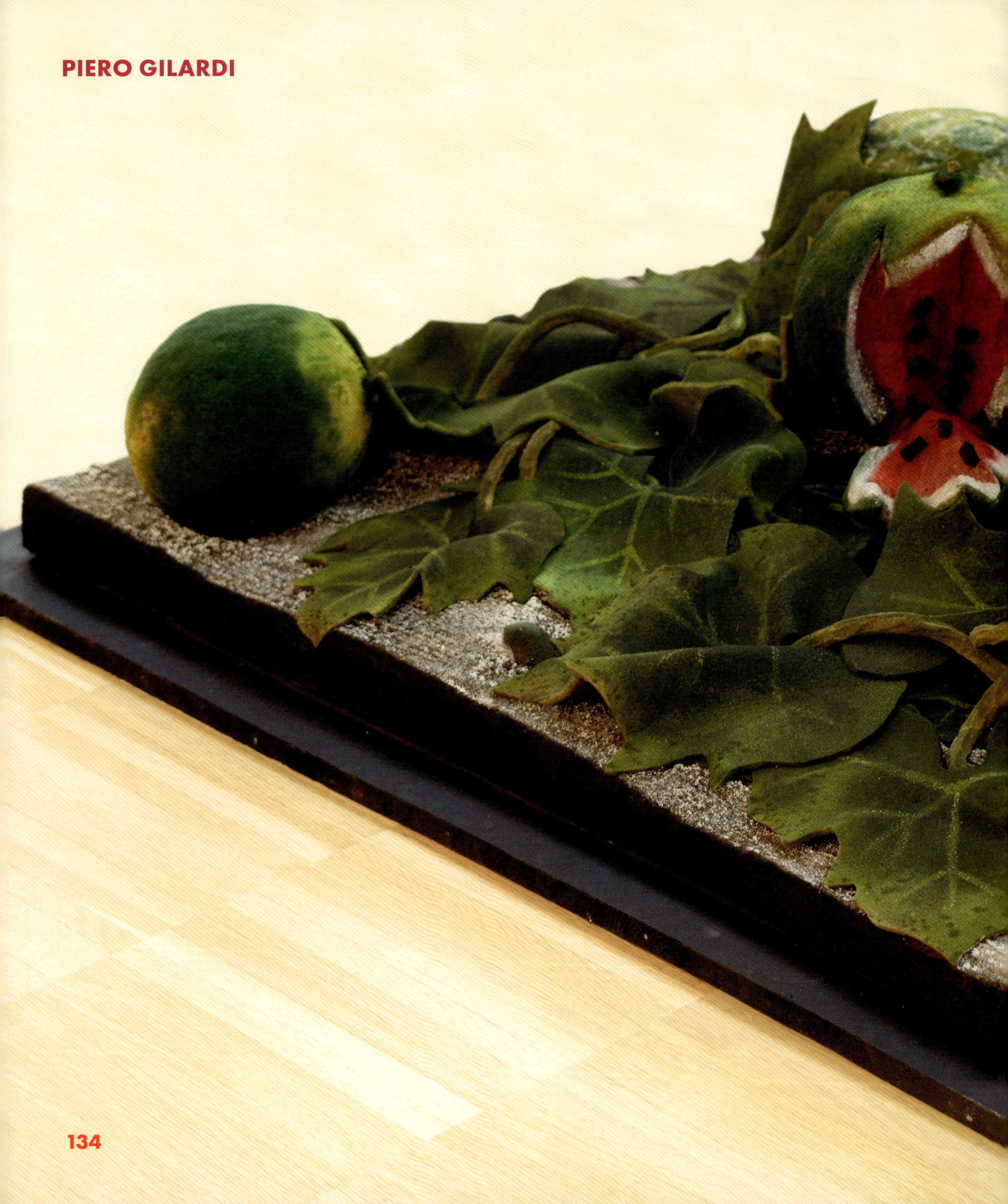

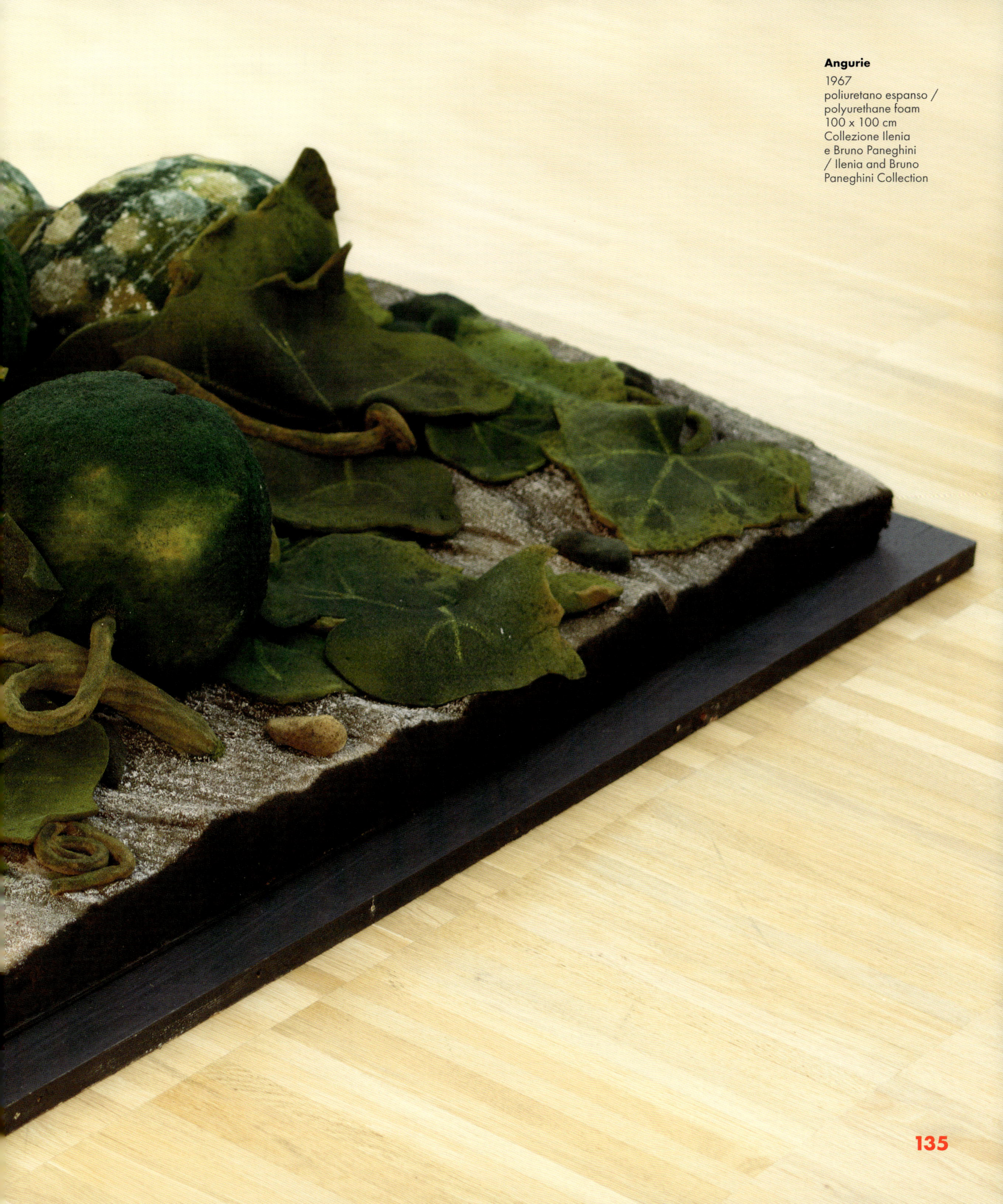

Angurie
1967
poliuretano espanso /
polyurethane foam
100 x 100 cm
Collezione Ilenia
e Bruno Paneghini
/ Ilenia and Bruno
Paneghini Collection

Mais
1966
poliuretano espanso /
polyurethane foam
150 x 150 x 30 cm
Courtesy Biasutti
& Biasutti, Torino

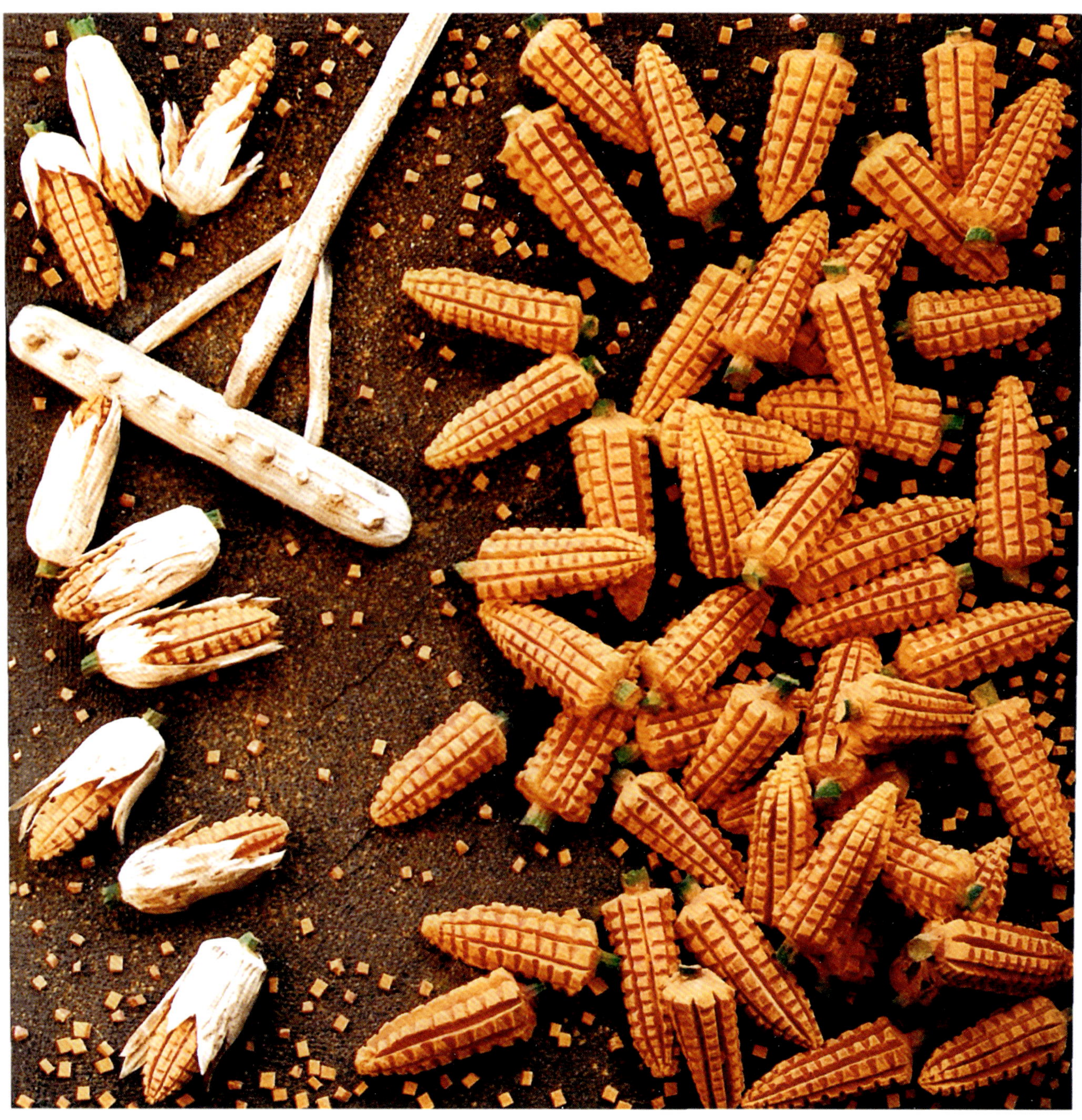

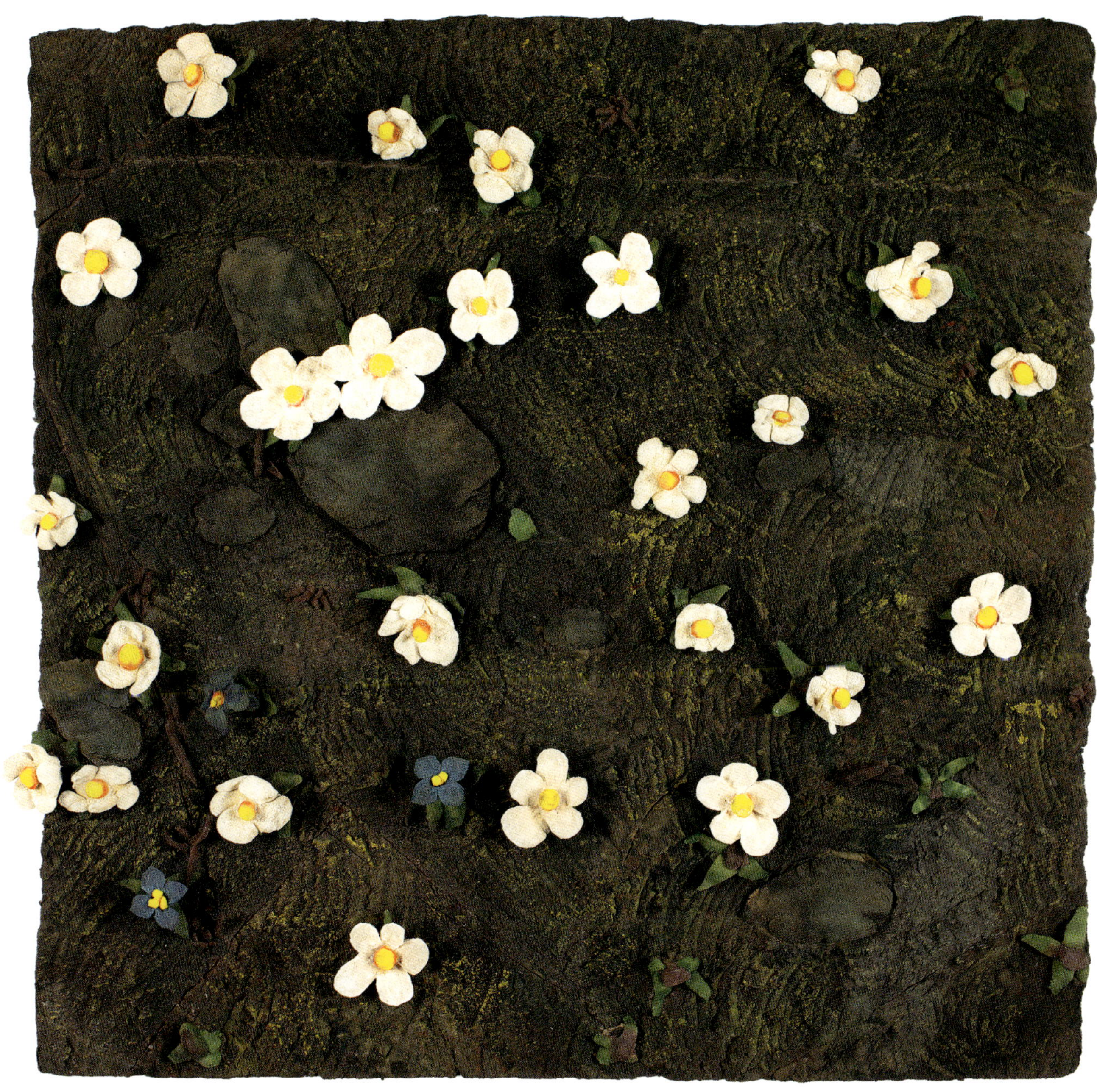

Tappeto-natura

1967
poliuretano espanso /
polyurethane foam
105 x 103 cm
Courtesy Galleria Erica
Ravenna

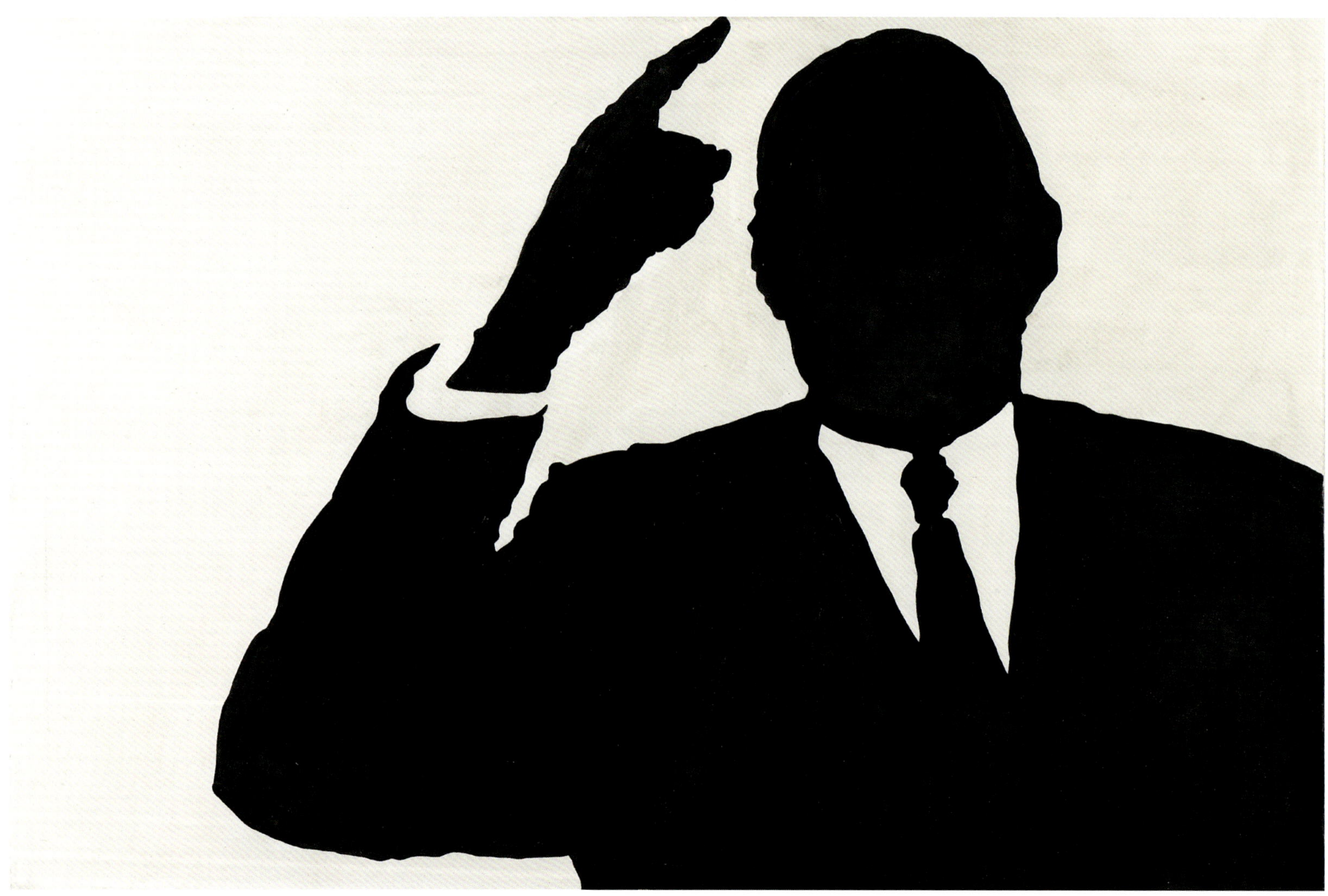

Charles de Gaulle
1961-1963
smalto su tela /
enamel on canvas
120 x 180 cm
Mart, Museo di
arte moderna e
contemporanea
di Trento e Rovereto
Collezione VAF-Stiftung
MART 6344, VAF 2070,
ex VWF 3425

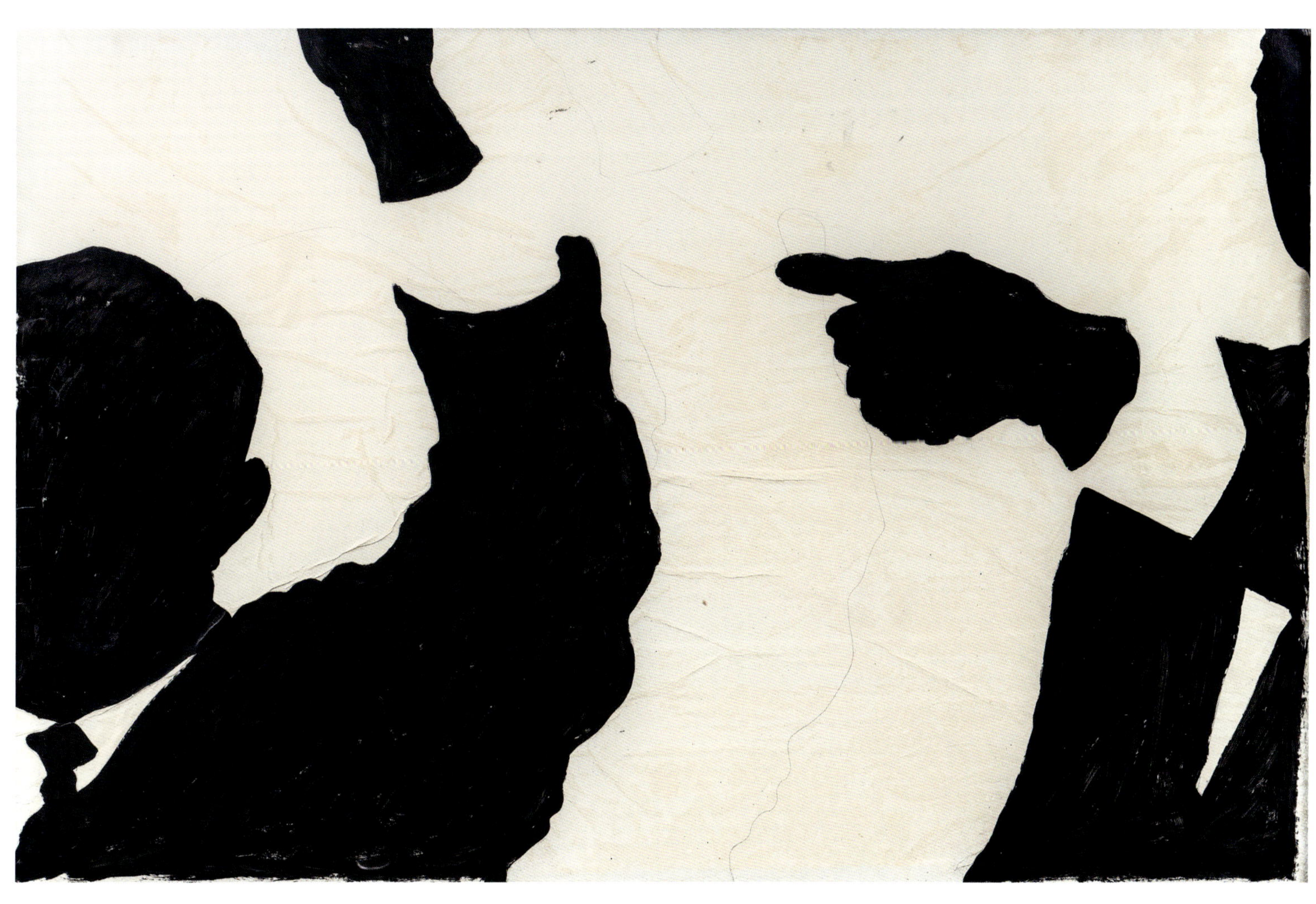

Gesto tipico: Krushov
1962
smalto su carta intelata /
enamel on canvas paper
100 x 150 cm
Collezione privata /
private collection
Courtesy Galleria Erica
Ravenna

Viva l'Italia Viva
1965
decollage su tela /
decollage on canvas
200 x 300 cm
Aurelio Stefanini -
Archivio

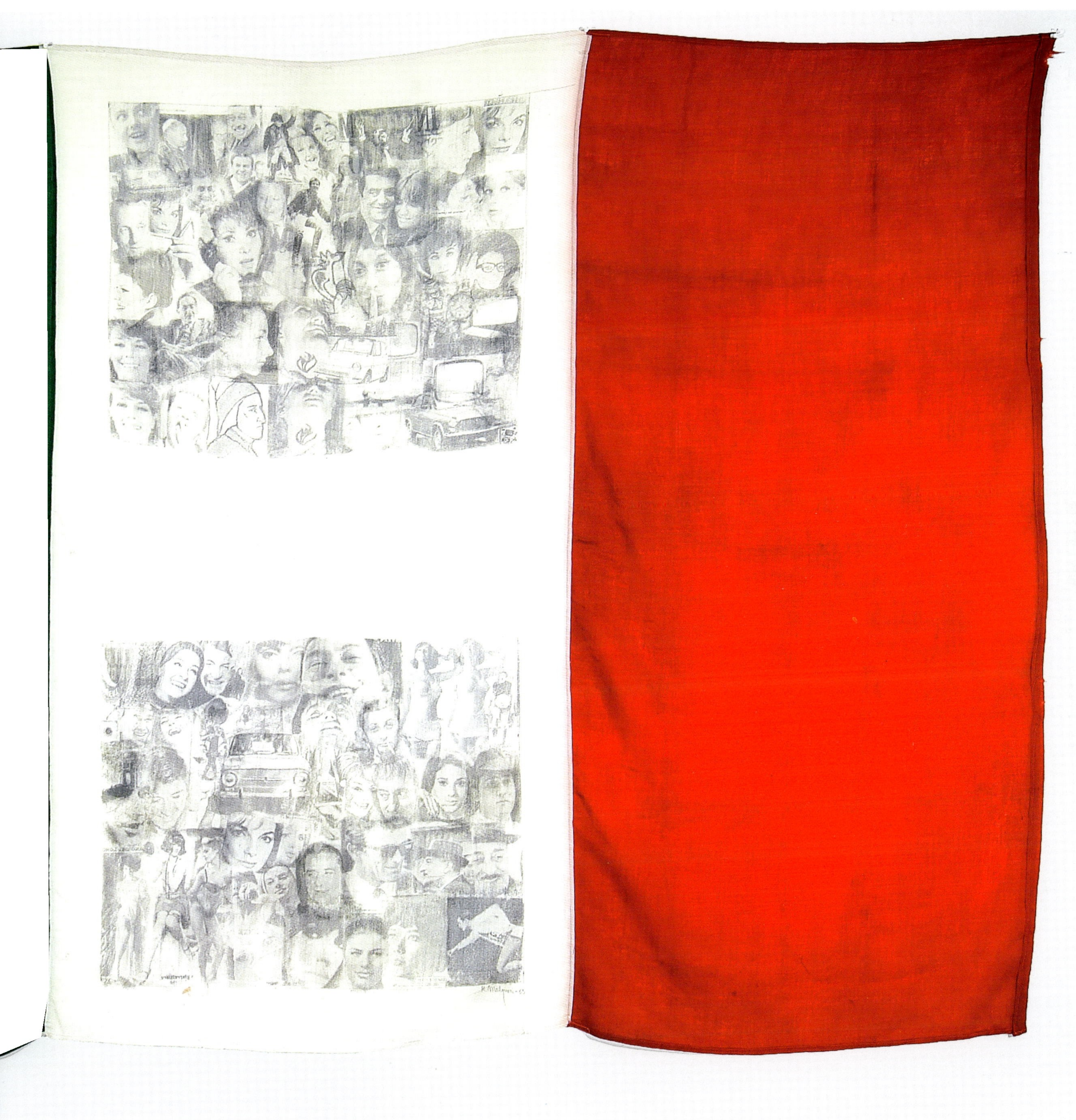

RENATO MAMBOR

**Natura morta
e materia**

1966
tecnica mista su tela
e perspex / mixed
media on canvas
and perspex
71 x 71 cm
Collezione privata /
Private collection
Courtesy Tornabuoni
Arte, Firenze

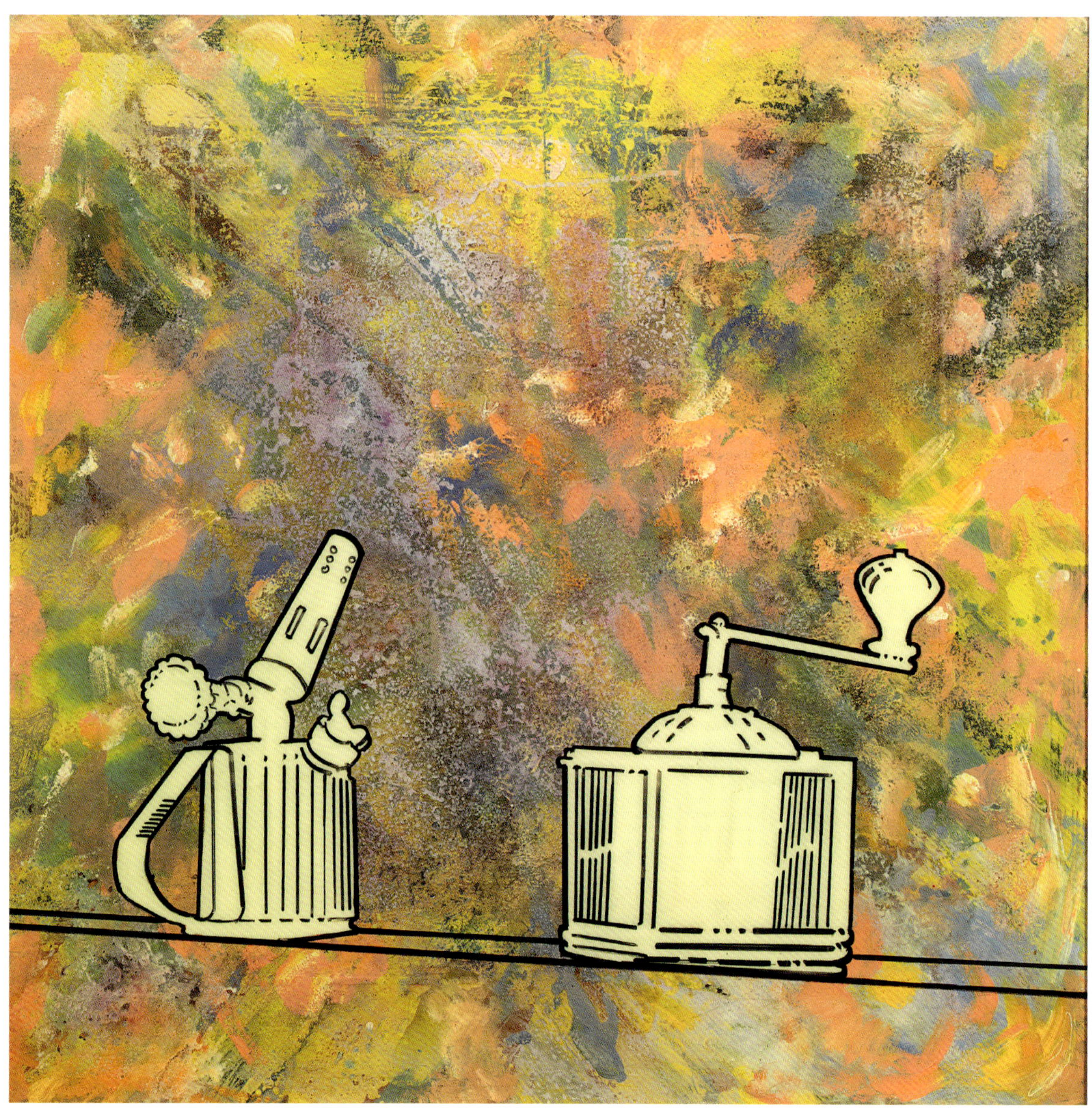

La partita di pallone
1965
smalto e pennarello
su tela / enamel
and marker on canvas
80 x 100 cm
Collezione privata /
Private collection
Courtesy Tornabuoni
Arte, Firenze

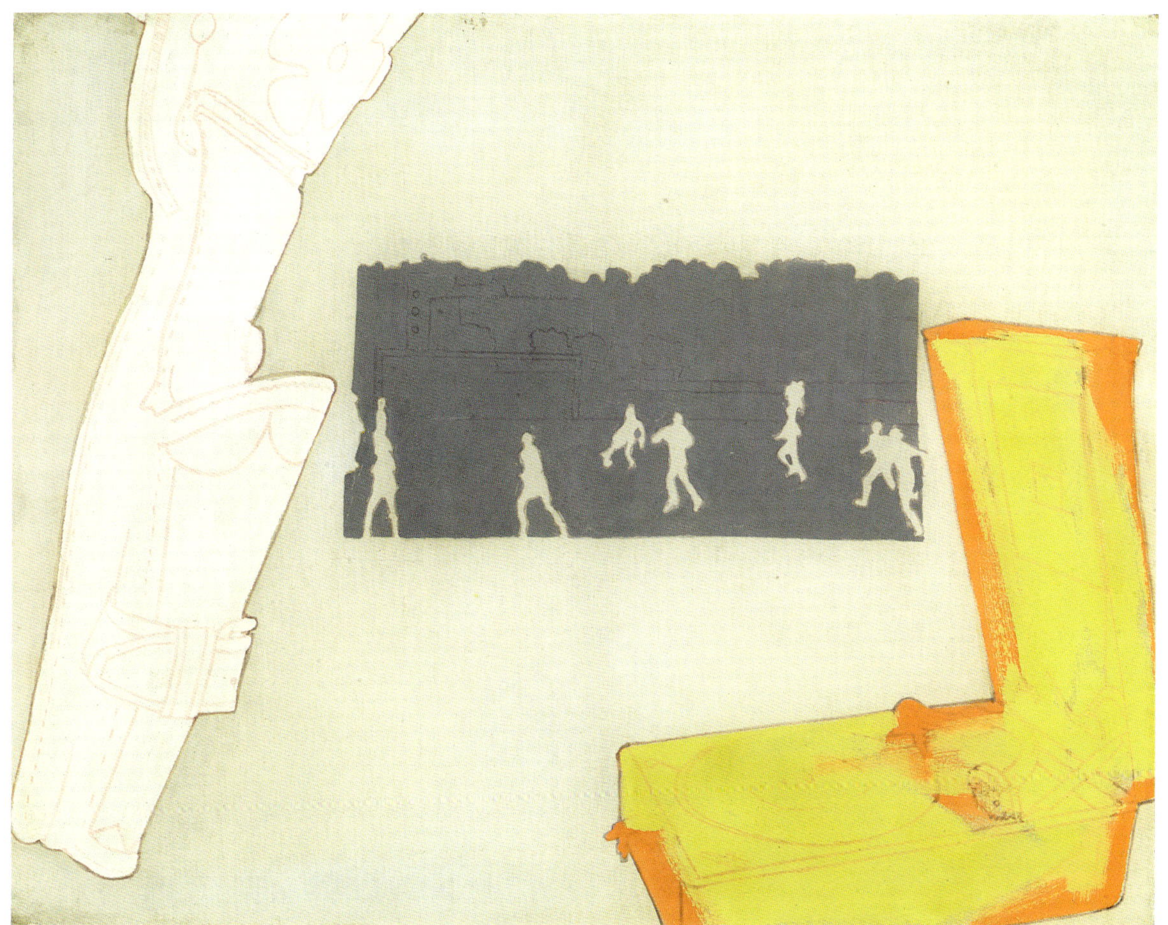

La pistola giocattolo
1965
olio su tela /
oil on canvas
140 x 170 cm
Collezione Intesa
Sanpaolo / Intesa
Sanpaolo Collection
Archivio Patrimonio
Artistico Intesa Sanpaolo

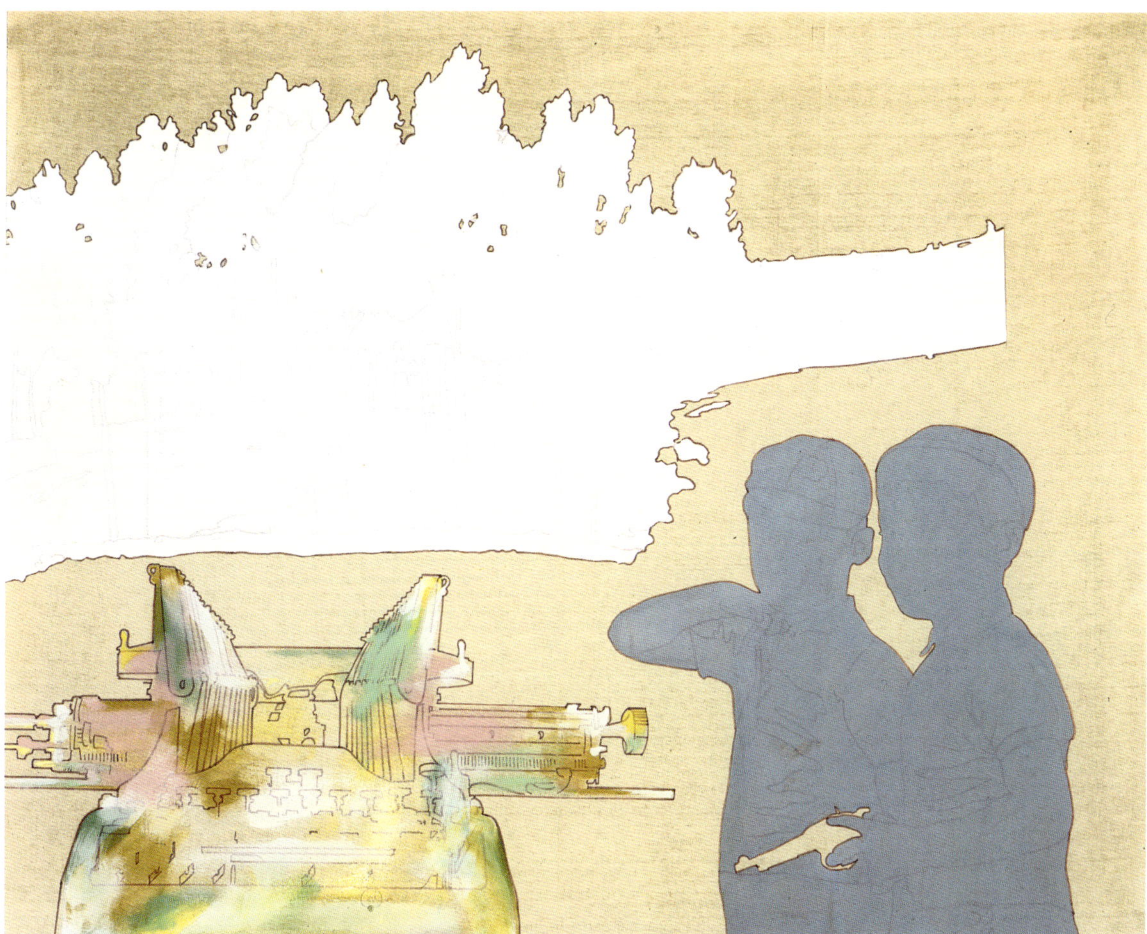

UMBERTO MARIANI

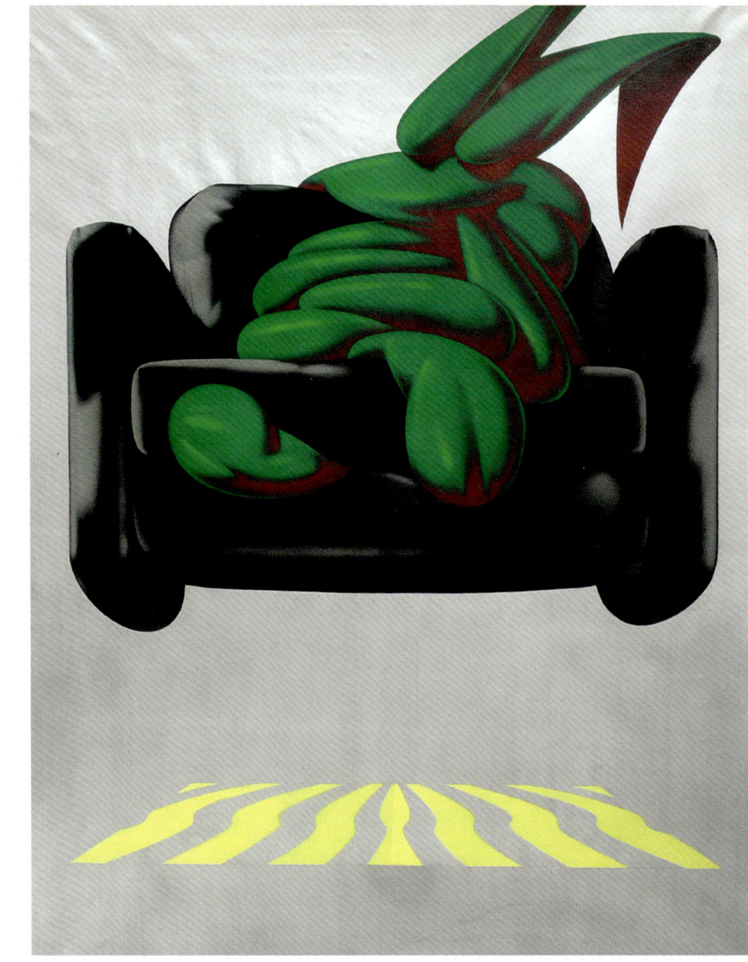

Il trono nero

1968
acrilico su tela
e vernice spray /
acrylic on canvas
and spray paint
195 x 146 cm

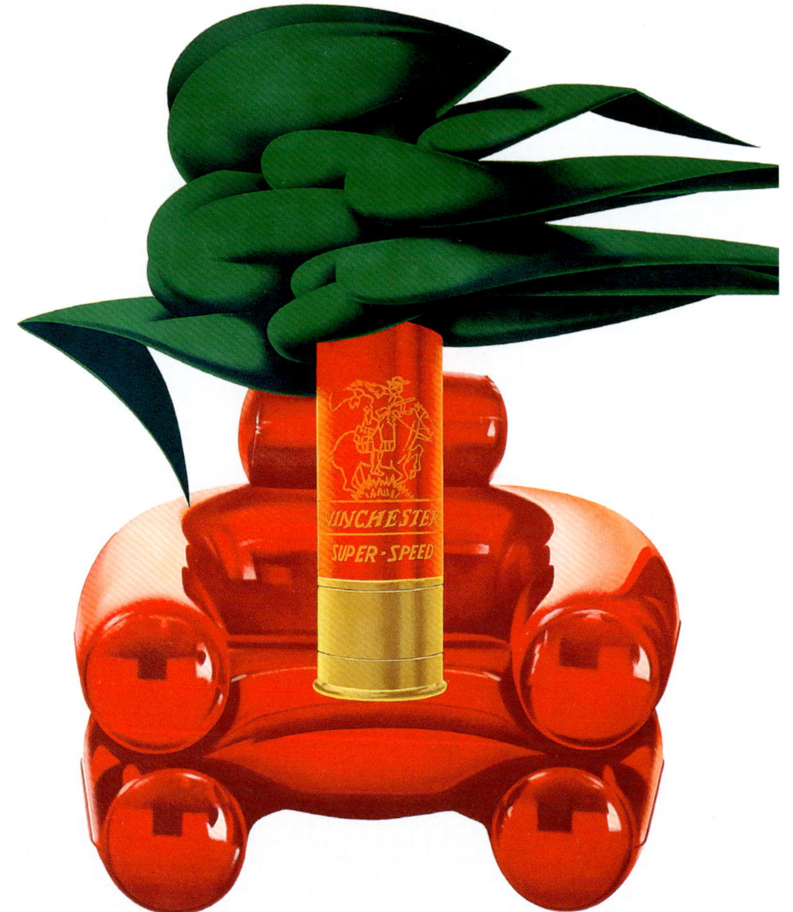

**La contestazione
mondana - Flower
Power**

1968
acrilico su tela /
acrylic on canvas
200 x 160 cm
Collezione Marraccini /
Marraccini Collection

**La contestazione
mondana**

1968
acrilico su tela /
acrylic on canvas
195 x 162 cm
Collezione Koelliker /
Koelliker Collection
Courtesy BKV Fine Art

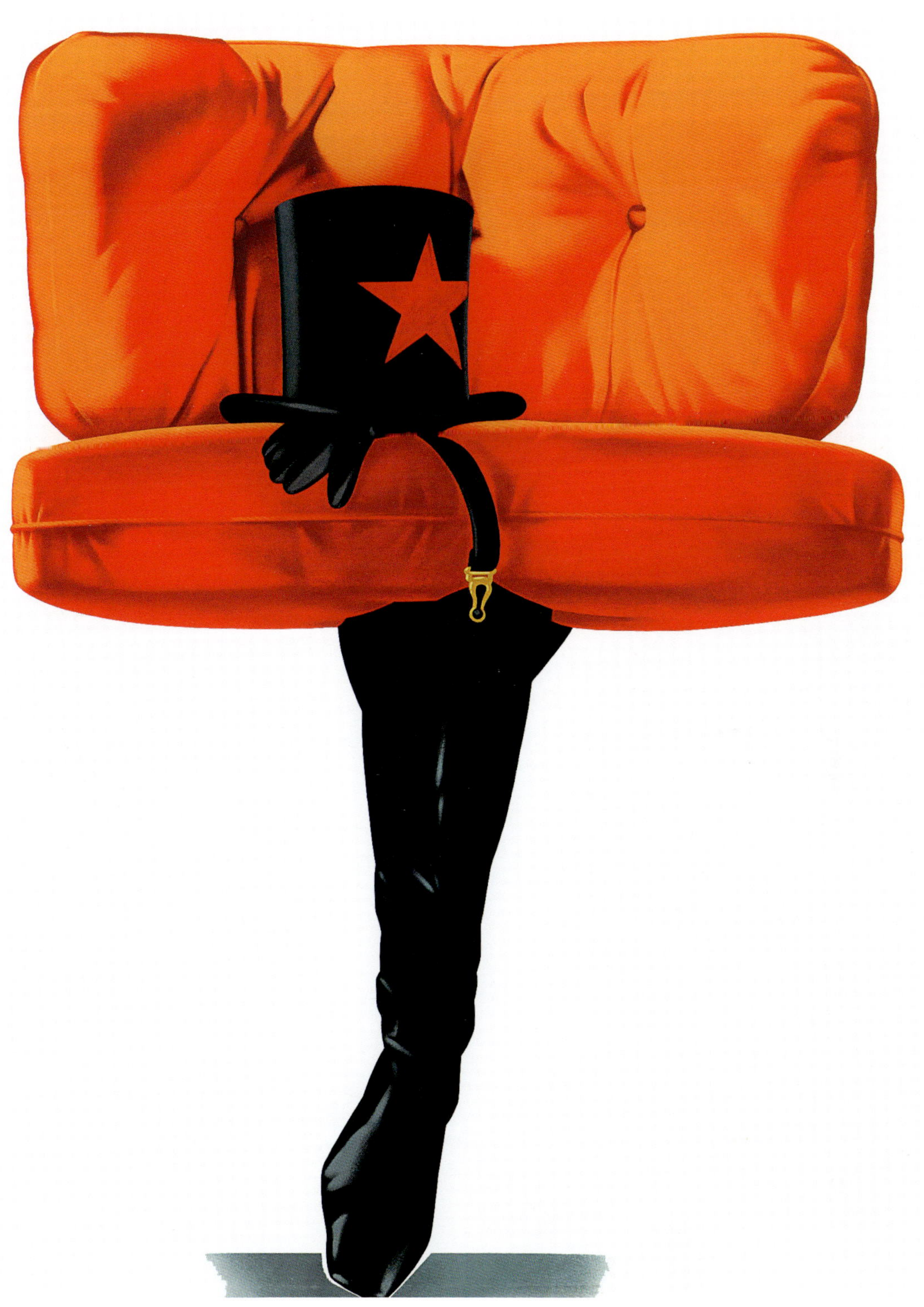

Perugino amore mio
1970
tecnica mista
su legno, metacrilato,
stampa fotografica /
mixed media on
wood, methacrylate,
photographic print
113,5 x 140 x 3,5 cm
Collezione privata /
Private collection
Courtesy Galleria Erica
Ravenna

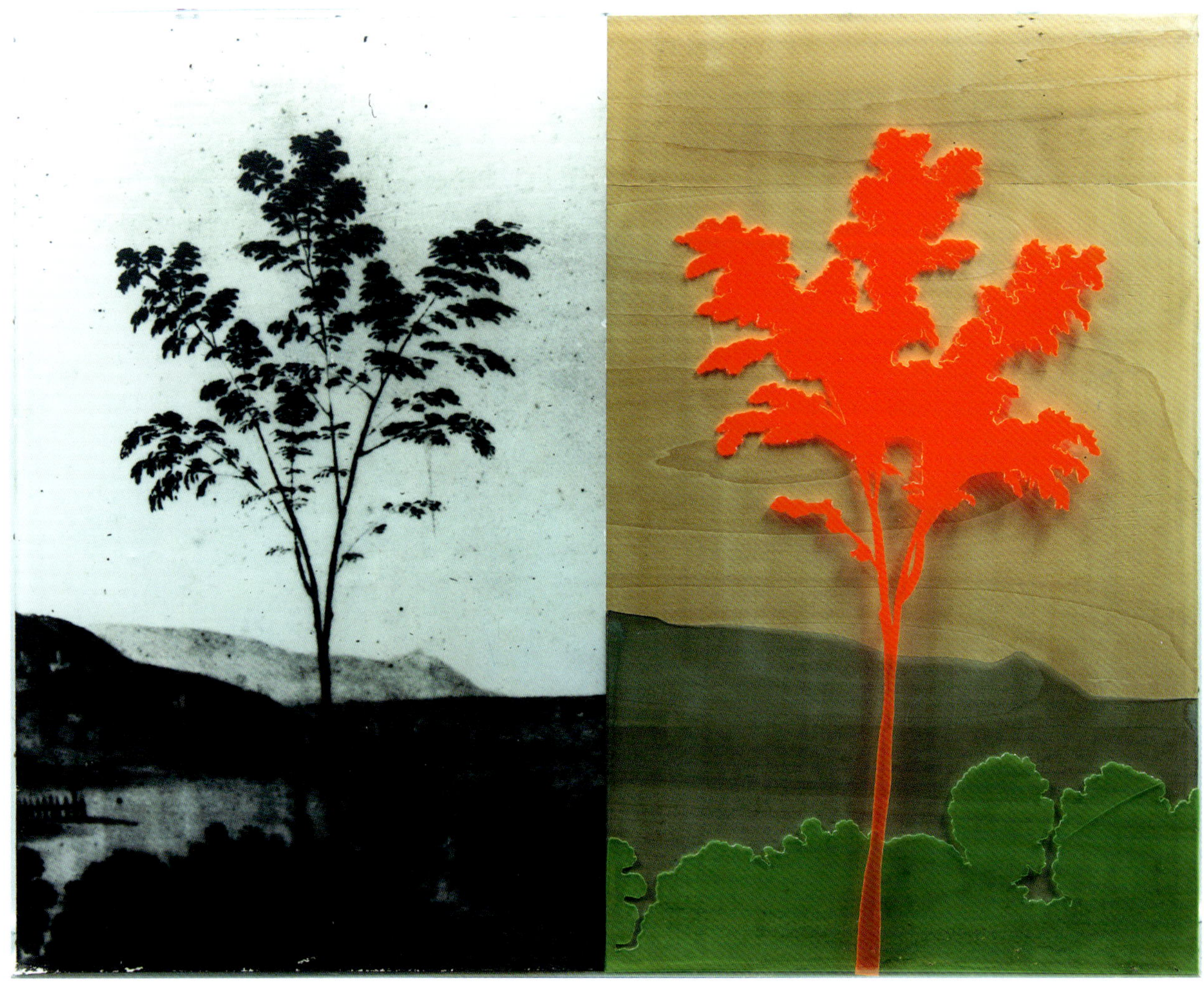

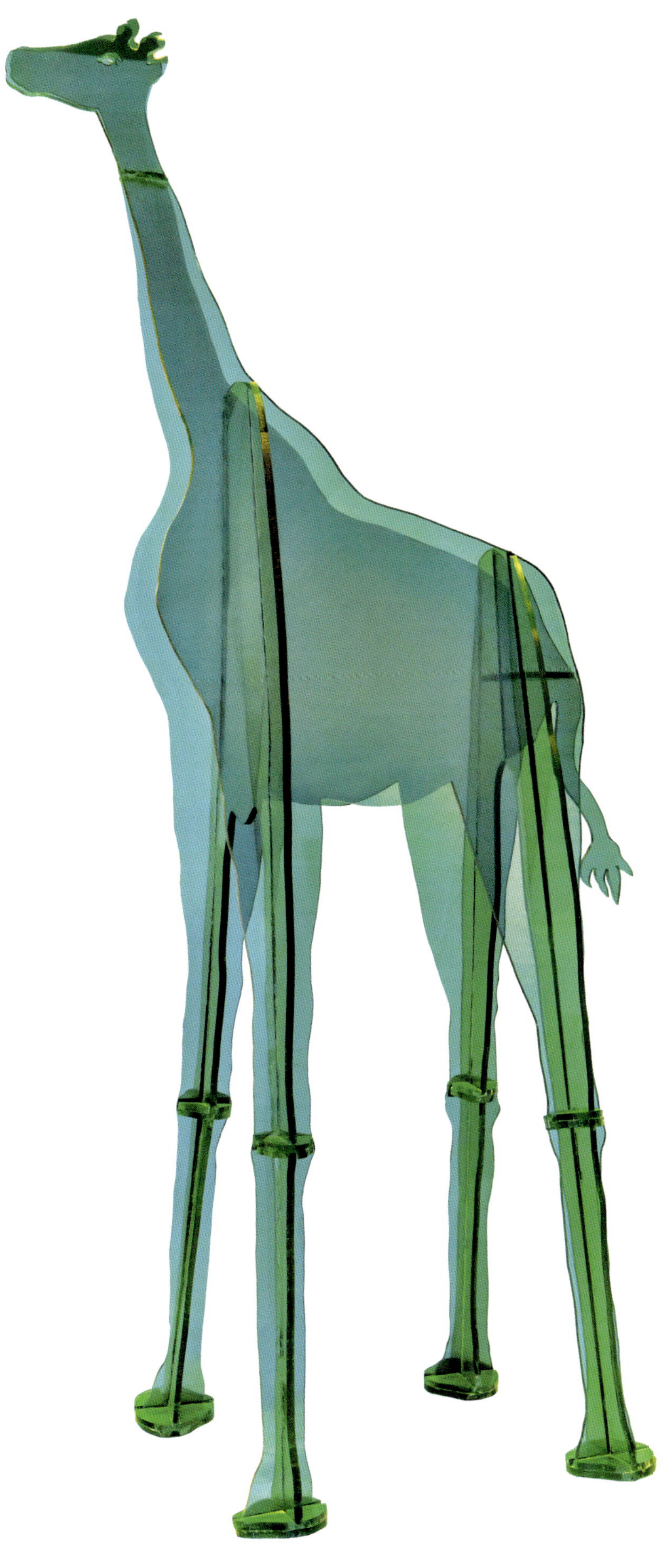

Giraffa artificiale
1972
metacrilato /
methacrylate
199 x 90 x 61 cm
Collezione privata /
Private collection
Courtesy Galleria Erica
Ravenna

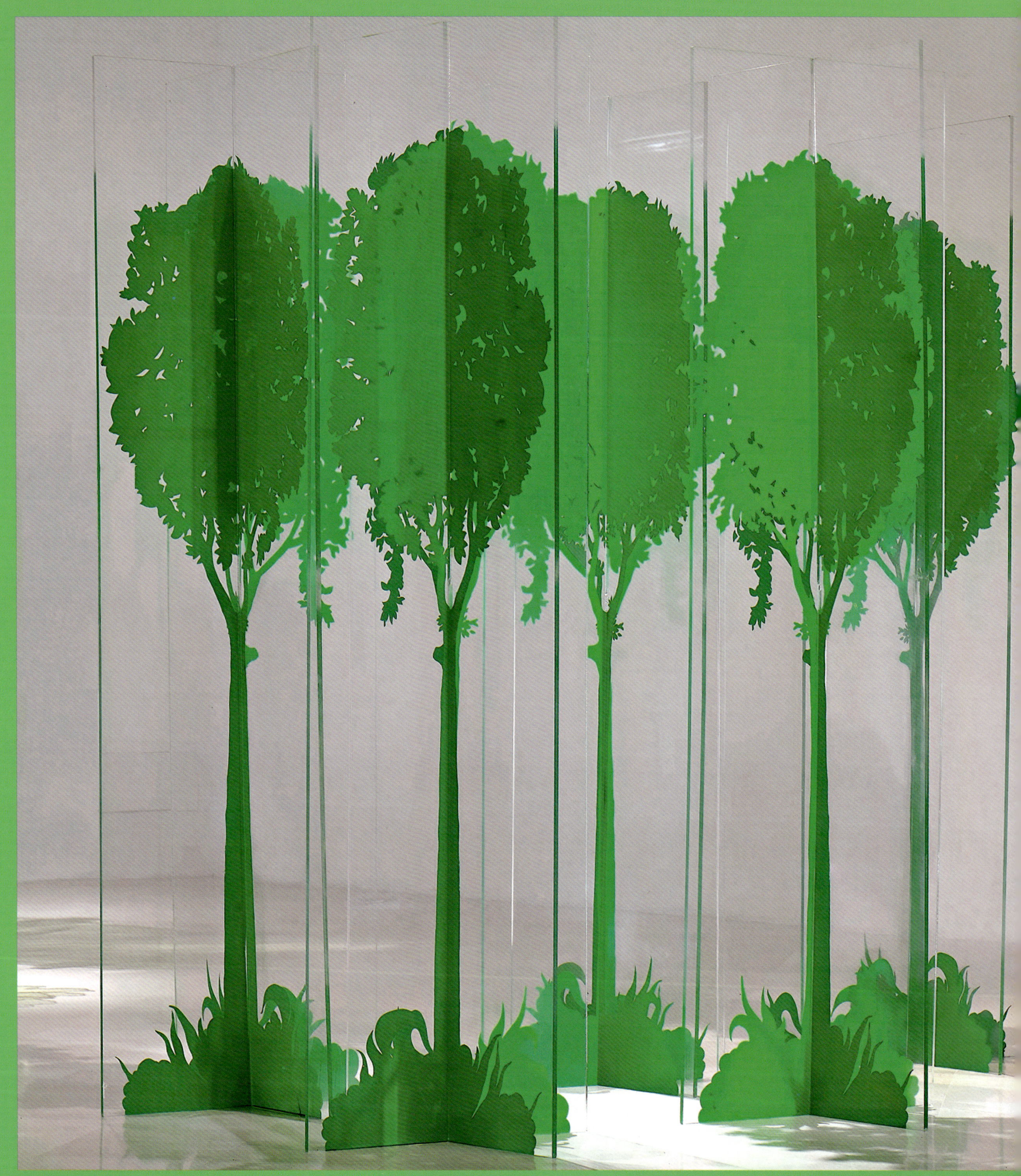

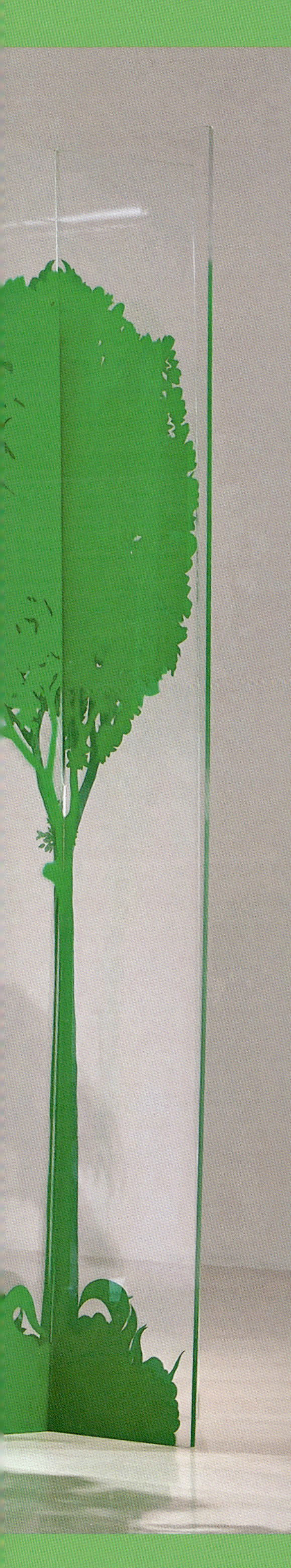

Natura modulare
1966-1971
metacrilato
ogni elemento
è composto da 2 lastre
a incastro smontabili
di dimensioni /
methacrylate
each element consists
of 2 detachable
interlocking slabs
measuring
200 x 60 x 1 cm
per un totale di 12 lastre /
for a total of 12 slabs
Courtesy Galleria Erica
Ravenna

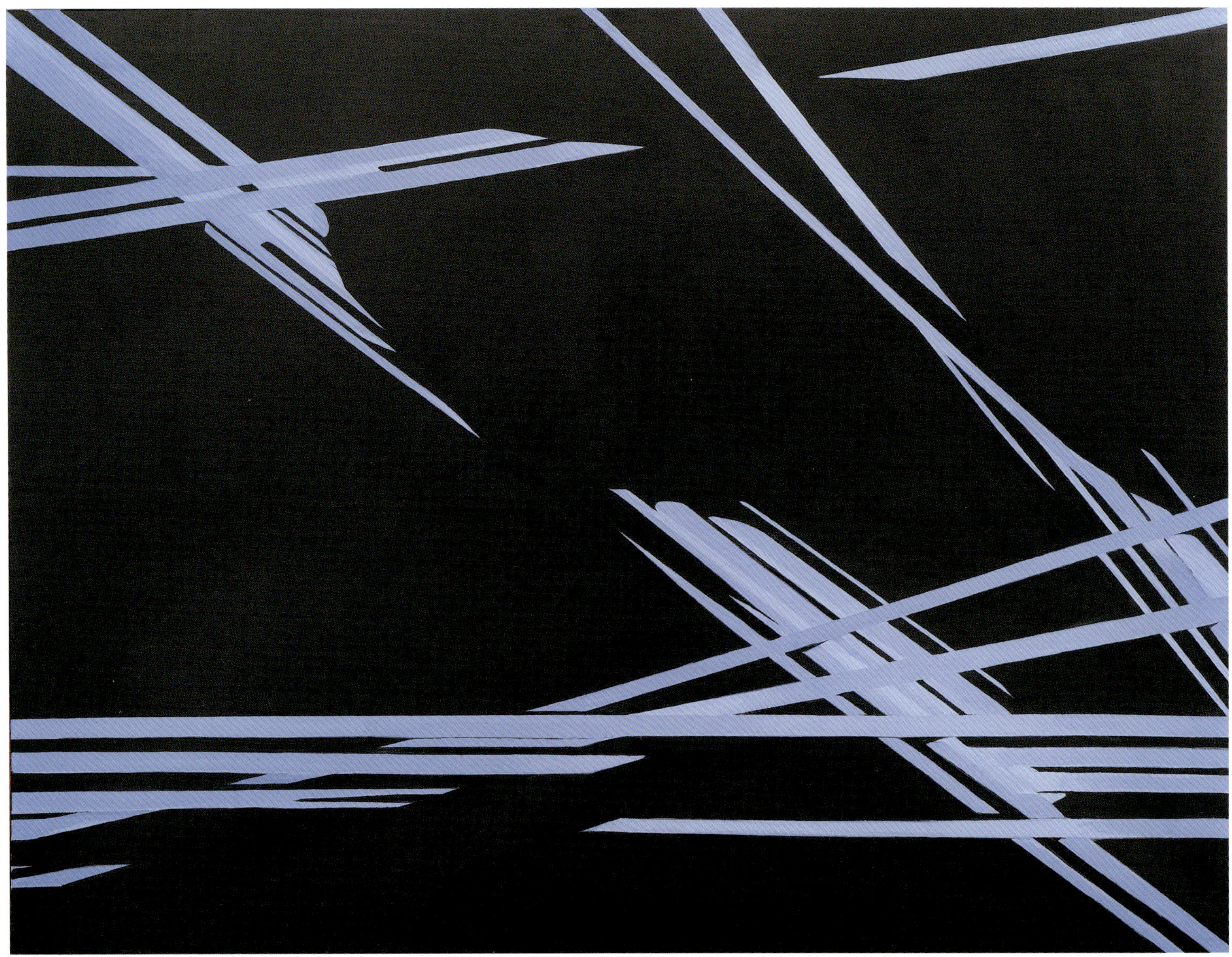

Cielo di notte
1970
acrilico su tela /
acrylic on canvas
114 x 146 cm
Collezione Intesa
Sanpaolo / Intesa
Sanpaolo Collection
Archivio Patrimonio
Artistico Intesa Sanpaolo

Fili nel cielo
1969
acrilico su lino /
acrylic on linen
125 x 150 cm
Collezione Intesa
Sanpaolo / Intesa
Sanpaolo Collection
Archivio Patrimonio
Artistico Intesa Sanpaolo

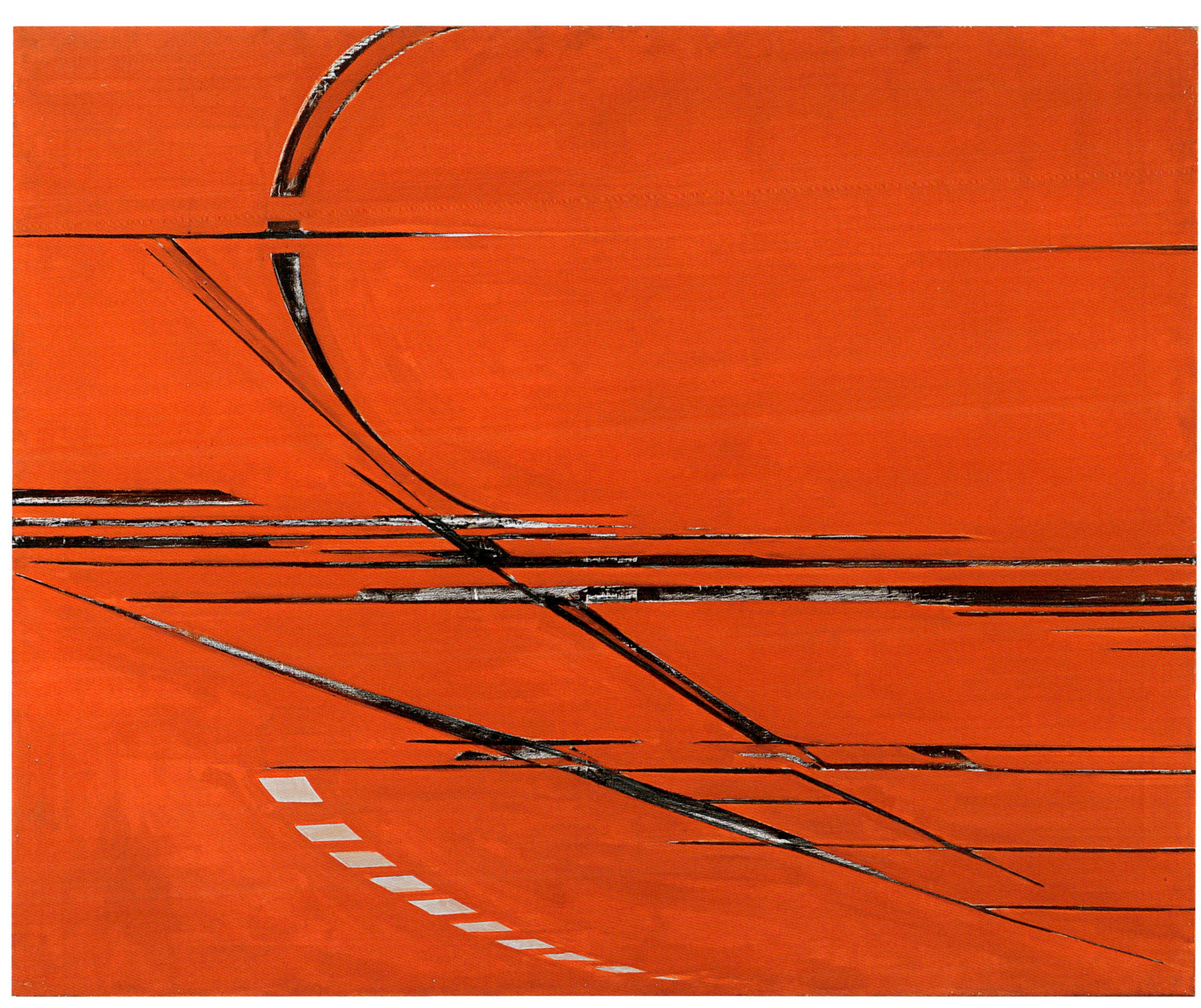

Schermo con pubblico

1962-1963
tempera su carta /
tempera on paper
70 x 110 cm
Collezione privata /
Private collection
Courtesy Galleria Erica
Ravenna

Cinema a luce solida

1968
scultura in metallo
verniciato e trattato /
painted and treated
metal sculpture
213 x 99 x 87 cm
Courtesy The Estate of
Fabio Mauri and Hauser
& Wirth

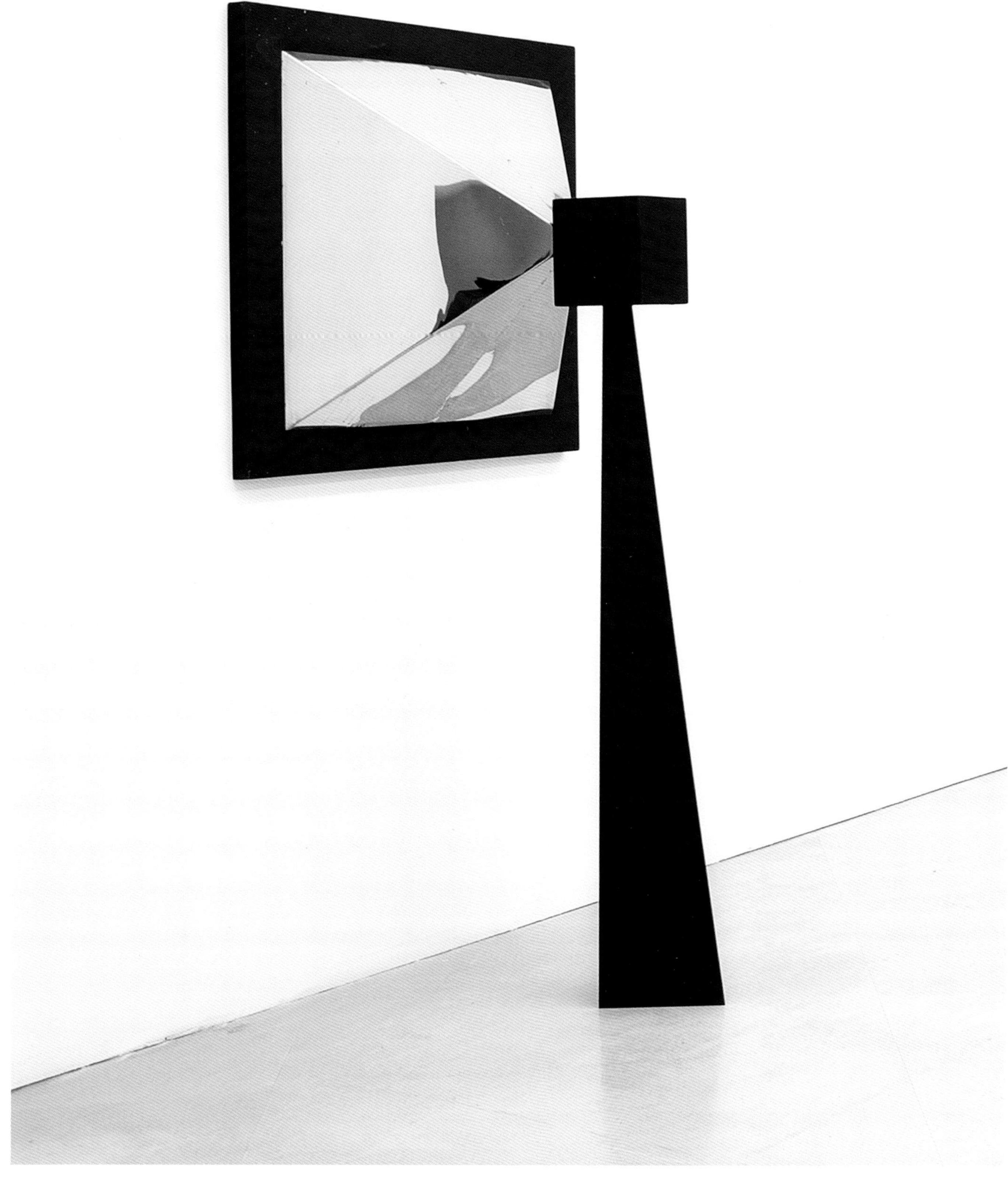

ALDO MONDINO

Libertà
1960
olio e spray su tela /
oil and spray on canvas
180 x 130 cm
Collezione Ilenia
e Bruno Paneghini
/ Ilenia and Bruno
Paneghini Collection

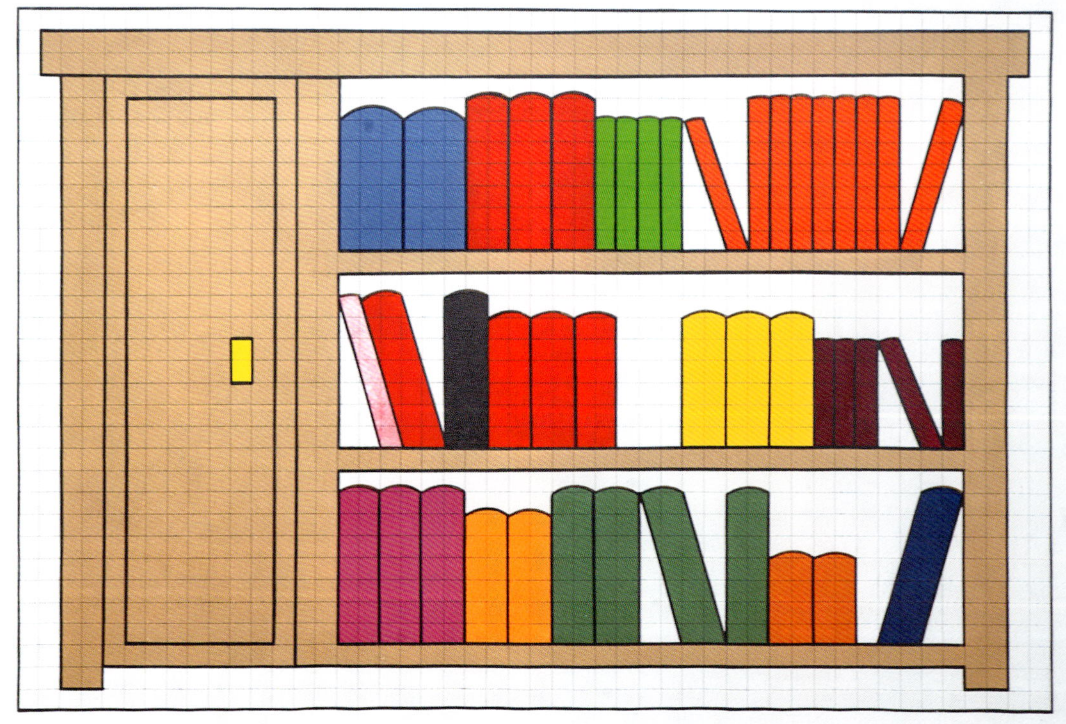

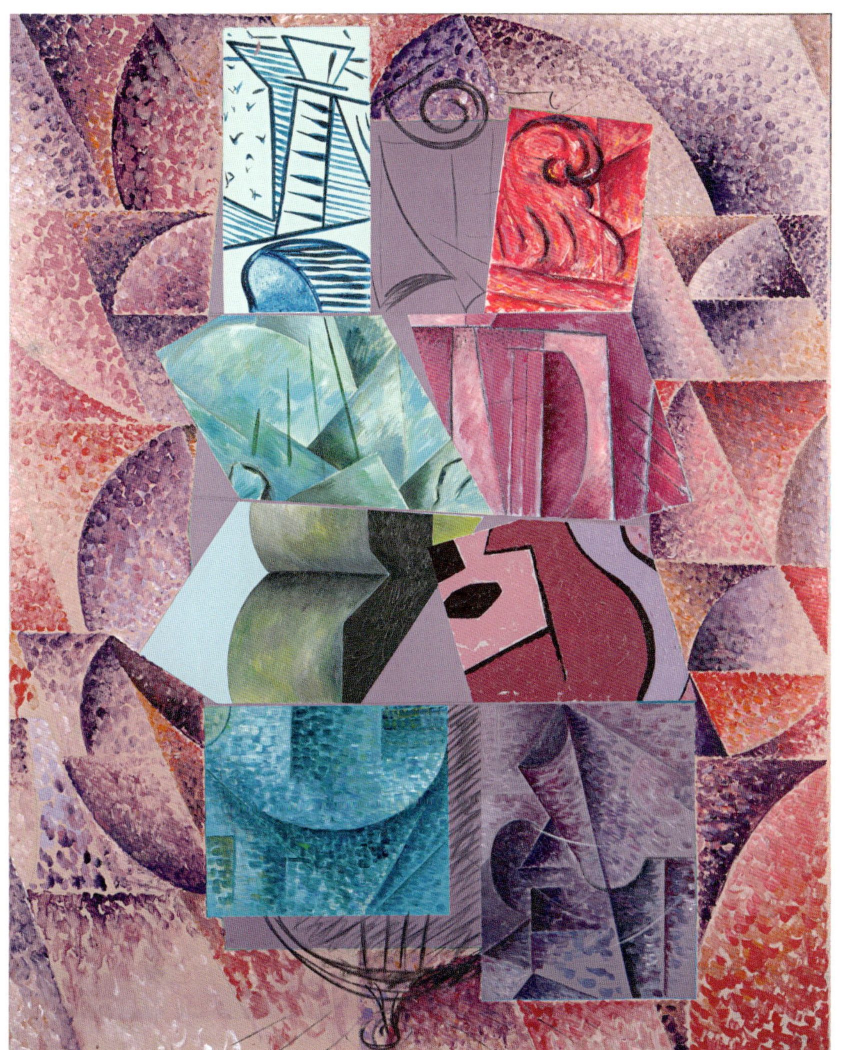

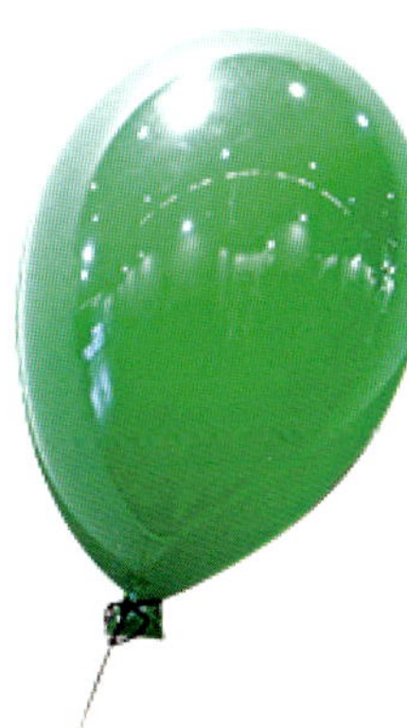

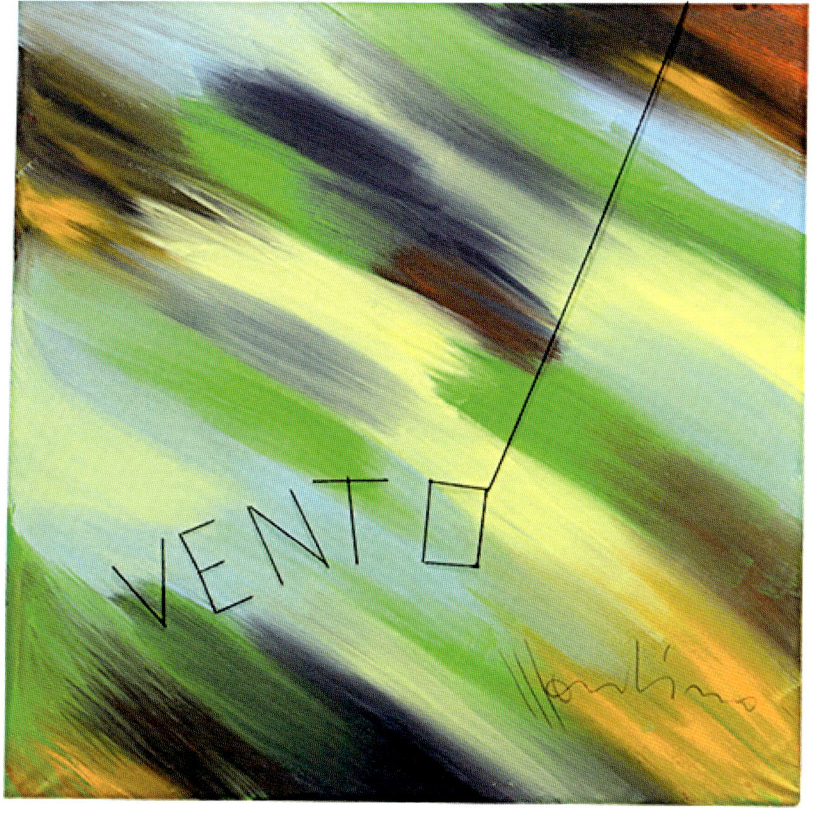

Vento
1965
acrilico su tela
e palloncino plastica /
acrylic on canvas
and plastic balloon
120 x 120 cm
palloncino / balloon
48 x 33 x 20 cm
Courtesy Galleria Erica
Ravenna

155

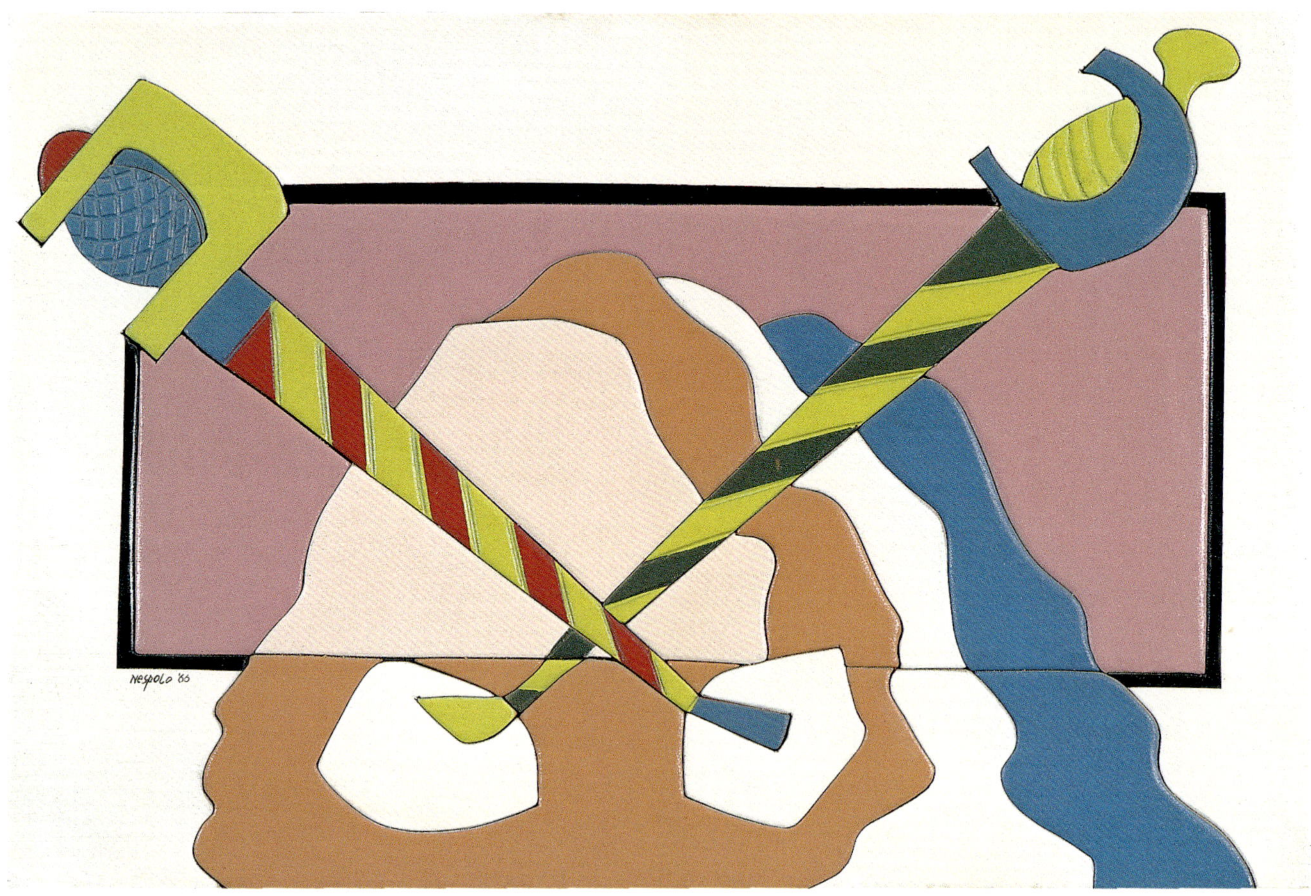

Gioco Giocasti

1966
intarsio di legni colorati /
colored wood inlay
50 x 73 cm
Collezione Intesa
Sanpaolo / Intesa
Sanpaolo Collection
Archivio Patrimonio
Artistico Intesa Sanpaolo

Scoglio

1966
legno e tela dipinta /
wood and painted
canvas
114 x 35 x 37 cm
Collezione Intesa
Sanpaolo / Intesa
Sanpaolo Collection
Archivio Patrimonio
Artistico Intesa Sanpaolo

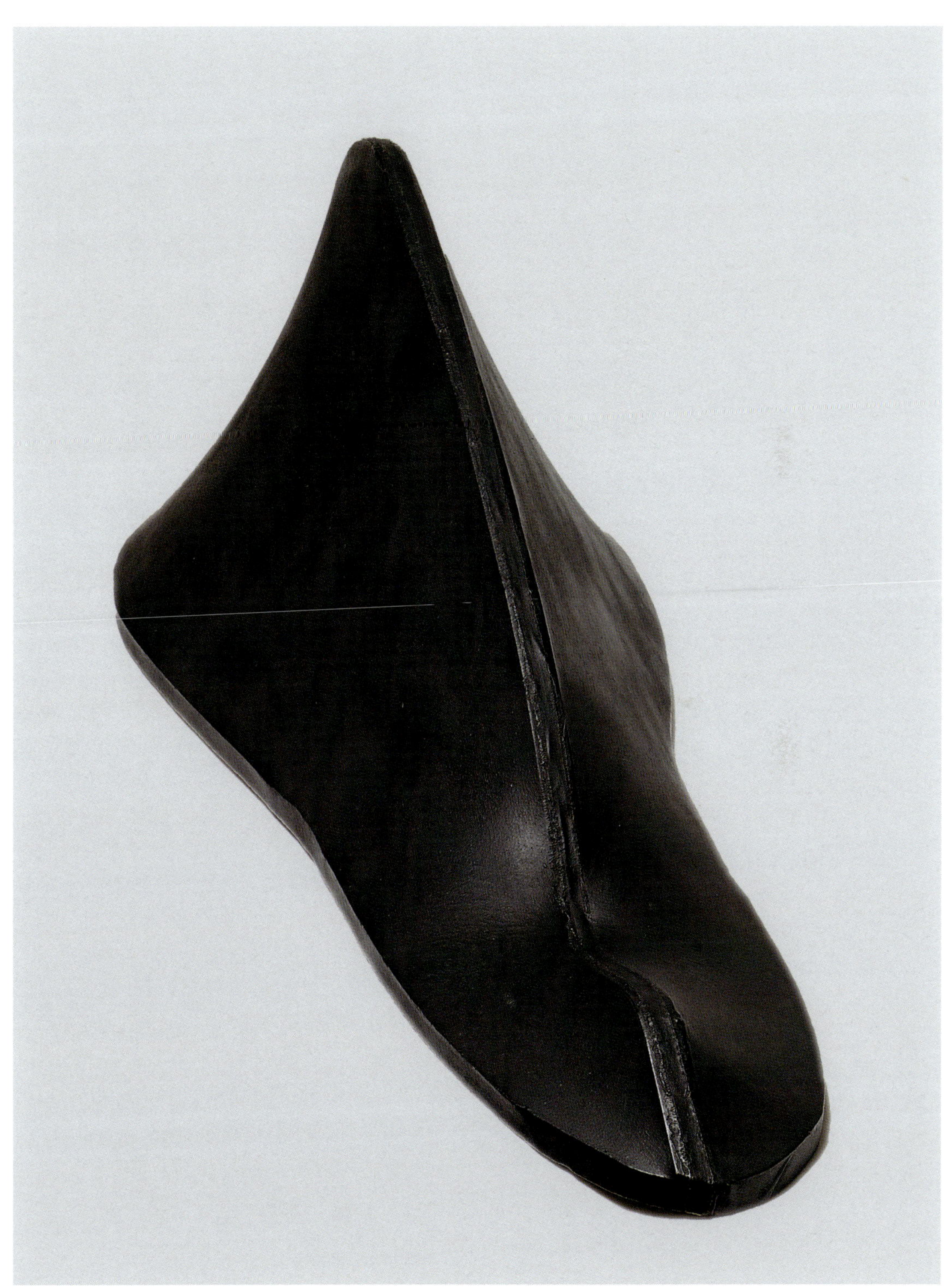

CONCETTO POZZATI

**Cade ancora
la pioggia?**

1968
acrilico e applicazioni
a specchio su tela /
acrylic and mirror
applications on canvas
165 x 200 cm
Collezione Intesa
Sanpaolo / Intesa
Sanpaolo Collection
Archivio Patrimonio
Artistico Intesa Sanpaolo

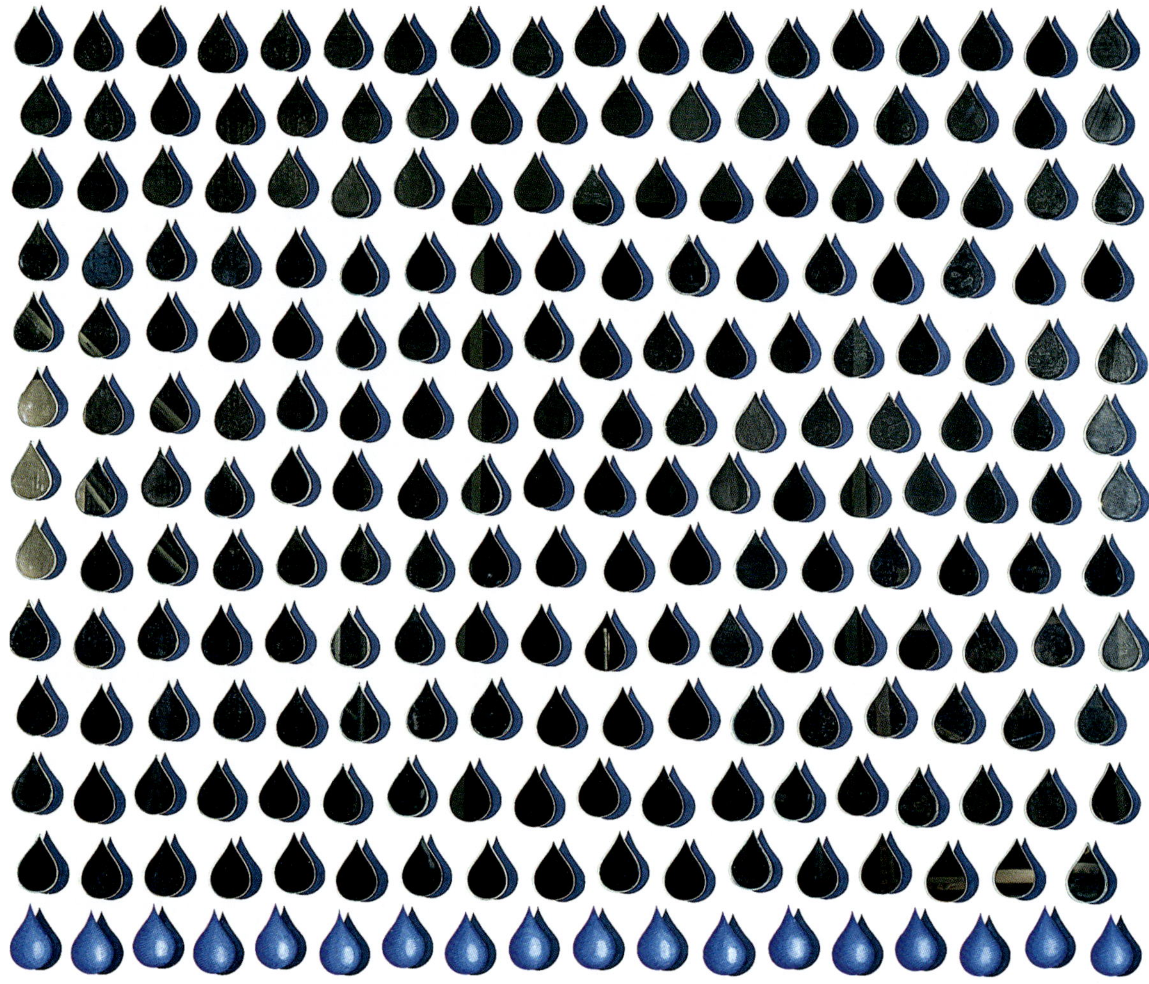

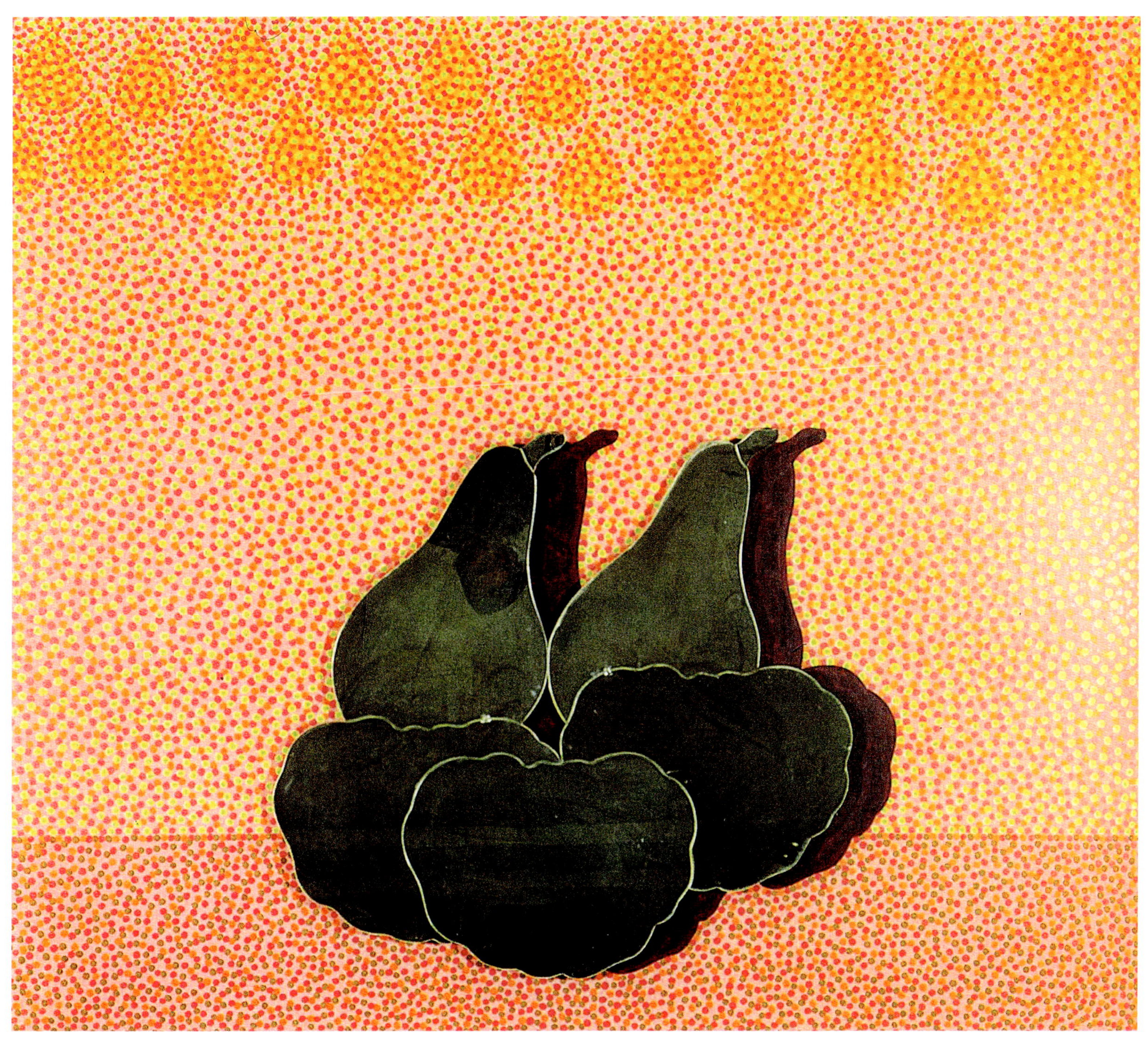

Grande natura morta all'aperto
1967-1968
acrilico e specchio
su tela / acrylic
and mirror on canvas
200 x 175 cm
Galleria de' Foscherari,
Bologna

Americano
1966
artypo su tela /
artypo on canvas
100 x 142 cm
Collezione privata /
Private collection
Courtesy Gió Marconi,
Milano

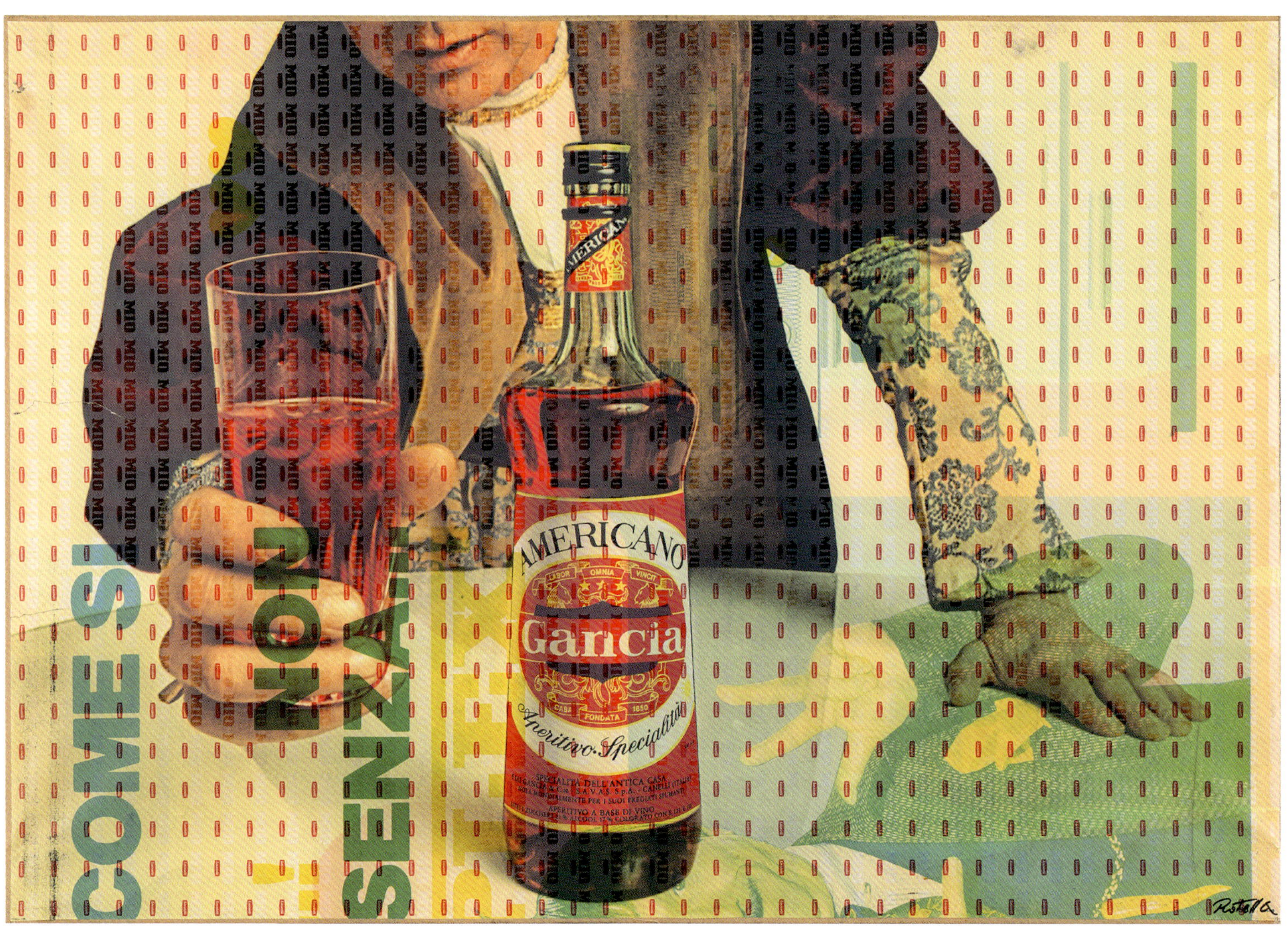

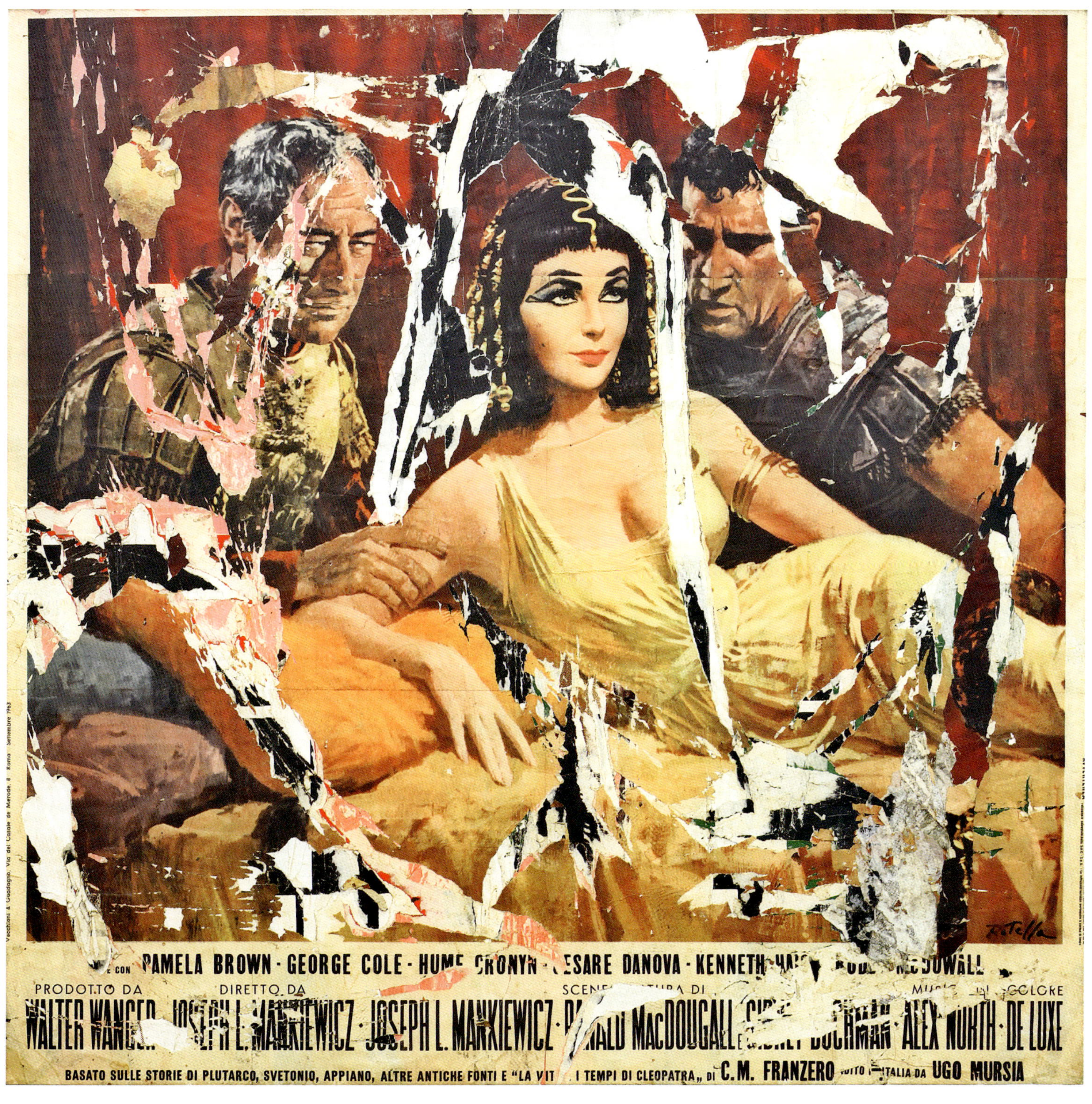

Cleopatra Liz

1963
décollage su tela /
décollage on canvas
134 x 131 cm
Collezione Koelliker /
Koelliker Collection
Courtesy BKV Fine Art

Figura e boomerang

1969
acrilico su tela /
acrylic on canvas
97 x 77 cm
Collezione Koelliker
/ Koelliker Collection
Courtesy BKV Fine Art

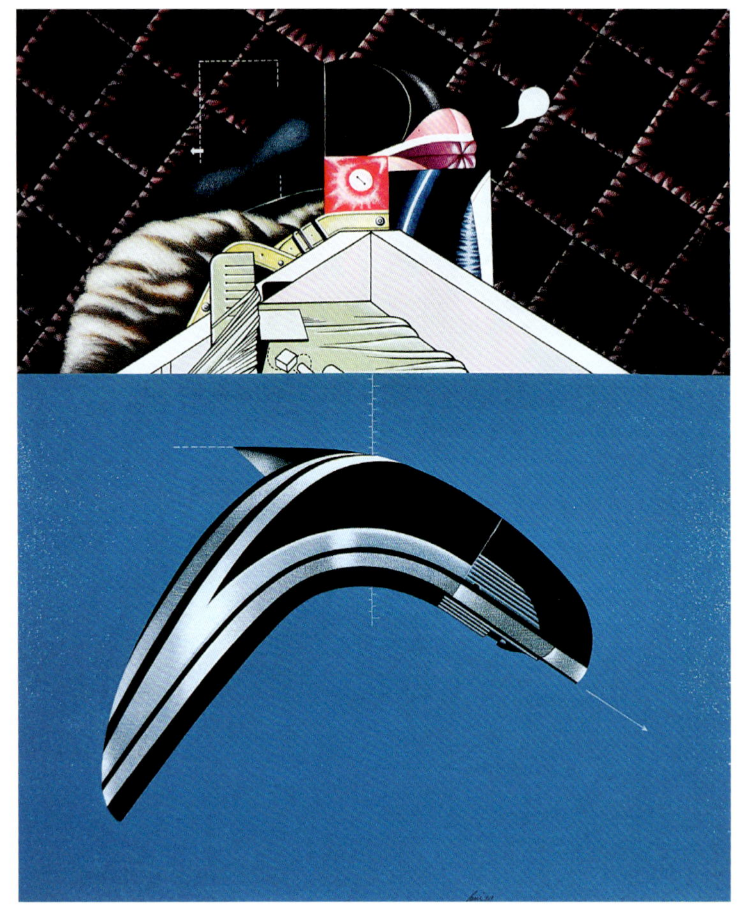

**Letto di contenzione
n° 2**
1971
acrilico su tela /
acrylic on canvas
160 x 160 cm
Collezione Koelliker
/ Koelliker Collection
Courtesy BKV Fine Art

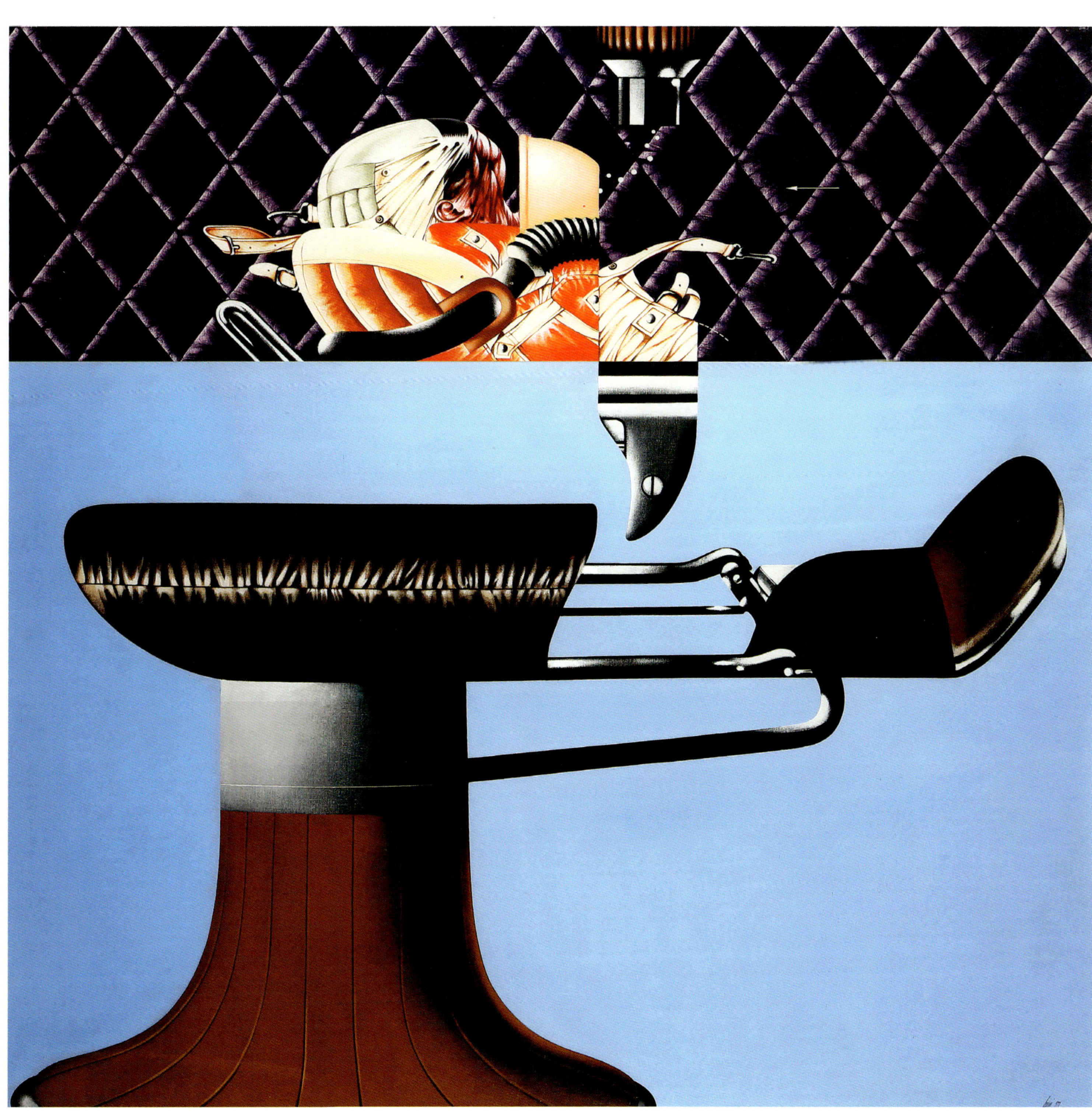

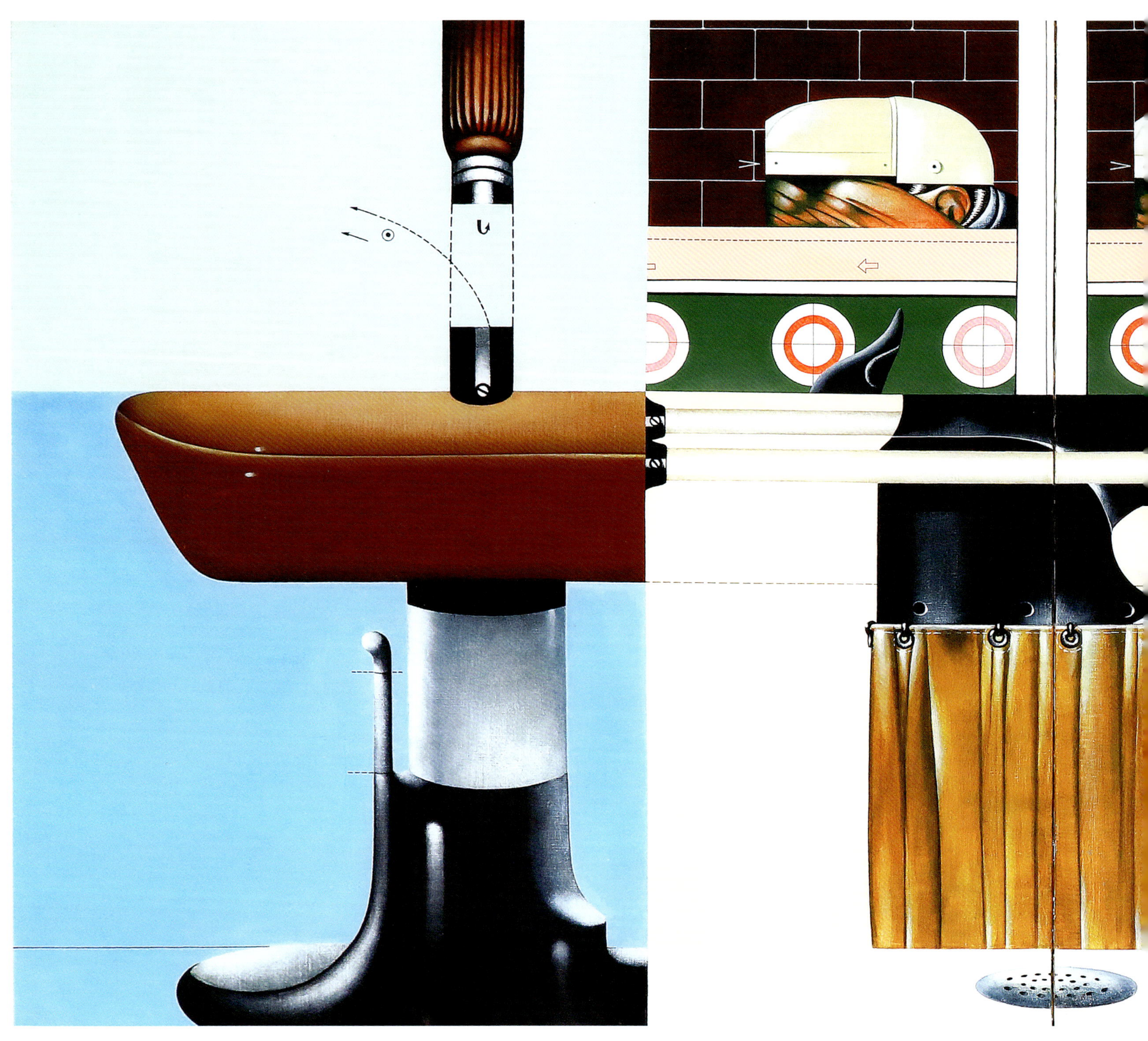

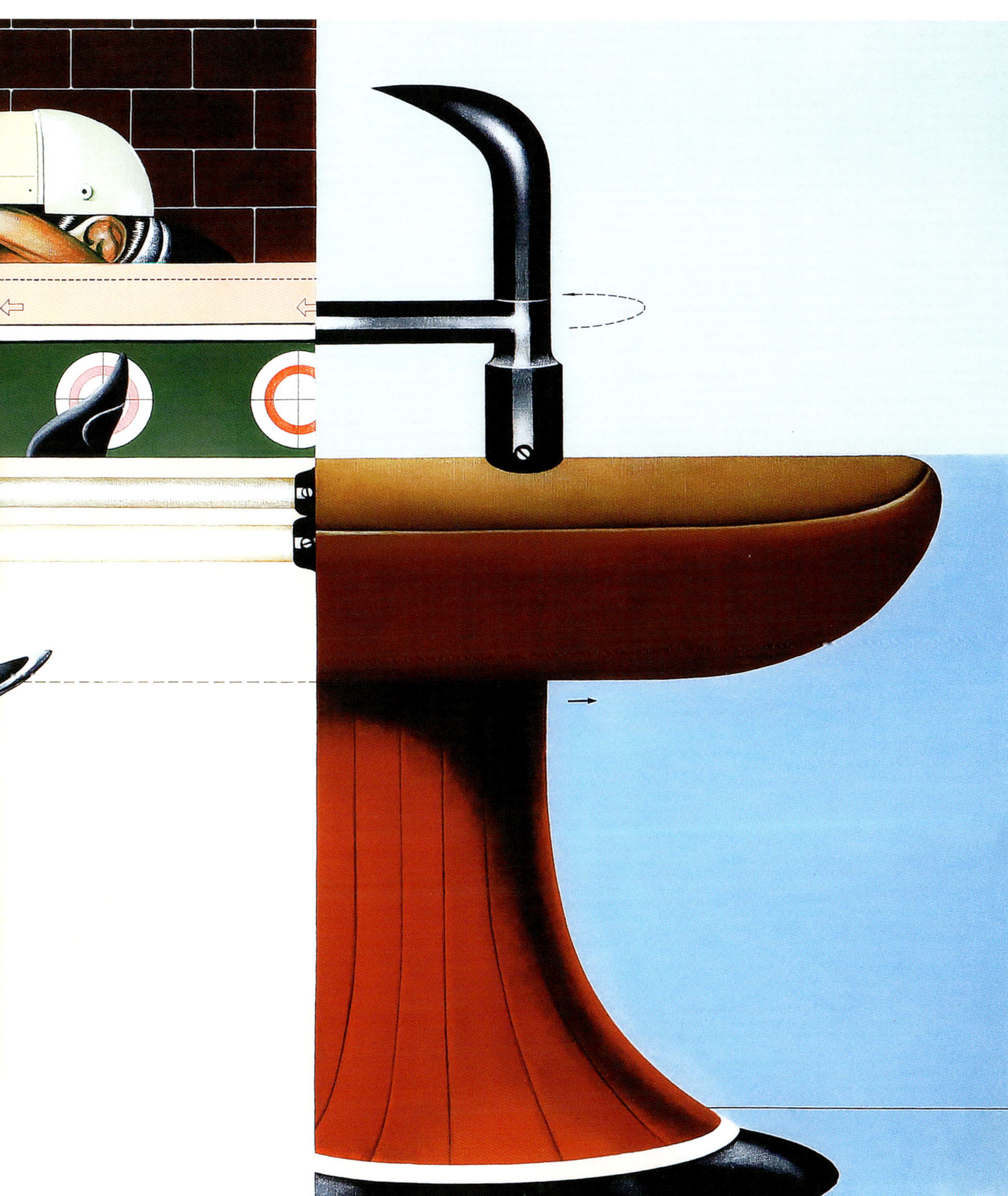

Machine gun
1971
acrilico su tela /
acrylic on canvas
100 x 200 cm
Collezione Koelliker
/ Koelliker Collection
Courtesy BKV Fine Art

MARIO SCHIFANO

**Sulla giusta soluzione
delle contraddizioni
in seno alla società**

1968
grafite, spray e collage
su carta applicata
su tela / graphite, spray
and collage on paper
applied on canvas
138,5 x 198 cm
Collezione privata /
Private collection
Courtesy Gió Marconi,
Milano / Milan

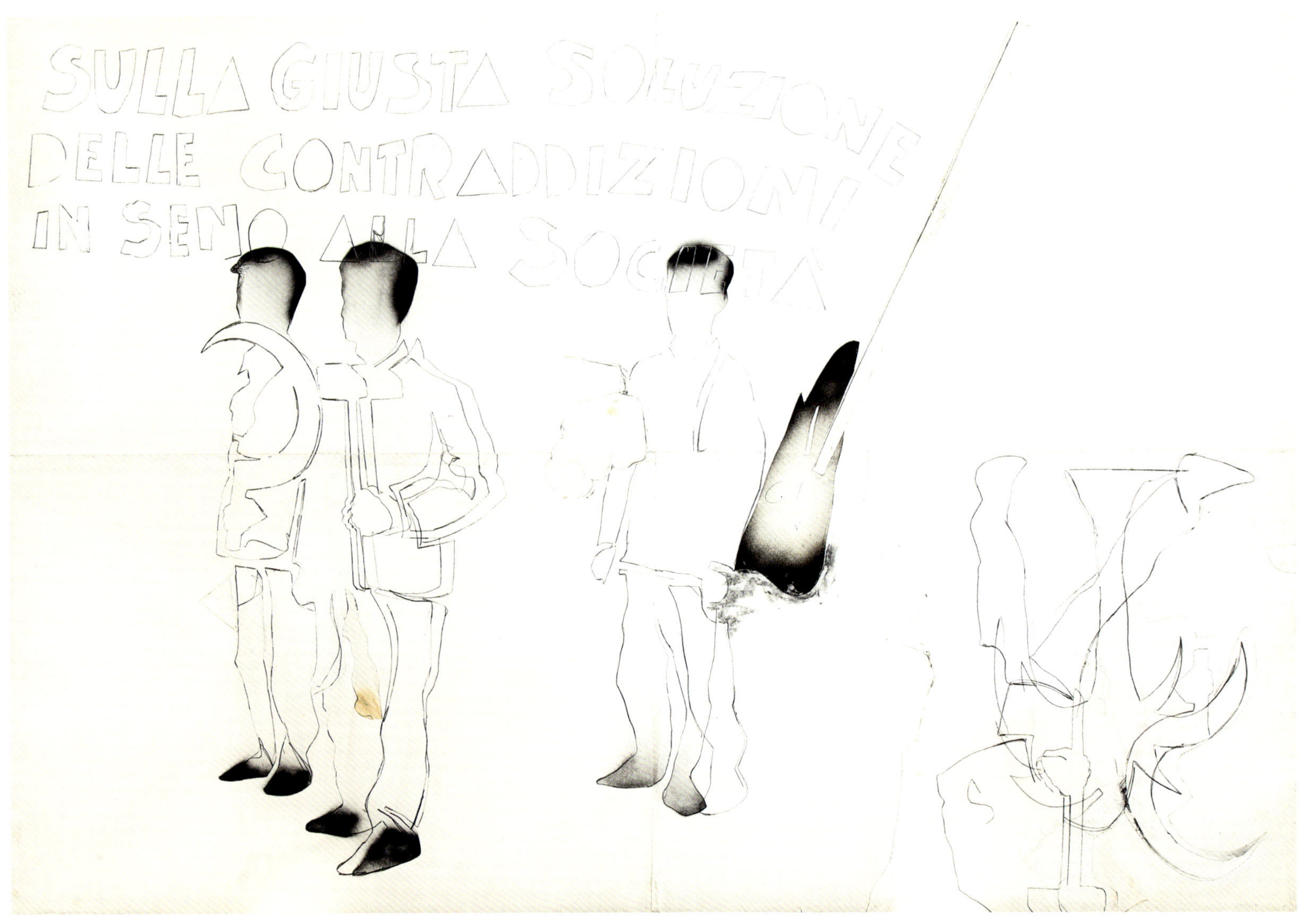

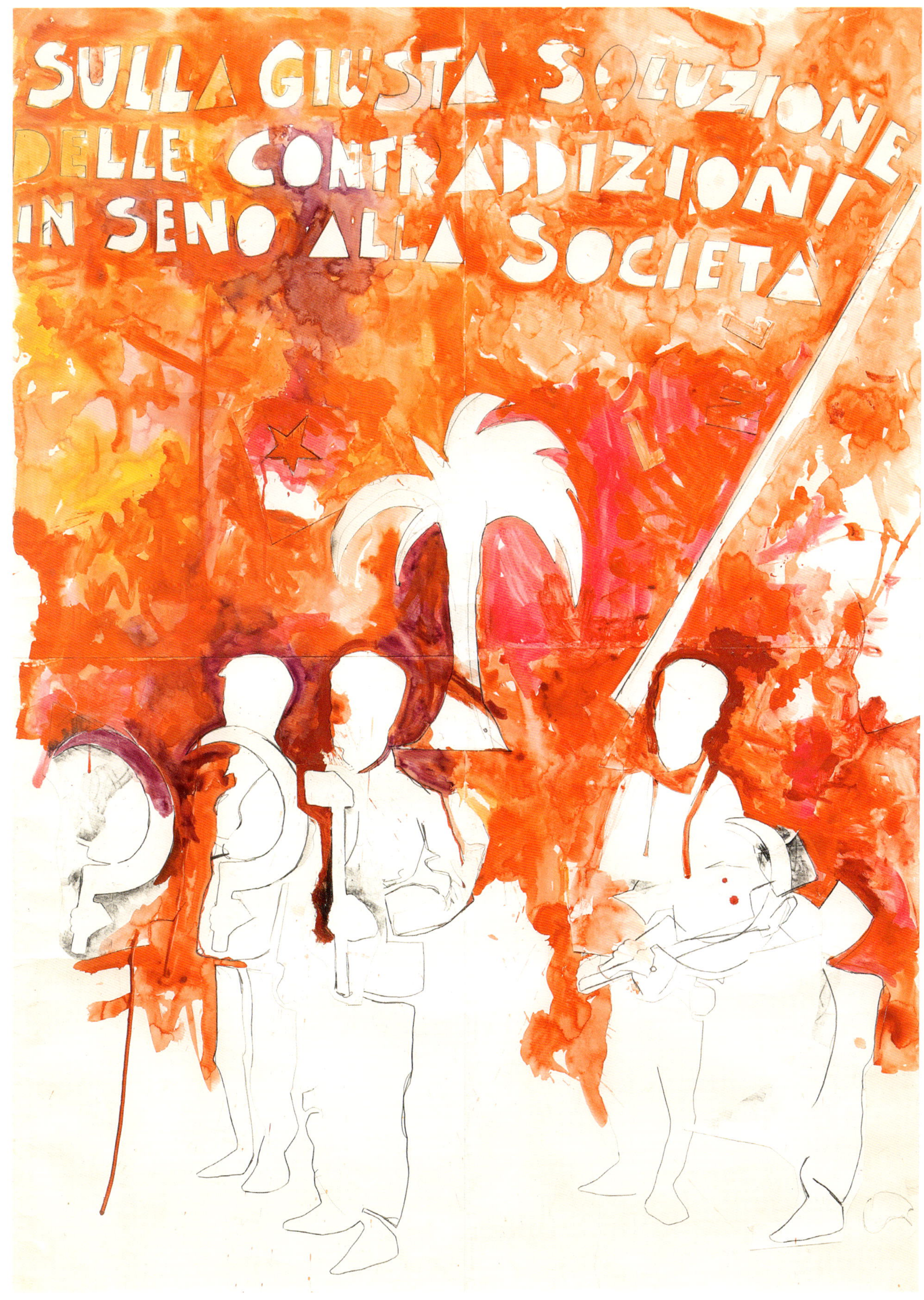

Sulla giusta soluzione delle contraddizioni in seno alla società

1968
tecnica mista su carta /
mixed media on paper
200 x 140 cm
Collezione privata /
Private collection
Courtesy Gió Marconi,
Milano

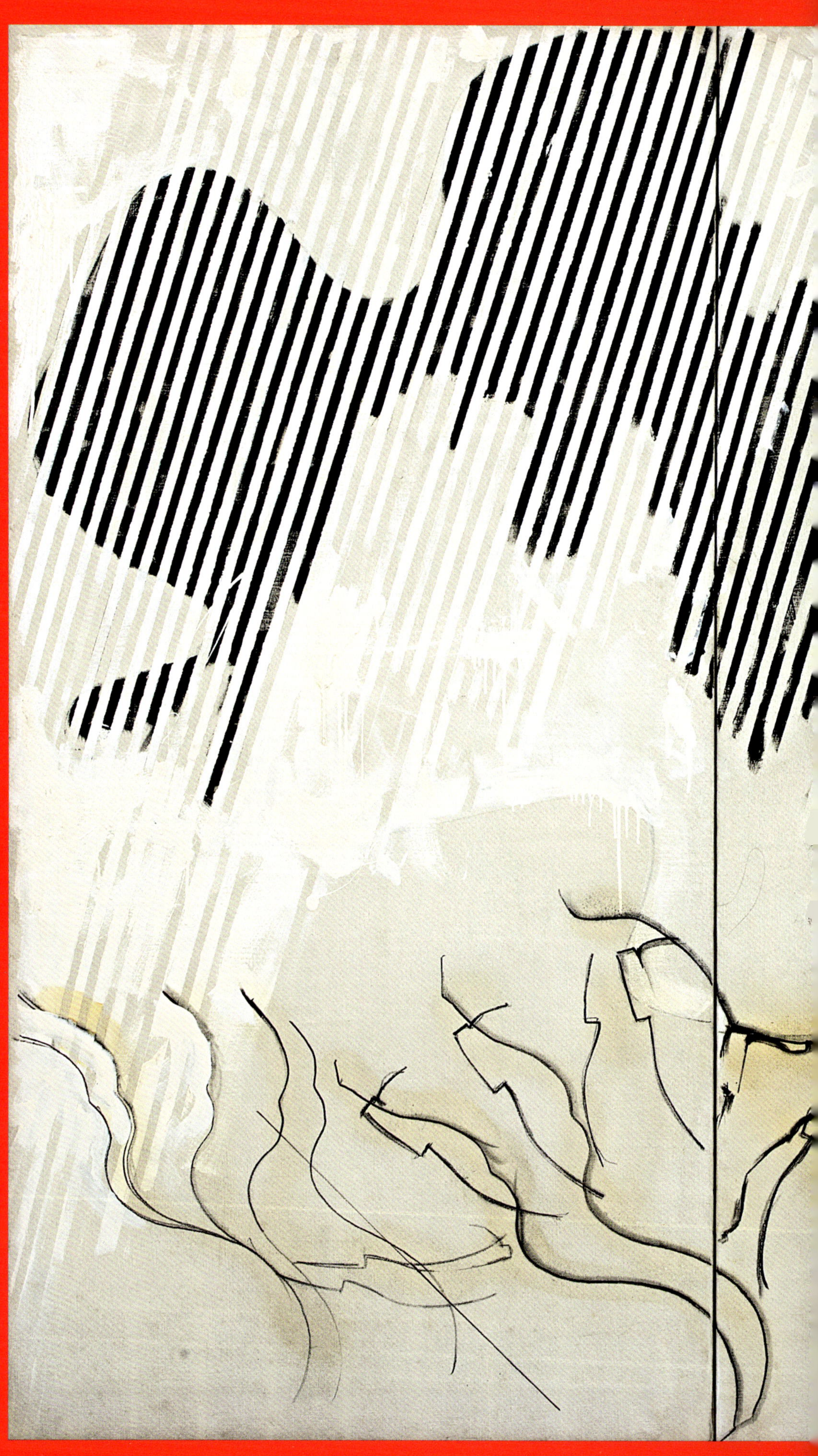

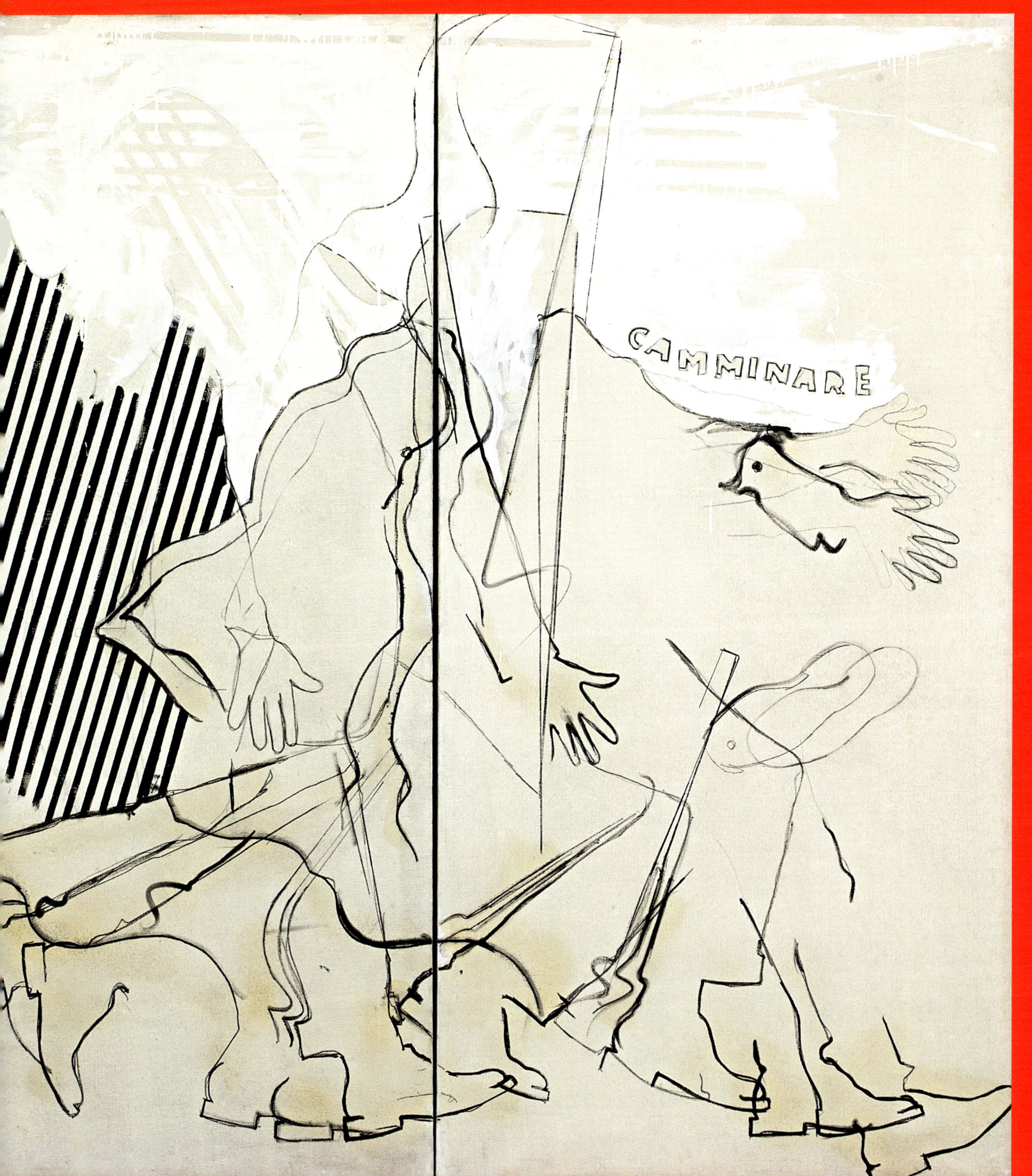
CAMMINARE

Paesaggio TV
1970
smalto e aniline su tela
emulsionata e perspex /
enamel and aniline on
emulsified canvas and
perspex
114 x 146 cm
Collezione privata /
Private collection
Courtesy Gió Marconi,
Milano

Paesaggio TV
1970
smalto e aniline su tela
emulsionata e perspex /
enamel and aniline on
emulsified canvas and
perspex
114 x 146 cm
Collezione privata /
Private collection
Courtesy Gió Marconi,
Milano

Paesaggio TV
1970
smalto e aniline su tela
emulsionata e perspex /
enamel and aniline on
emulsified canvas and
perspex
114 x 146 cm
Collezione privata /
Private collection
Courtesy Gió Marconi,
Milano

Paesaggio TV
1970
smalto e aniline su tela
emulsionata e perspex /
enamel and aniline on
emulsified canvas and
perspex
114 x 146 cm
Collezione privata /
Private collection
Courtesy Gió Marconi,
Milano

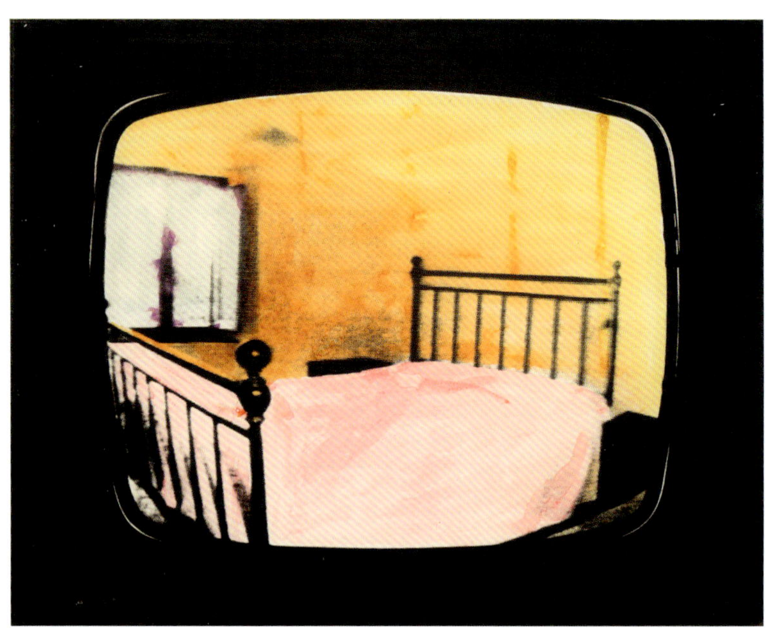
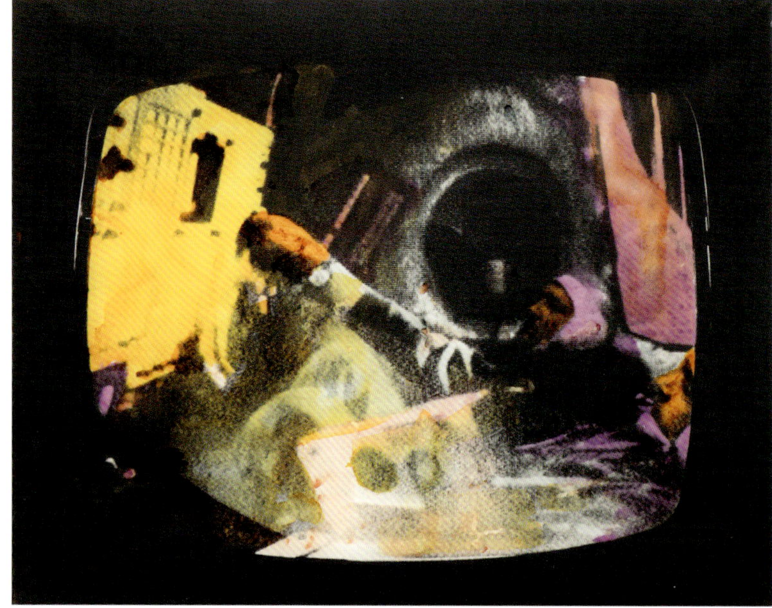
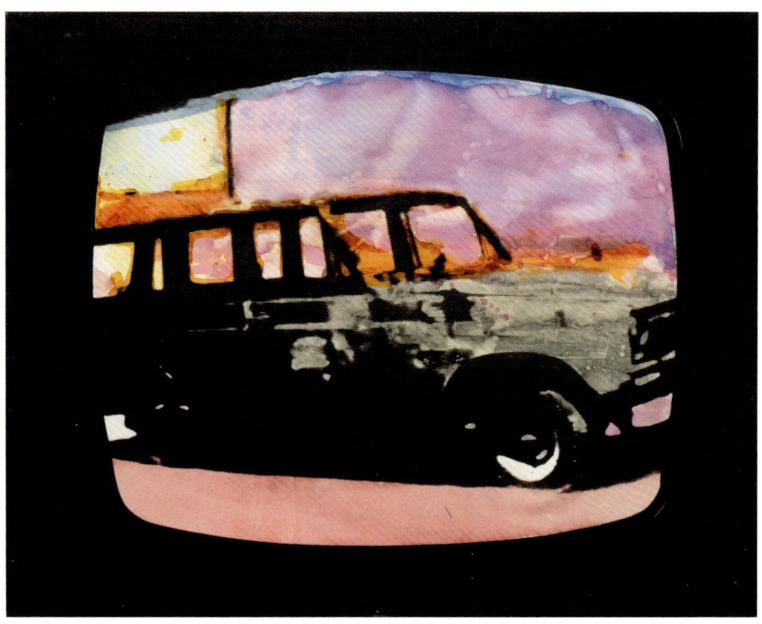
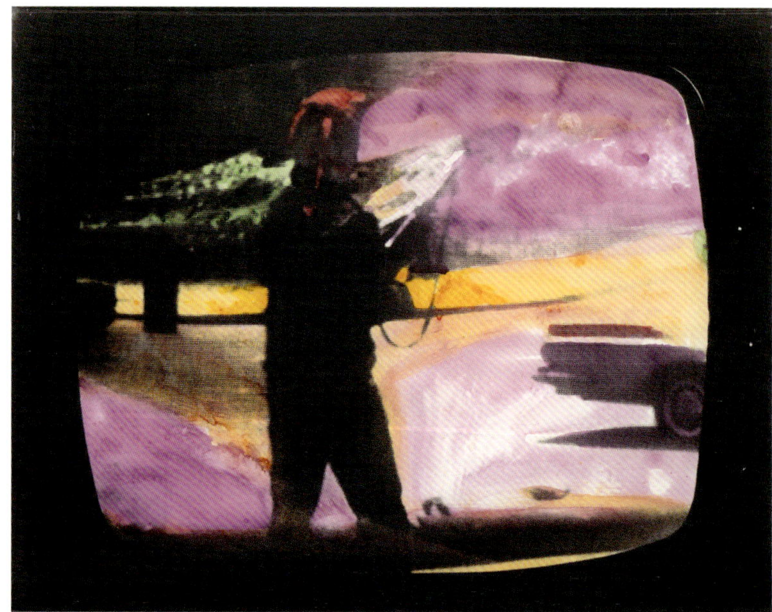

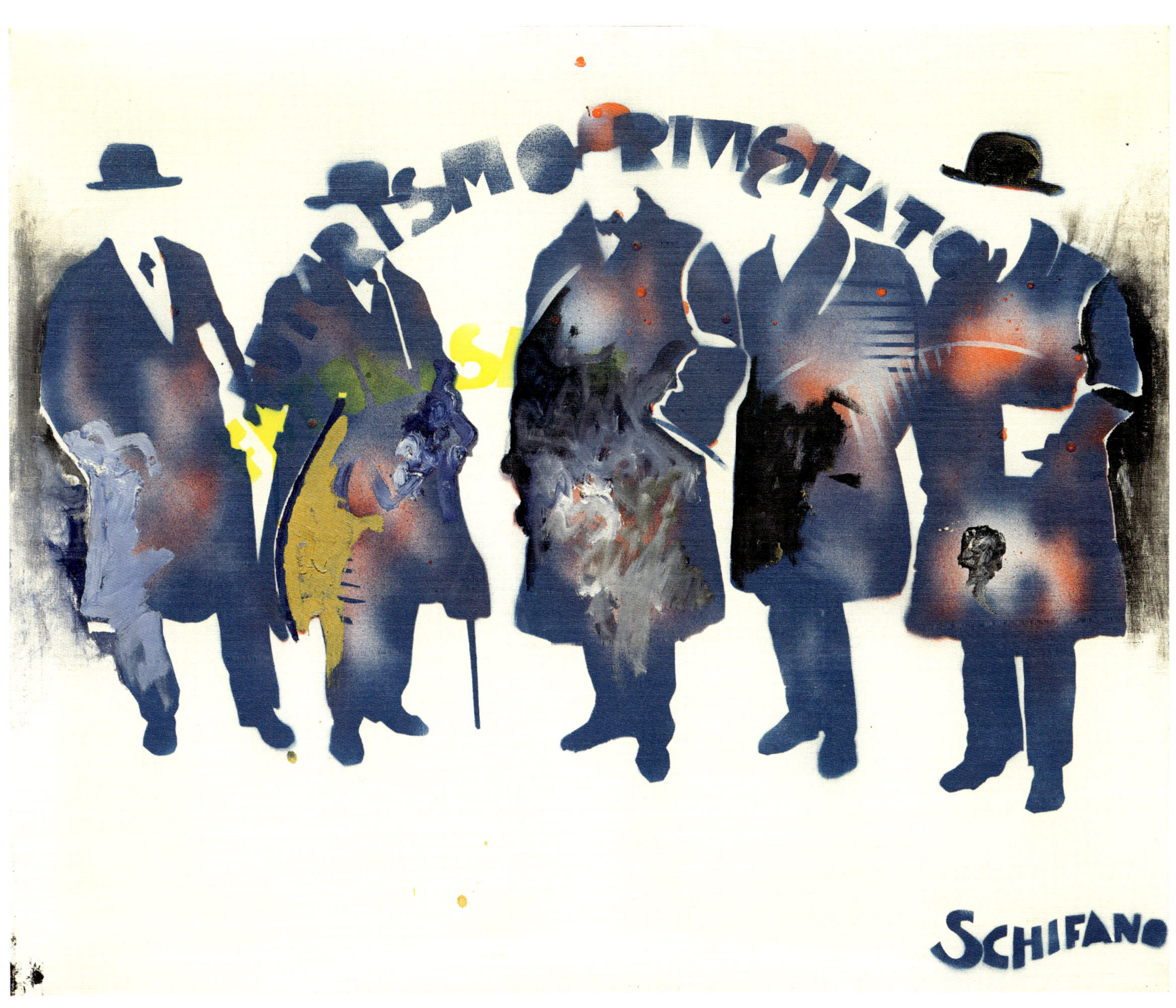

Futurismo rivisitato
1967
smalto e spray su tela
e perspex / enamel
and spray on canvas
and perspex
110 x 130 cm
Collezione privata /
Private collection
Courtesy Gió Marconi,
Milano

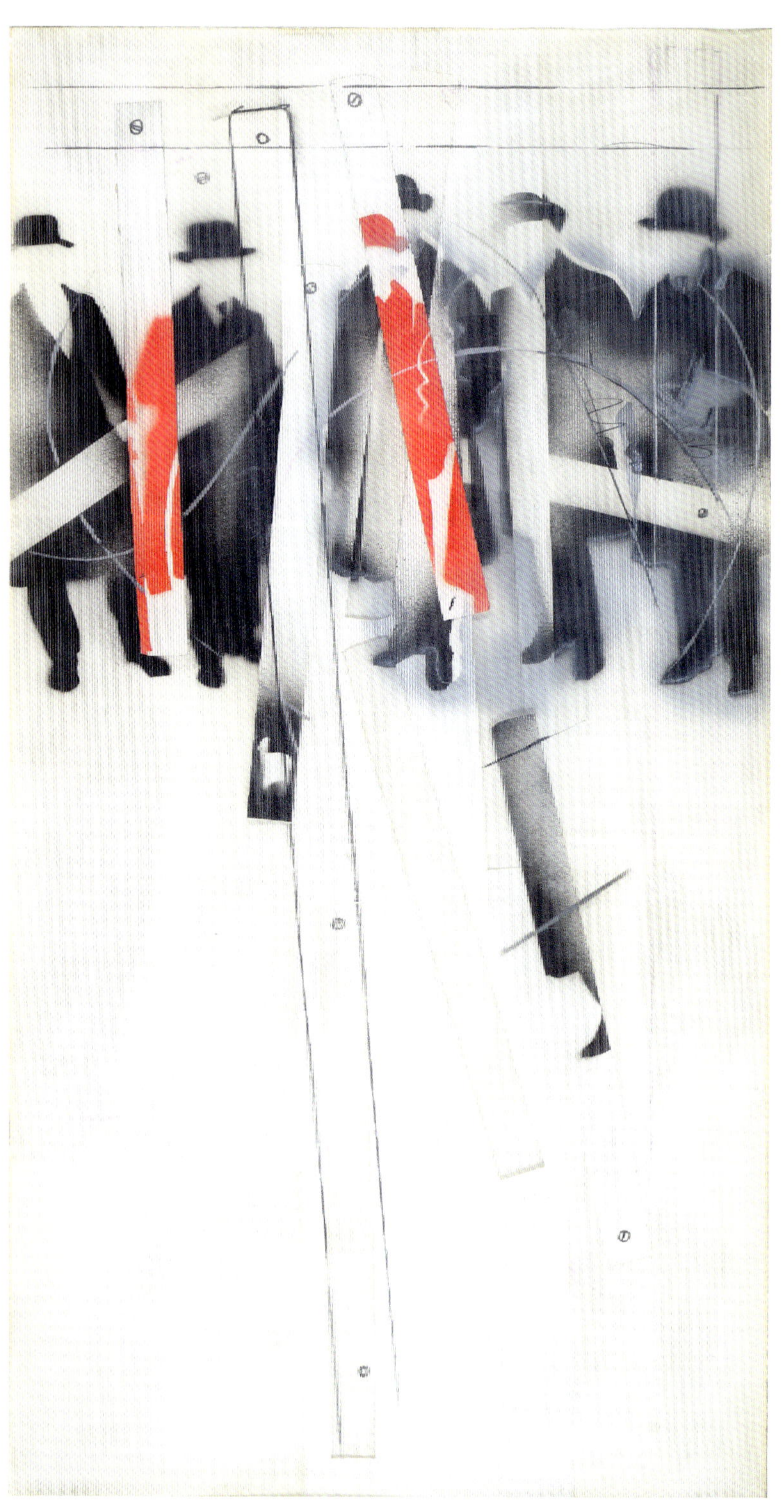

Futurismo rivisitato

1966
spray, grafite su carta
e perspex / spray,
graphite on paper
and perspex
100 x 52 cm
Collezione Intesa
Sanpaolo / Intesa
Sanpaolo Collection
Archivio Patrimonio
Artistico Intesa Sanpaolo

GIANGIACOMO SPADARI

**Le bandiere
della lotta**

1969
olio su tela /
oil on canvas
112 x 127 cm
Mart, Museo
di arte moderna
e contemporanea
di Trento e Rovereto
Collezione VAF-Stiftung
MART 6281, VAF 1422,
ex VWF 3504

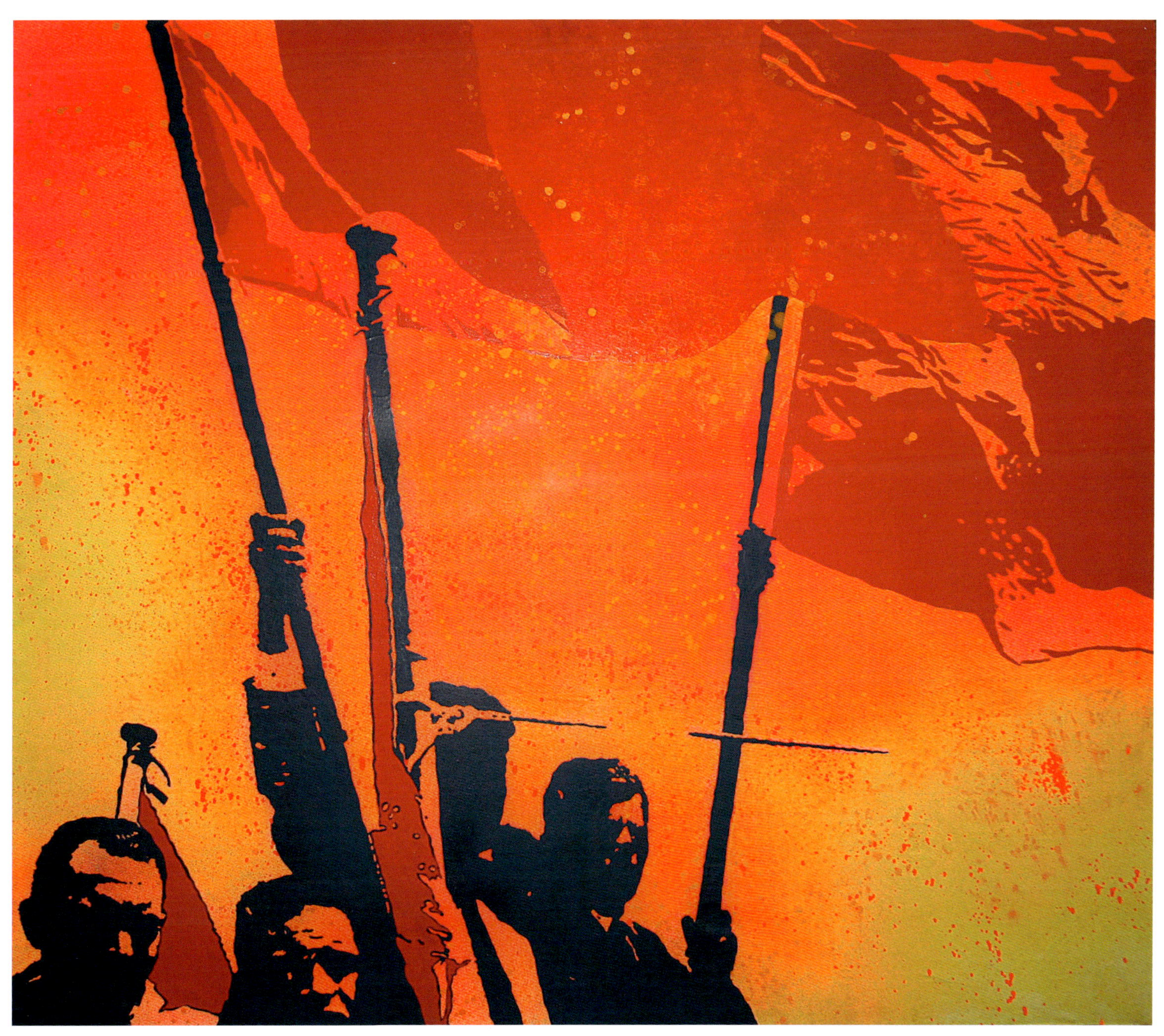

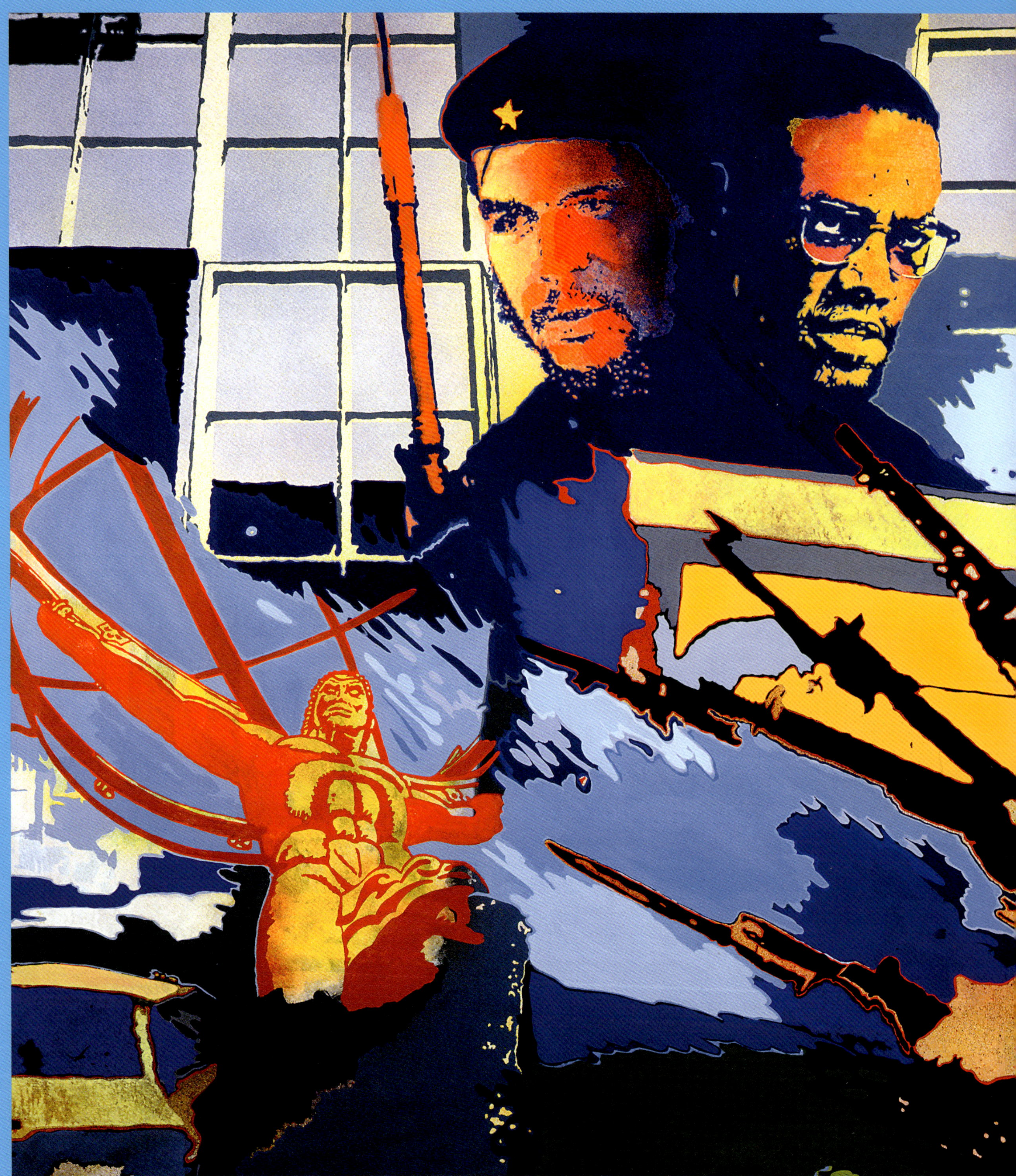

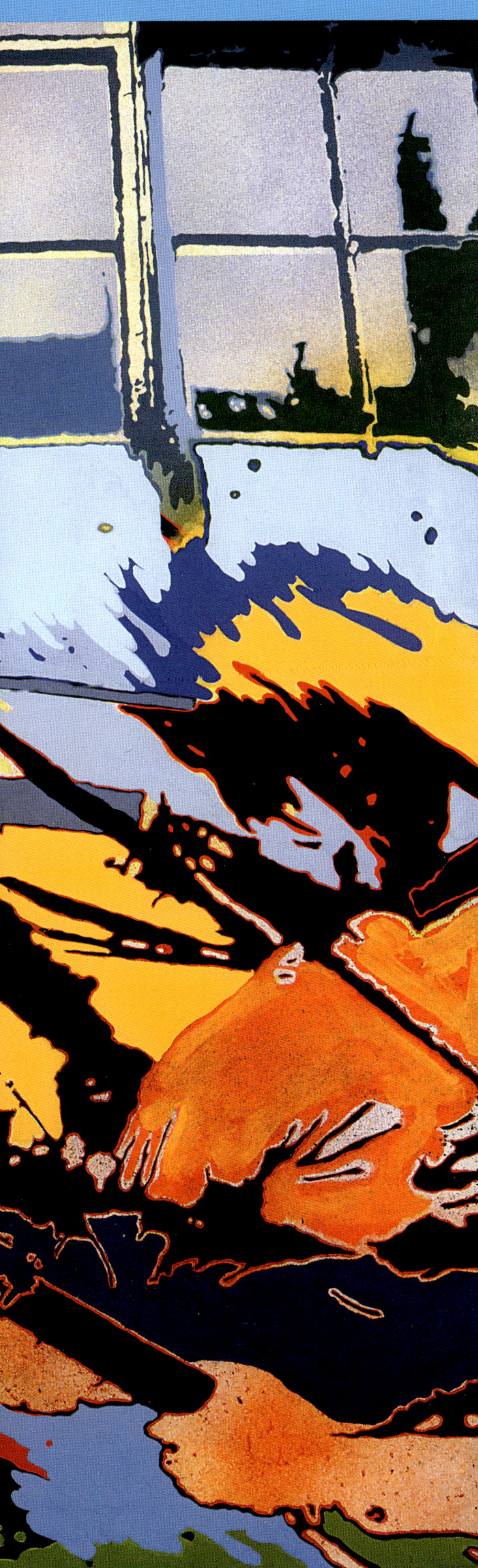

**Una storia
alla Americana**
1970
acrilico su tela /
acrylic on canvas
200 x 250 cm
Mart, Museo
di arte moderna
e contemporanea
di Trento e Rovereto
Collezione VAF-Stiftung
MART 7734, VAF 1725

TINO STEFANONI

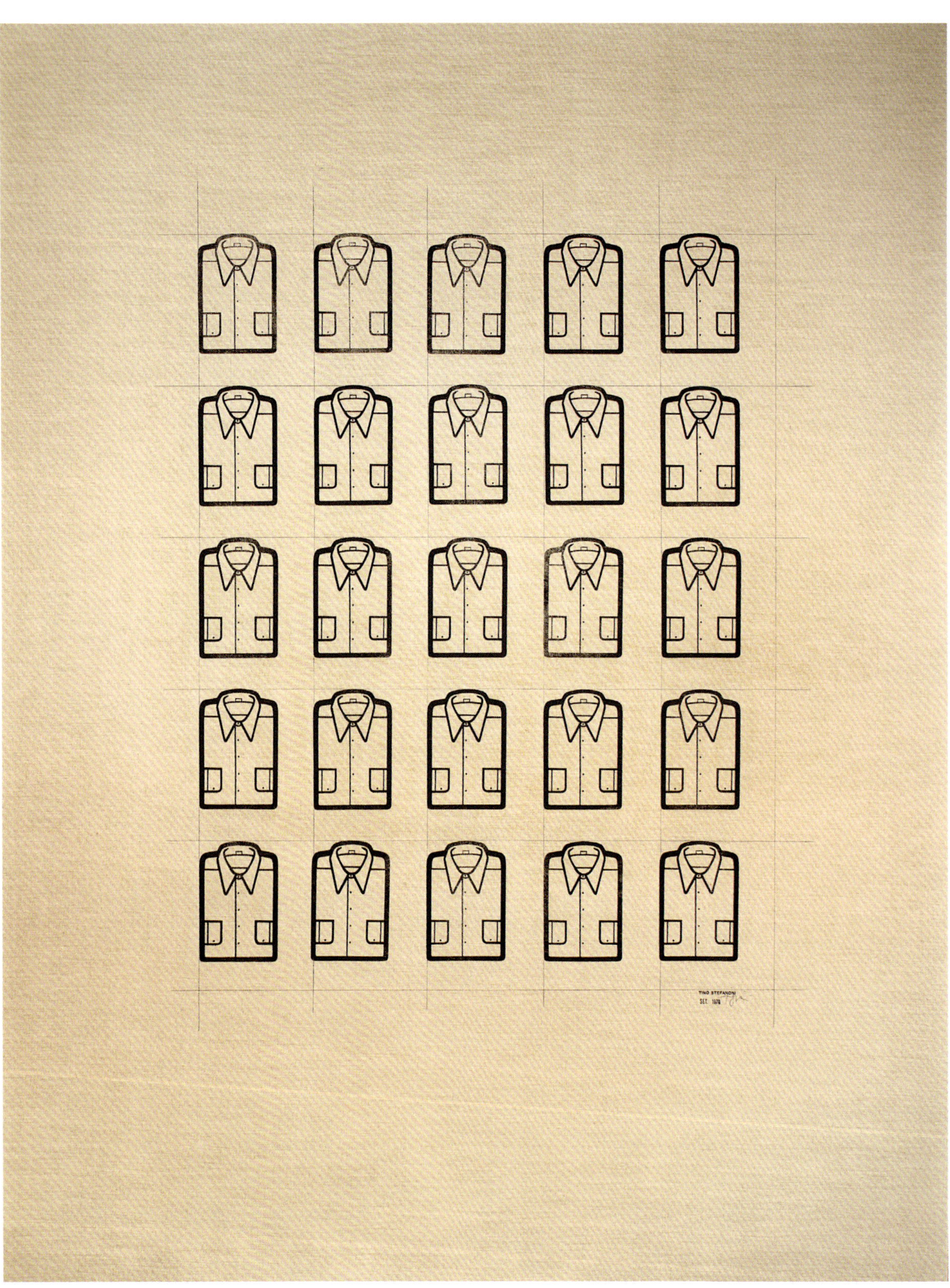

Le camicie 48

1970
tecnica mista su tela /
mixed media on canvas
200 x 150 cm
Archivio Tino Stefanoni

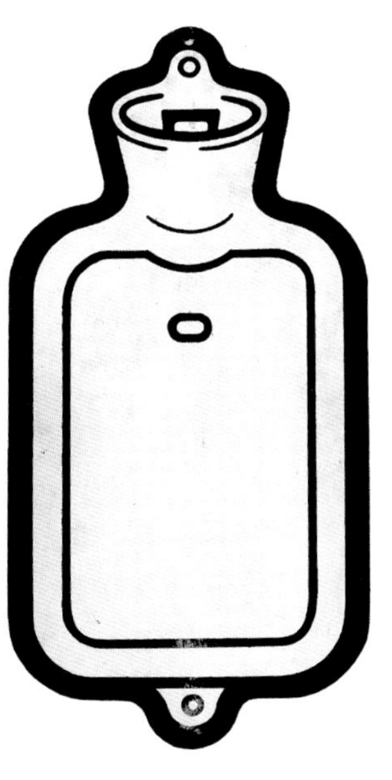 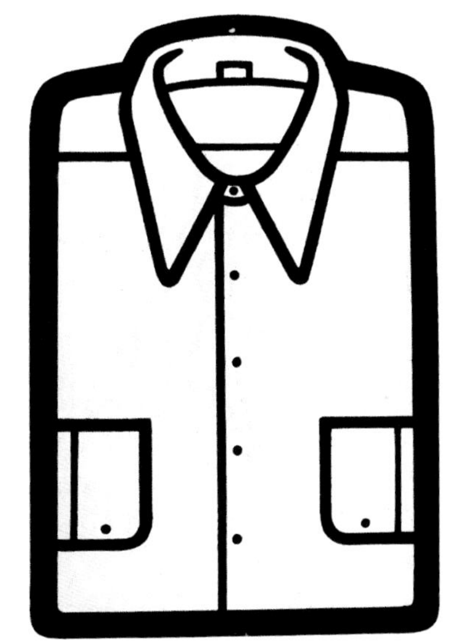 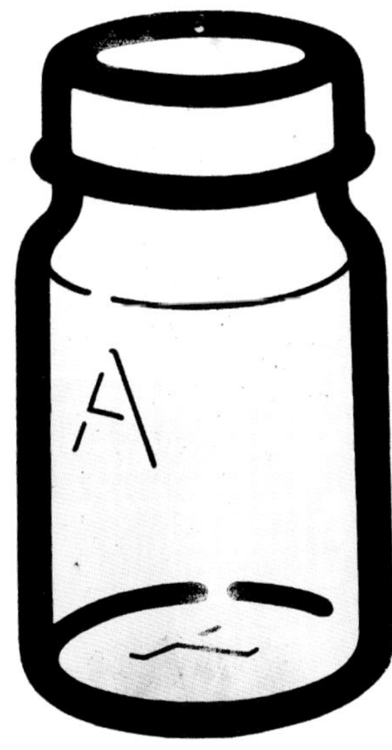

Borsa dell'acqua

1971
ferro (3 mm) zincato
e verniciato a forno /
galvanized and baked
painted iron (3 mm)
50 x 60 cm
Archivio Tino Stefanoni

Camicia

1971
ferro (3 mm) zincato
e verniciato a forno /
galvanized and baked
painted iron (3 mm)
50 x 60 cm
Archivio Tino Stefanoni

Flacone

1971
ferro (3 mm) zincato
e verniciato a forno /
galvanized and baked
painted iron (3 mm)
50 x 60 cm
Archivio Tino Stefanoni

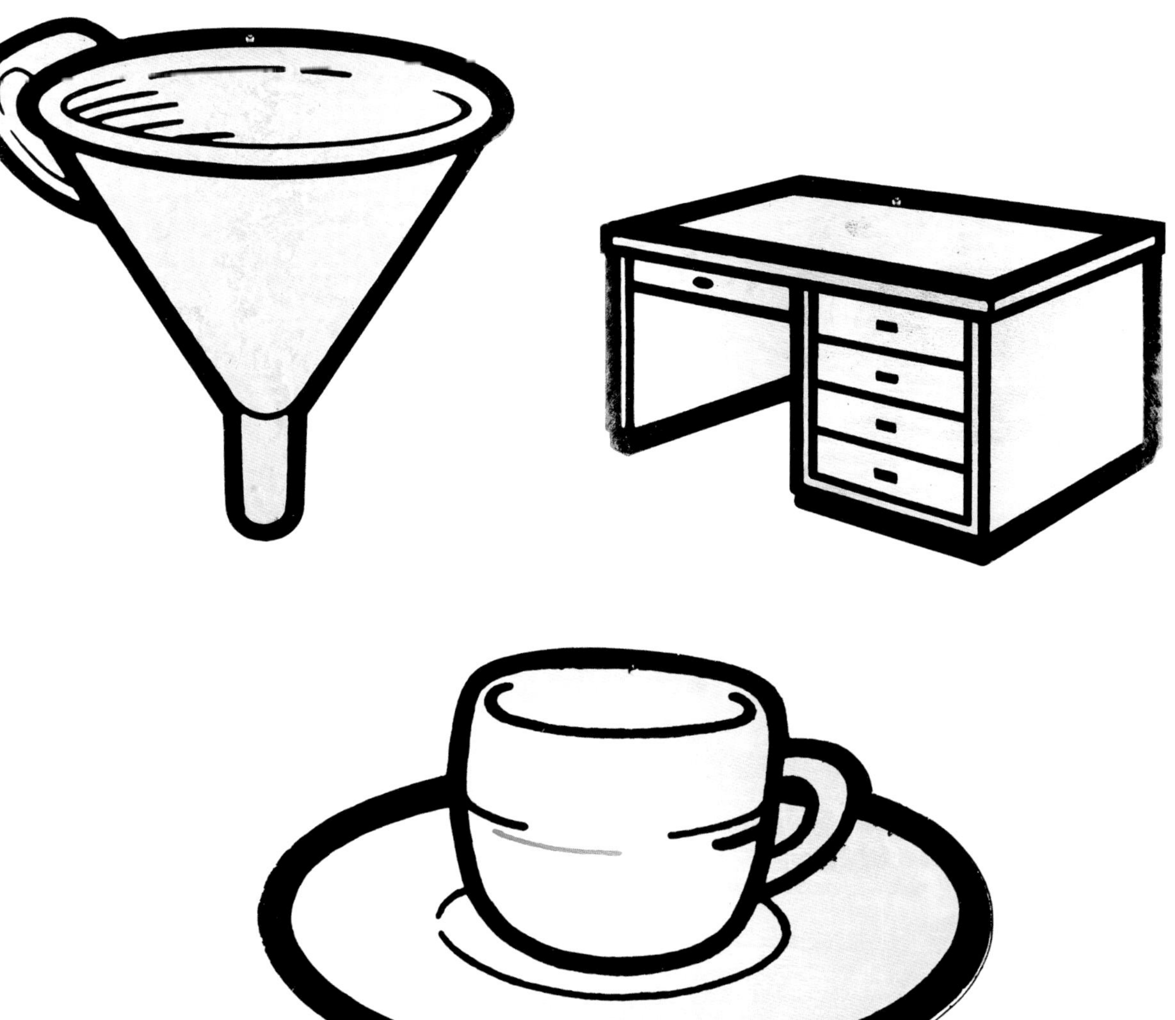

Imbuto

1971
ferro (3 mm) zincato
e verniciato a forno /
galvanized and baked
painted iron (3 mm)
50 x 60 cm
Archivio Tino Stefanoni

Scrivania

1971
ferro (3 mm) zincato
e verniciato a forno /
galvanized and baked
painted iron (3 mm)
50 x 60 cm
Archivio Tino Stefanoni

Tazza

1971
ferro (3 mm) zincato
e verniciato a forno /
galvanized and baked
painted iron (3 mm)
50 x 60 cm
Archivio Tino Stefanoni

Segnale 12
1969
segnale stradale
regolamentare, ferro
verniciato a forno /
road sign - baked
painted iron
90 x 90 x 90 cm
Collezione Ilenia
e Bruno Paneghini /
Ilenia e Bruno Paneghini
Collection

Segnale 7
1969
segnale stradale
regolamentare, ferro
verniciato a forno /
road sign - baked
painted iron
90 x 90 x 90 cm
Archivio Tino Stefanoni

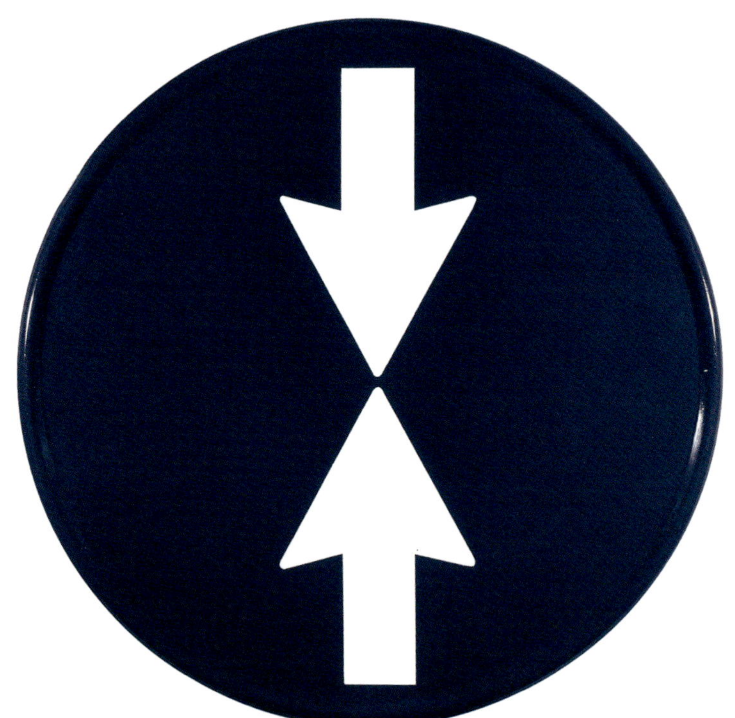

Segnale 9
1969
segnale stradale
regolamentare, ferro
verniciato a forno /
road sign - baked
painted iron
60 cm diametro /
diameter
Archivio Tino Stefanoni

Segnale 25
1970
segnale stradale
regolamentare, ferro
verniciato a forno /
road sign - baked
painted iron
90 x 90 x 90 cm
Archivio Tino Stefanoni

Segnale 3
1969
segnale stradale
regolamentare, ferro
verniciato a forno /
road sign - baked
painted iron
90 x 90 x 90 cm
Archivio Tino Stefanon

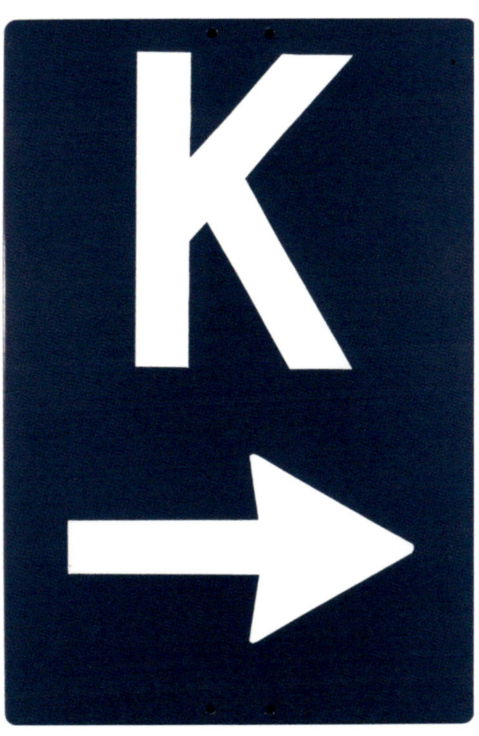

Segnale 27
1970
segnale stradale
regolamentare, ferro
verniciato a forno /
road sign - baked
painted iron
60 x 90 cm
Archivio Tino Stefanoni

Segnale 11
1969
segnale stradale
regolamentare, ferro
verniciato a forno /
road sign - baked
painted iron
60 x 90 cm
Archivio Tino Stefanoni

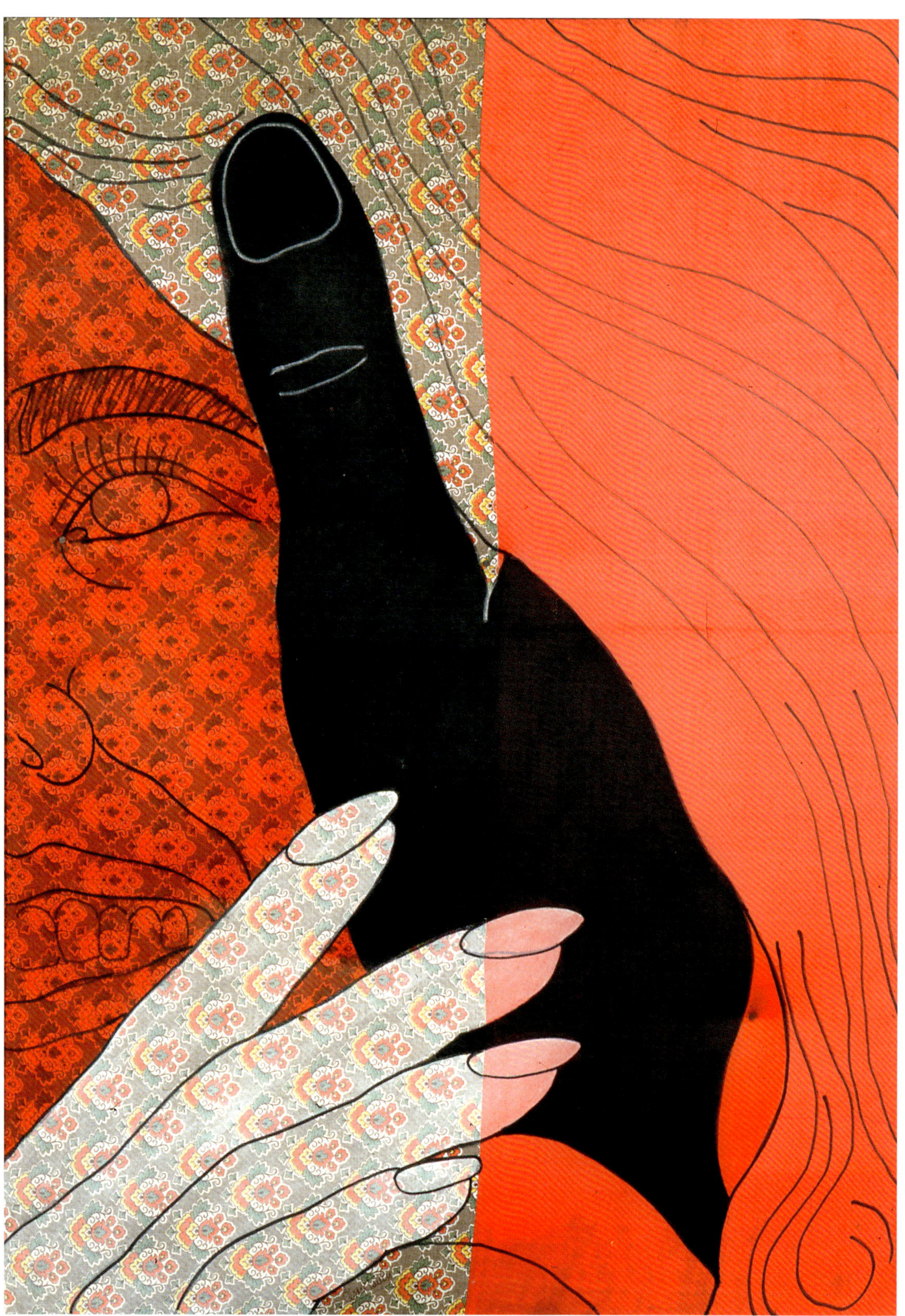

La mano nei capelli
1966
tintura per tessuti
e pennarello su tele
estroflesse su tavola /
fabric dye and marker
on everted canvas
on board
100 x 70 cm
Collezione Intesa
Sanpaolo / Intesa
Sanpaolo Collection
Archivio Patrimonio
Artistico Intesa Sanpaolo

Coppia felice
1966
tecnica mista su tessuto
stampato e rilievo /
mixed media on printed
fabric and relief
100 x 80 cm
Collezione privata /
Private collection
Courtesy Galleria Erica
Ravenna

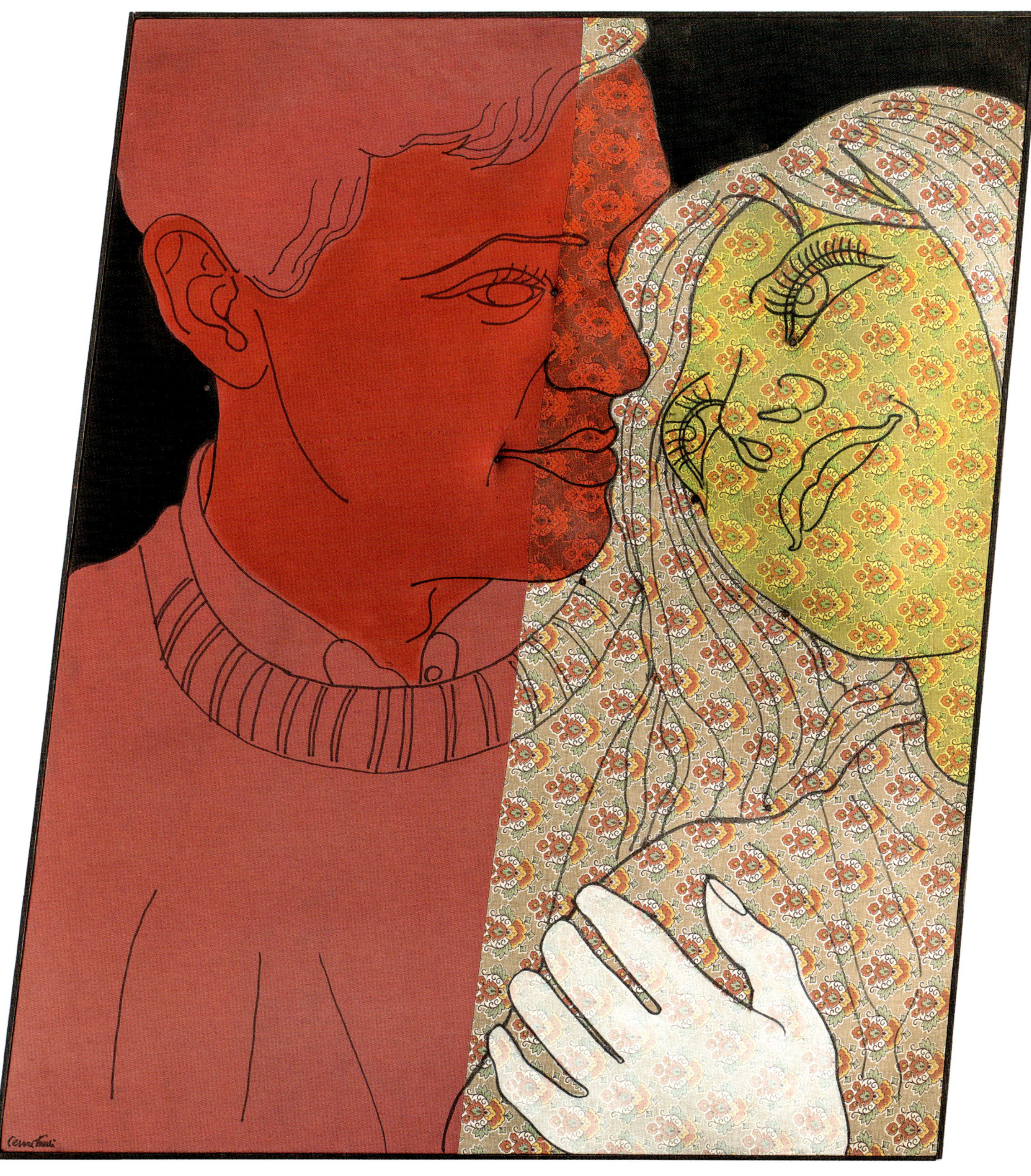

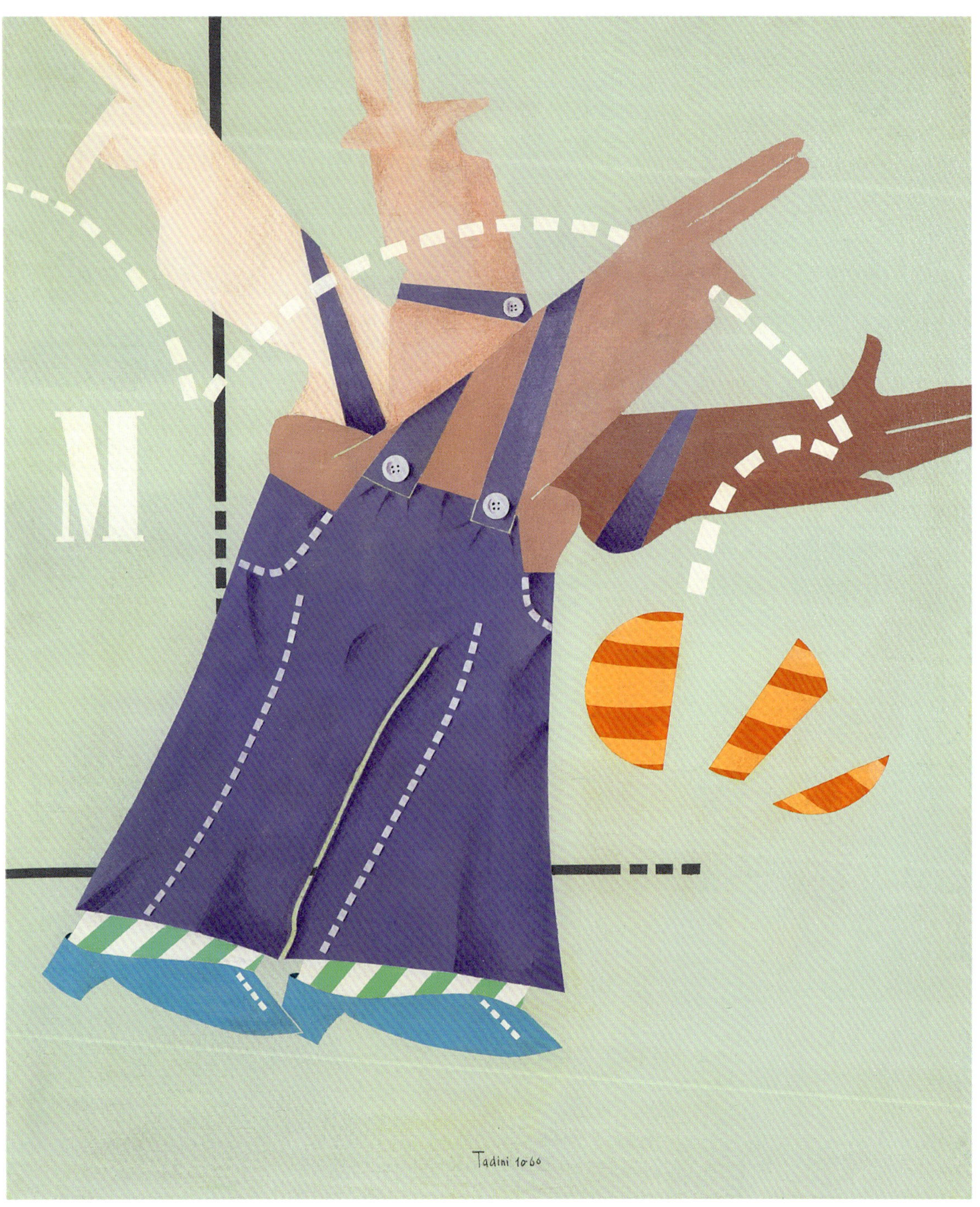

Il posto dei bambini

1966
acrilico su tela /
acrylic on canvas
100 x 81 cm
Collezione privata /
Private collection
Courtesy Gió Marconi,
Milano

**L'uomo
dell'organizzazione**

1968
acrilico su tela /
acrylic on canvas
162 x 130 cm
Collezione privata /
Private collection
Courtesy Gió Marconi,
Milano

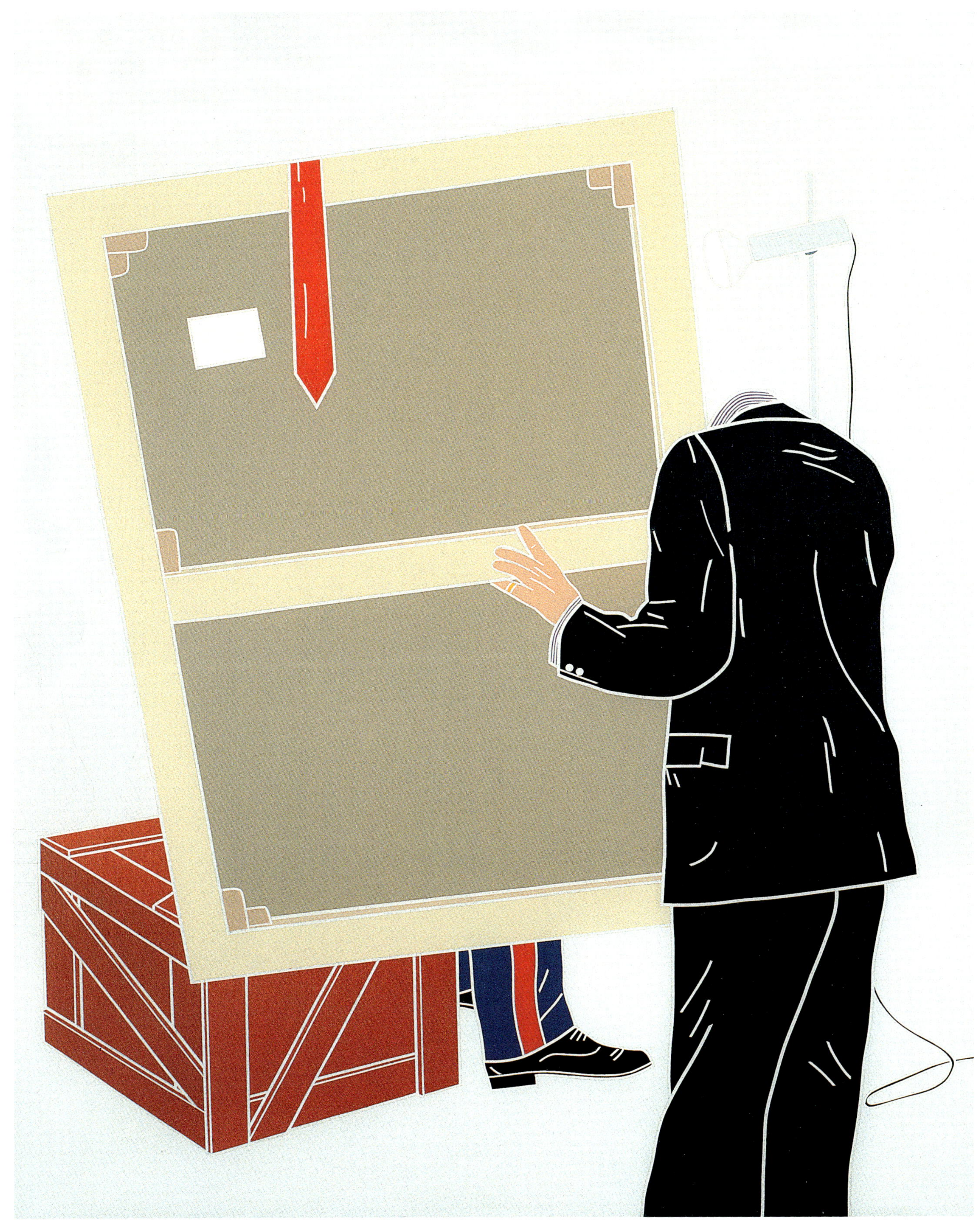

F. Pivano, *Poesia degli ultimi americani*, Feltrinelli, Milano 1964/1973

E. Crispolti, *La Pop Art*, Fabbri, Milano 1966

A. Boatto, *Pop Art in U.S.A.*, Lerici, Milano 1967

Giovani poeti americani, Einaudi, Torino 1973

Pop in Italia, cronaca di una colonizzazione musicale in un paese mediterraneo, Arcana, Roma 1976

F. Pivano, *Beat Hippie Yippie*, Bompiani, Milano 1977

L. Ferlinghetti, *Poesie*, Guanda, Parma 1978

L. Lippard, *Pop Art*, Mazzotta, Milano 1978

Pop Art. Evoluzione di una generazione, Electa, Milano 1980

A. Boatto, *Pop Art*, Laterza, Bari 1983

M. Battilana, *Civiltà di frontiera*, Campanotto, Pasian di Prato (Ud) 1990

A. Waldman, *The beat book*, Il Saggiatore, Milano 1996

J. Jamie, *Pop Art*, Phaidon, London 1996

Pop Art, a cura di M. Livingstone, catalogo della mostra alla / exhibition catalog at Royal Academy of Arts, London 1991

Beat Generation, 67 poesie, Arnoldo Mondadori, Milano 1997

A. Warhol, P. Hackett, *Pop, Andy Warhol racconta gli anni '60*, Meridiano Zero, Padova 2004

D. Mc Carthy, *Pop Art*, Tate Publishing, London 2000

British Pop, a cura di M. Livingstone, catalogo della mostra / exhibition catalog, Museo de Bellas Artes, Bilbao 2005

The Andy Warhol Show, a cura di / ed. by G. Mercurio, D. Moreira, catalogo della mostra alla / exhibiton catalogue at Triennale di Milano, Skira, Milano 2005

Nouveau Réalisme 1960-2010, a cura di / ed. by D. Stella, catalogo della mostra / exhibiton catalogue, Agnellini Arte Moderna, Brescia 2009

H. Foster, *The first Pop Age*, Princeton University Press, Princeton 2011

P. Barozzi, *Voglio essere una macchina*, Campanotto, Pasian di Prato 2011

Crack, a cura di / ed. by C. Vivaldi, Milano 1960

E. Villa, *5 Pittori romani: Angeli, Festa, Lo Savio, Schifano, Uncini*, Galleria Il Cancello, Bologna 1960

G. Dorfles, *Ultime tendenze dell'art oggi*, Feltrinelli, Milano 1961

La Nuova Figurazione, a cura di / ed. by M. Bergomi, catalogo della mostra / exhibition catalog, La Strozzina, Vallecchi, Firenze 1962

13 Pittori a Roma, a cura di / ed. by N. Balestrini, G. Dorfles, U. Eco, catalogo della mostra / exhibition catalog, Galleria la Tartaruga, Roma 1963

C. Vivaldi, *Verso un realismo di Massa*, in "Il Tempo Presente", Roma 1963

G. Ballo, *La linea italiana dell'arte. Dal simbolismo alle opere moltiplicate*, Mediterranee, Roma 1964

Paolo Baratella, catalogo della mostra / exhibition catalog, Galleria del Cavallino, Venezia 1964

M. Fagiolo dell'Arco, *Per una figurazione nuovissima*, in "Marcatre", nn. 11-12-13, Roma 1964

M. Calvesi, *Le due avanguardie, dal Futurismo alla Pop Art*, Laterza, Bari 1967

N. Scammacca, *Una Possibile poetica per un Antigruppo*, Celebes Edizioni, Trapani 1970

M. De Micheli, *Arte Contro. 1945-1970 dal realismo alla contestazione*, Vangelista Editore, Milano 1970

Maselli, a cura di / ed. by D. Valsecchi, catalogo della mostra / exhibition catalog, Edizioni Palazzo dei Diamanti, Ferrara 1971

"Anti. Rivista quindicinale di polemica culturale", anno / year I, n. 1 (numero unico / unique number), Celebes Editore, Trapani 30 marzo / March 1971

Antigruppo di Nat Scammacca, ventuno punti di polemica aperta, manifesto fondativo ciclostilato autoprodotto, 1971

Antigruppo 1971 di Nat Scammacca – Esistenza, ciclostilato autoprodotto / self-produced mimeograph, 1971

N. Scammacca, *Glenlee*, Giuseppe Di Maria Editore, Catania 1971

N. Scammacca, *Bye bye America*, Libri Siciliani Edizioni, Palermo 1972

Antigruppo Palermo, opuscolo fuori commercio / brochure out of print, Tipografia Italia, Palermo 1973

A. Del Guercio, *L'oggetto, l'immagine, il tempo*, Fiorentino Edizioni, Napoli 1974

N. Scammacca, *Antigruppo 1975*, Edizioni Trapani Nuova, Trapani 1975

**BIBLIOGRAFIA ESSENZIALE
SELECTED BIBLIOGRAPHY**